VON DER SEELENRUHE

SENECA

VON DER SEELENRUHE

PHILOSOPHISCHE
SCHRIFTEN UND
BRIEFE

Bechtermünz Verlag

Herausgegeben und aus dem Lateinischen übersetzt
von HEINZ BERTHOLD

Genehmigte Lizenzausgabe für Bechtermünz Verlag
im Weltbild Verlag GmbH, Augsburg 1996

Umschlaggestaltung: Eisele & Bulach, Augsburg
Gesamtherstellung: Presse-Druck Augsburg
Printed in Germany
ISBN 3-86047-251-8

INHALT

SENECA · MENSCH UND WERK

Die Geschichtsschreibung der frühen römischen Kaiserzeit berichtet aus dem Jahr 62, dem achten Regierungsjahr des Kaisers Nero, ein seltsames Ereignis: Der Erzieher und erste Ratgeber dieses Herrschers, ein römischer Ritter spanischer Herkunft, Lucius Annäus Seneca, bat in dringender persönlicher Angelegenheit beim Kaiser um eine Audienz. Mit Hinweisen auf sein vorgerücktes Alter, seine angegriffene Gesundheit, seine wissenschaftlichen Bemühungen versuchte er, Entlassung aus seinem Staatsamt zu erreichen. Gleichzeitig bat er um Rücknahme der Anteile seines riesenhaften Vermögens, die ihm als kaiserliches Geschenk für vierzehn Jahre treue Dienste zuteil geworden waren.

Der römische Geschichtsschreiber Publius Cornelius Tacitus (um 55 – um 120), der ein halbes Jahrhundert später in seinen ›Annalen‹ eine Geschichte der römischen Kaiserzeit vom Tode des Augustus (14 u. Z.) bis zum Ende Neros (68 u. Z.) verfaßte, hat uns eine eindrucksvolle Schilderung dieser Szene hinterlassen, die er zugleich in einen größeren, die Hintergründe des Geschehens aufdeckenden Zusammenhang stellt: Einem als eitel, grausam und unberechenbar-hinterlistig bekannten und gehaßten Herrscher sind alle Gefährten seines Aufstiegs, alle Mitwisser seiner Schwächen und Verbrechen, alle, mit denen er seine Macht noch teilen muß, lästig geworden. Zuerst der Stiefbruder Britannicus, der als Kronprätendent beseitigt werden mußte, dann die ehrgeizige Mutter Agrippina, die ihm zur Herrschaft verhalf, aber keine Neigung zeigte, auf Einfluß und Machtteilhabe zu verzichten, und nun zuletzt der Erzieher und Lehrer seiner Jugendjahre, der zusammen mit Afranius Burrus, dem als Prätorianerpräfekten mächtigsten Militär, die Zügel des Römischen Reiches geführt hatte – ein glückliches Jahrfünft, wie man später rückerinnernd feststellte.

Jetzt ist der allmächtige Schüler der Belehrungen und des Lehrers überdrüssig geworden, aber noch ist er sich nicht im klaren, wie er sich des lästigen Mahners entledigen kann. Was scheint in dieser Lage verständlicher, als daß ein Mann, dem unter einem Herrscher dieser Art jede Möglichkeit sinnvollen Wirkens genommen war, der sich ständig bedroht und gedemütigt fühlen mußte, den Versuch wagte, sich aus dem großen Weltspiel zurückzuziehen? Der Schauplatz jedoch ist nicht unbeobachtet. Längst ahnen der Hof, die Senatoren, alle an den Vorgängen in der Herrschaftsspitze Beteiligten und Interessierten, was sich dort abspielt. Also muß der Schein gewahrt bleiben. Der Kaiser lehnt das Gesuch seines ersten Ministers ab, obwohl er ihn doch so gern verdrängt und beseitigt sähe. Der Minister bedankt sich für freundlich-ehrende Worte, und alles bleibt beim alten oder besser, es bleibt in der Schwebe. Der mit so viel hinterlistiger Dankbarkeit Bedachte zieht sich, ohne daß eine grundsätzliche Entscheidung getroffen worden wäre, zurück, gibt sich mehr und mehr das Ansehen eines Privatmannes, schützt Gesundheitsrücksichten vor, zeigt sich in philosophische Studien vertieft.

Rom war vor zweitausend Jahren Hauptstadt und Herz eines mächtigen Reiches, das sich in langen, blutigen Kämpfen rings um das Mittelmeer ausgebreitet hatte, dessen Grenzen die nordafrikanischen Wüstenzonen, der Atlantik und die Ströme Rhein, Donau und Euphrat bildeten, eine Stadt, in die der Reichtum der Länder zusammenströmte, die sich damals ›die Welt‹ nannten, eine Stadt der Gegensätze: hier üppigster, genußvoll zur Schau gestellter Reichtum, dort bitterste Armut; hier prachtvolle Schönheit von Bauten und Gärten, dort dürftigste Behausungen verarmter Bevölkerungsmassen; hier nahezu unbeschränkte Macht, dort grenzenlose Ohnmacht und menschenunwürdige Abhängigkeit. Über diese Stadt und dieses Reich gebietend ein Herrscher, der schon zu Lebzeiten zum Inbegriff schrankenloser Willkür wurde, die man um so unwilliger ertrug, je mehr sie hier in menschlichen Eigenschaften anschaulich wurde: ein dilettierender Künstler, launisch, verspielt, eitel, grausam, wollüstig, gierig oder nur ein begeisterungsfähiger Träumer in der Hand von Intriganten und Mätressen, in jedem Fall aber ein Herrscher, der den Aufgaben, die die Wohlfahrt eines Riesenreiches und seiner Bürger an ihn stellt, in keiner Weise gewachsen ist.

Im Hinblick auf die zahlreich erhaltene Literatur dieser Zeit, einschließlich der Literatur über diese Zeit, zeichnen wir betont den Typ des Theaterbösewichts nach. Eine Abwägung der politischen Fähigkeiten, Möglichkeiten und Ziele des letzten Kaisers aus dem julisch-claudischen Haus, die in einigen Punkten nicht so negativ ausfallen würde, wie man, den literarischen Quellen folgend, meinen könnte, ist eine notwendige, teilweise schon in Angriff genommene Aufgabe der modernen Forschung; in unserem Zusammenhang würde sie den Blick auf die Eigenart eben dieser Literatur der Kaiserzeit verstellen. Die Entmachteten und Benachteiligten dieser Zeit, die in ihren Schriften heute noch zu uns sprechen, gehören ja selbst zur Oberschicht einer sich in dieser Zeit außerordentlich stark umbildenden Klassengesellschaft, zum Senatsadel und zum Ritterstand; sie haben Vorrechte und sind, einer Kaste nicht unähnlich, streng abgeschlossen, politisch entmachtet zwar, aber doch von der autokratischen Spitze, die sich seit der Errichtung des Prinzipats durch Augustus (27 v. u. Z. – 14 u. Z) immer mehr gefestigt hat, als mögliche Widersacher betrachtet und behandelt. Der Minister Seneca gehört zu ihnen, und er teilt das Los vieler seiner Standesgenossen, als – ein Jahr nach dem Brand Roms im Jahre 64 und der sich anschließenden Christenverfolgung und drei Jahre nach dem obenerwähnten Gespräch – im Jahre 65 eine Adelsverschwörung gegen Nero aufgedeckt wurde, ihr Anführer, Gajus Calpurnius Piso, ein letztes, vielleicht erfolgversprechendes Aufbäumen verschmähend, den Freitod wählte und eine große Zahl wirklicher und vermeintlicher Mitverschworener und Mitwisser hingerichtet oder zum Freitod veranlaßt wurden.

Tacitus, der übrigens auch von einem Plan weiß, anstelle Pisos Seneca zum Kaiser Roms zu erheben, wählt als anschaulichstes Einzelbild innerhalb seiner Schilderung des Verlaufs und des Ausgangs dieser ›Pisonischen Verschwörung‹ den Bericht vom tapferen Sterben Senecas, von dem bisher nur als dem ehemaligen Minister Neros die Rede war, der aber für Zeitgenossen und viele nachfolgende Generationen als Moralschriftsteller und Tragödiendichter, ja als Inbegriff der Weltweisheit galt.

Dieser Bericht des Tacitus (›Annalen‹ 15,60 ff.) lautet: ›Es folgte der Mord an Annäus Seneca, hocherfreulich für den Herrscher, aber nicht etwa, weil er diesem die Teilnahme an der Verschwörung nachweisen konnte, sondern weil er jetzt mit dem Schwert erreichen konnte, was bei einem Giftanschlag mißlungen war. Die einzige knappe Aussage war die des Natalis: Ein einziges Mal hätte er bei Seneca einen Krankenbesuch machen müssen. Dabei sollte er die Beschwerde vorbringen, warum er denn Piso nicht empfangen wolle; es sei doch besser, wenn sie beide in vertrautem Umgang ihre Freundschaft pflegten. Darauf habe Seneca geantwortet, vieles Hin- und Herreden und häufige Unterhaltungen nützten keinem von ihnen; im übrigen hinge aber von Pisos Wohlergehen auch seine eigene Sicherheit ab.

Nun erhält der Tribun einer Prätorianerkohorte, Gavius Silvanus, den Auftrag, sich bei Seneca zu erkundigen, ob er die Aussage des Natalis und die ihm zur Last gelegte Antwort als wahr anerkenne. Seneca war gerade an diesem Tage zufällig, vielleicht aber auch aus Berechnung aus Kampanien zurückgekehrt und hatte vier Meilen vor der Stadt in seiner Villa Rast gemacht. An diesen Ort gelangte der Tribun gegen Abend. Er ließ die Villa durch Soldaten umstellen, dann richtete er Seneca, der gerade mit seiner Gattin Pompeja Paulina und zwei Freunden zu Tische saß, des Imperators Auftrag aus. Seneca gab zur Antwort: Wohl sei Natalis mit der Beschwerde Pisos zu ihm geschickt worden, er würde gehindert, ihn zu besuchen. Jedoch habe er sich mit Rücksicht auf seine Gesundheit und mit Ruhebedürfnis entschuldigt. Auch habe er keine Veranlassung gesehen, sich für einen Bürger ohne Staatsamt in Gefahr zu bringen, und für Schmeicheleien sei er nicht der Mann. Das wüßte keiner besser als Nero selbst, der doch häufiger Proben von Senecas Freimut erfahren hätte als unwürdige Kriecherei.

Als dies der Tribun in Anwesenheit der engsten Ratgeber des wütenden Herrschers, der Poppäa und des Tigellinus, vorbrachte, fragte dieser, ob Seneca Vorbereitungen zum Freitod treffe. Hierauf versicherte der Tribun, er habe keinerlei Anzeichen von Furcht bemerken und weder in seinen Worten noch in seiner Miene eine Spur von Niedergeschlagenheit entdecken können. Also wird ihm befohlen, noch einmal hinzugehen und den Todesbefehl zu überbringen. Nun berichtet uns Fabius Rusticus, daß dieser Tribun einen anderen Rückweg wählte, um noch den Präfekten Fänius aufzusuchen. Dem habe er die kaiserlichen Aufträge mitgeteilt und ihn gefragt, ob er gehorchen solle. Der Präfekt habe ihm dringend zur Ausführung geraten. Verhängnisvolle Feigheit aller Beteiligten! Gehörte doch auch Silvanus zu den Verschwörern, und jetzt vermehrte er noch die Frevel, die er hatte rächen wollen! Trotzdem wollte er es seinem Mund und seinen Augen ersparen und schickte einen seiner Centurionen mit der Mitteilung zu Seneca hinein, sein Tod sei beschlossene Sache und unausweichlich.

Ohne sich im geringsten einschüchtern zu lassen, verlangte Seneca nach seinem Testament. Als der Centurio ihm dies verweigert, wendet er sich an seine Freunde: Weil man ihn hindere, ihre Verdienste zu belohnen, hinterlasse er ihnen als einziges und doch

Schönstes, was ihm noch verblieben sei – das Bild seines Lebens! Behielten sie dieses im Gedächtnis, bliebe ihnen der Ruhm höherer Bildung wie aufrichtiger Freundestreue. Zugleich gibt er nun, bald im Plauderton, bald im Ton eines strengen Lehrmeisters, den hemmungslos Weinenden ihre innere Ausgeglichenheit zurück, fragt sie immer wieder, wo denn die Weisheitslehren geblieben seien, wo die jahrelang geübte innere Einstellung gegenüber drohenden Gefahren. Denn wer habe von Neros Grausamkeit nichts gewußt? Nach der Ermordung seiner Mutter und seines Bruders bleibe ihm doch nur noch der Mord an seinem ehemaligen Erzieher und Lehrer übrig.

Die Todesszene selbst malt Tacitus, dem Zeitgeschmack folgend, mit peinlicher Genauigkeit aus. Neben der pathetischen Theatralik, die uns befremdend, ja abstoßend erscheinen mag, fällt die bewußte Stilisierung der Vorgänge nach dem Tod des athenischen Philosophen Sokrates auf. Ständige Bereitschaft zum Sterben, innere Vorbereitung auf den Tod und Bewährung im Tode selbst bedeuten für die Zeitgenossen gewissermaßen die Erfüllung eines philosophischen Programms. Der Sinn für das Paradoxe, Groteske und Makabre, der dieser Zeit eigen ist, hat sich unter gesellschaftlichen Verhältnissen herausgebildet, die den einzelnen Mitgliedern der herrschenden Klasse zwar genug und übergenug Möglichkeiten und Gelegenheiten zu phantastischer Prachtentfaltung boten, ihnen gleichzeitig aber abforderten, jederzeit auf Unvorhersehbares, Unabwendbares gefaßt zu sein, auf Verbannung, Enteignung, Aufforderung zum Freitod, Hinrichtung.

Ein Künstler des Barockzeitalters, Peter Paul Rubens, hat die Szene des noch im Sterben diktierenden

Philosophen Seneca im Bilde festgehalten. Tacitus folgend, handelt es sich um eine Willenserklärung anderer Art als das erb- und vermögensrechtlich bedeutsame Testament, das ihm ja wohlweislich verweigert worden war.

In einer vergleichbaren Lage hatte ein Jahr darauf der Geschmacksrichter am Hofe Neros, der Autor des ›Satirikon‹, Petronius Arbiter, ein versiegeltes Schreiben hinterlassen, das sich durch Mitteilung ungeschminkter Wahrheit gegenüber dem Tyrannen von anderen Schreiben dieser Art unterschied.

Senecas letztes Diktat dürfen wir uns ähnlich vorstellen. Der Geschichtsschreiber nennt sogar den Grund, der ihn bewog, nur die Tatsache als solche zu erwähnen, jedoch diese sicher nicht allzu umfangreiche ›Erklärung‹ nicht in sein Geschichtswerk aufzunehmen: sie kursierte öffentlich und war zu seinen Lebzeiten, also etwa fünfzig Jahre nach Senecas Tod, noch wirksam. Vermutlich wird aber weder in Senecas Sterbestunde noch in seinen letzten Worten von dem die Rede gewesen sein, was uns heute die Beschäftigung mit diesem eigenartigen Mann nahelegt und zum Erlebnis macht: seiner umfangreichen Schriftstellerei.

Tacitus, der, ohne sein erklärter Freund zu sein, anteilnehmend über Seneca berichtet hat, ist auch der unverdächtige Zeuge seines schriftstellerischen Ruhmes, wenn er an anderer Stelle (›Annalen‹ 13,3) anläßlich der Erwähnung einer von Seneca verfaßten Staatsrede dessen ›gefälliges, dem Zeitgeschmack voll entsprechendes Stiltalent‹ erwähnt. Uns wird dieses Schweigen über den Schriftsteller Seneca eigentlich nur verständlich, wenn man bedenkt, wie bekannt dessen Werk zu dieser Zeit war; Tacitus selbst hat viel von ihm gelernt, viele seiner Gedanken weitergeführt. Neben dem Staatsmann ist hier also der Modeautor einer ganzen Epoche ins Blickfeld getreten, über den – zeitlich ein wenig früher sogar – der erste Rhetorikprofessor Roms, Quintilian, ganz anders urteilt (Unterweisung in der Redekunst 10,1,128f.). Nach eingehender Kritik faßt er zusammen: ›... er – Seneca – behandelte nahezu alle Wissensgebiete, denn es sind von ihm Reden, Poesie, Briefe und Dialoge erhalten; in der Behandlung philosophischer Gegenstände ein wenig unkritisch, war er doch ein vorzüglicher Bekämpfer der Laster.‹ Man spürt, daß sich dieser Mann – anders als Tacitus – mit den Wirkungen eines beliebten Schriftstellers, eines Rivalen, auseinandersetzt. Quintilian legt hier den Finger auf die wunde Stelle: die verdächtige Leichtigkeit und Eingängigkeit des Ausdrucks, die equilibristische Fähigkeit, Widersprüche je nach Bedarf zu über- oder zu untertreiben und daraus unmittelbar ableitbar Senecas beispielloser Publikumserfolg, ein Erfolg, der immer die Gefahr kritikloser Übernahme literarischen Formenspiels in sich birgt. Senecas Fehler sieht er gleichwohl verbunden mit soliden Kenntnissen auf allen Wissensgebieten und gutem Willen, doch er betont – mit Recht – die Unwiederholbarkeit Senecas und, immer wieder, die Gefahr, die äußerliches Nachahmen, ja Nachäffen dieser Schreibart heraufbeschwören muß. Seneca, der Gefeierte und Bekämpfte, der Anerkannte und Verleugnete, ist eine lebendige Macht in einer bewegten Zeit, ein Mann der Gegensätze und der Spannungen, dessen Werk in der Weltliteratur weitreichende Spuren hinterließ, ja, selbst zur Weltliteratur gehört und Wirkungskraft bis in unsere Gegenwart hinein behalten hat.

Sich an das ›Bild des Lebens‹ erinnern, von dem der sterbende Seneca gesprochen hatte, fordert von uns zunächst Vergegenwärtigung des äußeren Rahmens, in dem in jener uns so ferngerückten Zeit ein Leben bewußt geführt, als Kunstwerk gestaltet werden konnte. Dabei wird aber nun vor allem deutlich, wie alles Wesentliche in diesem Leben unmittelbaren Ausdruck in literarischen Werken gefunden hat, sei es als Selbstverteidigung, stolz oder flehend, als Angriff, schroff-herrisch oder erzieherisch-einfühlsam, als Fürstenspiegel, Staatsrede, als naturwissenschaftliche oder ethnographische Studie, als Spottschrift, Essay, Epigramm, Bühnenwerk oder als Freundesbrief. Die dichterische Gestaltwerdung eigenen Denkens und Fühlens ist kein beliebiger Begleiter und aus diesem Leben einfach nicht wegzudenken. Seneca ist kein aktiver Politiker, der – sooft es ihm möglich und sinnvoll scheinen mochte – nebenbei schriftstellerisch tätig war, andererseits aber auch kein philosophischer Schriftsteller, der am gesellschaftlich-politischen Leben Anteil nahm. Seine Schriften, die flüchtig und oft unglaublich schnell hingeworfenen ebenso wie die überlegt gestalteten, sind gewissermaßen ein Atmen durch die Feder. Für seine Zeit ist er *der* Modeautor, der sich, die bewußt-harmonische Satzarchitektur eines Cicero ablehnend, einen den Leser-Hörer unmittelbar packenden, aufrüttelnden Stil schafft. An der Eigenart dieses Stils, am Gegensatz, in den sich dieser Stil zu ›klassischen‹ Mustern stellt, ist die Gleichung ›der Stil – das ist der Mensch‹ wohl zum ersten Mal für alle folgenden Generationen anschaulich geworden.

Wer sich mit Senecas Werk beschäftigt, sieht sich, scheint es, immer wieder einem Vorwurf, einer vorwurfsvoll-kritischen Feststellung gegenüber: Wie stimmen philosophische Forderung und politische Wirklichkeit, wie stimmen Literatur und Leben zueinander. Diese Frage, die über den Wert unserer Beschäftigung mit jedem Autor der Vergangenheit entscheidet, führt den heutigen Leser im ›Fall Seneca‹ mitten in die lebendigsten Auseinandersetzungen.

Friedrich Engels wies, als er Bruno Bauers Bemühungen um die Aufklärung der historischen Bedingungen der Entstehung des Christentums begrüßte, verstärkt auf ebendieses Unvermögen der Philosophien hin, in einem Zeitalter allgemeiner Auflösung und Demoralisierung vor gänzlicher Verzweiflung zu bewahren. Ein wesentlicher Grund schien ihm bezeichnenderweise auch in dem Umstand zu liegen, daß die Lebensführung der Philosophen ihre Lehre ständig in Verruf brachte. Sein Aufgreifen der von der Überlieferung vorgeprägten Kennzeichnung Senecas als ›erster Hofintrigant Neros‹ zielt in diese Richtung, die große Bedeutung des Werkes für die spätere Entwicklung christlicher Dogmatik und ethischer Maximen bildet dafür den Hintergrund. Engels hat damit bewußt den Umkreis des möglichen Wollens und Wirkens in der Zeit Neros überschritten und von den objektiven Folgen her geurteilt.

Dies aber ist nun die jeden Leser herausfordernde, paradoxe Situation: Nicht nur, daß hier der nach dem Kaiser vielleicht reichste Mann des Reiches, der auch – wie man weiß – seine eigenen Finanzen wohl zu fördern versteht, das Lob sparsam-bescheidenen Lebens in glücklicher Armut anstimmt, daß der strenge Sittenrichter im eigenen Leben eine verdächtige Flexibilität zeigt und, wenn es darum geht, Handlungsspielraum zu erhalten und zu behaupten, auch Dinge tut, die er eigentlich nicht billigt und nicht billigen darf; auf Schritt und Tritt wird der heutige Leser – und wieviel mehr galt das für Senecas Zeitgenossen – auf Unausgeglichenheiten und Widersprüche stoßen. Je nach Reihenfolge und Auswahl der Lektüre wird man zu manch einem Themenkomplex die unterschiedlichsten Meinungen und Urteile finden, ja, man wird ein widersprüchliches Schwanken im gesamten ›Systems‹ dieses anderen Denkern so ganz unähnlichen Philosophen vorfinden.

Seneca selbst hat mit einer programmatischen These den Vorwurf herausgefordert, an der ihn zu messen so schwierig und doch so reizvoll ist: Leben und Werk sollen einen Einklang bilden.‹ (Moralische Briefe an Lucilius 75,4). Bei seinen in Konfliktsituationen entstandenen und wesentlich auf ethische Handlungsentscheidungen hinführenden Schriften kann das kein bloßes Stilproblem bleiben. Die Frage nach der Wahrhaftigkeit seiner Worte, der Ehrlichkeit seines Strebens muß sich bei der Beurteilung der kritischen Punkte seines Lebens immer wieder stellen. Wie diese Spannung zwischen Leben und Lehre, zwischen Persönlichkeit und Stil begriffen, ausgehalten, überwunden werden kann, dazu genügen die Vorbemerkungen ›Widerstand gegen schlechtes kaiserliches Regiment‹, ›Streben nach bestmöglicher Verwirklichung humanistischer Ideale in einer inhumanen Wirklichkeit‹ nicht oder eben nur zunächst. Herkunft, Leben und Werke sind genauer zu betrachten.

Die Familie Seneca stammt aus einem Bereich des Römischen Reiches, der im ersten Jahrhundert u. Z. einen bedeutenden Beitrag zur Entwicklung römischer Kultur, im besonderen der Literatur, geleistet hat: aus Spanien. In der Hauptstadt des südlichen

Landesteils der Iberischen Halbinsel, der wirtschaftlich aufstrebenden Provinz Bätica, in Cordoba, wurde Lucius Annäus Seneca kurz vor der Zeitenwende (um 4 v. u.Z.) geboren. Unverkennbar sind an der Seneca-Familie die hervorstechenden Eigenschaften vieler aufstrebender Provinzialen dieser Zeit: Ehrgeiz, Geschäftstüchtigkeit, Selbstdisziplin, dazu die Fähigkeit, Fremdes dem Neuen anzugleichen, schöpferisch weiterzuentwickeln. Der Vater, Lucius Annäus Seneca (um 55 v. u.Z. bis um 40 u.Z.), gleichnamig also und daher mit dem notwendigen Unterscheidungszusatz ›der Ältere‹, ›der Vater‹ oder ›der Rhetorz genannt, dem Ritterstand zugehöriger Provinzrömer, hat dem Aufstieg der Familie vorgearbeitet; eine sichere wirtschaftliche Grundlage war vorhanden. Wenn man vom ausgedehnten Grundbesitz der Familie weiß, wirkt der gallige Ausfall gegen die Großagrarier seiner Zeit (Brief 89) beklemmend; das empfanden schon die Zeitgenossen. Der Strenge und Weitsicht dieses Vaters sind die Erfolge der zweiten und dritten Generation in hohem Maße zuzuschreiben; doch ist der Anteil, den die kluge, liebevolle Führung der Mutter Helvia auf den Familienzusammenhalt gehabt hat, aus dem Bild vom kometenhaften Aufstieg dieser Familie aus der Provinz nicht hinwegzudenken.

Unser Seneca, ihr Lieblingssohn, war der mittlere von drei Brüdern, die, wie es Seneca später in der seiner Mutter gewidmeten Trostschrift aus seiner Verbannungszeit selbst eindrücklich beschreiben wird, gewissermaßen drei Lebensformen verkörpern. Der älteste Bruder, Lucius Annäus Novatus, ist bekannt aus der Apostelgeschichte des Lukas (18,12). Er ist jener Prokonsul Gallio von Achaia, der die Anklage der Juden gegen den in Griechenland missionierenden Apostel Paulus als bedeutungslose innerjüdische Streitigkeit abweist. In Delphi wurde sein Name auf einem Inschriftenstein entdeckt. Senecas drei Bücher ›Vom Zorn‹ sind ihm gewidmet, ebenso die Schrift ›Vom glücklichen Leben‹, nur heißt es hier ›An Gallio‹, wie Novatus nach der Adoption durch den der Familie befreundeten Rhetor Junius Gallio hieß; ein ranghoher Staatsbeamter, ein überlegt abwägender Mann in gesicherter Stellung, den Machtkämpfen nicht allzu nahe stehend, dem dennoch der Tod des berühmten Bruders mit zum Verhängnis wird. Der jüngere Bruder, Lucius Annäus Mela, wählt eine andere Lebensform; er hält sich dem politischen Leben und seinen Gefahren betont fern, widmet sich – mit Erfolg, wie wir wissen – der Verwaltung und Mehrung seines Vermögens und einer gepflegten, kulturvollen Häuslichkeit.

Die Berühmtheit dieses Familienzweigs begründet sein genialer Sohn, der Epiker Marcus Annäus Lucanus (39 bis 65), dessen historisches Epos ›Vom Bürgerkrieg‹ – Cäsars gegen Pompejus – einen hohen Rang in der römischen Literatur einnimmt, modern in der Konzeption und der Verwendung der epischen Mittel, aussagekräftig als Ausdruck des Unbehagens an der inhumanen Wirklichkeit und als Programmgedicht des Widerstandes gegen die Cäsarenherrschaft. Dieser Neffe des Philosophen geriet gleichfalls in den Sog der ›Pisonischen Verschwörung‹, der er als ›Bannerträger‹ poetisch-agitatorisch vorgearbeitet hatte. Der Vater wird beim Versuch, der Familie das Vermögen zu erhalten, ein weiteres Opfer Neros.

In der Mitte steht nun der Mann, dessen Leben bis zuletzt eine offene Frage geblieben ist, eine Aufgabe, in die die Lektüre seiner Schriften jeden seiner Leser hineinzwingt. Gewiß nicht zufällig entstammt seinem Denken die Prägung ›Lebenskünstler‹ in einem noch unentstellten, anspruchsvollen Sinn. Sein Gesundheitszustand war wohl zeit seines Lebens nicht der beste. Er war kein schöner Mann, das hat er offen ausgesprochen und sogar mit einem gewissen Behagen auf sein wenig ansprechendes Äußeres hingewiesen: hager, kahlköpfig, kurzsichtig, kleinwüchsig, von chronischer Atemnot und Herzbeschwerden ein Leben lang geplagt. Sein Werk ist der Krankheit abgerungen. Die oft begegnenden wehleidigen Beschreibungen eigener Leiden, die diätetischen Querelen werden wir ihm wohl nachsehen müssen. Das einzige beglaubigte antike Bildnis, die berühmte Berliner Doppelherme (Seneca zusammen mit Sokrates), mit seinen vollen Wangen, dem schlaffen Kinn, dem faltigen Hals und dem selbstgefällig-anmaßenden Blick scheint dem zu widersprechen. Wir sollten einer auf den Titelblättern der Humanistenzeit begegnenden Mahnung folgen und sein wahres Bild in den Werken suchen.

Seneca der Vater sorgte für eine gründliche Ausbildung seiner Söhne in Grammatik und Rhetorik, den Hauptvoraussetzungen für den Staatsdienst mit einflußverheißenden und einträglichen Stellen; konservativ, ein Verehrer Ciceros und seines Stils, aber dem Neuen gegenüber, das nach Augustus in Literatur und Kunst nach Ausdruck rang, aufgeschlossen. Noch im Alter bemüht, seinen Söhnen ein brauchbares ›Handbuch‹ mitzugeben, stellte er – für uns eine kostbare Hinterlassenschaft – eine Blütenlese aus der Rhetorenschule seiner Zeit zusammen, die Kontroversien (schulmäßig behandelte Rechtsfälle) und Suasorien (fingierte Ratschläge an bekannte historische Persönlichkeiten); verloren ist eine Geschichte seiner eigenen Zeit, die mit den Gracchen-Unruhen begann. Seine literarische Hinterlassenschaft wurde im Mittelalter seinem berühmten Sohn zugeschrieben; die Trennung der Anteile erfolgte erst im 16. Jahrhundert. Die Ausbildung des jungen Seneca erfolgte in Rom. Die Richtung seines Bildungsweges läßt sich an seinen Lehrern deutlich ablesen. Der griechische Philosoph Attalos, der zur Zeit von Kaiser Tiberius in Rom lebte, vermittelte ihm die Grundausbildung in der Philosophie. Dieser Attalos ist Stoiker, hält sich aber nicht an die festen Grenzen des stoischen Lehrsystems, er ist offen für epikureische Gedankengänge und vor allem, er will mit seiner Art zu philosophieren praktische Lebenshilfen bieten und versucht demgemäß Philosophie und Rhetorik zu einer Wirkungseinheit zu verbinden. Ein anderer Stoiker, Sotion, erweitert den Rahmen der stoischen Schule noch mehr, hin zu pythagoreischen Anschauungen. Von ihm beeinflußt, verschreibt sich Seneca zeitweise einem selbstquälerischen Vegetarismus, läßt sich von Vorstellungen über Seelenwanderung beeindrucken und findet Hinweise auf die kurzlebige, zur Zeit des Augustus stark wirksame Philosophenschule des Sextius, dessen nach pythagoreisierenden Grundsätzen gestaltete Schulgemeinschaft deren Praxisverbundenheit er als eigenständig römisch empfand und – auch wenn die Grenzen der stoischen Schule hier überschritten sind – sehr bewundert. Auch ein dritter Lehrer, der hier zu nennen ist, Papirius Fabianus, vertritt Grundrichtungen, die Seneca nach seiner Anlage und seiner Willensrichtung gelegen kommen mußten. Philosophie und Rhetorik wirken hier wie bei Attalos zusammen, bezeugen sich in umfangreicher, leider verlorengegangener Schriftstellerei, wollen, der Schule des Sextius nicht unähnlich, wirken und in konkreten Situationen Hilfe leisten. Die Bereitschaft, sich gerade von diesen Lehrern prägen zu lassen, sagt viel aus über Senecas spätere Entwicklung. Nicht zufällig jedenfalls finden wir bei dem in diesen Denkrichtungen geschulten Seneca eine bis zur Pedanterie übertriebene Technik der Selbstkontrolle und Selbstbeobachtung, die ihm zu beachtlichen Formulierungen des Gewissensbegriffs verhelfen (Brief 41 und 43) und zu einem Meister der Seelenführung werden lassen. Eigene Erfahrung spricht aus dem Lob der Selbsterkenntnis und des Selbstbewußtseins, das sich ›zum Kundschafter wie zum geheimen Richter‹ hat. Im Werk ›Vom Zorn‹ (3,36) berichtet Seneca, wie sich der als Vorbildgestalt empfundene Sextius allabendlich vor dem Schlafengehen Rechenschaft über seinen Tagesverlauf abzulegen pflegte: ›Welchem deiner Laster hast du heute den Garaus gemacht? Welcher üblen Gewohnheit hast du heute widerstanden? Worin hast du dich verbessern können?‹

Selbstbeobachtung, Selbstprüfung und Selbstverständigung bleiben ein Leben lang wesentliche Kennzeichen von Senecas Schriftstellerei; dazu treten weitgesteckte Interessen, gute Naturbeobachtung, große Belesenheit, die vergleichendes Einordnen wie spekulative Ausdeutung der Fakten erlaubt. Auslösende Faktoren sind existentielle Probleme, die ihm die Umwelt stellt: ein fremdes Land, Familiensorgen und Berufsfragen, das Abstecken der Herrscherpflichten und das Ringen um die Bürgerpflichten, Freundschaftsbewährung, die ihn vor allem mit Personen verbindet, denen er seine Schriften widmet, denen er helfen, die er erziehen will. Es sind Gelegenheitsschriften im höchsten und besten Sinn des Wortes. So ist es auch am angemessensten, die Vorstellung seiner Schriften in seinen Lebenslauf einzuflechten.

Nach seinen Studienjahren lebt er längere Zeit, wohl besonders seines Gesundheitszustandes wegen in Ägypten, wo Gajus Galerius, der Mann seiner Tante, als Präfekt im kaiserlichen Dienst die Provinz verwaltet. Das Erlebnis des Nillandes und seiner Geschichte, die Beobachtung seiner Bewohner findet Niederschlag in einer Schrift ›Über Land und Heiligtümer der Ägypter‹, eine zweite schreibt er ›Über Indien‹; beide sind nicht erhalten. Es wird vermutet, daß die für unsere Vorzeit so unschätzbare ethnographische Studie des Tacitus, die ›Germania‹, dieser Ägypten-Schrift Senecas verpflichtet ist. Nach der Rückkehr aus Ägypten im Jahre 31 – noch regiert in Rom Tiberius – wird Seneca – die Familie hat Einfluß! – zum Quästor ernannt, ist nun Mitglied des Senats, macht als Anwalt von sich reden. Seine glänzenden Plädoyers wecken und nähren den Neid des späteren Kaisers Caligula (37 bis 41), dessen tödlichen Folgen er nur entging, weil ihm – laut Hofgerücht – ein baldiges Ende an der Schwindsucht bevorstand. In dieser Zeit schloß er seine erste Ehe. Charakteristisch für Seneca, daß sich der Eintritt in die neue Lebenssphäre sogleich in einer – nur aus Fragmenten bekannten – Schrift ›Über die Ehe‹ niederschlug. Wohl auch in dieser Zeit gibt er in der Schrift ›Vom Lebensgang meines Vaters‹ Zeugnis verpflichtender Familienverbundenheit; sein Vater stirbt gegen Ende dieses Jahrzehnts.

Aus den Jahren 40/41 stammt nun die erste der uns erhaltenen Schriften, die ›Trostschrift an Marcia‹, die

Tochter des Geschichtsschreibers Aulus Cremutius Cordus, der unter Tiberius den Tod fand, weil er in seinen freimütigen ›Annalen‹ gewagt hatte, die Cäsar-Mörder Brutus und Cassius zu verherrlichen. Die Tochter veröffentlichte sein – in einem Exemplar gerettetes – Werk unter dem auch in seinen literarischen Urteilen unberechenbaren Kaiser Caligula; Senecas Trost gilt in dieser Schrift freilich der Mutter, die einen ihrer Söhne in frühem Alter verloren hatte. Seneca erschließt sich hier die literarische Form der Trostschrift die er zur philosophischen Seelsorge eigener Prägung erweiterte.

Im Jahr 42 tröstet er – seltsame Verkehrung der Rollen – seine Mutter Helvia über seine eigene Verbannung, findet er in der Hinwendung zum Leid anderer gleichzeitig Wege zu sich selbst. Wenig später flieht er, wohl in der Hoffnung auf Rückberufung aus seiner Verbannung, in eine Trostschrift für den einflußreichen Hofbeamten Polybius lange Ergebenheitsbekundungen an Kaiser Claudius ein. Eine verschlüsselte Bittschrift, gewiß, die dem Verfasser zudem den Vorwurf unwürdiger Schmeichelei einbrachte, mit Recht wohl nur bei denen, die über Erlaubtes und Ehrenhaftes eigene Vorstellungen unterlegten, die die Ausdrucksmöglichkeiten des nicht selten hintergründig-ironischen Hofstils der Zeit verkannten oder die von vornherein darauf aus waren, in diesem Philosophenleben Unstimmigkeiten zu entdecken.

In der Zeit kurz vor seiner Verbannung und am Verbannungsort, der unwirtlichen Insel Korsika, entstehen die drei Bücher ›Vom Zorn‹, die das individual-ethische Hauptstück seiner Philosophie vor uns entfalten, die Bezähmung menschlicher Leidenschaften, gewissermaßen der Versuch, Lebensfragen im Subtraktionsverfahren zu bewältigen. Worum geht es? Um mustergültiges, heldenhaftes Ertragen des von außen, von der Weltseite her den Menschen Betreffenden. Aushalten also, nicht eingreifen, Bewahrung oder Erringung dessen, was als ›stoische Ruhe‹ immer bekannt geblieben ist: Erkennungsmerkmal und Haupteigenschaft des Leitbilds der Stoiker, des vollendeten Weisen. Diese individualpsychologische Betrachtungsart durchzieht alle Schriften Senecas, deren philosophischer Themenkatalog ohnehin nicht allzu umfangreich ist. Die anschauliche und abwechslungsreiche Darstellung gleicht aber den Überdruß der Wiederholungen immer wieder aus, die freilich nun auch den Vorteil bieten, daß man beginnen kann, wo man will, und immer sogleich voll einbezogen ist.

Der eifernde Ernst, der sich jedem Leser unmittelbar mitteilt, läßt inhaltliche Wiederholungen als verstärkte pädagogische Bemühung empfinden; Anschaulichkeit, erreicht durch den Bilderreichtum der Sprache, und Abwechslungsreichtum in den Darstellungsformen treten hinzu. In allen Schriften Senecas sind zwei für ihn bezeichnende Anliegen zu beobachten: das Ringen um Affektfreiheit, womit der Philosoph keineswegs Unangreifbarkeit durch Empfindungsarmut und stumpfe Leidenschaftslosigkeit zu erreichen strebt; vielmehr zielt sein Philosophieren letzten Endes auf den Gewinn einer Lebensform, die aktives und passives Verhalten, persönliches und gemeinschaftsbezogenes Leben verbindet. Es geht ihm um den Zustand vollkommener innerer Ausgeglichenheit und Ruhe, der mit strenger Selbstzucht, aber eben nicht – zumindest nicht ausschließlich – mit Weltflucht und Ausweichen vor den Forderungen des Tages zu erkaufen ist; abgekürzt sprechen wir von der ›Seelenruhe‹. Zum anderen geht es Seneca – mag er die Weisheit, den vollendeten Weisen als hohes Ziel vor Augen haben und vor Augen stellen – um die Probleme des Menschen, der als Glied einer menschlichen Gemeinschaft unterwegs zu diesem Ziel ist. Keiner hat den lange vor ihm ins Lehrsystem der stoischen Schule eingeführten ›Vermittlungsvorschlag‹, den auf dem Wege zur Weisheit Befindlichen, den in täglicher Auseinandersetzung Fortschritte Machenden, kurz den ›Fortschreitenden‹, wie er in der stoischen Theorie heißt, so eindrücklich beschrieben, sich selbst in diese Gruppe einbezogen wie Seneca.

Nahezu paradox, daß gerade der Kaiser, der den Philosophen Seneca in die Verbannung schickte, Claudius, später dankbar bekannte, wie sehr ihm, dem zum Jähzorn Neigenden, die Lektüre von Senecas Schriften bei der Zügelung seiner Leidenschaften geholfen habe. Wie war es zu dieser Verbannung gekommen, die ihn mitten aus sich entfaltender Wirksamkeit riß und acht Jahre (42 bis 49) auf der Insel Korsika festhielt? Dem im Jahre 41 ermordeten Kaiser Caligula war Claudius (41 bis 54) gefolgt, der nicht eigentlich Senecas Feind, aber sicher zu schwach war, ihn zu schützen: ein weltfremder Gelehrtentyp, als zum Zeitpunkt einzig verfügbarer Vertreter der Dynastie auf den Thron erhoben, im einzelnen fleißig und in der Verwaltung des Reiches nicht untüchtig, jedoch in verhängnisvoller Weise abhängig von der Hofkamarilla. Ob wirklich der Vorwurf des Ehebruchs mit Julia Livilla, einer Schwester Caligulas, mehr war als ein Vorwand, den verhaßten Anhänger einer anderen Partei, die sich um Agrippina, die

Tochter des Germanicus, scharte, vom Hof zu entfernen, ist heute nicht mehr zu entscheiden.

Vom Jahr seiner Rückberufung an steht er nun im vollen Licht der Geschichte, in dem er fortan, gehaßt und geliebt, verleumdet und verehrt, bis zu seinem Ende stehen wird. Der äußere Anlaß der Rückberufung ist einleuchtend: Claudius hatte nach dem Ende der berüchtigten Messalina in vierter Ehe seine ehrgeizige Nichte Agrippina geheiratet. Diese Tochter des Germanicus brachte aus erster Ehe den damals zwölfjährigen Sohn Nero mit, den sie auf die höchste Rangstufe des Reiches befördert sehen wollte. Seneca war von ihr ausersehen, diesem begabten, aber auch abwegig veranlagten jungen Mann Herrscherfähigkeiten anzuerziehen, seine guten Anlagen zu fördern, von seinen schlechten wenigstens abzulenken, die verderblichsten eindämmen, vielleicht beseitigen zu helfen. Eine schwierige Aufgabe, die man Seneca vor allen anderen zutrauen durfte. Mit gutem Recht; waren seine moralphilosophischen Traktate, seine Dichtungen, seine Reden doch stadtbekannt, das hieß – war diese Stadt Rom – weltbekannt und weltbeliebt. Die Aufgabe war so schwierig wie dringend, denn in Gestalt eines Claudius-Sohnes von der Messalina, des nur drei Jahre jüngeren Britannicus, war auch ein Kronprätendent vorhanden. Wir haben also guten Grund, anzunehmen, daß die Übernahme politischer Verantwortung von vornherein die Bedingung für Senecas Rückkehr war. In den ersten Tagen des Jahres 49 fiel diese, sein weiteres Leben und Wirken bestimmende Entscheidung. Irrig ist also die Annahme, Seneca hätte die Wahl gehabt, ein sorgloses, wissenschaftlichen Studien gewidmetes Leben zu führen, seine Umgebung, seine Tätigkeit selbst bestimmen zu können. Die einzige ›genau‹ datierbare Schrift, die er unmittelbar nach seiner Rückkehr nach Rom verfaßte, trägt den Titel ›Von der Kürze des Lebens‹, richtet sich an einen hochbetagten Reichsbeamten, dem eines der wichtigsten Ämter, die Getreideversorgung der Hauptstadt, anvertraut war, forderte ihn auf, über einem Tageslauf voll aufreibender Sorgen für andere Selbstbesinnung und Selbstverwirklichung nicht hintanzustellen, nicht in das fieberhafte Treiben eines Vielbeschäftigten zu verfallen, Kraft für Wirksamkeit aus sinnvoll gestalteter, der Philosophie gewidmeter Mußezeit zu gewinnen. Damit ist zum ersten Mal das große Thema deutlich ausgesprochen, das nie wieder aufgegeben wird: Wie lassen sich Pflicht und Muße (negotium und otium), Staatsdienst und Selbstverwirklichung vereinen; wann, unter welchen Umständen ist es erlaubt, ›kalt sich selbst und seinem Willen‹ zu leben.

Dazu ist jedoch vorerst wenig Zeit und Anlaß. Der Philosoph steht im Mittelpunkt des politischen Lebens, hochgeehrt. In den Jahren 50 und 55 bekleidet er das zweithöchste und das höchste Staatsamt, die Prätur und das Konsulat, wirkt er, gewissermaßen als erster Mann am Thron, als Erzieher und Berater des jungen Herrschers, der nach der Vergiftung des Claudius (54) durch dessen Frau Agrippina die Thronnachfolge antritt. Er hatte – eine gewiß seltsame Zumutung – für den jungen Nero die offizielle Lobrede auf den toten Claudius abzufassen. Das Publikum hörte denn auch aufmerksam zu, solange von den Verdiensten der Vorfahren des Kaisers, von seinem Verhältnis zu den Wissenschaften und der außenpolitischen Entwicklung des Reiches die Rede war; als dann aber seine Weitsicht und Weisheit gepriesen wurde, konnte sich keiner der Zuhörer länger des Lachens erwehren, ›obwohl‹ – so berichtet es uns Tacitus – ›die Rede, von Seneca verfaßt, viel rhetorischen Glanz zur Schau stellte‹. Die Rede selbst ist – wie alle anderen Reden Senecas – verloren; erhalten geblieben ist aber ein kostbares Stück Literatur aus seiner Feder, das auf den gleichen Gegenstand, die Erhebung des verstorbenen Claudius unter die Götter (›Apotheosis‹), abzielt, eine der spritzigsten politischen Satiren der Weltliteratur. Man überlieferte sie als ›Apokolokyntosis‹, das heißt ›Verwandlung in einen Kürbis‹. Die kleine Schrift lief anonym in Hofkreisen um, aber man wußte Bescheid und belustigte sich aufs höchste. Ein negatives Fürstenideal wird hier gezeichnet, burlesk und hintergründig, und gewiß war diese Entladung für den so schwer Gedemütigten auch eine Genugtuung. Gegner – und wiederum schon die Zeitgenossen – haben die Tatsache, daß hier überschwengliches Lob und gehässigster Spott zu gleicher Zeit vom gleichen Schreiber auf den gleichen Mann gerichtet werden, als Zeugnis charakterlicher Minderwertigkeit deuten wollen.

Unter dem Erben Julius Cäsars und späteren ersten Kaisers Augustus hatte sich unter der Bezeichnung Prinzipat eine neue autokratische Staatsform durchgesetzt, die besser als die alte, für die Regierung des Riesenreiches zu eng gewordene republikanische, geeignet schien, die Herrschaft der besitzenden Klassen zu festigen. Die Begründung dieses neuen Regiments hat sich nun nicht mit einem Mal vollzogen. Kluge, maßvolle Beschränkung des von 27 v. u. Z. bis 14 u. Z. herrschenden Augustus hat den von unmittelbarer Machtausübung Verdrängten die Härten der neuen Staatsform nicht voll bewußt werden lassen. Unter den drei Nachfolgern seines Hauses bot sich hingegen für alle Angehörigen des entmachteten Senatsadels ausreichend Gelegenheit, die Problematik der neuen Abhängigkeitsverhältnisse kennenzulernen und zu durchleiden. Um die Jahrhundertmitte, mit dem Regierungsantritt des jungen Nero, war nun die Zeit reif, die Fragen des Herrschens und Beherrschtwerdens grundsätzlich zu durchdenken. Wenn das Los jedes einzelnen von dem einen allein Mächtigen abhängt, muß es mehr als je zuvor auf Charakter und Eigenschaften dieses einen ankommen, müssen Bildung und moralische Zielsetzung des Herrschers vordringliche Aufgabe werden. Auch diese Gedankenarbeit leistet der neue Fürstenerzieher und Berater, leistet Seneca. 54/55 schreibt er für seinen Zögling einen ›Fürstenspiegel‹ – diese Bezeichnung könnte sogar auf Seneca selbst zurückgehen –, ›Über die Milde‹, der für Altertum, Mittelalter und beginnende Neuzeit von kaum zu überschätzender Bedeutung werden sollte.

Die Rechtssicherheit des einzelnen Bürgers und das Staatsinteresse müssen neu aufeinander bezogen, miteinander versöhnt werden. So entsteht eine staatstheoretische Schrift von ganz eigenem Reiz, zu einem Zeitpunkt, da der hochgelobte, pädagogisch-vorsorglich mit seinem Ideal gleichgesetzte junge Herrscher sich anschickt, die erste Gefahr für seinen Thron, seinen Stiefbruder Britannicus, aus dem Wege zu räumen. Es ist sogar vermutet worden, daß der Abbruch der Handschrift dieser auf drei Bücher geplanten Schrift nach dem ersten Drittel des zweiten Buches keineswegs eine Unfreundlichkeit der Überlieferung ist, sondern die Enttäuschung des Philosophen ausdrückt, der nach dem hinterhältigen Brudermord einfach nicht weiter über Milde und Güte schreiben konnte, an diesen Nero nicht. Wichtig ist, daß die brennende Aktualität der Situation empfunden wird, in der sich Seneca als Philosoph und Minister hier befindet und immer befinden wird.

Selten ist in der antiken Gesellschaft der Gegensatz zwischen dem Anspruch der Einzelperson und dem der staatlichen Gemeinschaft, zwischen Pflicht und Neigung, Widerstand und Gehorsam, Nützlichkeitsdenken und Prinzipienfestigkeit mit solcher Leidenschaft ausgetragen worden wie in diesem, durch diesen und später auch um diesen Mann. Keine seiner Schriften, für uns die Dokumente dieses Kampfes sind ohne persönliche Hinwendung an einen Freund, ohne eine erzieherische Aufgabe, aber auch keine ohne das marternde Fragen nach dem richtigen Verhalten im täglichen Leben. Der Drang, auch in der Lage eines – unter Umständen erzwungenermaßen – zurückgezogen seinen musischen Interessen Lebenden, Nutzen zu stiften, im Gespräch zu bleiben, läßt alles, was Seneca fortan schreibt, zu einem erregenden Zeugnis seines Ringens um Gemeinschaft, Sinn des Lebens, Bewährung der Freundschaft werden. Mußezeit wird für Seneca nie völlige Resignation sein, mag er sie in seinen letzten Lebensjahren auch liebgewinnen. Er wird sich nie einreden, Ruhe verdient zu haben; er wird bis zuletzt bemüht sein, gültige Lebensformen, gangbare Wege auch für andere zu finden. Bereits in der Erörterung über die erzwungene Muße seiner Verbannungszeit in der ›Trostschrift an Helvia‹ waren Fragen dieser Art aufgetaucht.

In der Schrift ›Von der Kürze des Lebens‹, die das Idealbild einer wechselseitigen Durchdringung beider Bereiche zu empfehlen scheint, bemerken wir einen seltsamen Schwebezustand, eine ausgewogene Mischung von Tätigsein für andere und stiller Kontemplation. Der Verzicht aber auf die Wissenschaft, die Philosophie ist in jeder Lage Selbstaufgabe, ja der Tod. In den Schriften der späten fünfziger und frühen sechziger Jahre tritt dann der persönliche Konflikt, das Ringen um das eigene Verhalten und der Zweifel daran deutlich hervor, kommen Widerstand, Anpassung und Verzweiflung zu Wort. In der Schrift ›Vom glücklichen Leben‹, Senecas leidenschaftlichster Selbstrechtfertigung nach dem Suilliusprozeß des Jahres 58, von dem unten noch zu sprechen sein wird, lesen wir noch die Worte: ›Ein Mann sollte den Mut haben, Menschen zu bewundern, die sich hohe Ziele stellen, auch wenn sie scheitern‹, und: ›Laß diese günstigen Zeitumstände sich einmal ganz anders entwikkeln, laß mich durch Verlust, Trauer und mancherlei Beschwernisse innerlich zermürbt werden, laß keine Stunde klaglos verstreichen. Mitten in all dem Elend werde ich mich selbst darum nicht elend nennen, nicht einen einzigen Tag werde ich darum verfluchen!‹

In Seneca wird der Widerspruch zwischen den hohen Anforderungen eines im Grunde kompromißlosen philosophischen Lebensideals und den Erfordernissen der Tagespolitik deutlich. Kein Wunder, daß sich Kritik, berechtigte und unberechtigte, schon unter den Zeitgenossen regte. Ein Prozeß des Jahres 58 – gegen einen der berüchtigsten Denunzianten der Zeit, Publius Suillius – ist nur der schürzende Knoten. Um diese Zeit werden alle Unstimmigkeiten und Ungereimtheiten, kurz, der Grundwiderspruch zwischen Ideal und Wirklichkeit voll ausgebreitet, in Streitschrift Gerücht und Witz ins Bewußtsein gebracht.

Im einzelnen: Das zwiespältige Verhalten gegenüber Kaiser Claudius ist dabei wohl noch am leichtesten verständlich; schwieriger zu verstehen ist schon, wie derselbe Mann die Milde Neros preisen konnte, wo er doch von dem hinterhältigen Giftmord an dessen Stiefbruder Britannicus zumindest wissen mußte; peinlich auch, daß derselbe Mann, der die Beseitigung der Kaiserinmutter Agrippina als Verbrechen betrachtet, dieses Verbrechen vor dem Senat rechtfertigt und daß das Nero-Lob des Philosophen Seneca, der als Lehrer und Erzieher die verbrecherischen Neigungen und abartigen Veranlagungen seines Zöglings am ehesten und besten erkennen und beurteilen konnte, auch nach seinem Rückzug aus dem politischen Leben nicht verstummt. Der Versuch, als einflußreicher Ratgeber noch Schlimmeres zu verhüten, mag dies alles rechtfertigen können. Die Akten darüber lassen sich nicht schließen, schon darum nicht, weil die Entscheidungen des Politikers und des Ethikers auf verschiedener Ebene liegen. Ein Angriffspunkt, der persönlichste, bleibt noch; er ist von den Gegnern am geschicktesten gewählt, eben weil er auf Persönlichstes abzielt: wie der Anwalt der Anspruchslosigkeit ein ungeheures Vermögen besitzen und beim Eintreiben von Schuldforderungen rücksichtslos handeln kann. Hier überzeugt am wenigsten, daß nur die Gesinnung des Besitzenden den Maßstab für die Beurteilung abgeben könne. Vor diesem Hintergrund stehen die Ausführungen seiner Schrift ›Vom glücklichen Leben‹. Und wieder nur wenig später heißt es in der Schrift ›Von der Seelenruhe‹: ›Verdrängt dich das Schicksal aus den führenden Staatsstellen, so mußt du beharrlich standhalten und noch durch Zuruf Beistand leisten, und selbst wenn dir einer die Kehle zudrückt – halte aus und hilf noch durch dein Schweigen! Die Mühen eines rechtschaffenen Bürgers sind nie ganz nutzlos.‹

Die nach dem im Jahre 62 erfolgten Bruch mit Nero verfaßte Schrift ›Über die Muße‹ faßt zusammen: ›Wenn sich jener von uns erträumte Staat nämlich nicht finden läßt, dann müssen sich einfach alle zurückziehen, eben weil nirgendwo zu finden ist, was allein verdiente, der Zurückgezogenheit vorgezogen zu werden.‹ In dieser Schrift fassen wir eine für die Entwicklung des gesamten Menschen- und Gesellschaftsbildes der Antike grundlegende Richtungsänderung. Nicht mehr Anerkennung durch Staat und Bürgergemeinschaft gibt dem einzelnen den Maßstab der Lebensführung vor, sondern der einzelne, Vereinzelte sucht Halt in, an sich selbst und kann er nach dieser Rückversicherung tätig werden für andere einzelne und die Menschheit im allgemeinen. Senecas Schriften spiegeln die Nöte des Menschen in dieser verworrenen Zeit wider, für die besonders die Heilsangebote der Religionen kennzeichnend sind. Die Nähe zum Christentum ist in mancher Einzelheit spürbar – grundsätzlich schließt sie sich aus –, aber die mannigfachen, durch die Entwicklung bedingten Berührungspunkte Hinwendung zum Mitmenschen, Verantwortung vor dem Gewissen, Fürsorge eines liebenden Gottes, teleologische Naturbetrachtung – lassen uns auch verstehen, daß im 4. Jahrhundert ein Briefwechsel Senecas mit dem Apostel Paulus erfunden, für echt gehalten und gern gelesen wurde. Hier wird die gerade von der stoischen Philosophie Senecas geleistete Vorarbeit sinnfällig deutlich, die diese für die Entwicklung der christlichen Dogmatik und Ethik ebenso wie für die Formen ihrer Darstellung und Vermittlung geleistet hat. Die Beliebtheit, vielleicht sogar die Erhaltung der Schriften Senecas im Mittelalter hat hier ihre Wurzeln. Als er kurz vor seinem Tode in seinen Briefen an Lucilius das Thema vom zurückgezogenen Leben noch einmal zusammenfassend aufgreift, vernehmen wir vermittelnde, nach dem Vorausgegangenen eigenartig versöhnliche Töne: gewiß, die Stimme eines alten, seinen Studien hingegebenen Mannes, der nichts will als Ruhe – ›Unser Leben war Kampf auf dem Meer, sterben möchten wir im Hafen‹, sagt er nur wenig früher –, eines Mannes, der sich dennoch wohl erinnert, wie abhängig und gefährdet diese Ruhe ist. ›Darum sollten‹ – wie es in dem Brief 73 heißt – ›alle, denen ein geordnetes Staatswesen entscheidend zur Lebensverwirklichung verhilft, den Urheber dieses Gutes wie einen Vater ehren… Ein aufrichtiger, rechtschaffener Mann, der sich von den Verpflichtungen in Rechtsprechung und Staatsverwaltung zurückgezogen hat, um sich höheren Aufgaben zu widmen: wird er nicht alle, die ihm das ermöglichen, aufrichtig schätzen: wird er nicht als einziger dankbar bezeugen, wieviel er ihnen verdankt, auch wenn sie selbst davon nichts ahnen?‹

Senecas literarische Tätigkeit in seinen letzten Lebensjahren weist ein unvergleichlich hohes, einer schwachen Gesundheit und vielen Tagespflichten abgerungenes Arbeitsmaß auf. Aber nicht nur Alter und Gesundheit sind es, die ihn auf Abschluß, Zusammenfassung und Rundung des Gesamtwerkes drängen lassen. Die Sehnsucht ist spürbar, auf andere, sicherlich mittelbarere, aber gewiß nicht weniger wirksame Art nützlich zu sein. Ja, man darf sagen, daß der alte Seneca nach einem ausgefüllten Leben als Politiker und Schriftsteller den Gedanken ausschließlich literarischer Wirksamkeit über die Welt der Zeitgenossen hinaus gefaßt und verwirklicht hat. Nach den obenerwähnten Schriften, die Selbstverständigung und Selbstverteidigung ihm abforderten, entstehen in seiner letzten Schaffenszeit die sieben Bücher ›Über die Wohltaten‹, sieben Bücher ›Untersuchungen zur Naturwissenschaft‹ und vor allem das in zwanzig Büchern noch unvollständig erhaltene Briefwerk, neben dem nun noch zusätzlich ein uns nicht erhaltenes theoretisches Hauptwerk, eine systematische Darstellung der Moralphilosophie einhergeht, die man sich kaum minder umfangreich vorstellen darf als das Briefwerk. In den Studien ›Über die Wohltaten‹ hat Seneca sozial-ethische Fragen behandelt. Vernunft und gemeinschaftliche Verbundenheit – ratio et societas – gewährleisten für ihn den Zusammenhalt der Menschheit, indem sie – und sie allein – die natürliche Schwäche des Menschen in Stärke verkehren können. Selten ist den sozialen Tugenden der Hilfsbereitschaft und der Dankbarkeit ein schöneres Lob gesungen worden. Die Fähigkeit sozialen Verstehens ist in diesem Werk – es hat nicht seinesgleichen in der antiken Literatur – zu voller Reife gelangt.

Enge Beziehung zur Ethik haben auch seine ›Untersuchungen zur Naturwissenschaft‹, die übrigens demselben Lucilius gewidmet sind, der uns als Empfänger der ›Moralischen Briefe‹ vertraut ist. Genaue Beobachtung und Beschreibung des Naturgeschehens – in dieser Schrift hauptsächlich Meteorologisches – zeichnen dieses Werk aus. Die gesellschaftlich bedingte abwegige Entwicklung der antiken Naturwissenschaften, die zur Ausarbeitung erbaulicher Kataloge von allerhand Absonderlichkeiten und unfruchtbarer Handbuchweisheit führte, war freilich nicht aufzuhalten. Das Buch, lange Zeit eine ernstgenommene Autorität, besticht gleichwohl durch seinen optimistischen Schwung. Goethe hält es in seinen Materialien zur Geschichte der Farbenlehre ›wegen seines allgemeinen Verhältnisses zur Naturforschung‹ einer näheren Betrachtung für würdig und findet es ›höchst liebenswürdig in seinem Vertrauen auf die Nachwelt‹. Für Senecas Beschäftigung mit Fragen der Naturwissenschaften ist freilich sein ethisches Interesse maßgebend, doch eben auch hier ist es wichtig, zu sehen, *wie* dieses Interesse Gestalt gewinnt. Der Leser wird gewonnen durch die offene Art der sachlichen Erörterung der natürlichen Ursachen des Weltgeschehens und durch das für seine Zeit bemerkenswerte Interesse an Sachfragen überhaupt.

Aristoteles und Poseidonios sind seine wichtigsten Gewährsleute, Demokrit, der Hauptvertreter der antiken Atomistik, wird als scharfsinnigster aller alten Denker gelobt. Unübersehbar für den aufmerksamen Leser ist Senecas das ganze schriftstellerische Werk prägende Art der Naturbetrachtung und des Naturstudiums, die allen Arten von Aberglauben und Obskurantismus den Kampf ansagt. Bezeichnend für diese, seine Grundhaltung ist der Abschluß seiner Erörterung verschiedener Erdbebentheorien (›Untersuchungen zur Naturwissenschaft‹ 6,32,1): ›Was nun folgt, soll unser Selbstvertrauen festigen helfen. Liegt uns doch viel mehr am Erwerb von Lebenstüchtigkeit als an dem von Gelehrsamkeit, doch ist eines ohne das andere nicht zu haben: Aus keiner anderen Quelle strömt uns nämlich geistige Kraft zu als eben aus der Beschäftigung mit den Wissenschancen und der Betrachtung der Natur!‹

Die ihm gemäßeste, reifste Form der Darstellung

seiner Lehre fand Seneca in seinen ›Moralischen Briefen an Lucilius‹. Sein junger Freund Lucilius, in den Ritterstand aufgestiegen, ist in den Jahren 63 bis 64 als kaiserlicher Verwaltungsbeamter, als Prokurator, in Sizilien tätig. In dieser Zeit entstehen in dichter Folge die mehr als hundertzwanzig Briefe. Hier ist die offene Form der Mitteilung unter Freunden, die sich ganz vertrauen, sich ergänzen und helfen wollen, gefunden. Die Briefform bewährt sich als Träger pädagogischer Anregungen, alles Väterlich-Belehrende gewinnt das Höchstmaß an Unaufdringlichkeit. Ein Brief ist zunächst im Umfang überschaubar, er überfordert nicht und beschränkt sich ganz auf das Anliegen des Partners. Philosophische Themen lassen sich stückweise abhandeln, alles Systematische verliert seine ermüdende Langatmigkeit. Die Gedankenführung, auch die schwierigste, erwächst aus lebendigen Erlebnisberichten, Lebenserfahrung und Menschenkenntnis des Philosophen kommen voll zur Geltung. Die Offenheit gegenüber anderen Philosophenschulen, besonders der Schule Epikurs, wird geradezu gepflegt. Freilich fällt auch der Unterschied auf zwischen den kurzen, mit einem knapp erläuterten Sinnspruch abschließenden Briefen der ersten Bücher und den langen, zu kleinen Abhandlungen ausgeweiteten späteren Briefen. Überlegt komponiert, oft doppelpolig angelegt sind sie alle. Die Frage nach ›Dichtung und Wahrheit‹ in diesen reizvollsten Lehrbriefen der Weltliteratur ist demgegenüber zweitrangig.

Die beiden ersten der als ›Dialoge‹ in einer beziehungsreich geordneten Werksammlung von insgesamt zwölf Schriften überlieferten Essays scheinen ebenfalls Senecas Spätzeit zuzugehören. Ihre Titel lauten

›Von der Vorsehung oder Wie guten Menschen überhaupt Übles widerfahren kann, wenn es eine Vorsehung gibt‹ und ›Von der unerschütterlichen Standhaftigkeit des Weisen oder Daß einen Weisen weder Unrecht noch Kränkung treffen kann‹. Gut denkbar, daß die Zusammenstellung dieser ›Dialoge‹, womit hier nur der dialogische, durch Anfragen und Einwände eines erdachten Gesprächspartners aufgelokkerte Sprachstil gemeint ist, auf Seneca oder seinen Freundeskreis zurückgeht und helfen soll, das philosophische Werk als Ganzes zu runden und gewissermaßen für die Nachwelt bereitzustellen. Die – nicht chronologische – Reihenfolge der übrigen zehn Schriften, die alle schon kurz besprochen wurden, ist: 3 bis 5 ›Vom Zorn‹, 6 ›Trostschrift an Marcia‹, 7 ›Vom glücklichen Leben‹, 8 ›Über die Muße‹, 9 ›Von der Seelenruhe‹, 10 ›Von der Kürze des Lebens‹, 11 ›Trostschrift an Polybius‹ und 12 ›Trostschrift an Helvia‹.

Nicht alle verlorenen Werke – siebzehn, soviel wir wissen – sind schon beiläufig erwähnt worden. So ist keine seiner Reden erhalten. Einer in den Briefen vorbereiteten, sie ergänzenden, zusammenfassenden Darstellung der Moralphilosophie galt seine letzte Schaffenszeit. Es gab aus seiner Feder ein Buch ›Ermahnungen‹, Studien ›Über die Pflichten‹, ›Die Freundschaft‹, den ›Aberglauben‹, über den Aßschutz gegen Überraschungen‹, über ›Tod zur Unzeit‹. Naturwissenschaftliche Themen waren in Schriften über ›Erdbeben‹, ›Mineralogie‹, ›Das Leben der Fische‹ und ›Die Gestalt unserer Welt‹ behandelt.

Dabei blieb noch unerwähnt, daß Seneca neben anderen Gelegenheitsdichtungen wie Epigrammen auch Tragödien gedichtet hat. Ja es leuchtet keinesfalls unmittelbar ein, daß der Philosoph Seneca zugleich Tragödiendichter gewesen sein soll, im Gegenteil, die – allerdings irrige – Vermutung, daß es sich hier um zwei Personen handeln müsse, geht schon in die Antike zurück und hat sich lange gehalten. Nun, wir verdanken Seneca, dem Philosophen, die einzigen vollständig erhaltenen römischen Tragödien, acht an der Zahl. Die Stoffwahl ist traditionell, von der griechischen Überlieferung vorgegeben: der rasende Herkules, die Troerinnen, die Phönizierinnen, Medea, Phädra, Ödipus, Agamemnon, Thyestes; eine weitere Behandlung des Herkulesstoffs, Herkules auf dem Öta, stammt nicht von ihm.

Fälschlich unter seinem Namen läuft die einzige erhaltene römische Tragödie mit historischem Stoff: Octavia, in der die Verstoßung von Neros erster Frau dargestellt und erörtert wird; ein Stück, in dem Seneca als Bühnengestalt auftritt. Nicht Neuheit des Stoffs ist in Senecas Tragödien das Entscheidende, sondern die Intensität und Wirkungskraft. Zweierlei ist bedeutsam: die Ummotivierung der vorgegebenen mythologischen Themen, verbunden mit einer anderen Auffassung des Tragischen und dem überaus Grausigen in der Darstellung selbst, und die Tatsache, daß bis zur Wiederentdeckung der griechischen Tragödie allein diese streng gegliederte Form die Vorstellung von antiker Tragödie vermittelt hat. Das klassische französische Drama eines Corneille und Racine ist undenkbar ohne ihr römisches Vorbild, der große spanische Dramatiker Calderon steht in seiner Nachfolge, und noch als Vertreter des zu überwindenden barocken Pomps – wir denken etwa an Lessings ›Klopfechter im Cothurne‹ – verdient er Beachtung. Was ist nun das Eigene an diesen Tragödien, von denen wir nicht mit Sicherheit sagen können, ob sie vorgetragen oder in Liebhaberaufführungen auch gespielt wurden? Jedenfalls steht hier nicht der bekannte Handlungsablauf im Vordergrund. Seneca findet in ihm nur den Rahmen, in großem Maßstab Affektpsychologie darzustellen. Was er bieten will, sind im Grunde hervorstechende Beispiele menschlichen Fehlverhaltens, dargestellt an einseitig übersteigerten Typen. Dabei bietet ihm die Tragödie Möglichkeiten, das in philosophischen Prosaabhandlungen nicht Faßbare darzustellen. Grundthemen sind bildgewordene Grundsituationen des Menschen, Pflichtenkonflikte, die Allmacht des heimtückischen Fatums und die Erlaubtheit des Freitods. Exemplarisch deutet er die gerade bei Philosophen stoischer Prägung beliebte Gestalt des Herkules: Überlegenheit und endlicher Sieg des menschlichen Geistes und daneben, besser davor, vorbildhaftes Aushalten, Ertragen, Dulden, Meistern schwierigster Lagen, Sinngebung des Lebens durch zielgerichtete Arbeit. Viele Stellen in Senecas Werken weisen hin auf diese deutlich empfundene Schwierigkeit jener Zeit, die darin bestand, das Gleichgewicht zwischen passivem Erleiden und aktivem Handeln immer wieder aufs neue zu gewinnen.

Die stoischen Anschauungen des Dichters bieten sich in den Chorliedern dar. In diesen Tragödien bot sich für seine Standesgenossen die Möglichkeit an, aktuelles Erleben zu bewältigen, aber auch Abwehrkräfte zu wecken und den Willen zu stärken. Die tyrannischen Unholde auf der Bühne sind zugleich – dennoch keinesfalls ausschließlich – mythisch verschlüsselte Gegenwartskritik. Entstanden sind diese eigenartigen Schöpfungen, die neben pomphaftem Schwulst dichterisch schöne Stellen aufweisen, wohl hauptsächlich in den Jahren angespanntester politischer Tätigkeit.

Alle hier angeführten Schriften erweisen sich – jede in ihrer Weise – als äußerst situations- und personenbezogen. Die Gegenstände, über die sich Seneca in diesen Schriften verbreitete, und die Art, wie er das tat, haben nichts Zufälliges, sondern bieten sich dar als notwendige Auseinandersetzung des Philosophen mit seiner Umwelt. Alle von ihm so glänzend formulierten Pflichtenkonflikte wurzeln in den gesellschaftlichen Verhältnissen seiner Zeit. Zugleich sind seine Schriften auch ein gutes Mittel, diese Verhältnisse kennenzulernen, Anschauung zu gewinnen. Beim Versuch, den Menschen, die Denkinhalte und den Stil als Einheit zu begreifen, wird die Wirkung Senecas vielleicht am besten ermessen und nachempfunden werden können. Darum schien eine dem Ablauf dieses spannungsreichen Lebens folgende Betrachtung des Gesamtwerkes notwendig, ehe von Senecas Philosophie als solcher – von der freilich immer schon mit gesprochen worden ist – gehandelt werden kann.

Im Laufe eines ungewöhnlichen Lebens stellten sich Seneca konkrete Aufgaben und philosophische Fragen. In den einzelnen Schriften des Philosophen spiegelt sich die Bewältigung schwerwiegender Konflikte wider. Ein zusammenfassender Blick auf seine philosophischen Themen lenkt die Aufmerksamkeit des Lesers immer wieder auf wenige Grundzüge. Senecas 89. Brief an Lucilius über die Gliederung der Philosophie kann uns geradezu als Musterbeispiel seines philosophischen Stils gelten. Nach überlegten und klaren, sehr unterkühlt vorgetragenen Auskünften über theoretische Fragen schiebt er plötzlich alles bisher Gesagte als unwesentlich beiseite. Das – meint er – sei ja nachzulesen in einer Vielzahl von Abhandlungen, die man ruhig studieren mag, jedoch: ›Lucilius, mein Bester, ich will Dich ja nicht vom Lesen solcher Literatur abschrecken; nur mußt Du das Gelesene, gleichgültig, worum es sich handelt, immer sogleich auf Deine eigene Lebensführung beziehen.‹ Darum also geht es ihm immer wieder: den Bezug zum eigenen Leben herstellen! Das ist der Grundzug seines Philosophierens‹.

Im polemischen Teil, der sich anschließt, entfaltet er dann sein ganzes stilistisches Können. Eine prächtige Dreiergruppe bekämpfter Laster ersteht vor unseren Augen: Habgier, Verschwendung und Genußsucht.

An anderen Stellen seiner Werke hat er – nicht minder treffend – seinen Kampf gegen die Begierden, den Zorn, den Ehrgeiz und vor allem gegen die Todesfurcht gerichtet. Gewiß, die Schilderung des Negativen, die Darstellung von Konfliktstoffen bieten dem Schriftsteller reichere Möglichkeiten – an Spannungen und Konflikten hat es ja in seinem Leben nicht gefehlt –, trotzdem ist Seneca-Lektüre mehr als gepflegter Ausdruck einer pessimistischen Grundhaltung, wie sie dem Zeitstil, der auch die Ausdrucksmittel dafür bereithielt, entsprach. Senecas polemisch vorgetragener Sozialkritik verdanken wir meisterhaft gestaltete Szenen aus dem Alltagsleben seiner Zeit und Einblicke in die Lebensbedingungen auch der untersten gesellschaftlichen Schicht, der Sklaven. Wie ein Fanfarenstoß wirken noch heute die Worte seines aufrüttelnden 47. Briefes an Lucilius, der die Sklaverei als Institution zwar nicht antastet, aber ein nicht ernst genug zu nehmendes Zeugnis ablegt für eine Haltung, die im Sklaven den Menschenbruder sieht.

Eindeutig und unmißverständlich verurteilt er die abscheulichen Gladiatorenkämpfe. Seiner Feder entstammen die vielleicht lebendigste Schilderung des Lebensüberdrusses reicher Nichtstuer ebenso wie die leidenschaftlich vorgetragenen Entlarvungen des weltfremden Schulbetriebes seiner Zeit und die bissigen Ausfälle gegen Tafelluxus und Alkoholmißbrauch, gegen Besitz von Büchern und Kunstwerken ausschließlich zur Repräsentation.

Aber Seneca hat das alles nicht nur beschrieben, er beklagt die Mißstände seiner Zeit als einer, der selbst mitbetroffen ist, der sich wehren muß, unterliegen oder siegen kann: ›Das ganze Leben ist nichts anderes als ein Gladiatorenkampf; man säuft miteinander und man bekämpft einander. Ein Verein wilder Tiere ist das...‹ (›Vom Zorn‹ 2,8). Das Ziel: ›Der Mensch, das Heiligste für einen Menschen‹ (Brief 95,33), ist ebenso deutlich angegeben wie die tagtägliche Praxis, worin der Mensch dem Menschen ein Wolf ist. Die Hoffnung auf eine für möglich gehaltene Verbesserung der ›Verhältnisse‹ hat er nicht verloren.

Bezeichnend für Seneca ist aber ebenso, daß er den Ausgleich anstrebt, die Habenseite betont. Der lähmenden Tatenlosigkeit einer Spätzeit setzt er optimistische Ausblicke entgegen, freilich eines Optimismus, der sich weniger an realen Entwicklungen als an individuellen Stimmungen ausrichtet. Es gibt aber noch ein ganz anderes Thema, das er einfließen läßt: seine ›Hymnen‹ auf den die Werke der Allnatur betrachtenden Menschengeist. Wieder im Anschluß an die Behandlung eines abstrakten philosophischen Themas ›Über die Grundursachen des Naturgeschehens‹, um die es im 65. Brief an Lucilius geht, läßt sich Senecas Art, trockenen Lehrstoff durch hymnische Schlußpassagen zu überhöhen, deutlich erkennen. Als drittes Element, das er seiner ethischen Ermahnung dienstbar macht, reiht sich die Beispielerzählung an. Anschauliche und, wenn es sich um römische Vergangenheit handelt, keinesfalls klischeehafte historische Anekdoten bringen die bei einem philosophischen Schriftsteller ungewohnte Abwechslung, Spannung, ja Anfeuerung hinzu. Diese drei Darstellungsmittel, die derb-anschauliche Invektive, der vollmundige pathetische Hymnus, die anreizende Beispielerzählung, machen den Stil seines psychagogischen Philosophierens aus. Mit diesen Mitteln wird der Vorrang der Ethik vor Logik und Physik im Gesamtwerk konsequent durchgesetzt. Nicht umsonst weist Seneca oft und nachdrücklich auf das Vorbild des Sokrates hin, ›der die Ethik wieder zum Mittelpunkt allen Philosophierens machte‹ (Brief 71,17). Mit ihm und seinem römischen Gegenbild, dem jüngeren Cato – einem Urenkel des Zensors Cato –, der als Philosoph eine den Lebensformen der römischen Adelsschicht angepaßte ›Stoa vertrat und sich nach Cäsars Sieg bei Thapsus (46 v. u. Z.) den Freitod gab, hat er sich gern zusammengesehen. Also die Anleitung zu verantwortlicher, sinnvoller Lebensführung und damit zu vollendetem Lebensglück führendem Handeln ist – wie immer wieder deutlich wird – das Hauptziel, dem alles andere zu- und untergeordnet wird.

Andererseits, wenn es um Definitionen, schulmäßige Beweisführungen, Ordnung und Systematisierung größerer Zusammenhänge geht, kann Seneca nahezu langweilig sein. Die beiden unmittelbar aus seiner Konzentration auf die Ethik erwachsenden großen Vorzüge seiner Philosophie: situationsbezogehe Aktualisierung überlieferten Wissensstoffs und Systemoffenheit, das meint die Fähigkeit, sich auch von Denkern außerhalb der eigenen Schule – und sei es der vielfach verunglimpfte Epikur – anregen und fördern zu lassen: ebendiese Vorzüge dienten und dienen, sobald nämlich Ausbau und Absicherung eines philosophischen Schulsystems als Maßstab angelegt werden, den Kritikern als Kronzeugen der Anklage gegen einen in sich widerspruchsvollen Eklektizisten, dem rhetorischer Glanz und eitle Selbstbespiegelung zusätzlich vorgeworfen werden.

Seneca will nichts anderes sein als Stoiker, das Lehrsystem der stoischen Philosophenschule ausbauen und verteidigen, ihm neue Anhänger gewinnen. Er ist der erste Philosoph dieser Schule, von dem uns überhaupt ein umfangreiches, nicht bruchstückhaftes Werk erhalten ist. Gerade hier liegt aber die Schwierigkeit. Werden die großen Erwartungen, die sich auf Senecas Schriften richten, erfüllt, sind sie überhaupt erfüllbar?

Zu Senecas Lebenszeit besteht die Schule der Stoiker – so benannt nach der Stoa Poikile, der ›Bunten Halle‹, am Marktplatz von Athen – schon über drei Jahrhunderte. Kurz vor 300 v. u. Z. hatte der phoinikische Kaufmannssohn Zenon aus Kition auf Zypern in diesem öffentlichen Gebäude zu lehren begonnen und eine Schule begründet, die sich als jüngste der vier großen Schulen einen gleichberechtigten Platz neben den Lehrgemeinschaften von Platon, Aristoteles und vor allem neben der seines Zeitgenossen Epikur erringen sollte.

Wir dürfen also erwarten, was allerorts geschehen ist und geschieht: Generationen von Schülern bringen neue Fragen ein, die ihnen ihre Stellung in der Gesellschaft aufgibt. Die Ausbreitung des Lehrsystems hat Anpassung an andere gesellschaftliche Entwicklungsstufen zur Folge. Es wird in späterer Zeit Rückgriffe auf die ersten Schulhäupter geben, auf die großen Drei: Zenon (um 335 – um 262), Kleanthes (331 – 251), Chrysipp (276 – 204), Neuerungen und Erweiterungen, Einbeziehung neuer Inhalte, Anpassung an neue Trägerschichten, Wechselwirkung und Annäherung an andere philosophische Systeme. Zunächst aber: Welchen Ursachen verdankt die Schule ihre Entstehung, welche gesellschaftliche Lage spiegelt sie wider, welche Klassen fühlten sich von ihr angesprochen, unter welchen Bedingungen war sie im Altertum erneuerungsfähig?

Die philosophischen Schulen des Hellenismus vom 4. Jahrhundert v. u. Z. an sind erwachsen aus krisenhaften sozialökonomischen Entwicklungen der auf Sklaverei beruhenden antiken Gesellschafsordnung. Die neuen Lebensbedingungen der Zeit nach den Eroberungszügen Alexanders des Großen (356–323) brachten für den einzelnen tiefgreifende Umwandlungen. Übernationale Staatsbildungen treten an Stelle überschaubarer kleiner Stadtstaaten, in denen sich der Bürger – auf Kosten anderer – bislang geborgen wußte. Der mehr oder weniger schutzlos einer nicht erkannten, für ihn nicht erkennbaren Entwicklung Preisgegebene wird versuchen, sich ein verläßliches Wertsystem neu zu schaffen. Zu wesentlichen Leitpunkten seines Denkens werden die Vorstellungen eines utopischen Weltstaates, dem er sich als Weltbürger zugeordnet fühlt, ebenso wie eine ausgeprägte Individualethik. Das Ideal der Gleichheit und der Solidarität aller unter diesen Bedingungen lebenden Menschen tritt in den Denkbereich einer Generation, für die Sicherung sozialer wie politischer Stellungen immer schwieriger wird. Den Menschen einer solchen Zeit bietet die Stoa ihre Weltschau und ihre Wertbestimmungen als Lebenshilfe an. Diese Stoa war bestrebt, dem einzelnen Anhänger den Weg zum ›glücklichen Leben‹ nicht nur zu zeigen, sondern ihm praktische Verhaltensnormen an die Hand zu geben. Die Autorität gegenüber ihren Anhängern fußte auf wissenschaftlichen Begründungen, die auf bewußte Zustimmung des einzelnen rechnen durften. Der großartige Entwurf einer absoluten Zweckmäßigkeit des Weltganzen, an der der Mensch, jeder Mensch, Anteil hat, schließt für die Stoa den Gedanken eines unabänderlichen und unausweichlichen Schicksalszwanges ein.

Der optimistische Ansatz läßt sich so umschreiben: Wenn von einem fürsorgenden, weisen, allvermögenden Urgrund der Gottheit – die Begriffe Gott, Natur, Schicksal, Vernunft, Vorsehung sind weithin austauschbar – alles im Lauf der Welt auf Schönheit, Zweckmäßigkeit, Vollendung hin ausgerichtet ist, dann muß auch eine Vorherbestimmung, eine Vorsehung bestehen; es muß aber für den Menschen auch die Möglichkeit des Vorherwissens und Vorhersagens des Zukünftigen geben. Der Zufall muß entmachtet, aber auch die innere Entscheidungsfreiheit erhalten werden können. Einem dem Schicksal bedingungslos ausgelieferten Menschen könnte die Stoa etwa folgenden Beweisgang vorschlagen: Gibt es für dich nur die zwei Möglichkeiten, in einer Schlacht zu sterben oder zu überleben, dann mach dir klar: Ist es mir bestimmt, zu überleben, dann werde ich, wenn ich mich für den ehrenvollen Weg entschließe, Gefahren auf mich nehme und tapfer kämpfe, eben am Leben bleiben. Soll ich aber sterben, können mich auch Feigheit und Flucht nicht retten. Also wähle ich von mir aus den ehrenvollen Weg und kämpfe tapfer.

Seneca gehört zu den Denkern der kaiserzeitlichen Stoa, die sich Aktivität und Optimismus in einer Epoche erhalten haben, deren Tendenzen weithin durch Pessimismus, Weltflucht und Mystizismus bestimmt sind. Als er mit Lehrern und Lehren der Stoa vertraut wird, ist diese Philosophenschule voll anerkannt, verbunden mit römischer Adelsethik, aber auch ausstrahlend auf breitere Schichten: annehmbar – um nur die Extreme zu nennen – für Herrscher, die ihre Aufgabe als ›ehrenvollen Knechtsdienst‹ auffassen wollen, als auch für jegliche Widerstandsgruppen gegen eine autokratische Spitze. Die vom Ursprung her vorgegebene spannungsvolle Nähe zu den Kynikern – Zenon war Schüler des Kynikers Krates –, die mit ihrer Protesthaltung gegen jegliche Konvention, mit ihrer positiven Einstellung zur menschlichen Arbeit ihr Unbehagen viel unmittelbarer ausdrückten, den Volksmassen näherstanden, ist ihnen immer geblieben. Die Stoa hat in einer historischen Situation, in der eine Befreiung der Gesellschaft unmöglich war, versucht, die progressiven Ansätze ihrer Frühzeit durchzuhalten. Ihre Propagierung des Naturrechtsgedankens schuf Voraussetzungen für die sozialrevolutionären Bewegungen dieser Zeit, und auch die ideologisch aktivierende Rolle sozialer Utopien wird von ihr mitgetragen. Anpassung an die bestehenden Verhältnisse schwächte jedoch die Wirksamkeit ihrer gesellschaftsverändernden Denkansätze ab, verfälschte sie. Konzentration auf Menschenbildung und Lebensgestaltung lassen sie aber auch in späteren Zeiten höchst anziehend erscheinen.

So stehen Ein- und Anpassung an das Leben in einem von Rom beherrschten Großreich unter dem Zeichen zweier bedeutender stoischer Schulhäupter, des Panaitios von Rhodos (um 180 bis 100) und des vielseitigen, auch auf Seneca stark einwirkenden Poseidonios aus Apameia (um 135 bis 51). Von Anfang an aber verspricht die stoische Schule eine geschlossene Welterklärung, geht von einem Prinzip aus, legt eine materialistische Naturdeutung zugrunde. Wirkende Vernunft (ratio), als allerfeinste feurige Materie aufgefaßt, durchdringt und ordnet alle Naturbereiche. Die menschlichen Handlungen müssen mit dieser Weltvernunft übereinstimmen. Leben im Einklang mit der Natur lautet das Losungswort. Dieses Ziel ist erreichbar und allein erstrebenswert. Menschliches Glück gründet sich ausschließlich auf menschliche Verhaltensweise, die ihrerseits auf Einsicht in die Wirklichkeit beruhen soll. Ein aufdringliches Tugendpathos scheint unvermeidlich. Die vollendete Harmonie wird vorgestellt an dem Ideal des stoischen Weisen, das Leitbild der Schule, freilich auch ihr Hauptangriffspunkt geblieben ist. Das Messen an diesem übertriebenen Ideal der Leidenschaftslosigkeit hat allen Stoikern Schwierigkeiten bereitet, ebenso wie das Nebeneinander der Forderung nach strenger Determiniertheit und der für sittliches Handeln unentbehrlichen Willensfreiheit. Vielleicht haben aber gerade diese Spannungen die Schule wirkungs- und lebenskräftig erhalten.

Zusammenfassend: Die Stoa beansprucht, ein in sich fest verfugtes Gedankengebäude zu sein, das in allen Fragen Halt und Sicherheit bieten kann und zugleich geschmeidig genug ist, sich veränderten Verhältnissen anzupassen: ein philosophisches System, das umfassende Welterklärung mit Wesensbestimmung des Menschen verbindet. Die drei großen Bereiche der Philosophie: die Naturlehre (Physik), die Sprach- und Erkenntnislehre (Logik), in der die stoische Schule Bedeutendes geleistet hat, und die Sittenlehre (Ethik) sind gleichmäßig ausgebildet und aufeinander abgestimmt. Die Rangordnung dieser Teilbereiche zeigt ein bildhafter Vergleich: Die ›Physik‹ ist der Zaun um einen Garten, den der Baum ›Logik‹ ziert, dessen allein begehrenswerte Frucht ›Ethik‹ heißt. Der Vorrang der Ethik, von dem schon gesprochen wurde, ist also nicht neu; freilich ist er in Senecas Schriften am eindringlichsten spürbar.

Zwei Fragenkreise beeindrucken und beschäftigen jeden Seneca-Leser besonders; von ihnen soll darum noch kurz gesprochen werden: über sein Verhältnis zu Tod und Sterben und sein Verhältnis zur Bildung.

In einer Zeit tagtäglicher Bedrohung ist es gewiß nicht befremdlich, wenn Senesa den Gedanken an den Tod, das Vorausbedenken des eigenen Todes, die Bereitschaft zum Sterben immer wieder so eindringlich, für das Gefühl des heutigen Lesers geradezu aufdringlich betont. Erstaunlicher, vielleicht sogar befremdlicher, daß dieses Vorausbedenken des eigenen Endes ganz diesseitig gerichtet ist, an seinem Wert für die eigene Lebensführung gemessen wird. Tod, das ist Ende oder Übergang; ein mögliches Ziel bleibt im Ungewissen: ewige Ruhe, unvergängliches Licht, eine Auflösung im Allgemeinen. Erkennbares Ziel bleibt die verantwortliche Lebensgestaltung, die Rundung des Lebensbildes vor dem Hintergrund des Abschlusses, der wirken soll wie ein Aktschluß auf der Bühne des Lebens. Tod ist, wie Seneca selbst einmal ausgesprochen hat, die beste Erfindung der Natur; der bleibende Eindruck des Lesers ist, mit dem Todesgedanken eine tapfere Diesseitigkeit verbunden zu sehen. Die Frage des Todes ist in der Literatur dieser Zeit bis zum Überdruß zerredet worden, gewiß. Aber gerade darum sollten wir Senecas mutiges Ja zum Leben nicht überhören. Nie hat er sich in nahezu aussichtslosen Lagen ›gleich das Ende‹ vorgestellt. Angelernte und lernbare Phrasen sind nirgendwo unangebrachter und peinlicher als angesichts des Todes. Auf die Möglichkeit, Senecas Formulierungen in diesem Punkt mißzuverstehen und zu mißbrauchen, weist uns sehr eindrückdich eine Szene aus Schillers Dramen hin. In seinen ›Räubern‹ folgt auf die senecanische Frage des ›böhmischen Edelmanns‹ – wir erfahren erst später, wie ernst es ihm ist, Räuber und Rebell zu werden –: ›Was soll der fürchten, der den Tod nicht fürchtet?‹, denn auch prompt die voreilige Antwort Karl Moors: ›Brav! Unvergleichlich! Du hast dich wacker in den Schulen gehalten, du hast deinen Seneca meisterlich auswendig gelernt.‹ Die Bildungsinhalte werden von Seneca, der jeweiligen Lage entsprechend, als notwendig empfohlen oder als überflüssig verurteilt; bezeichnend sein Rückzug auf die Vermittlungsformel (Brief 88,20), nach der die ›freien Künste‹ nicht zur Tugend führen, wohl aber den Weg dahin bahnen.

Im Gedächtnis des Lesers werden jedoch am ehesten Senecas Angriffe auf den sinnentleerten Bildungsbetrieb seiner Zeit haften bleiben. Seneca selbst – seine Leser spüren das aus jeder Zeile – besitzt ein weitverzweigtes Wissen, das er weltmännisch, nicht ohne Stolz zur Schau trägt. Am bekanntesten ist wohl sein bitteres Wort: ›Nicht für das Leben, für die Schule lernen wir‹ (Brief 106,12). Diese paradoxe Formulierung wirft grelles Licht auf eine Grundhaltung unseres Autors. Wir zitieren diesen Satz in seiner positiven Umkehrung: Nicht für die Schule lernen wir, sondern für das Leben! Worum es dem Philosophen bei seiner Bildungsvorstellung geht, erkennen wir aber nicht nur in seiner Zeitkritik, sondern noch viel stärker in seiner positiven Zielsetzung: Wissen hat ausschließlich Wert, wenn es unserem Lebensganzen einverleibt ist, in Beziehung steht zur Formung der Persönlichkeit, nicht als Memorierstoff und Schaustück. Nach seinem drastischsten Bild ist Wissen ein vielgestaltiges Mahl, das verdaut werden muß, um voll körpereigen zu werden (Brief 84,5 ff.). Aus diesem Grund können Wissenserwerb und Bildungsstreben auch nie abgeschlossen sein, sondern müssen als lebenslanger Vorgang begriffen und bejaht werden (Brief 76,3).

Der stolze Anspruch, verantwortungsbewußter Denker, Philosoph zu sein, gründet sich für Seneca weder auf die Originalität des Denkens noch auf die Geschlossenheit eines Systems. Ja, sein Beitrag zur Philosophiegeschichte erscheint unwesentlich gegenüber der Forderung des Tages, der er sich stellt und an der er gemessen werden will. Wir sollten vorsichtig sein, einer Abwertung des Philosophen als Schönredner, als Rhetor voreilig zuzustimmen. Was alle späteren Bewunderer – bemerkt oder unbemerkt – in Bann schlug, war freilich sein Stil, der so mühelos gekonnt wirkt und auf unmittelbare Nähe, gewissermaßen auf Familiarität aus ist, der lieber ganz verworfen als mit unbeteiligtem Abstand genossen werden will. Aber auch, und gerade für seine Zeitgenossen, war – sicherlich mit mehr Einsicht und Berechtigung – dieser neue Stil Anlaß zur Auseinandersetzung mit diesem Autor.

Die Kennzeichnung ›rhetorischer Stil‹ pflegen wir heute als Vorwurf der Weltfremdheit, Unehrlichkeit und Künstlichkeit zu empfinden, als Reizwort, das gerade durch seine Unbestimmtheit so bedrohlich wirkt. Nun hat aber zu Senecas Zeit jeder Schreibende formale, auch für Minderbegabte lernbare rhetorische Bildung genossen. Und der Kern des Vorwurfs ›rhetorischer Stil‹ liegt ja auch nicht nur in der an Formmerkmalen meßbaren literarischen Qualität. Inhaltsleere und Bedeutungslosigkeit müssen hinzutreten, um das Ungenügen vollkommen zu machen. Jede Rhetorik zielt wesentlich auf Wirkung ab. Ohne gemeinschaftsstiftende Wirkung sinkt sie allzuleicht zur beifallsklatschenden Kunstkennerschaft hinab. Nirgends deutlicher als in der Redekunst, und besonders in der Anwendung der Redekunst auf die Philosophie, wird die Grundspannung fühlbar, die zwischen Individuum und Gemeinschaft, persönlichem Geltungsstreben und gesellschaftlicher Anerkennung besteht. Der einzelne muß sich fragen lassen, wie seine Lehre und sein Leben, sein Wort und seine Tat übereinstimmen, inwieweit seine Lehrinhalte durch sein persönliches Vorbild gedeckt sind.

Der Leser unserer Zeit darf und soll diesen strengen Maßstab auch an Senecas Werk anlegen. Freilich muß er dabei bedenken, daß Senecas Schriften im Mittelalter weder als Stilmuster noch als ›Literatur‹ im heutigen Sinn gelesen und genutzt wurden, sondern als handfeste Moralliteratur. Die Nähe zum Christentum, die ja – wie wir schon sahen – auch den Briefwechsel mit dem Apostel Paulus erfinden ließ, hat damals gewiß viel zur Beliebtheit des Autors beigetragen. Ansprüche und Maßstäbe ändern sich. Wenn wir heute den gesellschaftskritischen Schriftsteller noch vor dem Philosophen zu würdigen geneigt sind, so soll das keine Bevorzugung eines anderen Extrems, etwa des Stilisten Seneca, sein. Stil ist ja überhaupt nur faßbar in der Spannung zu einem Gehalt, kurz, in gesellschaftlicher Bestimmtheit. Die reizvolle Aufgabe, der sich die vorliegende Auswahl und Übersetzung verpflichtet weiß, besteht ja auch darin: im weiten Spannungsfeld zwischen Stoff und Stil uns unmittelbar betreffende Sachverhalte aufzuspüren und für uns neu zu entdecken.

Das schlimmste Los, das einem Schriftsteller widerfahren kann, ist jene Art Berühmtheit, die billig haftet, aber im Grunde kaltläßt. Seneca ist ihr entgangen. Wie jeder Große der Weltliteratur ist er ein Umstrittener, ist er Ausgangspunkt von Aneignungs- und Umsetzungsprozessen, die in das gesellschaftliche Leben ihrer Zeit eingebettet sind. Für jede Generation wird er neu Streitpartner sein. Sein Charakterbild wird also in der Geschichte schwanken, aber das erhaltene Werk wird immer wieder Begegnungen ermöglichen, die schöpferisch machen. Unsere Zeit muß wie jede Zeit vor ihr einen eigenen Zugang zu diesem Werk finden.

Kolumbus zitiert in seinem ›Buch der Prophezeiungen‹ die poetischen Losungsworte seiner großen Entdeckungsfahrt ins Ungewisse:

›In fernen Jahren wird ein Zeitalter heraufziehen,
dann mag wohl der Ozean kein Hindernis mehr sein
und der riesige Erdkreis sich öffnen,
das Meer neue Zonen erschließen
und Thule nicht länger das fernste der Länder sein!‹

Eindrucksvolle Verse, die im 16. Jahrhundert als antike Prophezeiung der Entdeckung Amerikas galten: Sie entstammen einem Chorgesang der Tragödie

›Medea‹ (Vers 375 bis 379) unseres Seneca. Im Streit um die Möglichkeiten der Erdumsegelung taucht ein anderes Werk Senecas als ernsthaft zitierte Autorität auf, die ›Untersuchungen zur Naturwissenschaft‹, an denen noch Alexander von Humboldt und Goethe – wohlgemerkt als Naturwissenschaftler – aufrichtigen Gefallen fanden. Im Zusammenhang mit dem Tragödiendichter Seneca fiel der Blick auch auf die Nachwirkung und Bedeutung dieser Tragödien für die Weltgeschichte des Theaters. Das Werk des Philosophen Seneca aber ist weit gefährdeter, sein Einfluß weit schwerer zu bestimmen. Seine erzieherischen Mahnrufe, die vom Gehalt her durchaus auch im Sinne christlicher Lehren aufgefaßt werden konnten, seine faßlichen Darstellungen von Wissensstoff, sein bildhaftes Erzählen, sein nach menschlicher Berührung strebender Stil, sein Vorbild in verzweifelten Lebenslagen, all das hat reich bezeugte Anteilnahme an seinem Werk gefunden. Das sind gewiß anerkennenswerte Seiten. Nun aber die Gefahren: Es liegt an der Art dieses Schriftstellers, daß er zerlesen wird. Die eindringliche Pathosformel, der Ausdruck eines oft paradoxen Gedankens in knappster Weise, ist ja von diesem Autor selbst zu höchster Vollendung gebracht, ja übertrieben worden. Sein Werk reizt von Anfang an, Kernsprüche anzukreuzen, auszuschreiben, neu zu ordnen, in anderer Ordnung weiterzugeben.

Der englische Historiker Macaulay hat diese Eigenart am treffendsten beschrieben. In einem Brief aus dem Jahr 1836 bekennt er, Seneca nicht ausstehen zu können. Er empfände seine Werke als ununterbrochene Kette zitatfähiger Sentenzen, und fortlaufende Lektüre dieses Schriftstellers sei für ihn einer Hauptmahlzeit vergleichbar, die nur aus Anchovissoße besteht. Die Einstellung hält bis in unsere Zeit hinein an. Man kennt einprägsame Sprüche, Kalenderweisheiten, allgemein anwendbar, auf den ersten Blick verdächtig zeitlos. Die Inhalte selbst sind so geläufig wie gegenwartsnah; griffig, kräftig und tröstend, bestätigend und mahnend: vom Sinn des Lebens, der Würde des Menschseins, der Notwendigkeit unseres Bemühens im politischen wie sozialen Bereich, vom Glück der Selbstverwirklichung, vom Elend der Selbstentfremdung und von der Sinnlosigkeit unserer Todesfurcht. Die vorliegende Auswahl hält die zusammenhängende Lektüre von Texten, die, in Entscheidungsaugenblicken entstanden, gewissermaßen Bekenntnischarakter tragen, für das geeignete Mittel gegen die Gefahr des Zerlesen-Werdens.

Viele von Senecas Gedanken sind, schöpferisch umgeformt, in das Werk von Philosophen und Dichtern eingegangen, die unserer Zeit, unserem Geschmack näherstehen. Dieser Einfluß freilich liegt weit oberhalb des kleinlichen Nachweises von Original und Nachahmung, Quelle und Exzerpt, muß sich nicht in ausdrücklichen Zitaten, ja nicht einmal in Urteilen ausdrücken; selbst gelegentliche Verurteilungen – so von Lessing, Herder, Wieland – sagen nichts gegen Senecas Wirkungskraft, der man sich nicht entziehen konnte. Hinter Kants Wort vom ›gestirnten Himmel über uns‹ und vom ›moralischen Gesetz in uns‹ wurde man kaum hymnische Stellen aus Senecas Briefen (Brief 64,6) und Schriften (Trostschrift an Helvia 8,4) vermuten, und die Worte aus Goethes ›Zueignung‹: ›Warum sucht ich den Weg so sehnsuchtsvoll, wenn ich ihn nicht den Brüdern zeigen soll?‹, könnten bei Seneca stehen, der im 8. Brief an Lucilius bekennt: ›Den richtigen Weg, den ich selbst erst spät und schon erschöpft vom langen Umherirren endlich gefunden habe, ihn will ich den Gefährten zeigen!‹ Deutlich spürbar sind hier wie dort die geistigen Berührungspunkte: Zeugen einer Beeinflussung, die sich aber nicht nach Quellenzitaten messen läßt. Solche stillen Zeugnisse eifriger und genauer Seneca-Lektüre stehen nicht vereinzelt; zwar haftet ihnen oft genug etwas eigenartig Anonymes an, weniger wirkungskräftig sind sie darum nicht. Wird Seneca ausdrücklich genannt, scheinen Lob oder Tadel oft recht unvermittelt, wohl deshalb, weil sich das Ganze des Werks dem Zugriff des Systematikers entzieht.

Sollen – gewissermaßen als Marksteine der Rezeptionsgeschichte zu Beginn der Neuzeit – Männer genannt werden, die lebendigen Anteil an Senecas Philosophie wachgehalten haben, so sind anzuführen: Francesco Petrarca (1304–1374), Erasmus von Rotterdam (1466–1536) und der große niederländische Philologe Justus Lipsius (1547–1606), der Begründer der holländischen Neustoa. Die Textausgaben von Tacitus und Seneca – bahnbrechende Leistungen der Philologiegeschichte – sind als Wegbereiter und Wegbegleiter eng mit der niederländischen Revolution des 16. Jahrhunderts verbunden: ein Beispiel der ›weltgeschichtlichen Rückerinnerungen, deren die früheren Revolutionen bedurften‹ (Karl Marx). Bei Michel de Montaigne (1533–1592) und Francis Bacon (1561-1626) sind Selbsterforschung und Erfahrungsvermittlung die entscheidenden Momente. Das aphoristische Denken, der essayistische Stil, also die Kunst, sachbezogen und angenehm lesbar zu schreiben, treten in den Vordergrund wie in der Folgezeit bei den französischen Moralisten, besonders bei La Rochefoucauld (1613–1680) und Montesquieu (1689 bis 1755), in dessen ›Persischen Briefen‹ wir die noch in der ironischen Distanzierung spürbare Wirkung bemerken: ›Wird ein Europäer von einem Unglück betroffen, so bleibt ihm keine andere Zuflucht als die Lektüre eines Philosophen namens Seneca …‹ Mit Diderots Alterswerk ›Essay über das Leben Senecas‹ (1782) ist dann der Punkt erreicht, an dem sich existentiell angeregtes Fragen mit den Mitteln und Möglichkeiten moderner kritischer Forschung verbinden kann.

Der grundlegende Wandel, der sich um diese Zeit anbahnt, bezieht nun unser Verhältnis zur Welt der Antike im ganzen ein. Die Antike und ihre Schriftsteller sind jetzt nicht mehr unübertreffbare Norm und damit in gewissem Sinn unwiederholbar. Der Blick für die Bedingungen, unter denen die Kunst- und Literaturwerke einer ferngerückten Zeit entstanden sind, unterscheidet jetzt schärfer, ohne freilich die Vorstellung eines verbindlichen Vorbilds aufzugeben; die Epochenunterschiede innerhalb der antiken Entwicklung werden herausgearbeitet. Aber die bürgerliche Revolution kann der ›weltgeschichtlichen Totenbeschwörungen‹, der Entlehnung ›altehrwürdiger‹ römischer ›Verkleidung‹ nicht entbehren, stellt Karl Marx im ›18. Brumaire‹ fest. Nun ist die Einsicht in die historischen Bedingtheiten nicht allzuschwer nachzuvollziehen. ›Die Schwierigkeit ist‹, so drückt sich Marx etwas später in der ›Einleitung zur Kritik der politischen Ökonomie‹ aus, ›daß sie für uns noch Kunstgenuß gewähren und in gewisser Beziehung als Norm und unerreichbare Muster gelten‹, oder ganz bildhaft in der Frage: ›Ist Achilles möglich mit Pulver und Blei?‹

Die Erkenntnis der Grenzen, die einem antiken Autor, in unserem Falle einem Autor namens Seneca, dessen Werk und Wirken hier kurz umrissen wurde, durch seine Klassenzugehörigkeit gesetzt sind, darf mithin als Voraussetzung jeder schöpferischen Auseinandersetzung gelten, die zu einer ›Aufnahme‹ – Rezeption – führt, die den humanistischen Gehalt ihrer Werke freisetzt.

Heinz Berthold

SENECA

Philosophische Schriften und Briefe

TROSTSCHRIFT AN HELVIA

Oft schon, liebste Mutter, wollte ich den Versuch wagen, dir Trost zuzusprechen, und ebensooft ließ ich es wieder sein. Vieles trieb mich, es zu wagen. Zuerst glaubte ich, das Schwerste überwunden zu haben, wenn es mir erst einmal gelungen wäre, deine Tränen wenigstens abzuwischen; sie ganz zu stillen stand ja nicht in meiner Macht. Später wurde mir klar, daß ich dich vielleicht besser aufrichten könnte, wenn ich zuvor mich selbst aufgerafft hätte; außerdem befürchtete ich, das Geschick, das ich selbst schon bezwungen hatte, könnte nun über einen der Meinen den Sieg davontragen. Die Hand noch auf der eigenen Wunde, versuchte ich nun, so gut es gehen wollte, mich selbst heranzuschleppen und deine pflegebedürftigen Wunden zu verbinden. Diesem meinem Vorsatz stellten sich erneut Hindernisse in den Weg. Deinem Schmerz, solange er noch frisch wütete, durfte man sich nicht entgegenstemmen, um ihn durch Trostversuche nicht noch mehr zu reizen und anzufachen, das wußte ich wohl, denn auch bei Krankheiten ist nichts gefährlicher als Arznei zur Unzeit. Also verlegte ich mich aufs Warten, bis sich seine Kraft von selbst bräche und er, mit der Zeit milder geworden, Arzneien vertragen konnte und sich berühren und behandeln ließe. Als ich dann noch alle von den erlauchtesten

Geistern verfaßten Bücher durchlas, die Trauer überwinden oder mäßigen helfen sollten, fand ich kein Beispiel, daß einer die Seinen getröstet hätte, während er selbst noch von ihnen beklagt wurde. So zögerte ich erneut und fürchtete, nicht Trost zu bringen, sondern Wunden aufzureißen Und brauchte nicht ein Mensch, der, um die Seinen zu trösten, sein Haupt noch vom Scheiterhaufen erhebt, völlig neue, nicht aus der Umgangssprache stammende Worte? Nun macht aber jeder maßlose Schmerz sorgsame Wortwahl unmöglich, benimmt uns oft sogar die Stimme. Wie dem auch sei, ich werde mich anstrengen, nicht im Vertrauen auf mein Talent, sondern weil ich dich in eigener Person am wirksamsten trösten kann. Traurigkeit läßt sich freilich nicht so einfach vertreiben, aber mir, dem du nichts abschlagen würdest, wirst du hoffentlich auch das Recht zugestehen, deinem Sehnen eine Grenze zu setzen.

Wieviel ich mir von deiner gütigen Nachsicht verspreche, erkennst du daran, daß ich ganz sicher bin, mehr über dich zu vermögen als dein Schmerz, der doch bei den Unglücklichen das Mächtigste ist, was es gibt. Daher will ich auch nicht sogleich gegen ihn angehen, sondern ihn erst in Schutz nehmen und ihm noch mehr Nahrung geben. Alles will ich vorbringen und auch das wieder aufreißen, was schon vernarbt ist. Nun könnte jemand sagen: »Was ist das für eine Art Trost, vergessenes Leid zurückzurufen und einem Gemüt, das kaum ein einziges Unglück ertragen kann, alle seine Nöte vor Augen zu stellen?« Wer so fragt, sollte bedenken, daß gefährliche Übel, die jedem Heilmittel zum Trotz nur noch mehr erstarken, meist durchs Gegenteil geheilt werden. Daher will ich ihm sein ganzes Unglück, all seinen Jammer deutlich vor Augen stellen: es wird keine schonende Heilung sein, sondern eine mit Brennen und Schneiden.

Was will ich erreichen? Daß ein Geist, der schon so viele Leiden überstanden hat, Scham empfindet, wegen einer einzigen Wunde an einem narbenbedeckten Körper so viel Aufhebens zu machen. Mögen darum diejenigen, denen langes Glück das zarte Gemüt entkräftet hat, noch länger weinen, klagen und beim Zusammenstoß mit dem geringsten Unrecht zusammenbrechen. Diejenigen dagegen, denen jedes Jahr unter Unglück dahinging, können auch Schwerstes mit tapferer, unerschütterlicher Festigkeit durchstehen. Denn ständiges Unglück hat ein Gutes: die es in einem fort quält, macht es schließlich hart.

Dir hat das Schicksal niemals Ruhe vor den schwersten Trauerfällen gegönnt; selbst deinen Geburtstag nahm es nicht aus: kaum geboren, fast noch während der Geburt, verlorst du deine Mutter und wurdest sozusagen ins Leben ausgesetzt. Du wuchst bei einer Stiefmutter auf, die du freilich durch steten Gehorsam und durch selbst für eine leibliche Tochter beachtliche kindliche Liebe bewogst, dir eine wirkliche Mutter zu werden; doch kommt wohl jedem auch eine gute Stiefmutter teuer zu stehen. Meinen Oheim, diesen äußerst gütigen, ausgezeichneten und tüchtigen Mann, verlorst du, als seine Heimkehr schon zu erwarten war, und damit das Schicksal seine Härte ja nicht durch Aufschub mildere, trugst du innerhalb von dreißig Tagen auch deinen geliebten Mann, von dem du Mutter dreier Kinder warst, zu Grabe. Während du noch um den Oheim trauertest, wurde dir in Abwesenheit aller Kinder diese neueste Trauerbotschaft gemeldet, als sei all dein Unglück absichtlich in diesen Zeitraum zusammengedrängt, damit du ja keine Stütze fändest für deinen Schmerz ... Zwanzig Tage, nachdem du meinen Sohn bestattet hattest, der in deinen Armen und unter deinen Küssen starb, erfuhrst du nun, daß ich in die Verbannung verschleppt worden sei. Das allein hatte dir noch gefehlt, um Lebende trauern zu müssen! Die schwerste aller Wunden, die dich je trafen, ist diese jüngste, das muß ich zugeben, denn sie hat dir nicht nur die Haut geritzt, sondern Brust und Inneres gespalten ... Halte nun Jammern, Wehklagen und manch andere Leidenschaft, in der sich der Schmerz einer Frau gewöhnlich austobt, von dir fern; denn du hättest ja vergeblich so viele Unglücksfälle ertragen, wenn du dadurch nicht gelernt hättest, unglücklich zu sein.

Bin ich nun etwa zu zaghaft mit dir umgegangen? Keinen deiner Schicksalsschläge habe ich unerwähnt gelassen, alle habe ich sie dir vorgeführt. Das hat mich viel Mut gekostet, denn ich habe mir ja vorgenommen, deinen Schmerz völlig zu besiegen, nicht nur einzudämmen. Und ich werde ihn besiegen, glaube ich, wenn ich dir entgegenhalte, daß ich nichts zu erdulden habe, um dessentwillen man mich selbst unglücklich nennen könnte, geschweige denn, daß dadurch auch jene unglücklich würden, mit denen ich verkehre. Dann will ich zu dir übergehen und dir beweisen, daß auch dein Los, das ja ganz von meinem abhängt, nicht unerträglich hart ist. Laß mich damit beginnen, was mütterliche Zuneigung vor allem hören will: daß es mir selbst nicht schlecht geht ... was mich betrifft, so brauchst du nicht anderen zu glauben. Damit du dich nicht durch unsichere Mutmaßungen beunruhigst, versichere ich dir selbst: ich bin nicht unglücklich. Und damit du noch sorgloser bist, füge ich hinzu: ich kann überhaupt nicht unglücklich werden.

Unsere natürlichen Lebensbedingungen sind gut, nur dürfen wir uns nicht von ihnen entfernen. Die Natur hat dafür gesorgt, daß es, um glücklich zu leben, keines großen Aufwandes bedarf; jeder kann sich selbst glücklich machen. Zufällige äußere Umstände sind von geringer Bedeutung und haben keinen großen Einfluß: einen Weisen machen weder günstige Umstände übermütig, noch drücken ihn ungünstige nieder. Er hat nämlich stets darauf geachtet, den größten Wert auf sein eigenes Selbst zu legen, alle Freude aus sich selbst zu schöpfen. Wie also? Rechne ich mich etwa selbst schon unter die Weisen? Keineswegs! Denn wenn ich das von mir sagen könnte, würde ich damit nicht nur verneinen, unglücklich zu sein, sondern würde mich sogar als allerglücklichsten, der Gottheit benachbarten Menschen rühmen. Nun habe ich mich den Weisen anvertraut, was vorerst genügt, alles Elend zu mildern, und, zur Selbsthilfe noch zu schwach, habe ich in einem fremden Lager Zuflucht gefunden, nämlich im Lager derer, die sich und die Ihren leicht und sicher zu schützen wissen. Von diesen erhielt ich den Auftrag, ständig gleichsam auf Wachtposten zu stehen und auf alle Angriffsversuche des Schicksals lange vor ihrem Eintreffen gefaßt zu sein. Denn nur diejenigen trifft es hart, die unvorbereitet überrascht werden, leicht hält derjenige durch, der jederzeit vorbereitet ist ...

Nie habe ich dem Schicksal getraut, auch wenn es Frieden zu halten schien. Allem, was es mir großmütig zuteilte – Geld, Ehrenämter, Gunst –, allem habe ich einen Platz zugewiesen, von dem es jederzeit wieder abgeholt werden kann, ohne daß es mich innerlich berührte. Ich habe zwischen mich und jene Glücksgüter eine große Kluft gesetzt, und so hat sie mir das Schicksal wieder entzogen, aber nicht entrissen. Das Unglück beugt eben nur den, der sich vorher vom Glück täuschen ließ ... Wen aber das Glück nicht aufgeblasen machte, dem kann auch ein Glückswechsel nichts anhaben. In jedem Fall bewährt sich sein unbesiegbares Herz von erprobter Festigkeit; hat er doch bereits im Glück seine Widerstandskraft gegen das Unglück geprüft. Aus diesem Grund bin ich stets der Überzeugung gewesen, in dem, was allen wünschenswert erscheint, könne nichts vom wahrhaft Guten enthalten sein. Ich habe dort dann auch nur nichtige, mit glänzender und auf Täuschung berechneter Schminke überzogene Dinge gefunden, die im Inneren nichts aufzuweisen hatten, was ihrer Außenseite auch nur geähnelt hätte. Jetzt finde ich sogar in dem, was man Übel zu nennen pflegt, nichts so Schreckliches und Hartes, wie es die Meinung der Menge befürchten ließ ...

Lassen wir nun das Urteil der Mehrheit, das sich durch den vorurteilsbedingten ersten Eindruck leiten läßt, einmal beiseite und untersuchen wir, was denn nun eine Verbannung eigentlich ist. Nun, nichts anderes als ein Ortswechsel! Damit ich aber nun nicht in den Ruf komme, ihre Macht zu verharmlosen und ihre zahlreichen Unannehmlichkeiten zu leugnen, halte ich ausdrücklich fest: eine Ortsveränderung dieser Art hat sehr bedrückende Folgen: Armut, Schande, Verachtung. Damit werde ich mich später auseinandersetzen, zunächst will ich einmal untersuchen, welche Härten der Ortswechsel als solcher mit sich bringt. »Unerträglich, keine Heimat mehr zu haben!« – Gewiß, aber schau dir doch nur einmal das Menschengewimmel hier an. Der Wohnraum in dieser Weltstadt Rom reicht kaum aus für sie. Die meisten von ihnen leben hier fern der Heimat. Aus Freistädten und Tochterstädten, ja aus der ganzen Welt sind sie hierher zusammengeströmt. Die einen trieb der Ehrgeiz, andere ihre Stellung im öffentlichen Dienst; diese ein Gesandschaftsauftrag, andere die Genußsucht, die ihren Lastern an einem passenden Luxusort frönen möchten, wieder andere der Bildungshunger oder das Bühnenangebot; einige lockten Freundschaftsbande, andere der Geschäftssinn, der sich hier voll entfalten kann. Die einen bieten hier ihre Schönheit zum Kauf, andere ihre Rednergabe. Keine Menschengruppe, die in dieser Stadt nicht vertreten wäre, die für Tugenden wie für Laster ein weites Betätigungsfeld bietet. Laß sie alle namentlich aufrufen, suche festzustellen, woher jeder von Haus aus stammt, und du wirst sehen, die Mehrzahl hat die Heimat verlassen, um in diese schöne, große, aber trotzdem fremde Stadt zu kommen.

Wenn du nun aber diese Stadt einmal beiseite läßt, die man als gleichsam allen gehörig betrachten darf, und alle die anderen Städte durchgehst: jede beherbergt eine Vielzahl fremden Volks. Selbst wenn du von den Städten absiehst, deren liebliche Lage in einer anmutigen Umgebung so viele anlockt, durchstreife einsame Orte und unwirtliche Inseln wie Sciathus und Seriphus, Gyarus und Cossura: du wirst keinen Verbannungsort finden, an dem sich nicht irgend jemand zum Vergnügen herumtreibt. Etwas derartig Kahles und nach allen Seiten hin Schroffes wie diese Felseninsel ist wohl nirgendwo zu finden! Ja, gibt es Kargeres, wenn man an die natürlichen Ressourcen, Unkultivierteres, wenn man an die Menschen, Trostloseres, wenn man an das Landschaftsbild, Unbeständigeres, wenn man an das Klima denkt? Und trotzdem gibt es hier mehr Fremde als Einheimische.

Ein Ortswechsel als solcher kann also so beschwerlich wohl nicht sein, da selbst ein solcher Ort Menschen von zu Hause weglocken kann. Ja, ich habe sogar manche sagen hören, unserem Gemüte wohne von Natur aus das Verlangen inne, umzuziehen und den Ort zu wechseln. Eignet doch dem Menschen ein beweglicher, unruhiger Geist, der es nirgends lange aushält, der sich ausbreitet, seine Gedanken alles Bekannte und Unbekannte durchstreifen läßt, unstet, ein Feind der Ruhe und ein Freund aller Neuerungen. Worüber du dich nicht wundern wirst, wenn du auf seinen Ursprung siehst: Er hat nichts von lastender irdischer Körperschwere an sich, ist ein Abkömmling jenes himmlischen Geistes. Und Himmlisches ist seiner Natur entsprechend immer in Bewegung, weicht zurück und ist ungeheuer schnell. Schau auf die Gestirne, die unsere Welt erleuchten, keines von ihnen verharrt an seinem Ort, ... alle bewegen und verändern sich ständig. Anfang und Ziel ihrer Bahnen sind nach Gesetz und Naturnotwendigkeit geordnet. Haben sie in bestimmten Jahresabständen ihre Umläufe vollendet, treten sie zur Wiederholung an. Und dem Menschengeist, der aus den gleichen göttlichen Keimen besteht, willst du eine Abneigung gegen Veränderung und Bewegung zusprechen, da sich doch die göttliche Natur an ständigen, überaus schnellen Verwandlungen erfreut, ja sich durch sie erhält?

Von der Himmelswelt nun zur Menschenwelt! Du wirst beobachten können, daß ganze Stämme und Völkerschaften ihre Wohnsitze wechselten. Was sollen Griechenstädte mitten im Barbarenland, was griechische Laute unter Indern und Persern? Skythien mit seiner ganzen Nachbarschaft steckt voller wilder, unbezwungener Stämme, stellt aber an seiner Küste zum Schwarzen Meer eine ganze Reihe griechischer Ansiedlungen zur Schau: weder der anhaltende grimmige Winter noch die Gemütsart der Bewohner, die rauh ist wie ihr Wetter, konnten die Auswanderer zurückhalten. Eine Vielzahl von Athenern lebt in Kleinasien, Milet stellte die Bevölkerung für fünfundsiebzig Tochterstädte. Die ganze unteritalische Küste war gewissermaßen ein größeres Griechenland. Kleinasien rühmt sich als Stammsitz der Etrusker, Tyrier wohnen in Afrika, Punier in Spanien. Griechen sind nach Gallien ausgewandert, Gallier nach Griechenland. Die Pyrenäen konnten Einfälle der Germanen nicht aufhalten, durch unwegsames, unbekanntes Gelände ergoß sich ein beweglicher Menschenstrom: Frauen, Kinder und altersmüde Eltern mußten mit. Andere kamen nach langen Irrfahrten nicht dazu, sich mit Überlegung Wohnsitze zu wählen, völlig erschöpft nahmen sie den nächsten besten. Andere erkämpften sich mit Waffengewalt ein Heimatrecht in der Fremde. Es gibt Völker, die auf der Suche nach unbekannten Ländern das Meer verschlang, andere waren gezwungen, sich dort niederzulassen, wo ihnen alle Hilfsmittel ausgingen. Alle hatten andere Gründe, ihr Vaterland aufzugeben und sich auf die Suche nach einem neuen zu machen.

Die einen, feindlichen Waffen knapp entronnen, trieb der Untergang ihrer Städte mittellos in die Fremde, andere vertrieb der Bürgerkrieg; andere mußten zur Entlastung von riesiger Übervölkerung weichen, wieder andere vertrieben Seuchen, häufige Erdbeben, unerträglich schlechtes und karges Ackerland, etliche schließlich ließen sich täuschen von dem

Gerücht über ein angeblich fruchtbares, hochgelobtes Land. Andere wieder hatten andere Gründe zum Verlassen ihrer Heimat. Eines steht jedenfalls fest: nichts ist jemals seinem Ursprungsort treu geblieben. Die Menschheit ist ständig in Bewegung, und tagtäglich verändert sich etwas auf diesem weiten Erdenrund: Neue Städte werden gegründet, Völker mit neuen Namen tauchen auf, die ihre Vorgänger ausgelöscht oder sich durch sie verstärkt haben. Alle diese Völkerwanderungen sind doch auch nichts anderes als Massenverbannungen …

Blickt doch auch das Römische Reich auf einen Verbannten als seinen Begründer zurück. Seine Vaterstadt war erobert. Als Flüchtling mit kümmerlicher Habe irrte er suchend hin und her, Not und Furcht vor dem Sieger ließen ihn endlich nach Italien gelangen. Und wie viele Kolonien hat dieses Volk später in jeder seiner Provinzen gegründet. Wo Rom siegte, entstand eine römische Siedlung … Es bedarf keiner weiteren Aufzählung, nur eines will ich noch hinzufügen, was besonders in die Augen fällt: diese Insel hier hat schon oft ihre Siedler gewechselt. Die ins Dunkel der Vergangenheit gehüllten Anfangszeiten lasse ich beiseite. Griechen aus Phokis, die jetzigen Bewohner von Massilia, saßen vorher auf dieser Insel. Man weiß nicht, was sie von hier forttrieb; ob es das rauhe Klima war, der Blick auf das übermächtige Italien oder der Mangel an natürlichen Häfen. Die Wildheit der Urbevölkerung kommt jedenfalls als Ursache nicht in Betracht, siedelten sie sich doch mitten unter gallischen Stämmen an, die zu dieser Zeit besonders grob und ungebärdig waren. Später setzten Ligurer über, auch Spanier, worauf ähnliche Bräuche hinweisen. Kopfbedeckungen und Schuhwerk sind die gleichen wie bei den Kantabrern, dazu auch einige sprachliche Ausdrücke; die heimische Sprache ging freilich durch den Verkehr mit Griechen und Ligurern allmählich unter. Dann folgten zwei römische Bürgerkolonien, eine unter Marius, die andere unter Sulla. So viele Male kam es auf dieser ausgedörrten, dornenreichen Felseninsel zu einem Bevölkerungswechsel. Auch sonst wirst du kaum ein Land finden, das noch heute von seinen Ureinwohnern besiedelt wird. Alles ist miteinander vermischt und verwachsen. Einer folgte dem anderen. Was der eine leidenschaftlich erstrebte, war dem nächsten zuwider, und so mancher wurde gerade aus dem Land wieder vertrieben, das er anderen abgenommen hatte. So hat es das Schicksal gewollt: Kein Glück darf dauernden Bestand haben!

Wenn man alles sonstige Ungemach, das eine Verbannung so mit sich bringt, einmal beiseite läßt und sich nur auf den Ortswechsel als solchen beschränkt, dann ist es nach Varro, dem tiefgründigsten unserer römischen Gelehrten, als Gegenmittel schon genug, zu wissen, daß wir es ja allerorts mit der gleichen Natur zu tun haben. Dem Marcus Brutus genügt es, wenn die Verbannten ihre Tugenden mitnehmen können. Wer nun aber glaubt, einer dieser Gründe reiche allein nicht aus, einen Verbannten zu trösten, wird zugeben müssen, daß beide Gründe zusammen sehr wirksam sein können. So viel haben wir doch gar nicht verloren!

Und zwei der herrlichsten Dinge folgen uns überallhin: die allgemeine Natur und die uns eigene Tugend. Glaub mir, dies alles hat der Weltenschöpfer so eingerichtet, gleichgültig ob das nun ein allmächtiger Gott ist oder eine körperlose Vernunft, die gewaltige

Werke schafft, oder ein göttlicher Hauch, der alles, vom Größten bis zum Kleinsten, in gleichem Maße durchströmt, oder das Schicksal mit seiner unzerreißbaren, festgefügten Kette von Ursache und Folge. Es ist eben, meine ich, so eingerichtet, daß nur das Allergeringfügigste äußerer Willkür unterliegt. Die höchsten Güter der Menschheit sind menschlicher Willkür entzogen, können uns weder verliehen, noch entrissen werden. Unsere Welt, diese größte und schönste Schöpfung der Natur, und der diese Welt betrachtet und bewundert, ihr herrlichster Teil, der Geist: beides gehört für immer zu uns und wird so lange Bestand haben wie wir selbst. So laßt uns denn heiteren Mutes und mit sicherem Schritt eilen, wohin es uns auch treiben mag; laßt uns alle möglichen Länder durchstreifen: In dieser Welt kann es nämlich gar keine Verbannung geben; gibt es doch nichts auf dieser Welt, was dem Menschen fremd wäre. Von überallher darf man in gleicher Weise den Blick zum Himmel erheben. Die göttliche Welt ist von der menschlichen Welt überall gleichweit entfernt. Solange nun meine Augen von diesem Schauspiel, an dem sie so unersättlich hängen, nichts abzieht, solange mir freisteht, Sonne und Mond zu betrachten, die übrigen Gestirne zu verfolgen, ihre Auf- und Untergänge, ihre gegenseitigen Entfernungen und die Bedingungen ihrer unterschiedlichen Umlaufgeschwindigkeiten zu erforschen, solange ich das ganze Heer nächtlich strahlender Sterne schauen kann, unbeweglich die einen, nur gering abweichend und in engen Bahnen umlaufend die anderen, einige plötzlich aufleuchtend, andere funkensprühend und die Augen blendend wie kurz vor dem Sturz oder hell strahlend mit langem Schweif vorüberziehend, solange ich bei ihnen bin und, soweit das einem Menschen erlaubt ist, in himmlischen Gefilden verweile, solange ich also meinen Geist, den es zum Anblick des ihm Verwandten hinzieht, ständig nach oben richte: Was schert es mich, wo ich hintrete?

»In diesem Land gibt es doch aber keine fruchttragenden oder schönen Bäume. Kleine, nicht schiffbare Flüsse müssen ihm zur Bewässerung dienen. Kein Landesprodukt ist für andere Völker begehrenswert, kaum daß es seine eigenen Einwohner ernähren kann. Hier werden weder Edelsteine gebrochen, noch Gold- und Silberadern ausgebeutet.« – Wie eng ist ein Geist, der sich nur an irdischen Gütern erfreuen kann: Man muß ihn vielmehr auf Dinge lenken, die überall gleich erscheinen, überall gleichermaßen erstrahlen ... In der Gegend, in die dich der Zufall verschlagen hat, besteht die vornehmste Unterkunft in einer ärmlichen Hütte. Da wäre es nun ein Zeichen kleinen Geistes und ein erbärmlicher Trost, nur darum standhaft auszuharren, weil du von der Hütte des Romulus gehört hast. Sage dir lieber: »Finden in dieser elenden Hütte nicht auch die Tugenden ein Zuhause? Erblickt man nämlich Gerechtigkeit in ihr, Selbstbeherrschung, Klugheit, Frömmigkeit, vernünftige Verteilung aller Pflichten, Wissen um Menschliches und Göttliches, wird sie jeden Tempel an Schönheit übertreffen. Ein Raum, der die ganze Schar so edler Eigenschaften faßt, kann nicht eng, eine Verbannung, in die man in solcher Begleitung gehen darf, nicht unerträglich sein!« Brutus schreibt in seinem Buch ›Über die Tugend‹, er sei auf Mytilene dem verbannten Marcellus begegnet und habe ihn, so gut es die menschliche Natur zuläßt, das glücklichste Leben führen sehen. Auch habe er ihn nie eifriger mit wissenschaftlichen Studien beschäftigt gesehen als eben zu jener Zeit. Darum fügt er auch hinzu: Bei seiner Abfahrt hätte er mehr den Eindruck gehabt, selbst ins Exil zu gehen, als Marcellus im Exil zurückzulassen ... Du zweifelst doch aber nicht etwa, daß auch der große Marcellus sich oft genug selbst aufmuntern mußte, sein Exil mit Gleichmut zu ertragen, etwa so: »Verzicht aufs Vaterland ist kein Unglück! Du stehst mit den Wissenschaften auf so vertrautem Fuß, daß du wissen mußt: für den Weisen wird jeder Ort zum Vaterland. Wie das? Hat nicht auch der, der dich in die Verbannung trieb, selbst zehn Jahre lang hintereinander sein Vaterland entbehren müssen? Weil er das Reich erweitern mußte, natürlich, aber immerhin doch entbehren! Jetzt ruft ihn Afrika, wo der Krieg wieder aufzuleben droht, jetzt Spanien, das den Mut der geschlagenen und gedemütigten Gegner aufs neue anfacht, jetzt das treulose Ägypten, zuletzt der gesamte Erdkreis, der auf den Zusammenbruch des erschütterten Reiches lauert. Wo soll er zuerst eingreifen, gegen wen soll er sich wenden? Durch alle Länder werden ihn seine Siege treiben. Die Völker mögen ihn bewundern und verehren: du aber lebe und sei zufrieden, wenn ein Brutus dich bewundert!«

Marcellus hat sich also gut mit seiner Verbannung abgefunden; der Ortswechsel ließ ihn trotz der damit verbundenen Armut innerlich völlig unbeeindruckt. Daß Armut nicht die Quelle des Unglücks sein kann, sieht jeder ein, der noch nicht von der alles zerstörenden Gier nach Besitz und Genuß gepackt ist. Wie wenig braucht doch der Mensch wirklich notwendig zu seinem Unterhalt! Und das kann einem einigermaßen tugendhaften Menschen doch nicht fehlen!

Was mich persönlich betrifft, so sehe ich ein: Nicht meine Schätze fehlen mir, sondern mein gewohnter Pflichtenkreis. Der Körper braucht ja nur wenig. Er möchte nicht frieren, möchte durch Nahrungsmittel Hunger und Durst stillen können, alle sonstigen Bedürfnisse dienen nur den Lastern, nicht den Bedürfnissen. Muß man denn das ganze Weltmeer durchwühlen, Tiere schlachten, nur um sich den Magen vollzuschlagen, Austern von unbekannten Gestaden entlegenster Meere herbeiholen! Möchten doch Götter und Göttinnen alle verderben, deren Genußsucht noch über die Grenzen eines so beneidenswerten Reiches hinausstrebt …

Kaiser Caligula, an dem uns, wie mir scheint, die Natur zeigen wollte, was lasterhafte Verworfenheit in höchster Machtstellung anrichten kann, verbrauchte 10 Millionen Sesterzen für eine Tagesmahlzeit. Trotzdem fand er auch mit allgemeiner Unterstützung nur mit Mühe eine Möglichkeit, den Tribut dreier Provinzen in einer einzigen Mahlzeit zu verzehren. Wie bedauernswert sind doch alle, deren Gaumen nur noch auf die erlesensten Gerichte anspricht; erlesen aber nicht durch vorzüglichen Wohlgeschmack oder besonderen Gaumenkitzel, sondern nur weil sie selten und schwer zu beschaffen sind. Da es aber im übrigen jedem freisteht, zur Vernunft zurückzukehren, warum dann soviel Aufwand im Dienste des Magens, soviel Handelsgeschäfte, solcher Raubbau an den Wäldern, solches Durchsuchen der Meerestiefen? Überalhin hat die Natur Nahrungsmittel verteilt; doch daran gehen sie wie Blinde vorbei, durchstreifen lieber alle Regionen, überqueren die Meere und reizen ihren Hunger, den sie leicht stillen könnten, gewaltig an …

Man könnte fragen: »Waren etwa unsere Vorfahren, deren Tüchtigkeit bis auf den heutigen Tag unseren Lastern die Waage hält, unglücklich, weil sie sich eigenhändig ihre Nahrung zubereiteten, weil sie auf der Erde schliefen, weil ihre Häuser noch nicht vor Gold funkelten, ihre Tempel noch nicht vor Edelsteinen glänzten? So schwor man rechtskräftig vor Götterbildern aus Ton; und die so geschworen hatten, kehrten todesbereit zum Feind zurück, weil sie keinen Trug begehen wollten. Unser Diktator, der die Abgesandten der Samniten anhörte, während er auf dem Herd seine bescheidene Mahlzeit umrührte – mit der gleichen Hand, die schon so oft den Feind geschlagen und dem kapitolinischen Jupiter den Siegeslorbeer in den Schoß gelegt hatte –, lebte er etwa weniger glücklich als zu unserer Zeit Apicius, der die Wissenschaft der Kneipenkunde betrieb und unser ganzes Zeitalter mit dieser Kunst verdarb – und das in einer Stadt, aus der man einst Philosophen als Verderber der Jugend vertrieben hatte.« Es lohnt sich, sein Ende zu kennen. Als er hundert Millionen Sesterzen für seine Küche ausgegeben, eine Unmenge herrschaftlicher Zuwendungen restlos aufgebraucht und gewaltige Abgaben des Kapitols in ein paar Gelagen durchgebracht hatte, sah er sich durch drückende Schuldenlast erstmals genötigt, seine Kassenbücher einzusehen. Er überschlug: Zehn Millionen Sesterzen würden übrigbleiben. Mit zehn Millionen Sesterzen leben, das bedeutete für ihn ein Leben am Rande der Hungersnot, so schied er durch Gift aus dem Leben. Gipfel des Wohllebens: sich mit zehn Millionen Sesterzen für bettelarm zu halten! Da sage einer noch, nicht der Geist, sondern das Geld sei das Maß der Dinge. Dem einen wird mit zehn Millionen angst und bange, daß er zum Gift greift, um dem zu entfliehen, was sich andere sehnlichst herbeiwünschen. Immerhin mag für einen Menschen von so niedriger Gesinnung dieser letzte Schluck der zuträglichste gewesen sein: Er aß und trank Gift, während er sich aufwendigster Gastmähler nicht nur erfreute, sondern sich ihrer auch rühmte, während er seine Untugenden offen zur Schau stellte und die Bürger für seinen ausschweifenden Lebensstil gewann, während er die Jugend, die auch schon ohne schlechte Vorbilder gelehrig ist, anstachelte, ihn nachzuahmen. So geht es denen, die ihre Reichtümer nicht nach den festen Richtlinien der Vernunft verwalten, sondern sich von ihrer verkehrten Gewohnheit leiten lassen, deren Willkür keine Grenze und kein Maß findet. Die Begierde kommt nie, die Natur schon mit wenigem aus. Demnach ist für einen Verbannten Armut kein Nachteil. Kein Verbannungsort ist nämlich so ärmlich, daß er nicht einen einzelnen Menschen reichlich versorgen könnte.

»Doch wird sich ein Verbannter gewiß Kleidung und Häuslichkeit herbeiwünschen.« – Aber auch dieser Wunsch sollte sich nur nach dem Bedarf richten, dann wird er weder ein schützendes Dach noch eine bergende Hülle vermissen! Unser Körper benötigt für Kleidung und Nahrung gleichermaßen wenig. Die Natur hat es so eingerichtet, daß alles für den Menschen Lebensnotwendige auch leicht zu beschaffen ist. Verlangt er freilich ein Gewand mit kräftigem, purpurfarbenem Grundton – golddurchwirkt und mit einer Fülle bunter kunstvoller Muster verziert –, da liegt's dann wohl an ihm und nicht am Schicksal, wenn er arm ist. Selbst wenn du ihm alle Verluste ersetztest, wirst du überhaupt nichts erreichen, denn er wird immer noch mehr haben wollen, als du ihm ersetzt, ja ein solcher Verbannter wird mehr vermissen, als er je besaß …

So geschieht es nun nicht nur, wenn es um Geld oder um Nahrungsmittel geht. Jedes Verlangen, das eben nicht auf Mangel, sondern auf krankhafter Veranlagung beruht, hat die gleiche natürliche Ursache. Du magst ihm so weit als irgend möglich entgegenkommen: Seine Begierde wird keine Grenze finden, sondern sich von Mal zu Mal noch steigern. Wer sich innerhalb der von der Natur gesetzten Grenzen bewegt, wird nichts von Armut spüren, wer diese überschreitet, dem wird auch im größten Reichtum die Armut Weggefährtin sein. Die notwendigen Dinge gibt es auch an den Verbannungsorten in ausreichender Menge, die überflüssigen nicht einmal in Königreichen. Die innere Einstellung ist es, die den reichen Mann ausmacht, und die eben behält man an den Verbannungsorten wie in den unwirtlichsten Wüstengegenden. Findet sich nur so viel, wie der Körper braucht, hat unser Geist übervolles Genügen und Genuß am eigenen Selbst; um Geld dagegen kümmert er sich nicht, genausowenig wie die unsterblichen Götter … Aus diesem Grund kann es für einen freien, den Göttern verwandten Geist gar keine Verbannung geben. Er kann sich jeder Welt und jedem Zeitalter anpassen, denn sein Denken umgreift den ganzen Himmelsbau, versenkt sich in jede vergangene und zukünftige Zeit. Unser armseliger Körper, Gefängnis und Fessel des Geistes, wird hin und her geworfen. Folterqualen, Raubüberfälle, Krankheiten treiben ihr Spiel mit ihm. Unser Geist dagegen ist ehrfurchtgebietend, unzerstörbar und unantastbar.

Glaube nun aber nicht, ich beschränkte mich zur

Verharmlosung der Armutsbeschwerden, die ja nur dem bedrückend scheinen, der sich für arm hält, auf die Vorschriften der Philosophen. Bedenke doch zunächst, daß du den größten Teil der Armen keineswegs mutloser und besorgter vorfinden wirst als die Reichen; ja, ich bin mir nicht einmal sicher, ob sie vielleicht sogar um so fröhlicher sind, je weniger ihr Geist abgelenkt wird. Wenden wir uns nun den Reichen zu: Bei wieviel Gelegenheiten teilen sie das Los der Armen! Auf Reisen können sie nicht viel Gepäck mitnehmen. Macht die Reise Beeilung notwendig, müssen alle überflüssigen Diener entlassen werden. Und welch winzigen Teil ihres Besitzes dürfen sie im Kriegsdienst, wo die Lagerordnung jede Belastung verbietet, bei sich haben? Aber nicht etwa nur Zeitverhältnisse oder räumliche Begrenztheit stellen sie den Armen gleich. Sie selbst wählen, sobald sie der Überdruß am Reichtum gepackt hat, bestimmte Tage, an denen es ihnen beliebt, zu ebener Erde zu speisen und statt goldenen und silbernen Tafelgeschirrs tönernes zu benutzen. Sind es nicht Wahnsinnige, die sich ständig vor etwas fürchten, das sie gelegentlich heiß begehren! …

Jedesmal, wenn ich mir die Beispiele aus der alten Geschichte überdenke, schäme ich mich jedenfalls, Trostgründe für die Armut vorzubringen. Warum? Weil es das Geltungsbedürfnis unserer Zeit so weit gebracht hat, daß die Reisekosten der Verbannten größer sind als einst das Erbgut der führenden Staatsmänner … Menenius Agrippa, der einst den öffentlichen Ausgleich zwischen Patriziern und Plebejern vermittelt hatte, mußte mit geborgtem Geld beerdigt werden. Atilius Regulus richtete, während er die Punier in Afrika bezwang, ein Schreiben an den Senat, in dem er mitteilte, sein einziger Tagelöhner sei ihm davongelaufen, und nun liege sein Acker brach – was den Senat veranlaßte, für die Dauer der Abwesenheit des Regulus von Staats wegen dafür zu sorgen ... Durch solche Fürsprecher gewinnt Armut nicht nur Sicherheit, sondern auch Ansehen.

Einer könnte entgegnen: »Warum trennst du diese Dinge so säuberlich, die wohl für sich allein erträglich, zusammengenommen aber unerträglich sind? Ortswechsel ist zu ertragen, wenn es eben nur um den Ort geht; Armut ist zu ertragen, wenn sich nicht Schande dazugesellt – die uns allein gewöhnlich schon genug bedrückte.« – Wer mich durch die Aufzählung aller einzelnen Übel erschrecken will, dem werde ich mit folgenden Worten begegnen: Reichen deine Kräfte aus, jeder einzelnen Tücke des Schicksals standzuhalten, werden sie auch allen zusammen gewachsen sein. Hat die Tugend unseren Geist erst einmal hart gemacht, verhilft sie ihm auch zu völliger Unverwundbarkeit. Hat der Geiz, diese verheerendste aller Menschheitsseuchen, erst einmal von dir abgelassen, wirst du mit dem Ehrgeiz leichtes Spiel haben. Betrachtest du den Tag deines Todes weniger als Strafe und mehr als Naturgesetz, wird sich an dein von der Todesfurcht befreites Herz keine andere Art von Angst mehr heranwagen. Bedenkst du, daß die sinnliche Begierde nicht dem Vergnügen, sondern der Arterhaltung dienen soll, und schaffst du es, von diesem tief im eigenen Inneren lauernden Gift unberührt zu bleiben, dann wird auch jede andere Begierde dir nichts mehr anhaben können.

Die Vernunft bekämpft nicht einzelne Laster, sondern streckt sie alle zugleich zu Boden: sie siegt einmal und endgültig. Glaubst du, ein Weiser, der sich ganz auf sich allein verläßt und von den Vorurteilen der Menge frei ist, könne sich durch Beschimpfung überhaupt getroffen fühlen? Und ein schimpflicher Tod wäre noch mehr als bloße Beschimpfung. Dennoch ging Sokrates mit derselben gleichmütigen Miene, mit der er als einziger die dreißig Tyrannen zur Ordnung gerufen hatte, in den Kerker und nahm somit diesem Raum alles Schimpfliche. Denn einen Raum, in dem ein Sokrates weilte, kann man nicht mehr als Kerker ansehen! Gibt es überhaupt jemanden, der so blind gegenüber der Wahrheit wäre, daß er die zweifache Niederlage des Marcus Cato – bei der Bewerbung um die Prätur und um das Konsulat – für eine Schande hielte? Eine Schande war es in der Tat, aber für die Prätor- und die Konsulwürde. Beiden hätte ein Cato zur Ehre gereicht. Nur wer sich selbst aufgegeben hat, wird von anderen verachtet. Zu einer niedrigen, kriecherischen Gesinnung mag solche Schmach passen. Wer sich aber gegen die erbittertsten Schicksalsangriffe auflehnt und mit all den Übeln fertig wird, die andere niederwerfen, der ist selbst im Unglück geheiligt. Sind wir doch so geartet, daß nichts so starke Bewunderung bei uns findet als ein Mensch, der dem Unglück standhält …

Weil ich nun selbst, teuerste Mutter, in keiner Weise die Ursache deiner nie versiegenden Tränen sein kann, müssen dich wohl eigene Gründe dazu bewegen. Deren gibt es nun zwei: entweder schmerzt dich die Erkenntnis, einen gewissen Schutz verloren zu haben, oder daß du allein schon die Sehnsucht nicht ertragen kannst. Auf die erste Möglichkeit brauche ich nur flüchtig einzugehen. Weiß ich doch, daß dein Herz die Seinen nur um ihrer selbst willen liebt. Da mögen jene Mütter zusehen, die ihre weibliche

Schwäche dazu treibt, sich für die Machtstellung ihrer Söhne einzusetzen, die ihren Ehrgeiz vermittels ihrer Söhne befriedigen, weil Frauen ja keine Ehrenämter bekleiden dürfen, die das väterliche Erbe ihrer Söhne an sich ziehen und ausbeuten, die mit ihren geschwätzigen Anbiederungsversuchen andere Leute belästigen. Du hast dich über den Besitz deiner Kinder nur sehr gefreut; Nutzen hattest du daran keinen; unserer Freigebigkeit gebotest du Einhalt, der deinen nie. Als familiengebundene Tochter hast du überdies noch deine wohlhabenden Söhne unterstützt, hast unser väterliches Erbgut so angelegt, als gingest du mit deinem eigenen um, und ließest es unberührt wie das eines Fremden. Von unserem Ansehen hast du so sparsam Gebrauch gemacht wie von einer fremden Sache, und von unseren Ehrenämtern hast du nichts gehabt als die Freude und die Kosten. Niemals hatte deine gütige Liebe den eigenen Vorteil im Blick. Darum also kannst du an deinem dir entrissenen Sohn nicht etwas vermissen, was du an dem unangefochtenen nie für dich in Anspruch genommen hast.

Mein Trost muß also die wahre Ursache deines mütterlichen Schmerzes aufdecken: »Meinen lieben Sohn soll ich nicht mehr umarmen, mich nicht mehr an seinem Anblick, nicht mehr an seinen Worten erfreuen dürfen? Er, dessen Anblick genügte, meine düstere Miene aufzuhellen, dem ich alle meine Kümmernisse anvertrauen konnte, wo mag er sein? Die Gespräche mit ihm, die mir nie zu lang wurden; seine wissenschaftliche Arbeit, an der ich größeren und innigeren Anteil nahm, als eine Frau, eine Mutter gewöhnlich nimmt, die Treffen mit ihm, seine kindliche Freude beim Anblick der Mutter – wo ist dies alles geblieben?« Für dich kommt noch mehr hinzu: Die

Orte, wo wir uns begrüßten, wo wir zusammen waren und die lebendige Erinnerung an unser letztes Gespräch, die – wie könnte es anders sein – beunruhigende Stimmungen weckt. Hat dir doch auch hierin das Schicksal besonders hart zugesetzt, da es dich, zwei Tage vor meinem jähen Sturz, sorglos und nichts Derartiges ahnend, abreisen ließ. Es war gewissermaßen unser Glück, daß wir weit entfernt voneinander gelebt hatten, daß jahrelange Trennung dich auf dieses Unglück vorbereitet hatte. Du warst ja nicht gekommen, um ständig vergnügt mit deinem Sohn zusammenzuleben, sondern nur um die gewohnte Sehnsucht niederzukämpfen. Hättest du dich schon viel früher von mir getrennt, hättest du es standhafter getragen; Entfernung mildert ja die Sehnsucht. Wärest du nicht gerade jetzt abgereist, hättest du als letzte Freude deinen Sohn zwei Tage länger um dich haben können. Nun aber hat das grausame Geschick es so gefügt, daß du weder mein Unglück miterleben konntest, noch bereits wieder an mein Fernsein gewöhnt warst. Je härter nun aber dies alles für dich ist, um so größere Kraft mußt du sammeln, denn gewiß wird der Kampf mit einem Gegner, den man kennt und schon oft besiegt hat, mit größerer Erbitterung ausgefochten. Deinem Körper, der jetzt so stark blutet, sind Wunden nicht unbekannt, dich trifft's schon auf die Narben.

Du hast es gar nicht nötig, dich mit weiblicher Schwäche zu entschuldigen, der man ein fast uneingeschränktes, freilich nicht unbegrenztes Recht zugesteht, den Tränen freien Lauf zu lassen. Unsere Vorfahren haben ja den trauernden Witwen eine Zeit von zehn Monaten eingeräumt, damit sie den Kampf gegen ihren hartnäckigen Kummer mit Hilfe einer öffentlichen Verfügung bestehen könnten. Sie wollten damit die Trauer nicht unterdrücken, wohl aber eingrenzen. Sich beim Verlust eines lieben Angehörigen von schrankenlosem Schmerz hinreißen zu lassen hieße törichte Nachsicht, völlige Fühllosigkeit dagegen unmenschliche Härte. Der beste Ausgleich zwischen treuer Anhänglichkeit und Vernünftigkeit besteht ebenso im Auskosten der Sehnsucht wie in ihrer Unterdrückung.

Du hast es nicht nötig, dich nach Frauen zu richten, deren Trauer, einmal begonnen, erst im Tode endete – du kennst einige, die die beim Tod der Söhne angelegte Trauerkleidung zeitlebens trugen. Deine von Jugend auf strenge Lebensführung stellt höhere Anforderungen an dich. Die Entschuldigung mit weiblicher Schwäche paßt nicht zu einer Frau, die mit keinem weiblichen Fehler behaftet ist. Der Schamlosigkeit, dieser schwersten Krankheit unserer Zeit, bist du nicht wie die meisten verfallen. Weder Edelsteine noch Perlen konnten dich verlocken, noch konnte Reichtum dich blenden, mit seinem Anspruch als höchstes Gut der Menschheit zu gelten. Die gute Erziehung in einem alten, strengen Hause verhinderte, daß dich die auch für anständige Menschen gefährliche Nachahmung schlechter Beispiele in die Irre führte. Niemals empfandest du Schwangerschaft als deinem Alter ungemäß und peinlich, nie hast du zunehmende Leibesfülle als unschöne Bürde empfunden, wie es andere tun, die nur auf ihre Figur bedacht sind, nie hast du hoffnungsvolle Leibesfrucht abgetrieben. Dein Gesicht hast du nie mit Schminke und Reizmitteln verunstaltet. Dir mißfiel ein Kleid, das nichts mehr enthüllte, wenn man es ablegte. Schamhaftigkeit erschien dir als der einzigmögliche

Schmuck, als die herrlichste, nie alternde Schönheit, als die größte Zierde. Deshalb kannst gerade du, wenn du deinen Schmerz rechtfertigen willst, dich nicht auf die weibliche Natur berufen, von der dich deine Tugenden ja gerade entfernt haben. Weibliche Tränen müssen dir so fremd sein wie weibliche Laster...

Blicke nur auf jene Frauen, deren erwiesene Tüchtigkeit sie den Großen unter den Männern zugesellt hat. Einer Cornelia hatte das Schicksal von zwölf Kindern zwei übriggelassen; der Zahl nach verlor Cornelia zehn, dem Wert nach waren es ›die Gracchen‹. Dennoch untersagte sie denen, die um sie herum weinten und ihr Los verdammten, ein Schicksal anzuklagen, das ihr Söhne wie die Gracchen geschenkt hatte. So eine Mutter paßte zu einem Sohn, der öffentlich aussprach: »Du wagst es, meine Mutter zu beschimpfen, die mich geboren hat?« Der Ausspruch der Mutter erscheint mir aber noch viel hochherziger. Legte der Sohn großen Wert auf die Herkunft aus dem Hause der Gracchen, würdigte die Mutter auch den Untergang. Rutilia folgte ihrem Sohn Cotta in die Verbannung und hing so zärtlich an ihm, daß sie lieber Verbannung ertragen wollte als Sehnsuchtsqualen. Erst zusammen mit ihrem Sohn kehrte sie ins Vaterland zurück ... Neben diesen Frauen sollst du genannt werden. Ihr Leben war dir stets Vorbild, so solltest du ihrem Beispiel folgen, wenn es gilt, deine Trauer zu beschwichtigen und zu bezähmen.

Mir ist wohl bewußt, daß es sich hier um etwas handelt, das nicht in unserer Gewalt steht. Ein starkes Gefühl läßt sich nicht befehlen, am allerwenigsten der Schmerz, denn er ist ungebärdig und sperrt sich gegen jedes Heilmittel. Zwar versuchen wir mitunter, ihn zu verheimlichen und unsere Seufzer hinunterzuschlucken, aber auch ein noch so beherrschtes und verstelltes Gesicht steht auf einmal in Tränen. Bisweilen versuchen wir, uns durch den Besuch von öffentlichen Spielen und Gladiatorenkämpfen abzulenken, doch mitten in einer abwechslungsreichen Vorstellung überkommt uns dann so eine Anwandlung unserer Sehnsucht. Darum ist es besser, seinen Schmerz zu bezwingen, als ihn zu hintergehen. Überlisteter und durch Vergnügen und Beschäftigung betäubter Schmerz ist nämlich plötzlich wieder da; während der Ruhepause hat er sogar Kraft zu neuem wütendem Angriff gesammelt. Nur wer sich der Vernunft unterworfen hat, findet Ruhe auf Dauer.

Ich werde dich also nicht auf Hilfsmittel hinweisen, die ich von vielen angewandt sehe. So könnte dich eine längere Reise auf andere Gedanken bringen, eine besonders reizvolle vergnügt stimmen. Du könntest viel Zeit mit sorgfältigen Rechnungskontrollen und mit der Verwaltung des Erbguts verbringen, könntest dich immer aufs neue in eine Beschäftigung stürzen. Das alles nützt nur vorübergehend, hemmt den Schmerz nur, heilt ihn aber nicht. Ich sähe es aber lieber, wenn der Schmerz ganz von uns ablieẞe, als daß er nur überlistet würde. Darum weise ich dir den Weg zum Zufluchtsort aller vom Schicksal Verfolgten, zu den Wissenschaften: sie können deine Wunden heilen und dir jegliche Niedergeschlagenheit vertreiben. Jetzt ist's die Zeit, sich ihrer zu bedienen, auch wenn du sie niemals gepflegt hättest.

Soweit es die altmodische Strenge meines Vaters erlaubte, hast du doch von allen Studienfächern wenigstens einen Überblick, mag er auch unvollkommen sein. Ja, wäre mein trefflicher Vater dem Altväterbrauch weniger treu gewesen und hätte er anstelle flüchtiger Vermittlung dir eine gründlichere Ausbildung in den Lehren der Philosophie zugestanden, dann müßtest du jetzt keine Abwehrstellung gegen das Schicksal beziehen, sondern könntest selbst zum Angriff übergehen. So aber unterband er gründlichere Studien, wohl mit Hinblick auf jene Frauen, die wissenschaftliche Studien nicht zur Geistesbildung, sondern zur Befriedigung ihrer Eitelkeit nutzen. Dank deiner raschen Auffassungsgabe hast du trotzdem mehr aufgenommen, als in der knappen Zeit eigentlich möglich war. Die Grundlagen für alle Wissenschaftszweige sind gelegt. Jetzt heißt es zu den Wissenschaften zurückzukehren. Bei ihnen wirst du in Sicherheit sein, sie werden dich trösten und erfreuen. Hast du sie vertrauensvoll bei dir aufgenommen, werden Schmerz, Aufregung und die nutzlose Qual vergeblichen Strebens niemals mehr Einlaß finden. Nichts von alledem hat Zutritt zu deinem Herzen, das sich allen anderen Lastern doch schon längst verschlossen hat. Dies nun sei dein sicherster Schutzwall und alleiniger Retter vor dem Angriff des Schicksals!

Weil du nun freilich noch etlicher Unterstützung bedürfen wirst, bis dich die Hafenruhe der Wissenschaft umgibt – so will ich dir zeigen, was dich unterdessen trösten kann. Denk an meine Brüder! Solange diese in Sicherheit sind, hast du kein Recht, mit dem Schicksal zu hadern. Macht dir doch jeder der beiden auf seine Art Freude. Der eine hat durch unermüdlichen Einsatz hohe Ehrenstellen erlangt, der andere hat sie wohlbedacht verschmäht. Am Ansehen des einen wie in der Ausgeglichenheit des anderen und an beider kindlicher Ergebenheit kannst du Trost und

Ruhe finden. Ich kenne die geheimen Gefühle meiner Brüder: der eine strebt nach Ansehen, weil er dir Ehre machen, der andere hat sich für ein stilles, geruhsames Leben entschieden, weil er nur für dich dasein will. Das Schicksal hat es gut eingerichtet mit deinen Kindern, zu deiner Hilfe und zu deinem Vergnügen. Der Rang des einen kann dir Schutz, die Muße des anderen geistigen Genuß bieten. Beide werden dir gegenüber in Dienstfertigkeit wetteifern. Ihre Ergebenheit wird deine Sehnsucht nach dem dritten wettmachen. Ich kann kühn versprechen: außer an der Zahl wird dir nichts fehlen. Schau auch mit auf deine Enkel: den allerliebsten kleinen Marcus, bei dessen Anblick jeder Trübsinn dahinschmilzt. Mag eine Erregung noch so stark oder frisch sein, sein Schmeicheln vermag sie zu besänftigen. Sein heiteres Gemüt vermag alle Tränen zu trocknen, seine Späße können jeden sorgenbeschwerten Sinn frei machen. Ja, gibt es überhaupt jemanden, den seine Ausgelassenheit nicht zum Scherzen ermunterte? Zieht er mit seinem unbeschwerten Plauderton, der niemandem zuviel wird, nicht alle Gedankenversunkenen an, ja nimmt sie gefangen? Ich bitte die Götter, er möge uns erhalten bleiben! Möge sich die ganze Grausamkeit des Schicksals an mir erschöpfen! Auf mich, nur auf mich komme das Leid meiner Mutter, seiner Großmutter. Der restliche Kreis soll blühend in seinem Stande erhalten bleiben! Keine Klage über meine Kinderlosigkeit. Keine Klage über meine Lebenslage. Dürfte ich doch allein das Sühneopfer eines in Zukunft vom Leid verschonten Hauses sein!

Du solltest dich eng mit Novatilla zusammenschließen, die dir ja in Kürze Urenkel schenken wird. War sie es doch, die ich fest an mich gezogen und als so zugehörig empfunden hatte, daß man sie, obgleich ihr Vater ja noch lebt, nach unserer Trennung hätte für eine Waise halten können. Deine Liebe muß ihr meine mit ersetzen! Erst vor kurzem nahm ihr das Schicksal die Mutter. Von deiner Zuwendung kann es nun abhängen, daß sie den Verlust der Mutter nur betrauern, nicht aber spüren muß. Um Bildung und Formung ihres Charakters mußt du dich jetzt kümmern. Lebensregeln haften tiefer, wenn man sie im zarten Jugendalter eingeprägt bekommt. An deinen Umgangston soll sie sich gewöhnen und nach deinem Maßstab richten müssen. Allein schon durch dein Beispiel wirst du ihr viel bedeuten können. Die Erfüllung dieser heiligen Pflicht wird hilfreich für dich sein. Denn ein aufrichtig trauerndes Gemüt kann nur zweierlei von seiner Beklommenheit befreien: Vernünftiges Denken oder pflichtgemäßes Handeln! Auch dein Vater, glaube ich, würde ein starker Trost für dich sein – wenn er nur nicht gerade abwesend wäre. Trotzdem solltest du jetzt aus deiner Zuneigung zu ihm auf seine Zuneigung zu dir schließen, dann wirst du auch begreifen, wieviel besser du handelst, wenn du dich für ihn erhältst, als wenn du dich für mich aufopferst. Sooft dich maßloser Schmerz überkommt und in seinen Bann zwingt, denke an deinen Vater ... Solange er lebt, bist du im Unrecht mit deinen Klagen, dein Leben läge schon hinter dir.

Deinen stärksten Trost habe ich dabei noch gar nicht erwähnt: dein treues Schwesterherz, in das alle deine Sorgen ungeteilt hinüberfließen, das so mütterlich für uns alle sorgt. Gemeinsam habt ihr eure Tränen vergossen, in ihren Umarmungen hast du erstmals wieder Mut gefaßt. Zwar geht sie ständig auf deine Stimmungen ein, trotzdem steht sie in ihrem

Schmerz gewissermaßen auch für mich und nicht nur für dich. War ich es doch, der einst auf ihren Armen nach Rom kam. Ihre aufopfernde, mütterliche Pflege brachte mich, der ich lange Zeit kränkelte, wieder zu Kräften ... Weder ihre zurückgezogene Lebensführung, noch ihre unter der übermütigen Frauenwelt unserer Tage ländlich anmutende Bescheidenheit, noch ihre unauffälligen, in eine Welt der Ruhe und Muße passenden Umgangsformen konnten sie abhalten, sich auch im politischen Leben für mich einzusetzen. Sie ist der Trost, der dir zur Genesung verhelfen kann, teuerste Mutter, ihr schließe dich an, so eng du kannst, von ihr laß dich ganz fest umarmen. Um ihrem Schmerz freien Lauf lassen zu können, pflegen Trauernde gerade das zu fliehen, was sie am meisten lieben: Du aber solltest dich mit allem, was dich bewegt, an sie wenden. Gleichgültig, ob du weiterhin Trauerkleidung tragen willst oder nicht, in ihr wirst du jemanden haben, der deinen Schmerz vertreiben oder ihn mit dir teilen kann. Schätze ich die Klugheit dieser vortrefflichen Frau richtig ein, wird sie nicht zulassen, daß du dich in unnützer Trübsal aufreibst; und sie wird dir ihr eigenes beispielhaftes Geschick – dessen Augenzeuge auch ich selbst war – erzählen: Ihren heißgeliebten Mann, unseren Oheim, den sie als junges Mädchen geheiratet hatte, verlor sie während einer Schiffsreise. Dennoch ertrug sie Trauer und Angst gleichzeitig, und nach überstandenen Stürmen selbst eine Schiffbrüchige, brachte sie seinen Leichnam an Land ... Die Gesänge aller Dichter rühmen jene, die sich als stellvertretendes Opfer für ihren Gatten anbot. Aber: sein Leben aufs Spiel setzen, nur um dem Mann ein Begräbnis zu sichern, das zählt mehr! Den gleichen Einsatz für ein bescheidneres

Ziel zu bieten: das zeugt von größerer Liebe! Wundert sich nun noch jemand, daß sie während der ganzen sechzehn Jahre, die ihr Gatte Statthalter Ägyptens war, kein einziges Mal in der Öffentlichkeit auftrat, keinen Provinzialen zu Hause empfing, von ihrem Mann nichts erbat, sich aber auch selbst um nichts bitten ließ? So kam es, daß eine Provinz, schwatzfreudig und erfindungsreich, wenn es um üble Nachrede gegen die Statthalter geht, in der auch die Leute nicht ungeschoren bleiben, die wirklich jeden Anstoß zu vermeiden wußten – daß eine solche Provinz sie als einzigartiges und achtunggebietendes Vorbild verehrte und – was den Liebhabern riskanter Witzworte recht schwer fällt – sich bis auf den heutigen Tag – vergebliche Hoffnung! – eine Frau ersehnt, die ihr gleich sei ... Jetzt mußt du den gleichen Mut aufbringen wie sie und dein Herz von der Trauer losreißen. Du mußt dies vor allem darum tun, damit keiner auf den Gedanken kommt, du könntest dich mit dem Los deines Sohnes nicht abfinden.

Im übrigen ist es ja gar nicht zu vermeiden, daß deine Gedanken trotzdem von Zeit zu Zeit zu mir herüberwandern und du dich zur Zeit mit keinem deiner Kinder öfters beschäftigst, nicht etwa, weil dir die anderen weniger am Herzen lägen, sondern weil man eine schmerzende Stelle eben öfter betastet. Folgende Vorstellung solltest du dir von mir machen: Er ist fröhlich und munter wie in den besten Tagen! Ja, ich bin in bester Stimmung; mein Geist ist völlig unbelastet und frei für seine eigentlichen Aufgaben. Bald findet er Freude an leichteren Studien, bald treibt ihn sein Wahrheitsdurst zur Betrachtung des eigenen Ichs und des Weltalls. Forschungen stellt er an, zunächst über fremde Länder und ihre Lage, dann über die Natur des sie umgebenden Meeres, über Ebbe und Flut, dann verschafft er sich auch noch einen Überblick über alles, was es zwischen Himmel und Erde an Furchterweckendem gibt, über unruhige Regionen voller Stürme, Regen-, Schnee- und Hagelschauer, Donnerschläge, Blitze. Hat er die niederen Regionen dann durchwandert, bahnt er sich einen Weg zum Höchsten und genießt das herrlichste Schauspiel der Götterwelt: eingedenk eigener Unsterblichkeit durchstreift er alle Jahrhunderte der Vergangenheit und der Zukunft.

ÜBER DIE MILDE

ERSTES BUCH

Über die Milde habe ich mir vorgenommen zu schreiben, um dir, Nero Cäsar, deinen Aufstieg zur größten Zierde des Gemeinwesens gewissermaßen im Spiegel zeigen zu können. Mag nun zwar das Tun selbst schon als der eigentliche Ertrag guter Taten gelten, und mag es für Tugenden keinen rechtmäßigen Gegenwert geben, der nicht schon in ihnen selbst angelegt wäre, so müßte es doch reizen, einmal näher hinzusehen, sich seiner besten Absichten voll bewußt zu werden und dann den Blick auf diese ungeheuer große Menge zu richten, die uneinig, aufsässig, ohnmächtig ist, die – gelänge es ihr, dieses Joch zu brechen – gleich empfänglich wäre für fremdes wie eigenes Verderben –, und dann ein Selbstgespräch etwa dieser Art zu führen: »Das also bin ich! Von allen Sterblichen habe allein ich Gefallen gefunden und bin erwählt worden, auf Erden Götteramt zu versehen? Herr über Leben und Tod bin ich für die Völker. In meine Hand ist es gelegt, wem welches Los, welcher Stand zuteil wird. Durch meinen Mund verkündet das Schicksal, wem es was geben will. Mein Bescheid ist für Völker und Städte Anlaß zur Freude. Ohne meinen huldvollen Willen kann nichts gedeihen. Diese Abertausende von Schwertern, die mein Frieden zurückhält, können auf meinen Wink gezückt werden. Welche Völkerschaften völlig ausgerottet, welche umgesiedelt werden, welchen man Freiheitsrechte einräumt, welchen man sie entzieht, welche Könige zu Sklaven werden, mit welchem Gefolge sich königliche Zier umgeben darf, welche Städte verfallen, welche entstehen sollen – das alles entscheidet mein Schiedsspruch. Trotz solch unermeßlicher Machtfülle konnten mich aber weder mein Zorn zu ungerechten Hinrichtungen verleiten noch mein jugendliches Ungestüm noch Leichtfertigkeit und Starrsinn der Bevölkerung – die allzuoft selbst den ausgeglichensten Gemütern die Geduld ausgetrieben haben –, ja nicht einmal der grausige Ruhm, seine Macht durch Schreckenstaten zur Schau zu stellen, wie man ihn in großen Reichen so häufig findet. Verborgen, ja versiegelt ist mein Schwert, äußerst sparsam bin ich auch mit dem Blut der Geringsten. Jedermann, auch wenn er sonst nichts hat, ist mir als Mensch willkommen. Meine Strenge halte ich verborgen, meine Milde aber zeige ich ganz offen. Ich beherrsche mich so, als ob ich Rechenschaft ablegen müßte vor Gesetzen, die ich selbst aus Finsternis und Schmutz ans Licht holte. Des einen Jugend rührt mich so wie des anderen Alter, diesen bestätige ich als Würdenträger, jenen in seiner Niedrigkeit. Finde ich zum Erbarmen keinen Anlaß, übe ich Milde, mir selbst zuliebe. Zur Stunde bin ich bereit, den Rechenschaft fordernden unsterblichen Göttern das Menschengeschlecht vorzuzählen.«

Du, Cäsar, darfst kühnlich behaupten, daß alles, was sich deiner Treue und deinem Schutz unterstellte, in Sicherheit ist. Weder gewaltsam noch heimlich ist durch dich dem Staat etwas entzogen worden. Dein Streben richtete sich auf das seltenste, bislang noch keinem Kaiser eingeräumte Lob: keinem Unrecht getan zu haben. Deine einzigartige Güte wirkt nicht vergeblich und hat keine undankbaren oder böswilligen Beurteiler gefunden. Man ist dir dankbar. Niemals zuvor war ein einzelner Mensch einem Menschen so teuer wie du dem römischen Volk. Du bist sein großes, langwährendes Gut. Eine gewaltige Last hast du dir freilich aufgebürdet. Schon spricht niemand mehr vom göttlichen Augustus oder von den ersten Jahren des Kaiser Tiberius, noch sucht man neben dir ein Beispiel, von dem man wünschte, du ahmtest es nach: deine Herrschaft findet allgemeinen Beifall. Wäre deine Güte nur auf Zeit geborgt und erwüchse nicht aus deiner Natur: es hätte gewiß Schwierigkeiten gegeben. Kann doch keiner lange eine Maske tragen. Rasch fällt Heuchelei in ihre alte Natur zurück. Wo jedoch Wahrheit die Grundlage bildet und etwas – wie ich's ausdrücken möchte – kräftige Wurzeln hat, fördert es der Lauf der Zeit zu Größerem und Besserem.

Solange es unsicher war, wie sich deine edlen Anlagen entwickeln würden, lastete große Unsicherheit auf dem römischen Volk. Jetzt aber ist gesichert, was alle ersehnten, besteht doch keine Gefahr mehr, daß du unvermutet deiner selbst vergessen könntest. Freilich macht übergroßes Glück so manche gierig. Sind doch auch die Begierden selbst nicht immer so gemäßigt, daß sie verstummen, wenn sich ihnen eine Gelegenheit zur Entfaltung bietet. Die Stufenleiter steigt vom Hohen zu immer Höherem, und wer unverhofft zu etwas kam, nährt wohl die unsinnigsten Hoffnungen. Trotzdem bekennen jetzt alle deine Untertanen, daß sie glücklich sind, ja auch, daß diesen Gütern außer der Dauer nichts mehr fehle. Viele zwingende

Gründe gibt es für sie zu diesem Bekenntnis, zu dem sich ein Mensch doch sehr langsam entschließt: ein tiefes Gefühl der Sicherheit, das sogar noch zunimmt, eine Rechtssicherheit, die hoch über allem Unrecht steht. Den Augen bietet sich der Anblick eines überglücklichen Staatswesens, dem zur höchsten Freiheit nur noch eines fehlt: selbst über den eigenen Untergang entscheiden zu können.

Noch eine Besonderheit kommt hinzu: die Bewunderung deiner Milde ist gleich bei hoch und niedrig. Das Gefühl für alle übrigen Güter, mag sein Sinn auf Zuwachs oder Bescheidung aussein, entwickelt jeder entsprechend seiner gesellschaftlichen Stellung, von der Milde aber erwarten alle das gleiche. Denn so sicher fühlt sich ja keiner durch eigene Rechtschaffenheit, daß er nicht über eine Milde erfreut sein müßte, die bei menschlichen Fehltritten hilfreich für ihn bereitsteht.

Nun weiß ich wohl, daß es Leute gibt, die der Meinung sind, Milde sei nur für den übelsten Auswurf da, denn nur nach verübtem Verbrechen sei sie überhaupt nötig; auch sei sie die einzige Tugend, die unter Rechtschaffenen gar nicht vorkommt. Dazu nun erst einmal: Wie die von Kranken verwendete Medizin auch von Gesunden geschätzt wird, so wird die Milde, obwohl sie nur von Strafwürdigen in Anspruch genommen wird, doch auch von denen verehrt, die sich nichts zuschulden kommen lassen. Schließlich hat sie ja auch für Schuldlose Bedeutung: Schicksal selbst kann zur Schuld werden, und Milde tritt dann nicht nur für die Unschuld ein, sondern oft auch für die Tugend. Können doch Zeiten kommen, in denen Lobenswertes unter Strafe steht …

Dennoch soll man nicht so schlechthin verzeihen.

Wird nämlich der Unterschied zwischen Bösen und Guten aufgehoben, müssen zwangsläufig Verwirrungen entstehen und Laster erst recht ausbrechen. So soll man eine Mäßigung walten lassen, die heilbare und unheilbare Fälle wohl zu unterscheiden weiß. Milde darf nichts Wohlfeiles und Gewöhnliches sein, darf aber auch nicht willkürlich entzogen werden. Allen verzeihen ist genauso grausam wie keinem verzeihen. Auf das rechte Maß kommt es an! ...

Nunmehr will ich den gesamten Stoff dreifach gliedern. Im ersten Teil soll von der allgemein menschlichen Sicht gehandelt werden, im zweiten sollen Wesen und Ausdrucksformen der Milde gezeigt werden; gewisse Laster nämlich, die sich den Tugenden nachahmend anpassen, können von diesen nur unterschieden werden, wenn man ihnen Erkennungszeichen aufprägt. Im dritten Teil wollen wir fragen, wie sich die Willenskraft auf diese Tugend hinleiten läßt, wie sie diese Tugend stärkt und sich in der Ausübung aneignet.

Unbestritten steht fest, daß von allen Tugenden keine dem Menschen besser ansteht – weil keine dem Menschen gemäßer ist –, und zwar nicht nur unter uns, die wir den Menschen als ein gesellschaftliches, aufs gemeinsame Beste ausgerichtetes Wesen betrachtet sehen wollen, sondern auch bei denen, die den Menschen dem Vergnügen anheimgeben, deren sämtliche Worte und Taten auf Nützlichkeit abzielen. Denn strebt er nach Ruhe und Ausspannung, verdankt er dieses Streben eben seiner friedliebenden und kampfunwilligen Natur. Trotzdem ziert Milde unter allen Menschen keinen mehr als einen König oder Kaiser. Nur wenn ihre Kräfte die Wohlfahrt fördern, verhelfen große Machtmittel zu Ehre und Ruhm. Stark sein, um schaden zu können: das wäre eine unheilbringende Macht. Endlich ruht nur dessen Größe auf sicherer Grundlage, den zwar alle über sich gestellt wissen, von dem aber auch alle wissen, daß er sich für sie einsetzt, dessen rastlose Sorge für das Wohl jedes einzelnen wie für die Gesamtheit sie täglich erfahren, vor dessen Kommen sie nicht fliehen wie ein böses, schädliches Tier, das aus seinem Lager hochfährt, dem sie vielmehr um die Wette zufliegen wie einem hellen, freundlichen Gestirn ...

So wie unser ganzer Körper der Seele zu Diensten ist, mag er um noch so viel größer und schöner sein und jene unscheinbar im Verborgenen bleiben – keiner weiß genau wo –, trotzdem dienen ihr Hände, Füße, Augen, schützt sie die Haut, geschieht es auf ihren Wink, daß wir liegen oder unruhig hin und her laufen, geschieht es auf ihren Befehl, daß wir habgierig das Meer durchwühlen – wenn sie eine geizige Gebieterin ist –, geschah es, daß wir unsere Rechte in die Flamme hielten oder freiwillig uns in die Erde stürzten – wenn sie der Ehrgeiz beherrschte -: genauso wird diese unermeßlich große Menge, die einen einzigen umgibt, als wäre er ihre Seele, gleichwohl durch deren Hauch beherrscht, durch ihre Einsicht gelenkt; ja, diese Masse würde sich an ihrer eigenen Kraft zerreiben und zerbrechen, gäbe es keine Vernunft, die sie zusammenhielte. Also geht es ihnen um ihr eigenes Wohl, wenn zehn Legionen für einen einzigen Menschen aufmarschieren, sich nach vorn drängen, die Brust verwunden lassen, nur daß sich ihres Feldherrn Standarten behaupten. Er nämlich ist das Band, das den Staat zusammenhält, er der belebende Hauch, von dem die vielen Tausende leben, die für sich allein, ohne diese Seele des Reiches, nichts wären außer Last und Beute:

›Haben den König sie noch, sind alle einigen Sinnes, stirbt er dahin, dann löst sich der Bund ...‹

Dieser Fall wäre das Ende des römischen Friedens, er würde das Glück dieses großen Volkes zertrümmern. Diese Gefahr wird dem Volk so lange fernbleiben, wie es Zügel zu tragen versteht. Hätte es die einmal abgeworfen oder würde sie sich die durch äußeren Anlaß verlorenen nicht wieder anlegen lassen, dann würden diese Einheit und der Zusammenhalt dieses Riesenreiches in viele Teile auseinanderbrechen, und das Ende des Gehorsams wäre für Rom auch das Ende seiner Herrschaft...

Wenn nämlich, wie sich bislang ergeben hat, du die Seele deines Staates bist und der Staat dein Körper, wirst du, glaube ich, einsehen, wie notwendig Milde ist. Scheinst du auch einen anderen zu schonen, gilt diese Schonung im Grunde dir selbst. Genauso muß man auch Bürger schonen, deren Verhalten man mißbilligt, nicht anders wie matte Körperglieder, und sollte einmal ein Aderlaß notwendig werden, muß man darauf achten, daß der Schnitt nicht tiefer geht als unbedingt nötig ... Was nämlich ist denkwürdiger, als wenn jemand, dessen Zorn nichts widerstehen kann, dessen höheres Recht selbst seine Opfer anerkennen, den niemand unterbrechen darf, der, auch wenn er in der Leidenschaft übers Ziel schoß, sich nicht entschuldigen muß, wenn ein solcher sich selbst Zügel anlegt und seine Macht zum Besseren und Sanfteren gebraucht und bei sich bedenkt: ›Wider das Gesetz töten kann jeder. Wider das Gesetz retten kann außer mir keiner?‹ Zu einer hohen Stellung gehört ein hoher Sinn. Zu dieser Höhe des Glücks muß sich der Geist aufschwingen, ja, er muß sich über sie stellen, anderenfalls er seinen Rang verspielt.

Einem hohen Sinn ist es jedoch eigen, gelassen und ausgeglichen zu sein und von oben herab auf Unrecht wie auf Beleidigungen zu sehen …

Wilder und unerbittlicher Zorn ist eine Schande für einen König, der ja dem, mit dem er sich im Zorn auf eine Stufe stellt, nur noch um weniges überlegen ist. Wenn er aber Leben und Ehre denen gibt, die beides aufs Spiel gesetzt und verdientermaßen verwirkt haben, dann tut er etwas, was ausschließlich einem Machthaber möglich ist. Das Leben nämlich kann selbst einem Höhergestellten entrissen werden, geschenkt werden kann es nur einem Untergebenen. Rettende Tat kommt einer hohen Schicksalsstellung zu, und eine solche ist dann besonders bewundernswert, wenn sie über die gleiche Machtfülle verfügt wie die Götter, nach deren Gnadengeheiß wir – Gute wie Böse – ins Lebenslicht treten. Ein Fürst kann also göttlichen Geist für sich in Anspruch nehmen und einige seiner Untertanen, weil sie sich als gut und nützlich erweisen, wohlwollend betrachten, während er andere unbeachtet läßt; an den einen wird er seine Freude haben, die anderen wird er dulden.

Bedenke wohl, welche Öde und Wüste in dieser Stadt heimisch werden würden, wenn der Schiedsspruch eines überstrengen Richters der letzte Ausweg bliebe; hier in dieser Stadt, wo die Volksmenge in breiten Alleen ununterbrochen hin und her wogt, sobald sich ihrem Lauf, der dem eines tosenden Wildbachs sehr ähnlich ist, ein Hindernis hemmend entgegenstellt, wo Tierhetzen gleichzeitig in drei Theatern verlangt werden, wo die Ernteerträge aus aller Welt aufgebraucht werden … Alle haben wir gefehlt, die einen schwerer, andere leichter, die einen nach eigenem Entschluß, andere vom Zufall angereizt oder von einem hergelaufenen Nichtsnutz verführt; wir anderen blieben trotz bester Absichten recht wenig standfest und gaben, widerwillig zwar und zögernd, dennoch unsere Ehre preis. Wir haben uns nicht nur in Schuld verstrickt, sondern werden uns bis zum Ende der Zeit immer wieder in Schuld verstricken. Auch wenn sich einer innerlich schon so geläutert hat, daß ihn überhaupt nichts mehr verwirren oder täuschen könnte, so ist er doch in diesen Stand der Unschuld nur gelangt – durch Fehltritte …

Wenn aber Götter nach Billigkeit richten, sich besänftigen lassen und die Verbrechen der Mächtigen nicht sofort mit dem Blitzstrahl ahnden, um wieviel billiger ist es dann, daß ein Mensch gegenüber anderen Menschen sanftmütig seine Herrschaft ausübt und bedenkt, welcher Weltzustand den willkommeneren und schöneren Anblick bietet: ein heiterer und klarer Tag oder ein Tag, an dem alles ständig durch Donnerschläge erschüttert wird und Blitze hin und wider zucken. Unter einem Schreckensregiment hingegen ist alles voller Unruhe und nebliger Finsternis, zittert und schreckt auf jeden plötzlichen Laut hin zusammen; nicht einmal der, der alles erst durcheinanderbringt, bleibt unerschüttert.

Einzelpersonen verzeiht man leichter, auch wenn sie hartnäckig auf ihrem Recht bestehen; sind sie doch verletzbar und rührt ihre Empfindlichkeit von erlittenem Unrecht. Außerdem fürchten sie, verachtet zu werden. Verzichtet man seinen Beleidigern gegenüber auf Vergeltung, so wird dies als Schwäche gewertet, nicht als Milde. Wem es dagegen ein leichtes ist, sich zu rächen, der wird, wenn er auf Rache verzichtet, mit Sicherheit das Lob der Sanftmut ernten … Du hältst es für hart, wenn Herrschern die ungehinderte

Redefreiheit entzogen wird, die auch den Geringsten zusteht. »Das ist ja Knechtschaft«, sagst du, »nicht Herrschaft!« Wieso? Entspricht es etwa nicht deiner Erfahrung einer für dich ehrenvollen Knechtschaft? Für Menschen, die in der Menge verborgen bleiben und nicht in Erscheinung treten, gelten freilich andere Bedingungen. Ihre vorzüglichen Eigenschaften müssen lange ringen, um sich durchzusetzen, aber auch ihre Laster bleiben im Dunkeln. Eure Taten und Worte hingegen greift das Gerücht auf, und darum muß keiner sorgfältiger darauf achten, wie über ihn geredet wird als der, über den – unabhängig vom Verdienst – auf jeden Fall viel geredet wird. Wie vieles ist für dich verboten, was uns – durch dein Verdienst – erlaubt ist! In jedem beliebigen Stadtteil kann ich allein spazierengehen, ohne etwas befürchten zu müssen, auch wenn mich keiner begleitet und ich kein Schwert zu Hause habe und auch keins bei mir trage. Du mußt – mitten in deinem Frieden – bewaffnet sein. Dem Zwang deiner hohen Stellung kannst du nicht ausweichen. Er nimmt dich in Anspruch und folgt dir, wo immer du hingehst, mit großem Aufwand.

Das Joch der höchsten Höhe besteht darin, nicht kleiner werden zu können. Doch ebendiese Not teilst du mit den Göttern. Die sind auch in ihrem Himmel gefangen. Herabzusteigen ist ihnen nicht vergönnt und böte dir auch keine Sicherheit. Du bist festgebunden an deine Höhe. Unsereines Bewegungen beachten nur wenige. Wir können ausgehen, uns zurückziehen, unsere Gewohnheiten ändern, ohne daß es die Öffentlichkeit bemerkt. Dir gelingt es ebensowenig wie der Sonne, verborgen zu bleiben ... Wie Blitze wenige gefährden, aber alle erschrecken, so reicht der Schrecken, den die Strafmaßnahmen der Mächtigen verbreiten, weiter als der Schaden, den sie zufügen. Nicht ohne Grund; denkt man doch bei einem, der über sämtliche Machtmittel verfügt, weniger an das, was er getan hat, als an das, was er tun könnte.

Bedenke nun auch noch, daß geduldiges Ertragen erlittenen Unrechts Einzelpersonen immer neues Unrecht erleiden läßt, den Herrschern hingegen gerade aus ihrer Nachsichtigkeit gewissere Sicherheit erwächst, weil häufig geübte Rache zwar den Haß einiger weniger unterdrückt, den der Allgemeinheit aber anreizt. Der Hang, überharte Strafen aufzuerlegen, muß eher schwinden als sein Anlaß. Sonst geht es der Grausamkeit eines Herrschers wie verschnittenen Bäumen, die die meisten Schößlinge treiben, und vielen Saatfrüchten, die gestutzt werden, um desto dichter nachzuwachsen: Sie vergrößert mit ihrem Morden die Zahl der Feinde. Eltern nämlich und Kinder der Getöteten, ebenso Verwandte und Freunde, treten an deren Stelle.

Die Wahrheit des Gesagten will ich dir an einem warnenden Beispiel aus der Geschichte deiner Familie zeigen. Der göttliche Augustus war gewiß ein milder Prinzeps, wenn man die Beurteilung mit seinem Prinzipat beginnen läßt. Zum ersten Mal griff er zum Schwert, als er so alt war, wie du jetzt bist, also in der Zeit jener allgemeinen politischen Verwirrung. Wenig später, etwas über achtzehn Jahre alt, hatte er schon Freunde ermordet, dem Konsul Marcus Antonius nachgestellt, war er schon an den Proskriptionen beteiligt. Als er aber über vierzig Jahre alt war und sich in Gallien aufhielt, wurde ihm eines Tages hinterbracht, der Dummkopf Lucius Cinna bereite ein Attentat auf ihn vor. Man konnte Angaben machen, wo, wann und wie der Angriff erfolgen sollte; einer der Mitwisser hatte es verraten. Er beschloß, sich vor ihm zu schützen und berief den Rat seiner Freunde ein. Das war eine unruhige Nacht für ihn, als er sich darauf einstellen mußte, ein Urteil über diesen bis dahin unbescholtenen adligen Jüngling, einen Enkel des Gnäus Pompejus, auszusprechen. Er, dem Marcus Antonius das Proskriptionsedikt während einer Mahlzeit diktiert hatte, brachte es bereits nicht mehr über sich, auch nur einen Menschen töten zu lassen. Unter Schluchzen stieß er von Zeit zu Zeit ganz verschiedene, ja einander widersprechende Sätze aus: »Wie denn? Soll ich meinen Mörder frei herumlaufen lassen und ständig in Sorge sein? Soll denn der nicht bestraft werden, der mein Haupt nicht nur fällen, sondern opfern will« – es bestand der Plan, ihn während einer Opferhandlung anzugreifen –, »dieses Haupt, nach dem man in so vielen Bürgerkriegsjahren vergeblich zielte, das in so vielen See- und Landgefechten unversehrt blieb, jetzt, wo zu Wasser und zu Lande Frieden herrscht ...?« Nun trat wieder Schweigen ein, dann zürnte er noch viel härter gegen sich selbst als gegen Cinna: »Was bist du noch am Leben, während so vielen an meinem Tod gelegen ist? Wann endlich hören die Hinrichtungen, wann das Blutvergießen auf? Mein Haupt ist den adligen jungen Leuten im Wege, darum wetzen sie ihre Dolche. Nein, das ist mir mein Leben nicht wert, daß so viel zugrunde gehen muß, nur damit ich am Leben bleibe!« Endlich unterbricht ihn seine Frau Livia: »Gestattest du den Rat einer Frau? Mach's, wie es bei den Ärzten üblich ist. Schlagen die gewöhnlichen Heilmittel nicht an, versuchen sie's mit gegensätzlichen Mitteln. Mit Strenge hast du bislang nichts erreicht. Dem Salvidienus folgte Lepidus, dem Lepidus Murena, dem Murena Cäpio, dem Cäpio Egnatius, um von anderen zu schweigen, für die schon der bloße Versuch eine Schmach ist. Versuche jetzt, wie dir die Milde ansteht. Vergib dem Lucius Cinna. Man hat ihn gestellt. Schaden kann er dir nicht mehr, aber deinem Ruf kann er von Nutzen sein!«

Erfreut, endlich einen Anwalt gefunden zu haben, dankt er seiner Frau und läßt sofort seinen von ihm zu Rate gerufenen Freunden absagen, bestellt Cinna allein zu sich, schickt alle aus seinem Privatgemach und beginnt, sobald er einen zweiten Stuhl für Cinna hatte hinstellen lassen: »Zunächst bitte ich dich, mich nicht beim Reden zu unterbrechen, mich nicht mitten in meiner Rede anzurufen. Auch du wirst Gelegenheit haben, offen zu reden. Als ich dich, Cinna, im Lager der Feinde fand, nicht als Mitläufer, sondern als meinen geborenen Feind, habe ich dich gerettet, habe dir dein gesamtes Erbteil zugestanden. Heute bist du so glücklich und so reich, daß die Sieger auf den Besiegten neidisch sind. Du bewarbst dich um ein Priesteramt; ich gab es dir, obwohl ich dadurch mehrere zurückstellen mußte, deren Eltern mit mir zusammen im Felde gestanden hatten. So habe ich mich um dich bemüht, und du faßtest den Entschluß, mich umzubringen!« Als Cinna daraufhin ausrief, dieser Wahnsinn sei fern von ihm, fuhr Augustus fort: »Du hältst nicht Wort, Cinna. Die Vereinbarung lautete, daß du nicht unterbrichst. Ich sagte, du triffst Vorbereitungen, mich umzubringen.« Er nennt Ort, Gefährten, Tag und geplanten Ablauf des Anschlags, auch, wem die Waffe anvertraut werden sollte. Und als er ihn nun so niedergeschlagen und schweigsam sah, freilich nicht mehr wegen der Vereinbarung, sondern aus schlechtem Gewissen, da sagte er: »Was bezweckst du damit? Willst du selbst Kaiser sein? Wahrhaftig, es stünde schlecht um das römische Volk, wenn ich das einzige Hindernis wäre, das deiner Herrschaft entgegenstünde. Dein eigenes Haus kannst du nicht in Ordnung halten. Erst kürzlich unterlagst du in einem Privatprozeß dank einem Freigelassenen! Und nun ist nichts leichter, als gegen den Cäsar etwas anzuzetteln! Wenn allein meine Person deinen Hoffnungen im Wege steht, trete ich gern zurück, aber würde es denn ein Paulus, ein Fabius Maximus, würden es die Cossier und Servilier mit dir aushalten und der ganze stolze Adelszug, der sich keineswegs auf bloße Namen beruht, sondern seinen Ahnen noch wirklich Ehre macht? ... Zum zweiten Mal, Cinna, schenke ich dir das Leben. Das erste Mal schenkte ich's dem Feinde, jetzt dem Attentäter und Vatermörder. Der heutige Tag soll der Beginn unserer Freundschaft sein. Laß uns streiten, wessen Vertrauen größer war: meins, als ich dir dein Leben schenkte, deins, als du's geschenkt nahmst!« Später übertrug er ihm das Konsulat, mit dem Vorwurf, er habe nicht den Mut aufgebracht, sich selbst zu bewerben. Nun hatte er an ihm seinen besten und treusten Freund, war sein einziger Erbe. Seitdem wurde gegen seine Person kein Anschlag mehr verübt ...

Wir geben zu: Augustus war ein guter Kaiser. Der Name eines ›Vaters‹ stand ihm wohl an; aus keinem anderen Grund, als weil er Kränkungen seiner Person – die Kaiser empfinden Kränkungen gewöhnlich härter als Unrecht – keineswegs grausam ahndete, weil er über Witze, die ihn verspotteten, lachte, weil ihm Strafen offenbar eine Strafe bedeutete, weil er die wegen Ehebruchs mit seiner Tochter Julia Verurteilten nicht nur nicht töten ließ, vielmehr den Verstoßenen zu ihrer größeren Sicherheit Schutzurkunden ausstellen ließ. Verzeihen heißt eben nicht nur einfach das Leben schenken, sondern es auch gewährleisten, gerade weil du viele kennst, die dir das Zürnen abnehmen und dir mit frendem Blut gefällig sein möchten. So ging es mit dem alten, genauer, dem alternden Augustus: In seiner Jugend ein Hitzkopf, entbrannte er vor Zorn und tat manches, worauf er später nur ungern zurücksah. Nun wird keiner wagen, deine Milde an der des göttlichen Augustus zu messen, auch wenn er dabei den Unterschied zwischen dessen überreifem Alter und deinen ersten Jugendjahren berücksichtigte. Gemäßigt und milde, gewiß war er das, aber eben nachdem sich das Meer bei Aktium mit Römerblut gefärbt hatte, nachdem bei Sizilien seine und der Gegner Flottenmacht versank, nach den Opferszenen und Verdammungsurteilen von Perusia. Ich jedenfalls kann Grausamkeit, die sich müde gewütet hat, nicht als Milde bezeichnen.

Deine Milde, Cäsar, ist die wahre! Makellos zu sein, niemals Bürgerblut vergossen zu haben, das beginnt für sie nicht erst mit der Reue über grausames Wüten. Bei höchster Machtvollkommenheit ist dies doch die wahrhafte geistige Zucht, die in sich das Los der Menschheit begreift: sich nicht durch blinde Begierde, eine Gelegenheitslaune oder die Beispiele der Vorgänger auf dem Thron zu einem Versuch hinreißen zu lassen, was man sich gegen seine Bürger erlauben könne, vielmehr seiner Herrschaftsgewalt alle Schärfe zu nehmen. Ein Staat ohne Blutvergießen ist dein Werk, Cäsar, und wessen du dich hohen Sinnes rühmtest, im ganzen Reich keinen Tropfen Blut vergossen zu haben, das ist darum so groß und so wunderbar, weil das Schwert nie zuvor einem Herrscher so frühzeitig anvertraut wurde.

Milde bringt also nicht nur einzelnen höhere Ehre, sondern auch größere Sicherheit, und sie bedeutet auch für ein Reich in gleichem Maße Zierde und Sicherung des Wohlstands. Denn warum wohl erreichen Könige ein hohes Alter, können ihr Reich an Kinder und Enkel weitergeben, und warum verflucht man die ohnehin nur kurze Gewaltherrschaft der Tyrannen? Wo liegt bei gleichem äußeren Erscheinungsbild und gleichen Machtmitteln der Unterschied zwischen Tyrann und König? Doch nur darin, daß Tyrannen aus Lust wüten, Könige dagegen nur, wenn es begründet und notwendig ist. Wie denn? Gibt es Hinrichtungen nicht auch unter Königen? Ja, aber nur, sooft die allgemeine Wohlfahrt solches anrät; den Tyrannen ist Grausamkeit Herzenssache.

Der Unterschied zwischen Tyrann und König besteht im Tun, nicht im Namen. Denn einerseits kann man den älteren Dionysius nach Recht und Verdienst vielen Königen vorziehen, und was hindert andererseits daran, Lucius Sulla als Tyrann zu bezeichnen, wo doch seinem Wüten nur der Mangel an Gegnern ein Ende setzte? Mag er immerhin seine Diktatur niedergelegt, mag er sich der Bürgerschaft wieder eingegliedert haben, trotzdem hat nie ein Tyrann so gierig nach Menschenblut gelechzt wie er, auf dessen Befehl siebentausend römische Bürger hingeschlachtet wurden, der, als er ganz nahe beim Tempel der Bellona saß und die Klageschreie so vieler tausend Todesopfer hörte, zum Entsetzen des Senats ausrief: »Ist das denn nicht in Ordnung, versammelte Väter? Eine Handvoll Aufrührer wird auf meinen Befehl beseitigt!« Und das war nicht gelogen. Für einen Sulla waren das nur eine Handvoll ... Den großen Unterschied zwischen einem König und einem Tyrannen bewirkt eben die Milde. Jeder mag sich gleich stark mit Waffen ausrüsten; doch führt der eine seine Waffen zum Schutz des Friedens, während der andere mächtige Haßgefühle durch gewaltige Abschreckung ersticken will und nicht einmal die Hände derer, denen er sich anvertraut hat, ohne Sorgen betrachten kann.

Zwischen Gegensätzen besteht nämlich gewissermaßen eine Wechselwirkung, denn so wie er verhaßt ist, weil er gefürchtet wird, will er gefürchtet werden, weil er verhaßt ist, und so hält er sich an jenen verfluchten Vers, der viele zur Raserei verführte: ›Sollen sie ruhig hassen, wenn sie nur Furcht empfinden.‹ Dabei weiß er nicht einmal, welch tobende Unruhe entsteht, sobald die Haßgefühle übermäßig angewachsen sind. Hält sich die Furcht nämlich in Grenzen, bändigt sie die Geister, ist sie jedoch ständig gegenwärtig, in voller Härte spürbar und bedient sie sich der äußersten Mittel, dann treibt sie die Niedergehaltenen zur Verwegenheit und rät ihnen, alles auf eine Karte zu setzen...

Die Helfer eines überlegen-ruhigen und innerlich ausgeglichenen Königs sind diesem treu ergeben – setzt er sie doch zum gemeinsamen Besten ein –, und gern nimmt ein Soldat, dem wahrer Ruhm zuteil wird, jede Anstrengung auf sich; sieht er doch selbst, daß sein Bemühen der öffentlichen Sicherheit dient. Jener harte und blutrünstige aber ist – wie könnte es anders sein – selbst seinem Gefolge zur Last. Wer kann denn auch gute und ergebene Diener haben, wenn er sich ihrer bei Folterungen mit dem ›Pferdchen‹ oder mit tödlichen Eisenwerkzeugen bedient, wenn er ihnen nicht anders als den Bestien Menschen vorwirft … Jener andere hingegen, der sich um alles kümmert, das eine mehr, das andere weniger im Auge hat, fördert den Staat in allen seinen Teilen, so als ginge es ihn selbst an. Zur Milde geneigt, zeigt er, auch wenn Strafe durchaus angebracht ist, wie ungern er sich bewegen läßt, ein strenges Mittel anzuwenden.

Nichts Feindseliges, nichts Wildes liegt in der Gesinnung dessen, der seine Macht ruhig und heilsam ausübt, der wünscht, seine Anordnungen möchten den Beifall der Bürger finden, der sich überglücklich fühlt, wenn er sein Glück mit allen teilen kann; ansprechbar, zu- und umgänglich, liebenswert anzuschauen, was die Massen besonders beeindruckt, gerechten Wünschen geneigt, ungerechtfertigten gegenüber nicht schroff, so wird er von der gesamten Bürgerschaft geliebt, verteidigt, verehrt. Insgeheim oder öffentlich, überall spricht man über ihn dasselbe. Man will wieder Söhne haben und rückt von der in Notzeiten gelobten Unfruchtbarkeit ab. Jedermann ist ganz sicher, daß er seinen Kindern mit der Aussicht auf ein solches Zeitalter etwas Gutes bietet. Dieser Kaiser verdankt seine Sicherheit seinem eigenen hilfreichen Wirken; eine Leibwache braucht er nicht, Waffen trägt er nur als Schmuck.

Was also muß er nun tun? Was gute Eltern tun, die ihre Kinder manchmal zärtlich, manchmal drohend zu tadeln pflegen, sie aber gelegentlich auch durch Schläge ermahnen. Wäre einer bei Sinnen, der seinen Sohn beim ersten Ärgernis enterbt? Den entscheidenden Federstrich tut er eben nicht, es sei denn, großes und häufiges Unrecht hätten seine Geduld erschöpft, oder seine Furcht sei stärker geworden als ihre Ursache. Vorher versucht er alles mögliche, um zweifelhafte und irregeleitete Veranlagungen wieder zu bessern. Erst wenn alles verloren ist, versucht er das Letzte.

Niemand läßt Hinrichtungen vollstrecken, ohne vorher alle Rettungsmöglichkeiten ausgeschöpft zu haben. Ein Kaiser muß so handeln wie ein Vater. Nennen wir ihn doch ›Vater des Vaterlandes‹ und meinen das nicht als leere Schmeichelei. Denn die übrigen Beinamen sind Ehrennamen. Wir sprechen von ›Großen‹, ›Glücklichen‹, ›Erhabenen‹ und verschaffen dem Ehrgeiz der ›Majestät‹ an Titeln, was wir nur immer auftreiben können. In der Anrede ›Vater des Vaterlandes‹ soll er begreifen, daß die ihm anvertraute Gewalt die eines Vaters ist, die sich den Kindern gegenüber maßvoll und fürsorgend zeigt und Eigeninteressen zurückstellt. Nur zögernd möchte sich ein Vater von seinen Gliedern trennen; auch wenn er sie abhauen müßte, sollte er sie anfügen wollen, und selbst beim Abhauen muß er noch wehklagen, stark und lange zögern! Denn es liegt ja nahe, daß, wer sich schnell zum Strafen entschließt, zuletzt Gefallen daran finden wird und daß, wer übermäßig straft, zur Ungerechtigkeit neigen wird …

So gering darf einem Herrscher keiner seiner Untertanen sein, daß ihn dessen Untergang fühllos ließe; auch der Geringste ist ein Teil seines Herrschaftsbereiches. Eng umgrenzte Befehlsbereiche können uns als Beispiel für große Reiche dienen. Gibt es doch mannigfaltige Formen von Herrschaft: So herrscht der Kaiser über seine Bürger, ein Vater über seine Kinder, ein Lehrer über seine Schüler, ein Tribun oder Centurio über seine Soldaten. Halten wir nicht den für einen völlig untauglichen Vater, der beim geringfügigsten Anlaß unaufhörlich auf seine Kinder einschlägt? Und welcher Lehrer eignet sich besser dazu, wissenschaftliche Kenntnisse zu vermitteln, der seine Schüler quält, wenn sie etwas nicht im Gedächtnis behalten oder sich mit ihren ungeübten Augen verlesen, oder der sie durch aufrüttelnde Ermahnungen bessern und belehren will? Nimm einen Tribun oder Centurio von schonungsloser Härte. Ein solcher treibt – was man durchaus verzeihen kann – seine Leute förmlich zur Fahnenflucht. Ist es denn gerechtfertigt, mit einem Menschen strenger und härter umzugehen als mit stummen Tieren? Wer sich aufs Zähmen versteht, verschüchtert ja sein Pferd auch nicht durch dauerndes Schlagen. Liebevoll besänftigend streicheln mußt du es, sonst wird dein Pferd nämlich scheu und widerspenstig! ...

Kein Lebewesen ist eigensinniger als der Mensch, keins muß behutsamer, keins schonender behandelt werden. Gipfel der Torheit, Scham zu empfinden, wenn man an Zugtieren und Hunden seinen Zorn ausläßt, während ein Mensch, der einem anderen Menschen anvertraut ist, unter den elendesten Bedingungen leben muß. Krankheiten zürnt man nicht, man heilt sie. Schließlich handelt es sich ja hier auch um eine Krankheit des Gemüts, die eine milde Arznei braucht, keinesfalls einen Arzt, der voreingenommen gegen den Kranken ist. Ein schlechter Arzt, der die Hoffnung auf Heilung aufgibt! Ebenso muß der, dem aller Wohl anvertraut ist, mit all denen verfahren, deren Geist in einem angegriffenen Zustand ist. Er darf nicht gleich die Hoffnung aufgeben und das Krankheitsbild für tödlich erklären; er muß den Kampf mit den Lastern aufnehmen, ihnen Widerstand leisten. Mit den einen muß er ganz offen über ihre Krankheit reden, andere muß er mit einer sanften Behandlungsweise überlisten, dann nämlich, wenn er mit vorgetäuschten Mitteln die Heilung schneller und besser erreichen kann. Nicht nur um Heilung soll der Kaiser bemüht sein, er muß auch dafür sorgen, daß sich die Narbe sehen lassen kann! Überhartes Strafen bringt einem Herrscher keinerlei Ruhm ein – daß er die Möglichkeit dazu hat, bezweifelt natürlich kein Mensch –, größten Ruhm dagegen genießt ein Herrscher, der, während er viele gegen fremde Leidenschaften in Schutz nimmt, keinen seinen eigenen Zorn fühlen läßt.

Sich bei der Ausübung der Herrschaft über Sklaven zu mäßigen verdient Lob. Auch im Falle eines Sklaven muß man nicht nur daran denken, wieviel er ungestraft ertragen kann, sondern auch, was unser natürliches Gefühl für Recht und Billigkeit zuläßt, das von uns Schonung auch der Gefangenen und Gekauften fordert. Mit welch größerem Recht gebietet uns nun dieses Gefühl, mit freien, edlen, ehrbaren Menschen nicht Mißbrauch zu treiben, als seien sie Sklaven, sie vielmehr als Wesen zu behandeln, denen du wohl einen Schritt voraus bist, die dir aber nicht zur Knechtschaft, sondern zum Schutz anvertraut sind. Sklaven dürfen sich in den Schutz einer Bildsäule flüchten. Mag gegen einen Sklaven alles erlaubt sein, trotzdem gibt es etwas, was sich nach einem allen Lebewesen gemeinsamen Recht einem Menschen gegenüber verbietet. Wer hätte nicht Vedius Pollio noch ärger gehaßt als seine eigenen Sklaven, weil er Muränen mit Menschenblut mästete und alle, die sich etwas hatten zuschulden kommen lassen, in sein Fischbecken – welch ein Schlangennest war das in Wirklichkeit – werfen ließ. Tausendfachen Tod über diesen Menschen, ob er nun den Muränen, die er sich als Mahlzeit ausersehen hatte, Sklaven als Futter vorwarf oder ob er sich nur darum Muränen hielt, um sie auf diese Weise zu füttern! Wie man in einer ganzen Stadt auf grausame Herren mit Fingern zeigt – gehaßt werden sie und verabscheut –, so reicht das Unrecht der Herrscher noch viel weiter. Ihre Schande und der Haß gegen sie pflanzt sich durch die Jahrhunderte fort. Wieviel besser, überhaupt nicht geboren zu sein, als unter den Geißeln der Menschheit aufgezählt zu werden!

Kein Mensch vermag sich etwas auszudenken, was einem Herrscher, gleichgültig wie und mit welchem Recht er über andere gesetzt ist, besser anstände als Milde. Je größer die in einer Person vereinigte Machtfülle – nach dem Gesetz der Natur gehandhabt, muß sie nicht notwendig Schaden stiften –, desto schöner und großartiger muß das natürlich unserer Einschätzung nach sein! Die Natur selbst hat sich nämlich ›den König‹ ausgedacht. Das kann man auch an anderen Lebewesen sehen, besonders aber an den Bienen, deren König das weiträumigste Gemach zugestanden wird, ganz in der Mitte und am allersichersten Ort. Außerdem ist er von der Arbeit befreit, fordert vielmehr die Arbeitsleistung der anderen, und bei seinem Tod löst sich der ganze Schwarm auf. Auch dulden sie nie mehr als einen König, suchen den Geeignetsten durch Kampf zu ermitteln. Zudem ist der König von hervorragender Schönheit, unterscheidet sich von den übrigen durch Größe und Glanz. Trotzdem besteht der größte Unterschied in folgendem: Die Bienen sind äußerst zornmütig und für ihre körperliche Beschaffenheit äußerst kampflustig. Ihre Stachel lassen sie in der Wunde zurück; allein ihr König hat keinen Stachel. Die Natur wollte weder, daß er grausam sein noch daß er Rache nehmen könne, die ihm teuer zu stehen käme. Also entzog sie ihm die Waffe und ließ seinen Zorn wehrlos. Welch treffendes Beispiel für mächtige Herrscher! Das ist so die Art der Natur: Sie übt sich an kleinen Dingen und bietet im Geringsten Beispiele für Gewaltigstes. Wir sollten uns schämen, nicht auch Lehre von unbedeutenden Tieren anzunehmen, da ja der menschliche Geist Mäßigung um so nötiger hat, je größeren Schaden er anrichten kann ... Ein Irrtum zu meinen, dort, wo nichts vor dem Herrscher sicher ist, sei auch der Herrscher sicher. Sicherheit ist nur im Tausch gegen Sicherheit zu haben. Unnötig, hochragende Burgen zu bauen, schwer zu erklimmende Hügel zu befestigen, ganze Bergteile abzutragen und sich mit einem mehrfachen turmbewehrten Mauerring zu umgeben: Auch mitten auf freiem Feld ist Milde für einen Herrscher Schutz genug. Nur ein Bollwerk ist völlig uneinnehmbar: die Liebe der Untertanen ...

Wer würde es wagen, einen geliebten Herrscher in Gefahr zu bringen? Wer würde – stände es nur in seiner Macht – nicht auch das Schicksal von einem Mann abwenden wollen, unter dem Gerechtigkeit, Frieden, Zucht, Sicherheit, Würde in Blüte stehen, unter dessen Leitung der Staat Ansehen genießt und Überfluß an Gütern aller Art hat ... Danach muß er streben, dies muß sein Leitbild sein: gleichermaßen als Mächtigster wie als Gütigster geachtet zu werden.

Gewöhnlich hat der Kaiser zwei Gründe, zu strafen: Vergeltung in eigener oder in fremder Sache. Zuerst will ich über das ihn selbst Betreffende handeln. Ist Mäßigung doch weit schwerer, wo Rache dem eigenen Schmerz abgerungen werden muß, als wo nur einem Beispiel zu folgen ist. Überflüssig, ihn hier daran zu erinnern, daß er nicht leichtfertig jemandem

Glauben schenken darf, daß er der Wahrheit nachzuspüren, die Unschuld zu begünstigen hat und vor allem nicht vergessen soll, daß es um die Sache des Beklagten gleichermaßen gehe wie um die des Richters. Dies ist Sache der Gerechtigkeit, nicht der Gnade. Jetzt ermahnen wir ihn vielmehr, sich auch als offenkundig Beleidigter fest in der Gewalt zu haben und, wenn es ihm ohne Gefährdung der eigenen Sicherheit möglich ist, die Strafe zu erlassen, anderenfalls sollte er die Strafe wenigstens mildern. Auch sollte er sich, wenn er selbst gekränkt wurde, leichter erbitten lassen, als wenn es sich um andere handelt. Denn wie Hochherzigkeit nicht beweist, wer mit fremdem Gut freigebig umgeht, sondern wer seine Geschenke für andere aus dem Eigenen nimmt, so nenne ich nicht den milde, der sich fremden Leides erbarmt, sondern den, der nicht losstürmt, auch wenn ihn ureigene Belange antreiben, der unter Hochherzigkeit die Fähigkeit versteht, bei höchster Machtfülle Unrechtmäßigkeiten ertragen zu können und dem ein Herrscher, der Beleidigung ungestraft läßt, als Gipfel des Ruhms gilt.

Wem Unrecht widerfuhr, dem bietet die Rache gewöhnlich zweierlei: Genugtuung oder das Gefühl von Sicherheit für die Zukunft. Die Stellung eines Kaisers ist aber zu erhaben, um trostbedürftig zu sein, und seine Macht ist viel zu offenbar, als daß er im Leid anderer Selbstbestätigung suchen müßte. Das gilt für Angriffe und Beleidigungen durch unter ihm Stehende. Was die betrifft, die ihm einstmals Widerpart boten, so hat er reichlich Genugtuung, wenn er sie unter sich sieht. Ein Sklave, eine Schlange, ein Pfeil, jedes einzelne vermag einen Herrscher zu töten, retten jedoch wird ihn nur ein Größerer.

Ihm, dem Herrn über Leben und Tod, steht es aus diesem Grunde wohl an, sein hohes Götteramt kraftvoll auszuüben, besonders denen gegenüber, die er als einstmals ranggleich kennt. Im Besitz dieser Entscheidungsgewalt hat er seine Rache gestillt und das ausreichende Strafmaß durchgesetzt. Wer sein Leben einem anderen verdankt, hat es nämlich schon verloren, und wer, aus erhabener Höhe vor des Feindes Füße geworfen, die Entscheidung über sein Leben und seine Herrschaft aus eines anderen Munde zu erwarten hatte, der lebt nur mehr zum Ruhme seines Retters, zu dem er durch seine Begnadigung mehr beiträgt, als wenn er beseitigt worden wäre. Ist er doch ein ständig vorweisbares Beweisstück für fremde Größe: Im Triumphzug wäre er schnell vorbeigezogen. Wird ihm dann auch noch sein Königreich belassen und darf er seine einstige Ranghöhe wieder einnehmen, dann wächst der Ruhm dessen ins Ungemessene, der sich damit begnügte, einen königlichen Gegner besiegt zu haben …

Mit einfachen Bürgern, Unbekannten und Niedrigstehenden kann man hingegen um so maßvoller umgehen, je bedeutungsloser ein Sieg über sie ist. Einige magst du gern verschonen, bei anderen wirst du der Vergeltung überdrüssig sein; von denen solltest du die Hände lassen, sie sind wie kleine Tiere, die den verunreinigen, der sie zertritt. Aber bei jenen anderen, über die die ganze Stadt spricht, gleichgültig, ob sie begnadigt oder bestraft werden, mußt du die Gelegenheit ergreifen, deine Milde zu zeigen.

Gehen wir nun zu dem Unrecht über, das anderen widerfahren ist. Hier verfolgt das Gesetz bei der Bestrafung drei Grundsätze, die auch für den Kaiser verbindlich sind: Entweder gilt es, den Bestraften selbst zu bessern oder durch dessen Bestrafung andere zu bessern oder durch Beseitigung von Übeltätern das Leben der übrigen zu sichern. Zur Besserung einzelner ist eine gelinde Strafe viel geeigneter. Die Hinwendung zum Leben wird bedeutend erleichtert, wenn Aussicht auf Wiedereingliederung in die Gesellschaff besteht. Die einmal verlorene Ehre schont ja doch niemand; andererseits grenzt es schon an Straflosigkeit, wenn keine Strafmöglichkeit mehr übrig ist. Zurückhaltung mit Bestrafungen verspricht mehr Erfolg bei der Besserung der öffentlichen Moral. Wo es viele Gesetzesübertreter gibt, wird nämlich Verbrechen zur Gewohnheit, und eine gerichtliche Entscheidung wird weniger ernst genommen, wenn eine Flut von Urteilen ihr die Bedeutung nimmt. Auch die Strenge verliert durch häufige Anwendung das Achtunggebietende, auf dem ihre bessernde Wirkung hauptsächlich beruht.

Ein Kaiser fördert die Sittlichkeit unter den Bürgern und trägt zur Bekämpfung der Laster bei, wenn er diesen gegenüber Geduld zeigt, nicht, als ob er sie gutheiße, sondern indem er gewissermaßen wider Willen und unter großen Seelenqualen an die Bestrafung geht. Gerade die Milde des Herrschers bewirkt eine Scheu vor Übertretungen. Strafe, von einem milden Herrscher verhängt, wirkt eben um vieles schwerer!

Außerdem wirst du feststellen können, daß gerade die Verfehlungen häufig auftreten, die oft bestraft werden. Dein Vater hat innerhalb von fünf Jahren mehr Vatermörder in den Lederschlauch einnähen lassen, als uns aus allen vorangegangenen Jahrhunderten bekannt ist. Solange es kein Gesetz gegen das Verbrechen des Vatermords gab, hatten weniger Kinder den Mut zu diesem scheußlichsten aller Verbrechen. Hatten es doch Männer von höchstem Rang und tiefstem Einblick in den Weltenlauf in ihrer hohen Klugheit für ratsamer gehalten, dieses Verbrechen als etwas gleichsam Unglaubliches, die Grenzen der Verwegenheit Überschreitendes einfach zu übergehen, als durch Bestrafungsvorschriften einzugestehen, daß derlei überhaupt möglich sei. Vatermörder gibt es also erst, seitdem ein Gesetz gegen sie vorhanden ist und erst die Strafvorschrift hat sie auf das Verbrecherische solchen Tuns aufmerksam gemacht.

In der Tat galt Kindesliebe dann am wenigsten, als wir ›Säcke‹ öfter als Kreuze zu sehen bekamen. Wo selten Menschen bestraft werden, herrscht in der Wertschätzung der Schuldlosigkeit Übereinstimmung, ja, man huldigt ihr wie einem allgemeinen Gut. Wenn eine Bürgerschaft sich selbst für schuldlos hält, wird sie es auch sein. Ihr Zorn auf alle, die vom Pfad der allgemeinen Rechtschaffenheit abweichen, wird größer sein, wenn sie auf deren kleine Zahl sieht. Glaube mir nur, es ist äußerst gefährlich, die Bürger darauf aufmerksam zu machen, wie sehr die Schurken in der Überzahl sind.

Früher wurde im Senat einmal vorgeschlagen, die Kleidung zum Unterscheidungsmerkmal von Sklaven und Freien zu machen. Dadurch bemerkte man erst, welche Gefahr man heraufbeschwor, wenn auf diese Weise unsere Sklaven anfingen, uns zu zählen. Ähnliches muß man, glaube ich, befürchten, wenn keiner mehr auf Verzeihung hoffen darf; schnell wird man dann einsehen, wie groß das Übergewicht der schlechten Bürger eigentlich ist. Dem Ruf eines Kaisers sind eine Menge Hinrichtungen nicht weniger abträglich als einem Arzt eine Vielzahl von Beerdigungen. Maßvoll ausgeübte Befehlsgewalt findet willigeren Gehorsam. Der von Natur aus widerspenstige Menschengeist liebt Gefahr und Schwierigkeit und folgt lieber freiwillig, als daß er sich führen läßt. Wie edle Rassepferde mit leichtem Zügel schicklicher zu lenken sind, so ist Rechtschaffenheit aus eigenem, freiwilligem Antrieb eine natürliche Folge der Milde, und solche Rechtschaffenheit möchte sich die Bürgerschaft gern bewahren. Demgemäß läßt sich auf diesem Wege viel mehr erreichen.

Grausamkeit ist ein Übel, das am allerwenigsten eines Menschen würdig ist, das überhaupt nicht seinem sanften Wesen entspricht. Bestialische Raserei ist es, wenn man über Blut und Wunden Freude empfindet, alles Menschliche ablegt und zum Tier der Wälder wird. Sage mir doch, Alexander, ob da ein Unterschied besteht, wenn du den Lysimachus den Löwen vorwerfen läßt oder wenn du ihn selbst mit eigenen Zähnen zerfleischst? Dein Maul ist's auf jeden Fall und deine tierische Wildheit! ... Dies der Grund, der am stärksten für die Verdammung der Grausamkeit spricht: Grausamkeit überspringt anfangs die Grenzen des Gewohnten, später die der Menschlichkeit überhaupt. Grausamkeit denkt sich neue Hinrichtungsarten aus, bemüht menschliche Erfindungsgabe, um Werkzeuge zu ersinnen, die Schmerzen abwechslungsreich machen und beliebig verlängern können. Grausamkeit weidet sich am Leiden von Menschen. Dann endlich hat sich – bei Alexander – jene schreckliche Geistesverwirrung zum äußersten Wahnsinn gesteigert, wenn sie zum wollüstigen Vergnügen geworden ist und es bereits Freude macht, einen Menschen zu töten. Ein solcher Mann erregt tiefe Abscheu. Haß, Gift, Dolch heften sich an seine Fersen. Die Gefahren, denen er ausgesetzt ist, sind so zahlreich wie die, die er selbst für andere bedeutet. Manchmal sind es nur Anschläge von einzelnen, aber ein anderes Mal schon ist's öffentlicher Aufruhr, der ihn umbrandet. Geringfügiges und auf einzelne beschränktes Verderben setzt freilich keine ganzen Städte in Bewegung. Was hingegen weithin Schrecken zu verbreiten und alle zu bedrohen beginnt, darauf wird auch von allen Seiten gezielt …

Die Grausamkeit einzelner reizte – trotz sicherer Aussicht auf die Kreuzesstrafe – gelegentlich auch Sklaven zum Rachewerk; die Grausamkeit von Tyrannen auszutilgen, unternahmen ganze Völkerschaffen und Nationen, die von diesem Übel befallen waren oder denen es drohend bevorstand. Es kam vor, daß sich die eigenen Leibwachen gegen sie erhoben und Treulosigkeit, Undankbarkeit, Unmenschlichkeit und was sie ihnen sonst abgelernt hatten, gegen sie selbst anwandten. Denn was darf man von einem Menschen erwarten, dem man die Schlechtigkeit selbst erst beigebracht hat?

Lange steht einem die Verworfenheit jedenfalls nicht zu Gebote, und so viele Schandtaten, wie ein anderer wünscht, erledigt sie gewiß nicht. Aber selbst angenommen, Grausamkeit verschaffe Sicherheit: Was ist das für eine Herrschaft, und welchen Anblick bietet sie uns? Nun, keinen anderen als den eroberter Städte, Schreckensbilder allgemeiner Furcht. Ringsum Trauer, Aufregung, Verwirrung, Angst, sogar vor Vergnügungen. Einladungen kann man nicht unbedenklich folgen, weil man auch in der Trunkenheit sorgfältig seine Zunge hüten muß. Schauspiele kann man nicht ungefährdet besuchen, weil sie als Anklagepunkte willkommen sind und Schaden bringen können. Gewiß, auch wenn hier ein unermeßliches Aufgebot königlicher Schätze wie ausgezeichneter Künstler gezeigt wird, wen reizt schon ein Schauspiel, wenn er im Kerker sitzt? Ist es denn nicht ein elendes Leben, wenn man mordet, wütet, Freude am Geklirr der Ketten hat, Bürgern die Köpfe abschlagen läßt, Blutströme vergießt, wo immer man auftritt, durch seinen bloßen Anblick Schrecken verbreitet und in die Flucht jagt? Kein anderes Leben wäre das, als wenn Löwen und Bären regierten, als wenn Schlangen oder was es sonst an schädlichem Getier gibt über uns herrschen dürften.

Jene vernunftlosen, von uns wegen ihrer Grausamkeit verdammten Geschöpfe schonen wenigstens die Ihrigen: Gleichheit der Art gewährt Sicherheit selbst unter wilden Tieren. Die Raserei der Tyrannen hingegen kennt keine Mäßigung, selbst wenn es um die eigenen Angehörigen geht ... von Einzelhinrichtungen geht sie zum Völkermord über, und für Machtausübung gilt ihr's, wenn sie Feuerbrände in die Häuser wirft, uralte Städte unter den Pflug gibt ...

Wirkliches Glück ist es dagegen, wenn man vielen Rettung bringen, viele aus Todesgefahr ins Leben zurückrufen und sich selbst durch Gnadenerweise eine Bürgerkrone verdienen kann. Nichts ziert Hoheit würdiger und schöner als eben jene Krone, die für die Rettung von Bürgern verliehen wird. Eine Schande dagegen sind Rüstungen, die man besiegten Feinden vom Leibe riß, von Barbarenblut besudelte Streitwagen und Kriegsbeute aller Art. Wahrhaft göttlich ist Machtausübung, die in aller Öffentlichkeit der großen Masse Rettung verheißt. Viele unterschiedslos zum Opfer werden zu lassen gehört zum Wesen von Brand- und Einsturzkatastrophen.

Einer deiner Aussprüche, Nero Cäsar, hat mich ganz besonders angeregt, über die Tugend der Milde zu schreiben. Ich erinnere mich noch gut, wie ich staunend diesen Ausspruch mit anhörte und später anderen berichtete. Ungekünstelt und nicht auf Zuhörer berechnet, zeugte diese Eingebung eines Augenblicks von hohem Sinn und großer Gelassenheit. Zugleich machte er deutlich, wie die Verpflichtung gegenüber deiner Stellung und die dir eigene Herzensgüte in deinem Innern miteinander rangen. Dein Präfekt Burrus, dieser hervorragende, dir als seinem Kaiser aufrichtig ergebene Mann, wollte gegen zwei Straßenräuber vorgehen und forderte dich auf, schriftlich zu erklären, wen du nun bestraft wissen wolltest und warum. War es doch höchste Zeit, daß dieser oft verhandelte Streitfall endlich einmal entschieden würde! Innerer Widerwille erfüllte euch beide; ihn, als er sein Schriftstück vorbrachte und übergab, dich, als du's annahmst und ausriefst: »Ach, hätte ich doch nie das Schreiben gelernt!« Welch ein Ausspruch, wert, daß ihn alle Völker gehört hätten, die innerhalb der Reichsgrenzen wohnen und die, nahe angrenzend, in gewaltsamer Auflehnung oder geistigem Widerstand eine zweifelhafte Freiheit genießend! Welch ein Wort, das man vor der versammelten Menschheit aussprechen, worauf Kaiser und Könige verpflichtet werden sollten! Welch ein Wort, wie angemessen für ein Menschengeschlecht, das sich im Stand allgemeiner Unschuld befindet, dem nur noch jenes ursprungsnahe Zeitalter wiedergeschenkt werden müßte! Jetzt endlich sollte die Urheberin aller moralischen Gebrechen, die Gier nach frendem Eigentum, verbannt werden, jetzt endlich sollte man sich über das Rechte und Gute einig werden können, sollten sittliches Empfinden und Redlichkeit gemeinsam mit Treue und Bescheidenheit aufleben, und die Laster, die lange genug ihre Herrschaft mißbrauchten, sollten endlich einem glückhaften und schuldlosen Zeitalter Platz machen!

Auf eine solche Zukunft, Cäsar, darf man viel Hoffnung und Zuversicht setzen. Nach und nach wird sich diese deine milde Sinnesart dem gesamten Reichskörper mitteilen, und alle Welt wird sich nach deinem Vorbild richten. Wohlbefinden beginnt im Kopf. Dort nämlich, und je nachdem, ob unser Geist lebendig oder träge ist, dort entscheidet sich's, ob unser Allgemeinbefinden gekräftigt und zuversichtlich oder mutlos und niedergeschlagen ist. Solch edler Haltung werden sich Bürger wie Verbündete würdig zeigen: im ganzen Reich werden wieder gute Sitten einziehen, nirgendwo wirst du eingreifen müssen.

Wenn ich in diesem Punkt ausführlicher bin, solltest du es dir gefallen lassen, aber nicht wie von einem, der dir Gefälligkeiten zuraunt. Dies ist nicht meine Art, lieber errege ich Anstoß mit der Wahrheit, als daß ich durch Schmeichelei zu gefallen suche. Worum also geht es mir eigentlich? Zunächst wünsche ich aufrichtig, du möchtest deine eigenen guten Taten und Worte als dein eigentliches Wesen empfinden, damit zum festen Grundsatz wird, was jetzt noch aus natürlicher Eingebung und stürmischer Laune geschieht. Außerdem stelle ich mir vor Augen, wie viele große, nichtsdestoweniger aber verabscheuungswürdige Aussprüche unter den Menschen umlaufen und gemeinhin für berühmt gelten wie zum Beispiel jenes ›Sollen sie ruhig hassen, wenn sie nur Furcht empfinden!‹, dem wiederum ein griechischer

Vers sehr ähnelt, in dem einer meint, nach seinem Tode könnten Erde und Feuer sich ruhig vermischen, und anderes dieser Art. Und doch kann ich mir nicht erklären, wieso große Begabungen gelungneren Ausdruck für ihr leidenschaftlich erregtes Fühlen bei gewaltigen und verabscheuenswerten Themen fanden, mir aber andererseits kein Ausspruch bekannt geworden ist, der seine Kraft aus dem Guten und Sanften schöpft. Worum also muß es uns gehen? Was dir das Schreiben so verhaßt gemacht hat, das mußt du selten, widerwillig und nur nach langem Zögern niederschreiben. So wie du's machst, ist es schon richtig: Lange zögern und mehrmals aufschieben!

Damit uns nun an der Milde nicht etwa der klangvolle Name täuscht und in ganz andere Richtung führt, wollen wir Betrachtungen über Art, Wesen und Abgrenzungen der Milde anstellen. Milde nennt man die geistige Selbstbeherrschung dessen, der Möglichkeiten zur Vergeltung hat, oder die Nachgiebigkeit des Mächtigeren gegen den Untergebenen, wenn es sich um die Bestimmung des Strafmaßes handelt. Man geht sicherer, noch mehr Vorschläge zu machen, sonst könnte eine einzelne Begriffsbestimmung leicht der Sache nicht genügend gerecht werden und – wie ich's einmal ausdrücken möchte – verworfen werden, weil sie die Prozeßformel nicht erfüllt. So könnte man auch sagen, Milde, das sei eine innere Neigung zur Nachgiebigkeit beim Stellen des Strafantrags.

Die folgende Begriffsbestimmung wird zum Widerspruch reizen, mag sie auch der Wahrheit sehr nahe kommen, wenn wir es nämlich so ausdrücken: Unter Milde muß man die Art der Mäßigung verstehen, die vom verdienten und verschuldeten Strafmaß etwas nachläßt. Hier wird der Einwand folgen: Unter dem verdienten Strafmaß zu bleiben, das könne doch keine Tugend sein. Und doch verstehen alle unter Milde eben gerade das, was unter dem nach Fug und Recht möglichen Strafmaß bleibt. Unverständige halten Strenge für ihr Gegenteil. Jedoch, keine Tugend richtet sich gegen eine andere Tugend.

Was also ist das Gegenstück zur Milde? Nun, die Grausamkeit, die ja nichts anderes ist als seelische Roheit beim Stellen des Strafantrages. Aber es gibt doch Menschen, die selbst keine Strafen vollstrecken und trotzdem grausam sind wie jene, die Unbekannte, die ihnen begegnen, nicht um eines Vorteils willen, sondern einfach um des Tötens willen umbringen, und die sich nicht mit dem Töten allein zufriedengeben, sondern loswüten wie jene Busiris und Prokrustes und jene Seeräuber, die ihre Gefangenen auspeitschen und lebend ins Feuer werfen. Gewiß ist das Grausamkeit, doch fällt es nicht unter unsere Begriffsbestimmung, weil es nicht um Sühne geht – niemand ist beleidigt worden – und kein Zorn gegen irgendein Verbrechen entbrannt ist; denn vorangegangen ist keine Gesetzesverletzung. Unsere Begriffsbestimmung sprach ja von geistiger Unbeherrschtheit beim Stellen des Strafantrags. Ist tierische Wildheit im Spiel, der wütende Raserei ein Vergnügen ist, dürfen wir eben nicht von Grausamkeit sprechen, müssen es vielmehr Wahnsinn nennen, der ja vielerlei Arten kennt, darunter als sicherstes Merkmal das Hinschlachten und – Zerfleischen von Menschen. Als grausam bezeichne ich also alle die, die zum Strafen zwar einen Grund haben, aber kein Maß kennen, wie zum Beispiel Phalaris, von dem man sagt, er habe zwar nicht gegen Unschuldige gewütet, wohl aber auf unmenschliche, nicht zu billigende Art. Dem Vorwurf der Spitzfindigkeit können wir nun aber entgehen, wenn wir uns folgendermaßen festlegen: Grausamkeit ist eine Neigung unseres Gemüts zu unmäßig harten Maßnahmen, Milde hingegen weist diese weit von sich, wohingegen sie sich mit Strenge durchaus verträgt.

Hierher gehört nun auch die Frage nach dem Wesen des Mitleids; preisen die meisten es doch als Tugend, nennen den Mitleidigen einen guten Menschen. Allein auch das Mitleid ist ein seelisches Laster. Offenbar müssen wir bei der Strenge wie bei der Milde zweierlei gleichermaßen vermeiden. Unter dem Deckmantel der Strenge verfallen wir in Grausamkeit, unter dem Deckmantel der Milde in Barmherzigkeit. Im letzteren Fall birgt ein Abirren weniger Gefahr. Gleichwohl ist es ein Irrtum, der uns von der Wahrheit entfernt. Echtes religiöses Gefühl ehrt die Götter, abergläubische Scheu besudelt ihr Ansehen. Genau in der gleichen Weise wird nun jeder Mann, der etwas taugt, Milde und Freundlichkeit bezeigen, hingegen Mitgefühl, dieses Gebrechen kleiner Geister, das schon beim bloßen Anblick fremden Leids zusammenbricht, tunlich meiden. Darum eben sind es ja die jämmerlichsten Feiglinge, die am ehesten zu diesem Laster neigen. Alte und junge Weiblein sind es, die sich durch Tränen gerade der größten Sünder bewegen lassen. Kerkertore würden sie aufbrechen, wenn's sich nur machen ließe. Mitgefühl läßt sich vom Zustand des Augenblicks bestimmen, Gründe gelten ihm nichts. Echte Milde hingegen hält sich an Vernunftgründe.

Wohl weiß ich, daß die Schule der Stoiker wegen übertriebener Härte und schlechter Ratschläge, die sie angeblich gerade Kaisern und Königen geben soll, bei den Unkundigen in schlechtem Ruf steht. Ihr Weiser kenne weder Mitleid noch Erbarmen, wirft man ihr vor. Für sich allein genommen, nährt das freilich den Haß. Scheint hier doch für menschliche Verirrungen keine Hoffnung, für jegliches Vergehen hingegen nur strenge Bestrafung übrigzubleiben. Wäre dem so, was sollte man mit einer Wissenschaft anfangen, die möchte, daß man verlernt, ein Mensch zu sein, und daß man sich gerade den im Schicksalssturm sichersten Hafen, die wechselseitige Hilfeleistung, verschließt? In Wahrheit aber ist keine Schule großzügiger und milder, zeigt keine mehr Liebe zu den Menschen, ist keine mehr um das Allgemeinwohl besorgt. So ist sie vorsätzlich auf Nutzen aus, will nicht nur für sich selbst, sondern für alle und jeden einzelnen besorgt sein.

Mitleid ist eine Schwachheit der Seele beim Anblick fremden Elends oder eine Betrübnis, die ihre Ursache darin hat, daß sie sich des Elends Außenstehender annimmt, die sie unverdient betroffen glaubt. Schwachheit aber darf den Weisen eben nicht befallen. Heiterkeit, die sich durch nichts beirren läßt, beherrscht seine Seele. Nichts ziert den Menschen mehr als ein hoher Sinn. Hoheit aber verträgt sich nicht mit Traurigkeit. Kummer vernichtet die Geister, erniedrigt sie und engt sie ein. Das aber darf dem Weisen nicht einmal im eigenen Unglück widerfahren; im Gegenteil, jeden Zornstrahl des Geschicks wird er zurückwerfen und vor sich zerbrechen. Jederzeit wird er dasselbe ruhige, unerschütterte Gesicht bewahren. Gäbe er sich seiner Traurigkeit hin, wäre er gerade dazu – unfähig. Hinzu kommt, daß der Weise voraussieht und stets mit Rat zur Stelle ist. Das Reine und Klare jedoch stammt nie aus trüber Verwirrung.

Traurig gestimmt ist man unfähig, Dinge zu überblicken, zweckmäßige Lösungen zu finden, Gefahren zu vermeiden, etwas gerecht einzuschätzen. Der Weise empfindet darum kein Mitgefühl, weil er das nicht könnte, ohne dadurch seelisch in Mitleidenschaft gezogen zu werden. Alles übrige, was die Mitleidigen meinetwillen ruhig tun mögen, er wird es freudig und hohen Mutes tun, sich nicht nur aufdrängen, sondern fremden Tränen wirkliche Hilfe sein. Dem Schiffbrüchigen wird er seine Hand reichen, dem Verbannten ein gastfreies Haus bieten. Den Bedürftigen wird er unterstützen, aber nicht auf kränkende Art, wie es die Mehrzahl derer tut, die auf den Ruf eines Mitfühlenden bedacht sind, sondern ganz ohne Hochmut und Scheu vor Berührung mit den Unterstützungsempfängern, und ganz wie aus gemeinsamem Besitz, gleichsam von Mensch zu Mensch. Muttertränen bewegen ihn, den Sohn zu retten: Er befreit ihn aus Kettenhaft oder kauft ihn aus der Arena los; selbst dem Leichnam eines Verbrechers würde er ein Grab bereiten lassen. Aber alles das wird er mit ruhigem Sinn tun und mit unbewegtem Gesicht.

Also, der Weise wird nicht Mitgefühl empfinden, sondern Hilfe leisten und Nutzen stiften. Er weiß, daß er auf der Welt ist, um für alle dazusein und dem gemeinsamen Besten zu dienen, aus dessen Schätzen er jedem seinen Anteil zu geben hat. Auch um die Unglücklichen wird er sich helfend mühen, deren Verhalten er je nach den Umständen mißbilligen oder bessern muß. Freilich wird er alle, die tapfer gegen ihr Los ankämpfen, mit viel mehr Freudigkeit unterstützen. Sooft er kann, wird er dem Schicksal in den Rachen greifen. Wo sonst kann er seine Mittel und Kräfte besser einsetzen als dort, wo es gilt, das Wirken des Zufalls auszugleichen? Vor eines Mitbürgers ausgezehrtem Gebein, lumpenbedeckter Krätze und stockbewehrtem Alter senkt er nicht den Blick, läßt er den Mut nicht sinken. Im übrigen gilt seine Hilfe allen, die ihrer wert sind, und huldvoll wie ein Gott blickt er auf alle, denen ein Mißgeschick widerfuhr. Mitleid ist ein Nachbar des Leidens, ihm nahe verwandt und verpflichtet ... Mitgefühl ist eine Schwäche jener Gemüter, die überängstlich vor dem Elend zurückschaudern. Verlangt man's vom Weisen, mag man gleich dazu fordern, er solle jammern und klagen bei Leichenbegängnissen, die ihn nichts angehen.

»Warum Verzeihen ihm fremd sei?« – Dazu müssen wir uns noch einigen, was wir unter gnädiger Verzeihung verstehen wollen. Dann werden wir auch begreifen, daß es einem Weisen gar nicht um solches Verzeihen gehen kann. Gnade heißt ja, eine verdiente Strafe erlassen. Philosophen, die sich eigens mit dem Thema beschäftigen, warum der Weise in diesem Punkt nicht nachgeben darf, legen das ausführlich dar; ich will mich – als gleichsam Unzuständiger – hierzu nur kurz erklären: Verzeihung gilt einem, der pflichtgemäß Strafe verdient hat. Der Weise aber hält sich – im Tun wie im Lassen – immer an die Pflicht. Eine Strafe, zu deren Ausführung er verpflichtet ist, erläßt er nicht. Aber das, was du auf dem Gnadenweg erreichen möchtest, läßt dir der Weise auf weit ehrenvollere Art zukommen. Schonen, Raten, Bessern, das ist seine Sache. So bewirkt er das gleiche wie ein Verzeihender, und doch verzeiht er nicht, weil er ja durch Verzeihung eine pflichtwidrige Unterlassung eingestehen würde. Den einen wird er wegen seines besserungsfähigen Alters nur mit Worten mahnen, nicht strafen, einem anderen, der offensichtlich unter der

Last eines schweren Verbrechens leidet, wird er Straflosigkeit zugestehen, weil er sich täuschen ließ oder unter Alkoholeinfluß handelte. Feinde wird er ungekränkt, manchmal sogar mit Lob ziehen lassen, wenn sie sich durch ehrenvolle Gründe – wie Freundespflicht, Bündnistreue, Freiheitskampf – zum Kriege bestimmen ließen.

Das alles geschieht aus Milde, nicht durch Gnade. Milde hat freie Verfügungsgewalt, sie urteilt nicht nach Rechtsformeln, sondern danach, was billig und gut ist. Freispruch steht ihr ebenso zu wie ein Strafmaß in beliebiger Höhe. Keine ihrer Entscheidungen unterbietet das Maß erwarteter Gerechtigkeit, vielmehr stellen sich alle als die jeweils gerechteste Lösung dar. Verzeihen hingegen bedeutet Erlaß einer verdienten Strafe. Milde gesteht offen zu: Denen, die sie widerfährt, hätte gar nichts anderes geschehen dürfen. Damit ist sie umfassender und ehrenvoller als jede gnädige Vergebung.

Meiner Meinung nach aber geht der Streit um Worte, nicht um die Sache. Der Weise wird vielem nachsehen und dadurch viele angekränkelte, aber heilbare Geister erhalten. Sein Vorbild sind verständige Gärtner, die nicht nur gut gewachsene Hochstämme aufziehen, sondern auch die aus irgendeinem Grund verkrümmten Stämme an Pfähle binden, die ihnen Halt geben. Die einen beschneiden sie, damit die Seitenäste nicht den schlanken Wuchs hemmen, andere, die in schlechter Lage zurückgeblieben sind, düngen sie kräftig, wieder andere, die im Schatten der Nachbarn verkümmern, schneiden sie frei. So wird der Weise darauf achten, wie jedes einzelnen Eigenart zu behandeln sei, wie Krummes zurechtgebogen werden könne – – –

VOM GLÜCKLICHEN LEBEN

Ein Leben im Glück, Bruder Gallio, wünschen sich wohl alle, ebenso tappen aber auch alle im dunkeln, wenn es darum geht, sich die Voraussetzungen für ein echtes Lebensglück deutlich vor Augen zu stellen. Es ist aber auch nicht einfach, ein solches Lebensglück zu erlangen. Hat man nämlich den Weg einmal verfehlt, kann man sich sogar vom Ziel entfernen, und zwar um so weiter, je hastiger man sich ihm nähern will. Denn führt der Weg in entgegengesetzte Richtung, läßt gerade die Geschwindigkeit den Abstand immer größer werden.

So muß man sich zuerst das Ziel seines Strebens klarmachen und sich dann nach Möglichkeiten umsehen, es recht rasch zu erreichen. Dabei wird man – vorausgesetzt, der eingeschlagene Pfad ist richtig – gewissermaßen unterwegs begreifen, welche Strecke man täglich vorwärtskommen kann und um wieviel wir dem Ziel unseres natürlichen Verlangens nähergekommen sind. Solange wir freilich überall umherschweifen und uns nach keinem Führer richten, sondern nach dem häßlichen Gelärm und Geschrei von Leuten, die ganz verschiedene Richtungen anraten, so lange vergeuden wir – trotz pausenloser Bemühung um eine richtige geistige Einstellung – auf Irrwegen unsere an sich schon so knappe Lebenszeit. Entscheidungen über Ziel und Weg dürfen deshalb auch nicht ohne einen erfahrenen, wegekundigen Führer getroffen werden; in diesem Fall gelten nämlich andere Bedingungen als bei sonstigen Reisen, wo der eingeschlagene Pfad und die Auskünfte der Einheimischen keinen Irrtum zulassen.

In unserem Fall führt gerade der beliebteste und am meisten empfohlene Weg am ehesten in die Irre. In der Hauptsache müssen wir uns also davor hüten, wie das liebe Vieh der Herde unserer Vorgänger zu folgen und weiter mitzugehen, wohin man eben geht und nicht, wohin man eigentlich gehen sollte. Nichts verwickelt uns nämlich in größere Schwierigkeiten als unsere Neigung, sich nach dem Gerede der Leute zu richten, das heißt, immer das für das Beste zu halten, was allgemein Beifall findet, und sich an die bloße Zahl der Beispiele zu halten, also unser Leben nicht nach Vernunftgründen, sondern nach verwandten Erscheinungen zu gestalten. Darum stürzt immer einer über den anderen, und es kommt zu einer so gewaltigen Zusammenballung. Was sich bei einem großen Volksauflauf alles abspielt, wenn ein einziges Menschenknäuel sich schiebt und drückt, keiner fallen kann, ohne seinen Nachbarn mitzureißen, die Vordersten den Nachfolgenden zum Verhängnis werden, dasselbe kannst du überall im Leben beobachten: Keiner begeht für sich allein einen Irrtum, jeder ist gleicherweise Grund und Urheber fremden Irrtums.

Es ist nun außerordentlich schädlich, sich einfach seinen Vorgängern anzuschließen. Weil es nämlich einem jeden lieber ist, etwas auf Glauben anzunehmen, als sich selbst ein Urteil über eine Sache zu bilden, kommt es nie zu einer Beurteilung unserer Lebensführung. Immer verläßt man sich nur auf andere, und

Irrtümer, von Hand zu Hand weitergereicht, halten uns erst zu Narren und stürzen uns zuletzt in den Abgrund. Sich nach anderen richten führt zum Untergang! Geheilt werden können wir nur, wenn wir uns vom großen Haufen absondern; dieser aber beharrt nun in seiner vernunftfeindlichen Haltung und nimmt seine eigenen Laster in Schutz. So geht es denn genauso zu wie in den Wahlversammlungen, wo später, wenn sich die leicht beeinflußbare öffentliche Meinung geändert hat, die Wähler über ihre eigene Entscheidung bei der Richterwahl verwundert sind. Ein und dasselbe billigen wir erst, dann tadeln wir es. Das kommt letzten Endes bei jeder gerichtlichen Mehrheitsentscheidung heraus.

Handelt es sich aber um die Frage nach unserem Lebensglück, darfst du mir nicht wie bei Senatsentscheidungen antworten: »Hier steht wohl die Mehrheit!« Gerade die vertritt hier die schlechtere Sache. Im Bereich des Verhältnisses der Menschen zueinander sind wir nicht in der günstigen Lage, daß sich eine Mehrheit für das Bessere entscheidet, vielmehr beweist die große Anzahl der Befürworter eben die Schlechtigkeit einer Sache. Unser Fragen muß darauf gerichtet sein, welches das beste Handlungsziel, nicht, was allgemein üblich ist und was uns ein immerwährendes Glücksgefühl verschafft, nicht, was der große Haufen meint, der allemal der ungeeignetste Maßstab der Wahrheit ist. Zu diesem Haufen gehören – ich betone das – auch die Purpur- und Kronenträger! Ich richte mich nämlich nicht nach der Farbenpracht der Kleidung, die ein Mensch trägt. Handelt es sich um den Menschen, verlasse ich mich nicht auf den Augenschein.

Zur Unterscheidung von Wahrheit und Lüge dient

mir eine kräftigere und zuverlässigere Laterne: Über geistige Werte soll allein der Geist entscheiden. Wenn der nur einmal Zeit fände, aufzuatmen und zur Besinnung zu kommen, dann würde er sich schon selbst auf die Folter spannen und die Wahrheit eingestehen. Er wird sagen: »Wäre doch nie geschehen, was durch mich geschehen ist! Überdenke ich meine Reden, beneide ich die stummen Tiere! Meine Wünsche muß ich für Flüche meiner Feinde halten, meine Befürchtungen hätten mir gewiß viel weniger Sorgen machen dürfen als meine Wünsche! Mit wie vielen habe ich Streit gehabt, den Haß verwunden und mich wieder versöhnt, wenn es unter Verworfenen überhaupt Versöhnung gibt! Zur Freundschaft mit mir selbst habe ich es noch nicht gebracht. Wie habe ich mir Mühe gegeben, mich von der Menge abzuheben und durch eine besondere Begabung aufzufallen. Doch habe ich mich damit nur Angriffen ausgesetzt und die Böswilligen auf meine verwundbaren Stellen hingewiesen. Sieh sie dir doch an, die Lobredner meiner Beredsamkeit, wie sie meinem Reichtum nachlaufen, sich um meine Freundschaft bewerben, meinen Einfluß in den Himmel heben. Alle sind sie meine Feinde oder, was auf dasselbe hinausläuft, könnten es sein: Gleich groß ist die Schar meiner Bewunderer und meiner Neider. Warum bemühe ich mich da nicht vielmehr um ein bewährtes Gut, das ich innerlich besitzen kann und nicht zur Schau stellen muß? Was man bewundernd betrachtet, wovor man stehenbleibt, was einer dem anderen staunend zeigt, ist doch nur die glänzende Fassade, dahinter sieht's elend aus!«

Also gilt es, ein Gut zu suchen und zu finden: ohne äußeren Glanz, aber gediegen, ausgeglichen und von großer innerer Schönheit. So weit liegt es schließlich nicht. Wenn man nur weiß, wohin man greifen muß, wird es sich schon finden lassen. Jetzt aber laufen wir wie im Nebel am Nächstliegenden vorbei, stolpern gerade über das, was wir sehnsüchtig suchen.

Um dich nun nicht auf Umwege zu führen, will ich die Meinungen der anderen übergehen – sie aufzuzählen und zu widerlegen würde zu weit führen –; stelle dich einfach auf unseren Standpunkt! Wenn ich ›unseren‹ sage, binde ich mich nicht an einen einzelnen der angesehenen Stoiker; auch mir steht ein Recht auf eigenes Urteil zu. So werde ich bald dem einen folgen, bald von einem anderen nähere Ausführungen holen, vielleicht auch werde ich, als letzter aufgerufen, allen meinen Vorrednern zustimmen und sagen: »Ich schließe mich dieser Meinung an!«

Bei alledem bin ich – wie unter allen Stoikern üblich – für Übereinstimmung mit der Natur. Von ihr nicht abzuweichen, nach ihrem Gesetz und Vorbild sich formen zu lassen, darin besteht die Weisheit. Demgemäß ist ein Leben dann glücklich zu nennen, wenn es sich im Einklang mit der eigenen Natur befindet. Das kann nur verwirklicht werden, wenn unser Geist gesund ist und immer gesund bleibt, wenn er weiterhin Tapferkeit und Tatkraft zeigt, wenn er ferner standhaft auszuhalten vermag, sich den Zeitumständen anpassen kann, nicht ängstlich besorgt ist um den Körper und seine Ansprüche, wenn er dann noch eine Vorliebe hat für alle möglichen Dinge, die das Leben angenehm machen, freilich ohne eines dieser Dinge anzubeten, wenn er die Gaben des Glücks nutzt, aber nicht von ihnen abhängig ist. Auch ohne nähere Erklärung begreifst du, daß ungestörte Ruhe, Unabhängigkeit sich einstellen, sobald das vertrieben ist, was uns reizt oder schreckt. Erfüllt uns doch dann anstelle der Begierden und all des Niedrigen, Hinfälligen und in seiner Schändlichkeit Verderblichen eine hohe Freudigkeit, die nicht zu erschüttern ist und sich immer gleich bleibt; Friedfertigkeit und Eintracht und sanfte Hoheit folgen, denn jede Form von Roheit ist ein Zeichen von Schwäche.

Unser Begriff vom höchsten Gut kann, ohne seinen Sinn zu ändern, auch noch anders, das heißt mit anderen Worten beschrieben werden. Wie ein Heer sich bald in voller Breite entfaltet, bald auf einem Raum zusammendrängt, entweder die Flügel vorzieht und das Zentrum einkrümmt oder sich in gerader Front ausbreitet – die Ordnung mag wechseln, seine Stärke und Einsatzbereitschaft für seine Sache bleiben sich gleich -, so kann auch der Begriff des höchsten Gutes einmal weitläufig und umfassender bestimmt werden, ein anderes Mal gedrängter und mit zwingender Kürze. Es läuft also auf dasselbe hinaus, wenn ich sage: »Das höchste Gut ist eine Gesinnung, die Zufälligkeiten verachtet, aber Freude an seiner Tugend findet«, oder: »Sie ist die Kraft eines ungebrochenen Geistes, mit Lebenserfahrung, voll ruhiger Tatkraft, die sich im Verkehr mit den Mitmenschen sehr umgänglich und fürsorglich zeigt.« Der Begriff läßt sich auch so fassen, daß wir den als glücklichen Menschen bezeichnen, dem Gutes und Übles dasselbe bedeuten wie gute und schlechte Gesinnung, der die Ehre hochhält, sich an der Tugend genugsein läßt, den Zufälligkeiten weder übermütig noch niedergeschlagen machen, der von keinem größeren Gute weiß als dem aus eigener Kraft erworbenen und dessen wahre Lust in der Verachtung der Begierden besteht.

Will man weitschweifig sein, kann man das gleiche in immer anderer Gestalt vorführen; die volle Wirkung der Grundbedeutung bleibt unumstößlich bestehen, denn warum sollten wir für ›wahrhaft glückliches Leben‹ nicht auch sagen können: »Dies ist ein unabhängiger, aufrechter, unerschrockener und standfester Geist, entrückt jeglicher Furcht und Begierde. Sein einziges Gut heißt Ehre, sein einziges Übel Schande; alle übrigen Dinge gelten ihm nichts, können sein Lebensglück weder größer noch kleiner machen, da sie kommen und gehen, ohne Wachstum und Schwund des höchsten Gutes zu beeinflussen. Also muß, unabhängig vom Wollen oder Nichtwollen, hierin der Grund liegen, daß sich beständige Heiterkeit und tiefinnerliche Fröhlichkeit einstellen, wie bei einem Menschen, der Freude an seinem Eigentum hat und dessen Wünsche nicht über die häuslichen Grenzen hinausstreben.

Ist das nun nicht ein gutes Gegengewicht gegen die armseligen, nichtswürdigen und beständigen körperlichen Triebe? Lust und Schmerz treten immer gleichzeitig ihre Herrschaft an. Du siehst doch, in welch üble und schädliche Abhängigkeit jemand gerät, den Begierden und Schmerzen, diese unbeständigsten und unbändigsten Zwingherren, abwechselnd knechten. Da darf es nur einen Ausweg geben: Unabhängigkeit gewinnen! Das aber kann nur gelingen, wenn man sich nicht um das Schicksal kümmert. Dann nämlich erwächst uns ein unschätzbares Gut: die sicher gegründete Ruhe und Erhabenheit des Geistes und nach überwundenen Schrecken eine großartige, durch nichts zu vertreibende Freude, die aus der Erkenntnis der Wahrheit stammt, endlich Leutseligkeit und innere Gelöstheit, an denen man seine Freude haben wird, nicht wie an einzelnen Gütern, sondern wie an Abkömmlingen eines ureigenen Gutes.«

Da ich mich nun einmal näher darauf eingelassen habe: Glücklich darf man nur jemanden nennen, der weder Wünsche hegte noch Furcht empfindet, allerdings vermöge seiner Vernunft, denn unbekannt sind Furcht und Trauer ja auch den fühllosen Steinen und nicht minder dem Herdenvieh. Deswegen wird trotzdem keiner etwas glücklich nennen, dem das Bewußtsein seines Glückes fehlt. Hierzu muß man nun auch die Menschen zählen, deren stumpfsinnige und einsichtslose Natur sie dem Vieh und der unbelebten Natur zuordnet. Zwischen beiden besteht kein Unterschied: Haben die einen überhaupt keine Vernunft, gebrauchen die anderen ihre fehlgeleitete Vernunft zum eigenen Schaden und gegen deren eigentliche Bestimmung. Darf man doch niemand glücklich nennen, der der Wahrheit fernsteht! Also beruht die Sicherheit und Unwandelbarkeit eines glücklichen Lebens auf vernünftiger und verläßlicher Urteilskraft. Dann nämlich, wenn er sich nicht nur über grobe Anwürfe, sondern auch über kleine Sticheleien hinweggesetzt hat, ist unser Sinn rein und frei von allem Übel, verharrt ausdauernd auf seinem Posten, ja, behauptet seinen Platz auch gegen den drohenden Zorn des Schicksals.

Was nun aber die sinnlichen Reize angeht, so mögen sie sich uns ruhig von allen Seiten aufdrängen, auf jedem Weg Zugang suchen, unseren Geist schmeichelnd geneigt machen und alles mögliche in Bewegung setzen wollen, um uns ganz oder teilweise zu erregen. Welcher Sterbliche, dem auch nur die geringste Spur seines Menschseins geblieben ist, möchte sich schon Tag und Nacht reizen lassen und sich, völlig vom Geist verlassen, ausschließlich seinem Körper widmen?

»Doch wird es« – meint man – »wohl auch geistige Begierden geben können?« – Gewiß wird es sie geben, auch soll ›dieser Geist‹ ruhig über Verschwendungssucht und Ausschweifungen zu Gericht sitzen, soll sich an allen möglichen Sinnesreizen sättigen, dann seine Rückschau auf Vergangenes richten und im Gedanken an seine abgefeimten Lüste mit seinen früheren Abenteuern prahlen, bereits auf zukünftige lauern und seine Sehnsüchte ins Feld führen; soll er doch, während der Körper noch am Freßnapf hängt, seine Gedanken schon zur nächsten Fütterung schweifen lassen: Gerade hierin sehe ich aber den Grund seines Elends. Wer anstelle des Guten das Schlechte wählt, muß doch wohl von Sinnen sein! Zum Glück gehört geistige Gesundheit; gesund aber kann kein Mensch sein, der, statt für sein eigenes Bestes bemüht zu sein, sich selbst zu schaden bestrebt ist. Ein wirklich glücklicher Mensch wird also über eine gesunde Urteilskraft verfügen, sich in seine jeweilige Gegenwart schicken und im Einklang mit seinem Geschick leben. Kurz, er ist ein Mensch, dessen gesamten Lebensstil die Vernunft bestimmt.

Haben doch auch die, nach deren Meinung das höchste Gut in diesen Dingen liegt, einen Blick dafür behalten, welch entehrenden Platz sie ihm damit einräumten. Behaupten sie doch, Lust und Tugend seien gar nicht voneinander zu trennen und keiner könne ein ehrbares Leben führen, ohne auch zugleich Vergnügen daran zu haben, ebenso wie keiner vergnügt leben könne, ohne zugleich ein Ehrenmann zu sein. Ich vermag nun nicht zu entdecken, wie so verschiedene Dinge eine feste Verbindung miteinander eingehen können. Woran soll es liegen, warum, bitte, sollten Lust und Tugend untrennbar verbunden sein müssen? Weil nun die Tugend der Ursprungsort alles Guten ist, entspringt ihrem Wurzelboden etwa auch das, was ihr so sehr liebt und begehrt? Wäre aber beides wirklich so untrennbar, bekämen wir nicht so viel Angenehmes zu sehen, das durchaus unehrenhaft ist, andererseits auch höchst Ehrenhaftes, das unangenehm hart ist und mit Schmerzen erkauft werden muß. Dazu kommt noch, daß es auch im erbärmlichsten Leben Lust gibt, Tugend dagegen eine schlechte Lebensweise gar nicht erst zuläßt und daß es Unglückliche gibt, nicht aus Mangel an Lust, sondern durch die Lust selbst, was unmöglich wäre, wenn Tugend und Lust so innig verbunden wären. Die Tugend muß oft ganz auf Lust verzichten; freilich ohne jemals auf sie angewiesen zu sein.

Was vergleicht ihr Dinge, die miteinander unähnlich, ja geradezu entgegengesetzt sind? Tugend, das ist etwas Hohes, Erhabenes und Königliches, etwas Unbesiegbares, das sich nicht überwinden läßt. Lust, das ist etwas Niedriges, Sklavisches, Schwächliches, Vergängliches, fest beheimatet in Bordellen und den Schenken. Tugend wirst du im Tempel, auf dem Forum, im Ratssaal antreffen; vor den Mauern, staubbedeckt, wettergebräunt und mit schwieligen Händen. Lust versteckt sich gern, sucht verborgene Winkel in der Nähe von Badehäusern, Schwitzbädern und Örtlichkeiten, die öffentliche Aufsicht zu scheuen haben, weichlich und nervenschwach wirst du sie vorfinden, Wein oder Pomade ausschwitzend, leichenblaß oder geschminkt, durch Arzneimittel zugrunde gerichtet. Dem höchsten Gut eignet Unsterblichkeit, es kennt kein Ende, keine Übersättigung und keine Reue.

Einer vernünftigen Sinnesart ist jeder Richtungswechsel, jeder Haß gegen sich selbst und jede Abänderung der besten Lebensform fremd, die Lust hingegen erlischt mitten auf ihrem Höhepunkt, ihr Spielraum ist äußerst begrenzt; daher kommt es schnell zur Erfüllung, dann zum Überdruß und nach dem ersten Andrang zur Erschlaffung. Auf ein von Natur aus unbeständiges Wesen ist niemals sicherer Verlaß. Was kommt und vorübereilt, sich selbst verzehrt und schnell erlischt, kann demgemäß gar keine feste Grundlage haben, steuert es doch einen Punkt an, der unweigerlich Halt gebietet, und selbst in seinem Anfang liegt schon sein Ende.

Gibt es denn nicht Lustgefühle für Gute wie für Böse, und erfreuen sich nicht die Schurken an ihrer Schande ebenso wie die Ehrenmänner an ihren Tugendtaten? Daher die Weisung der Alten, die beste Lebensweise der angenehmsten vorzuziehen, damit auf diese Weise die Lust zum Begleiter, nicht zum Führer einer geradlinigen und guten Willenshaltung wird. Die Natur sollen wir uns zur Führerin wählen, nach ihr richtet sich die Vernunft, ihre Ratschläge holt sie ein. Also ist ein wahrhaft glückliches und ein naturgemäßes Leben ein und dasselbe.

Was das bedeutet, will ich dir gleich erklären: Wenn wir auf unsere körperlichen Anlagen und das, was uns liegt, aufmerksam, aber ohne Furcht achthaben, so als wären es flüchtige, nur für den Tag gegebene Dinge, wenn wir uns nicht in ihre Knechtschaft begeben und diesen Fremdlingen keine Besitzrechte über uns zugestehen; wenn für uns das körperlich Angenehme und nur Äußerliche den Rang einnimmt, der im Feldlager den Hilfstruppen und den Leichtbewaffneten zukommt – sie sollen dienen und nicht befehlen –, dann und nur dann können sie uns innerlich helfen!

Ein Mann soll gegen äußere Einflüsse unzugänglich und unüberwindlich sein, soll nur sich selbst bewundern ›sich selbst vertrauen und auf alles gefaßt sein‹, kurz: sein Leben meistern. Doch soll seinem Selbstvertrauen nicht die Einsicht, seiner Einsicht nicht die Ausdauer fehlen. Er soll bei dem bleiben, was er einmal beschlossen hat, und an seinen Entscheidungen nicht herumbessern. Man soll auch ohne mein Zutun begreifen, daß es sich hier um einen ausgeglichenen, ordentlichen Mann handelt, der in seiner Handlungsweise Leutseligkeit mit hohem Sinn zu verbinden weiß. Unsere Vernunft jedoch ist an die Sinne gebunden, kann dort ihre Grundlage finden und endlich zu sich selbst zurückkehren; einen anderen Ausgangspunkt, der ihr einen Zugriff zur Wahrheit ermöglichen könnte, hat sie nämlich nicht. Wirkt auch das allumfassende Weltgefüge und die das Weltall leitende Gottheit nach außen, kehrt sie trotzdem von überallher ins Innere zu sich selbst zurück. Unser Geist soll es ebenso machen: Hat er sich seinen Sinnen anvertraut und sich mit ihrer Hilfe die Außenwelt erobert, gilt es für ihn, seine Sinne und sich selbst in der Gewalt zu haben.

Auf diese Art wird sich eine einheitliche Kraft und eine in Übereinstimmung mit sich selbst wirkende Macht bilden, jene irrtumsfreie Vernunft wird sich einstellen, die keinen Widerspruch, keine Unschlüssigkeit kennt, weder in Meinungen und Begriffen noch in der Vorstellungswelt. Ist sie zu innerer Ordnung und Übereinstimmung, ja – wie ich sagen möchte – zu vollem Zusammenklang der Teile gelangt, streift sie bereits das höchste Gut. Dann gibt es nichts Verkehrtes und Trügerisches mehr, nichts, woran sie sich stoßen oder worüber sie straucheln könnte. Alles geschieht jetzt auf eigenen Befehl, nichts Unerwartetes begegnet; im Gegenteil, alles, was ein Mensch unternimmt, geht zum Guten aus: leicht, zwanglos und ohne Verzögerung bei der Ausführung. Zaudern und Unentschlossenheit zeugen nämlich von innerer Spannung und Unbeständigkeit. So darf man also frei bekennen, das höchste Gut sei innere Übereinstimmung. Denn wo Übereinstimmung und Einigkeit herrschen, dort müssen ja Tugenden sein; Zwietracht ist Sache der Laster.

»Doch selbst du«, wendet man ein, »ehrst doch die Tugend nur, weil du dir irgendein Lustgefühl von ihr versprichst!« – Zunächst: Auch wenn Tugend mit Lust verbunden sein sollte, erstrebt man sie doch keineswegs um dieser Lust willen. Es geht der Tugend nicht um Lust; die ist nur ein Begleitumstand. Ihr Bemühen gilt ja gar nicht der Lust, die sie freilich, trotz des anderen Zieles, mit erreichen wird. Wie auf einem für die Aussaat vorbereiteten Acker gewisse Blumen mit aufwachsen, gewiß augenerfreuende Pflanzen, denen aber trotzdem die große Mühe nicht galt- der Sämann hatte ganz andere Pläne, dies da ist nur dazugekommen –, so ist auch die Lust weder der Lohn noch die Ursache der Tugend, sondern eine Art Zugabe, und: Billigung findet sie nicht, weil sie entzückt, sondern weil sie Billigung findet, entzückt sie auch.

Das höchste Gut liegt in unserer Urteilskraft und in der bestmöglichen Verfassung unseres Geistes. Bleibt er in seiner Bahn und hält sich an die selbstgesetzten Grenzen, ist das höchste Gut vollendet, und weiteres Wünschen erübrigt sich. Das Ganze kennt kein ›Außerhalb‹, ebensowenig wie das Ende ein ›Jenseits‹. Und so bist du im Irrtum mit deiner Frage nach jenem Etwas, um dessentwillen ich angeblich die Tugend zu erreichen suche; denn diese Frage zielt auf etwas, was über dieses Ganze hinausgreift. Du fragst, was ich denn dann von der Tugend will? Sie selbst! Sie hat nichts Besseres zu bieten, sie ist ihr eigener Preis. Ist das vielleicht zuwenig? Wenn ich dir nun sage: »Das höchste Gut, das ist unzerbrechliche Geistesstärke, Voraussicht und Erhabenheit, Gesundheit und Freiheit, Eintracht und Anstand«, was willst du dann noch mit einem Größeren, auf das sich all das beziehen müßte? Was redest du mir von Lust! Mir geht es um das Glück des Menschen, nicht um das des Bauches, der bei zahmen wie bei wilden Tieren allemal geräumiger ist!

»Du achtest gar nicht auf das, was ich eigentlich sagen will«, klagst du, »ich bestreite doch ausdrücklich, daß man ein angenehmes Leben führen kann, das nicht zugleich den sittlichen Regeln entspricht, und das ist bei den stummen Tieren und allen, deren Glück im Fressen besteht, ausgeschlossen. Deutlich und verbindlich erkläre ich: zu einem Leben, das angenehm genannt zu werden verdient, gehört die Tugend notwendig dazu!« – Nun gut, aber weiß denn nicht jedermann, daß bei euren Lustbarkeiten gerade die Dümmsten am kräftigsten mithalten und gerade das Laster im Wohlleben ertrinkt, ja, daß sich der Geist viele abartige Lüste selbsttätig zu verschaffen pflegt?

Vor allem Übermut und Selbstüberschätzung, dann ein hochfahrendes Wesen gegen die Mitmenschen, blinde und gedankenlose Eigenliebe, Getändel im Überfluß und Frohlocken aus geringfügigen, kindischen Anlässen, weiterhin Geschwätzigkeit und schmähfreudiger Hochmut, Müßiggang und, wie es trägen, schläfrigen Geistern eigen ist, Mangel an Tatkraft. All das räumt die Tugend beiseite, nimmt dich beim Ohr und prüft den Wert deiner Lustbarkeiten, ehe sie ihre Zustimmung gibt. Selbst die von ihr zugelassenen schätzt sie keinesfalls hoch ein, läßt sie auch nicht allenthalben gelten; nicht die Anwendung als solche macht ihr Freude, sondern der maßvolle Gebrauch. Geht diese Mäßigung nun auf Kosten der Lustbarkeiten, so wäre das gewiß ein Unrecht gegen dein höchstes Gut! Du stürzt dich der Lust in die Arme, ich halte sie im Zaum, du kostest die Lust aus, ich mache von ihr Gebrauch. Für dich ist sie das höchste Gut, für mich überhaupt keins, du tust alles für sie, ich nichts!

Wenn ich behaupte, ich täte nichts für die Lust, spreche ich von jenem Weisen, dem allein du Lust zubilligen würdest. Als Weisen würde ich freilich keinen bezeichnen, der sich noch unterordnen muß, und nun gar der Lust! Wie könnte er sich auch unter diesem Joch gegen Anstrengung und Gefahr, Armut und eine Vielzahl unser Menschenleben bestürmender Schrecknisse behaupten? Wie könnte der einem so weichlichen Gegner Unterlegene den Anblick des Todes, die Schmerzen, das Donnergetöse der Welt und eine Übermacht grimmiger Feinde ertragen? »Nun, er wird tun, was ihm die Lust rät.« Siehst du denn nicht, was sie ihm raten wird? »Als Gefährtin der Tugend«, meinst du, »kann sie ihn doch gar nicht schlecht beraten!« Siehst du denn immer noch nicht, was für ein höchstes Gut das sein muß, wenn es, um ein Gut zu sein, einen Wächter braucht? Wie sollte denn die Tugend auch Herr der Lust sein können, wenn sie ihr nachläuft? Wer nachläuft, gehorcht doch wohl, wer Herr ist, kann befehlen. Wieso stellt man das Herrschende hintenan? Ihr dagegen seid es, die der Tugend die herrliche Aufgabe zugedacht haben, die Lustbarkeiten vorzukosten.

Sehen wir doch lieber zu, ob es bei denen, die die Tugend dergestalt mißhandeln, überhaupt noch Tugend geben kann. Den Anspruch auf diesen Namen verliert sie nämlich, wenn sie das Feld geräumt hat! Vorderhand will ich dich im Zusammenhang mit unserem Thema auf viele Lüstlinge hinweisen, über die Fortuna ihr Füllhorn ausgeschüttet hat, die du gleichwohl als Schurken anerkennen mußt.

Sieh dir doch den Nomentanus und den Apicius an, wie sie Erlesenheiten aus Meer und Land – sie nennen es so – herbeizuschaffen suchen und wie sich die Tiere aller Herren Länder auf ihrer Tafel ein Stelldichein geben. Sieh, wie sie hoch von ihrem Rosenlager herab wohlgefällig die Erzeugnisse ihrer Küche betrachten, wie sie ihre Ohren mit Gesang, ihre Augen mit schauspielerischen Darbietungen, ihre Gaumen mit erlesenen Leckerbissen erfreuen. Weiche, schmiegsame Wärmkissen fördern die Durchblutung ihres ganzen Körpers, und damit auch die Nasen nicht leer ausgehen, wird der ganze Raum, in dem der Verschwendungssucht solche Opfer dargebracht werden, mit den verschiedenartigsten Wohlgerüchen versetzt. Gewiß wirst du sagen müssen, daß diese Leute ein Lustleben führen; wohl wird es ihnen jedoch dabei nicht sein, eben weil es kein Gut ist, an dem sie sich freuen.

»Es wird ihnen sogar recht übel zumute sein«, lautet die Entgegnung, »weil sich mancherlei Sinnverwirrendes einstellt und widerstreitende Meinungen innere Unruhe schaffen.« Dem stimme ich voll zu, doch werden jene Narren, unausgeglichen und von Reue gequält, wie sie sind, eben ein gewaltiges Vergnügen empfinden, so daß man einfach zugeben muß, daß sie hierbei von jeglicher Beschwerde wie von edler Sinnesart gleich weit entfernt sind, ja – wie es sich ja auch bei den meisten zeigt –, in fröhlichem Wahnsinn einhertoben und unter Lachen dahinrasen. Dagegen halten sich die Vergnügungen der Weisen in Grenzen, sind maßvoll, ja, beinahe matt, gedämpft und unscheinbar zu nennen, denn – gleichgültig, ob sie sich nun auf Anruf oder von selbst eingestellt haben – sie genießen weder einen Vorrang, noch werden sie von den Betroffenen besonders freudig aufgenommen; man schließt sie mit in sein Leben ein, läßt sie ab und zu gelten wie Spiel und Scherz neben ernsthaften Beschäftigungen.

Sollen sie doch endlich den Versuch aufgeben, zusammenzubringen, was nicht zusammengehört, das heißt, Tugend und Lust miteinander zu verbinden. Das ist ein Mißgriff, der gerade diesen übelsten Zeitgenossen in unwürdigster Weise entgegenkommt. Jener ununterbrochen rülpsende Trunkenbold, der ganz seinen ausschweifenden Vergnügungen lebt, weiß, daß sein Leben der Lust geweiht ist, aber nun glaubt er, die Tugend sei darin einbegriffen. Denn er hat sich einreden lassen, Lust sei von Tugend nicht zu trennen. So kann er seine Laster als Weisheit ausgeben und sich offen zu etwas bekennen, was er lieber verbergen sollte. Deswegen stammt nun die Anregung zu ihrem ausschweifenden Leben nicht von Epikur; vielmehr sind sie es selbst, die, verstrickt in ihre Laster, ihre Vergnügungssucht im Schoße der Philosophie verbergen wollen. So drängen sie sich eben dorthin, wo sie Lobreden auf die Lust hören können. Sie bemerken gar nicht, wie nüchtern und trocken der Lustbegriff Epikurs eigentlich ist; das ist meine ehrliche Meinung! Auf ihrer Suche nach einem Schirmherrn und Deckmantel ihrer Begierden ist es eben nur der Name, der sie anlockt. Deshalb büßen sie nun noch das ihnen in ihrer Schlechtigkeit verbliebene letzte Gut ein, die Scheu vor Fehltritten. Denn jetzt loben sie ja, worüber sie vorher noch erröteten, brüsten sich mit ihrem Laster, und so hat nicht einmal mehr die heranwachsende Jugend die Möglichkeit sich aufzuraffen, da schimpflicher Müßiggang jetzt zu einem so ehrenvollen Namen gekommen ist. Die Gefährlichkeit dieses Lobgesangs auf die Lust besteht eben doch darin, daß die guten Ratschläge hinter der Oberfläche verborgen bleiben, während sich die unheilstiftenden Anregungen offen anbieten.

Der Unwille meiner Schulgenossen dürfte mir sicher sein, aber ich bin eben der Meinung, Epikur habe seinen Lebensregeln Erhabenheit und Vernünftigkeit und, wenn du näher hinsiehst, sogar ein wenig Schwermut verliehen. Mit der vielgepriesenen Lust läuft es ja auf eine unbedeutende Nichtigkeit hinaus, und derselben Gesetzmäßigkeit, der wir die Tugend unterwerfen, ordnet er die Lust zu: Der Natur soll sie gehorchen. Die aber stellt wenig Ansprüche an die Prachtentfaltung. Wie also?

Jeder, der sein zwischen den Freuden der Tafel und denen des Bettes abwechselndes Nichtstuerdasein ›Glück‹ nennt, sucht verständlicherweise nach einem guten Gewährsmann für eine schlechte Sache, und hat er sich erst einmal von einem schmeichelhaften Namen anlocken lassen, gehört er schon zu den Jüngern der Lust, aber nicht der, von der die Rede ist, sondern jener anderen, die er schon mitbringt. Sobald er nun damit anfängt, seine Laster für etwas Vorschriftsmäßiges zu halten, gibt er sich ihnen unbedenklich hin, schwelgt nicht mehr im verborgenen, sondern nun schon ganz unverhüllt. Aus diesem Grunde kann ich mich nicht der Meinung der meisten Unsrigen anschließen, wonach die Schule Epikurs eine Lehrmeisterin von Schändlichkeiten ist, vielmehr behaupte ich, daß man sie zu Unrecht für schlecht und verworfen hält. Kann das ein Nichteingeweihter sicher wissen? Die Außenseite gibt jedenfalls Anlaß zu Gerede und Anreiz zu schlimmen Befürchtungen.

Nun, das Ganze ist wie ein Held in Weiberkleidern: Das Gefühl für das Schickliche bleibt dir erhalten, deine Männlichkeit bleibt unversehrt, niemandem gibst du schimpflich deinen Körper preis, aber in der Hand trägst du die Pauke! Darum sollte man eine anständige Bezeichnung und eine unseren Geist erhebende Losung auswählen; die gegenwärtige schmeichelt dem Körper und lockt die Laster geradezu an, die sich sogleich auch einstellen. Jeder, der sich der Tugend anschließt, gibt damit eine Probe einer edlen Veranlagung. Jeder Jünger der Lust erscheint dagegen entnervt, gebrochen, schlägt aus der Art eines echten Mannes und gerät in Schande; es sei denn, man hätte ihm den Unterschied der einzelnen Arten des Verlangens erklärt, so daß er weiß, welche Lüste innerhalb eines natürlichen Verlangens bleiben, welche kopfüber losstürzen und kein Ende finden, unersättlicher, je mehr sie gesättigt werden.

Überläßt man aber der Tugend die Führung, dann ist jeder Schritt sicher. Auch schadet bei der Lust das Übermaß, das man bei der Tugend nicht zu fürchten braucht, weil sie ihr Maß in sich trägt. Was unter der eigenen Größe leidet, kann kein Gut sein. Euch, denen doch eine vernünftige Natur zuteil geworden ist, kann nichts Besseres verheißen werden als eben Vernunft. Wenn dir nun aber schon diese Gesellschaft lieb ist und du in dieser Begleitung zu einem wahrhaft glücklichen Leben gelangen willst, dann soll wenigstens die Tugend Führerin, die Lust Begleiterin sein, wie ein Schatten sich um seinen Körper dreht. Aber die alles überragende Tugend zur Magd der Lust zu machen, das bringt nur ein Mann fertig, der keinen Begriff von echter Größe hat.

Als Bannerträgerin soll die Tugend voranschreiten! Das bedeutet nun durchaus nicht Lustverzicht, vielmehr werden wir Herren der Lust sein und sie fest in Grenzen halten, ihr hin und wieder einen Wunsch gewähren, uns aber nichts abtrotzen lassen. Die dagegen der Lust den Vortritt lassen, bringen sich um beides. Denn die Tugend geht ihnen verloren, trotzdem wird die Lust nicht ihr Besitz, vielmehr sind sie von der Lust Besessene: Mangel und Überfluß schaffen ihnen gleichermaßen Unruhe und Qual. Beklagenswert sind sie, wenn sie von der Lust verlassen, beklagenswerter, wenn sie von ihr überfallen werden. Man kann sie den Seeleuten vergleichen, die ins Syrtenmeer geraten sind, bald liegen sie auf dem Trockenen, bald werfen reißende Wogen sie hin und her. Das aber sind die Folgen fehlender Selbstbeherrschung und blinder Hingabe an eine Sache. Ist doch für einen, der statt guter schlechte Ziele verfolgt, selbst der Erfolg gefährlich.

Wie unsere Jagd auf wilde Tiere mit Anstrengung verbunden ist – wie oft zerfleischen sie die eigenen Herren! –, so geht es Menschen, die ihren Vergnügungen leben. Sie geraten in arge Bedrängnis und werden zu Gefangenen ihrer eigenen Beute: Je mehr und mächtigere es nun an Vergnügungen gibt, desto ohnmächtiger und abhängiger ist der, den die Menge einen Glücklichen nennt. Vielleicht ist es gut, noch etwas bei diesem Bild zu bleiben: Wie ein Jäger die Schlupfwinkel der wilden Tiere aufspürt und großen Wert darauf legt, ›das Wild in der Schlinge zu fangen‹ und, um ihm auf der Spur zu bleiben, ›mit der Hunde Schar den endlosen Forst zu umstellen‹, wie ein solcher Wesentliches hintenansetzt und sich vielen Pflichten entzieht, so läßt, wer sich der Lust verschrieben hat, alles andere fahren, gibt als erstes seine Unabhängigkeit preis und liefert sich der Begierde aus: Nicht er ist es, der sich Lüste erkauft, vielmehr verkauft er sich an die Lüste.

»Was aber steht dem eigentlich im Wege«, entgegnet man, »daß aus der Vereinigung von Tugend und Lust das höchste Gut hervorgeht und kein Unterschied mehr besteht zwischen dem Ehrenhaften und dem Angenehmen?« – Weil auch ein Teil der Tugend tugendhaft sein muß und das höchste Gut seine Gediegenheit einbüßen müßte, wenn an ihm Teile minderen Wertes zum Vorschein kämen. Ist doch nicht einmal die Freude, mag sie auch der Tugend entspringen und etwas Gutes sein, ein Teil jenes absoluten Guten, ebensowenig wie es Fröhlichkeit und Ruhe sind, mögen ihre Beweggründe auch noch so gerechtfertigt sein. Hier handelt es sich nämlich um Güter, die sich vom höchsten Gut herleiten, jedoch nicht zu dessen wesentlichen Bestandteilen gehören. Schafft man nun aber eine – noch dazu ungleiche – Verbindung von Tugend und Lust, wird die ganze Stärke des einen Teils durch die Anfälligkeit des anderen aufgehoben und so endlich jene Freiheit versklavt, die unüberwindlich ist, wenn sie sich selbst als ihr kostbarstes Gut versteht. Denn jetzt kommt sie nicht mehr ohne Beihilfe des Glücks aus, und das ist allemal die ärgste Knechtschaft. Was folgt, ist ein Leben voller Angst, Argwohn, Unruhe, immer in Furcht vor Zufällen und abhängig von jedem Augenblick.

Du hingegen gibst der Tugend keine gewichtige, unveränderliche Grundlage, läßt sie vielmehr wie auf einer Drehscheibe stehen. Denn was wäre wandelbarer als das Lauern auf den Zufall und die Veränderlichkeit des Körpers und körperlicher Zustände? Wie kann ein solcher Mensch der Gottheit gehorchen und jedes Ereignis getrosten Mutes hinnehmen, ja, die Wechselfälle des eigenen Lebens nachsichtig beurteilen und nicht mit dem Schicksal hadern, wenn er schon beim kleinsten Stich seiner Begierden und Schmerzen in Verwirrung gerät. Wer sich seinen Begierden hingibt, wird aber selbst dem Vaterland kein rechter Schützer oder Retter und auch kein Hort seiner Freunde sein können!

Also muß sich das höchste Gut zu einer solchen Höhe aufschwingen, von der keine Gewalt es herabziehen kann, zu der weder Schmerz noch Hoffnung, noch Furcht, noch irgendein Umstand, der das Recht des höchsten Gutes schmälern könnte, Zugang finden. Der Aufstieg dorthin kann freilich allein der Tugend gelingen. Nur mit ihrem Schrittmaß ist jener Hügel zu erklimmen. Sie allein wird tapfer aushalten und, was auch kommen mag, nicht nur geduldig, sondern auch willig ertragen. Jede zeitbedingte Schwierigkeit wird sie als Naturgesetz anerkennen und wie ein guter Soldat ihre Wunden hinnehmen, ihre Narben zählen und, von Geschossen durchbohrt, noch im Sterben ihren Feldherrn lieben, für den sie sich opfert. Sie wird den alten Wahlspruch im Herzen tragen: ›Der Gottheit folgen!‹

Wer dagegen ständig Klage führt, jammert und

seufzt, wird gewaltsam zur Erfüllung seines Auftrages gedrängt und auch gegen seinen Willen zum Gehorsam gezwungen. Welch ein Wahnwitz, sich lieber zwingen zu lassen, als freiwillig zu folgen! So wie es wahrhaftig eine Dummheit und Verkennung der eigenen Lage ist, wenn du irgendeinen Mangel oder einen ungewöhnlich harten Widerstand als schmerzlich empfindest, ebenso, wenn deine Bewunderung oder deinen Unwillen Dinge erregen, die Guten wie Bösen zuzustoßen pflegen, ich meine Krankheit, Tod, Gebrechlichkeit und was sonst ein Menschenleben durchkreuzt. Was im Weltenplan an Leiden vorgesehen ist, muß man hohen Mutes auf sich nehmen. Dies unser Fahneneid: Unser Erdenlos zu tragen und sich nicht durch Umstände verwirren zu lassen, die zu vermeiden nicht in unserer Macht steht. Als Untertanen eines Königs sind wir geboren, unsere Freiheit besteht im Gehorsam gegenüber der Gottheit.

Darum also liegt in der Tugend das wahre Glück. Welchen Rat wird dir diese Tugend nun geben? Nichts als Gut oder Übel zu betrachten, was dir weder durch Tugend noch durch Bosheit erreichbar ist. Weiterhin: An deinem Platz auszuharren, sei es nun wider das Böse oder für das Gute, mit dem Ziel – soweit das möglich ist –, Gottähnlichkeit zu erlangen. Was verspricht sie dir als Lohn dieses Feldzuges? Großartiges und Göttergleiches: zu nichts wirst du gezwungen, von niemandem abhängig sein, du wirst frei sein, gesichert und keine Einbuße kennen. Kein Versuch wird dir fehlschlagen, nirgendwo wirst du ein Hindernis finden. Alles wird dir nach Wunsch gehen, nichts Feindliches dir zustoßen, nichts wider Erwarten und Willen. »Wie also? Um glücklich leben zu können, genügt die Tugend?« Warum sollten wir an ihr, der vollkommenen und göttlichen, nicht genug, ja übergenug haben? Denn was könnte dem abgehen, der alles Wünschen hinter sich gelassen hat? Was braucht jemand, der sein ganzes Gut in sich selbst trägt, an äußerlicher Hilfe? Wer Tugend dagegen erst anstrebt – mag er auch schon beachtlich fortgeschritten sein –, der schlägt sich noch mit Menschlich-Allzumenschlichem herum und ist immer noch auf die Gunst des Schicksals angewiesen, bis er jenen Knoten gelöst und alle Fesseln seines Erdenlebens abgestreift hat. Wo liegt also hier der Unterschied? Darin, daß die einen enge Fesseln tragen, die anderen streng gebunden, ja, wie aufs Rad gespannt sind; wer jedoch die Höhe erstrebt und teilweise schon gewonnen hat, der schleift nur eine schlaffe Kette hinter sich her, ist zwar noch nicht völlig frei, doch einem Freien schon sehr ähnlich.

Wenn nun aber einer von denen, die gegen die Philosophie belfern, sein gewohntes Sprüchlein aufsagt: ›Warum zeigst du denn mehr Stärke im Reden als im Leben? Warum bist du in Worten gegenüber der Obrigkeit so zaghaft, hältst Geld für ein unentbehrliches Hilfsmittel, betrübst dich über Verluste, vergießt Tränen, wenn du vom Tode deiner Gattin oder deines Freundes hörst, nimmst Rücksicht auf Gerüchte, fühlst dich von bösartigem Geschwätz berührt? Warum ist dein Landgut gepflegter als für einfachen Gebrauch erforderlich? Warum hältst du dich bei deinen Mahlzeiten nicht an die selbstgegebene Regel? Warum hast du so überfeinen Hausrat? Warum ist dein Wein älter als du selbst? Warum strotzt deine Halle vor lauter Gold? Warum pflanzt du Bäume nur als Schattenspender? Warum trägt deine Frau ihr unermeßliches Familienvermögen als Ohrgehänge zur Schau? Warum treten deine Diener so kostbar gekleidet auf? Warum ist Tischbedienung bei dir zu einer Kunst geworden? Warum wird dein Tischsilber nicht einfach nach Belieben hingelegt, sondern wohlüberlegt angeordnet? Warum gibt es bei dir überhaupt einen Vorschneider für die Fischgerichte?« Nur weiter noch, wenn's dir gefällt: »Warum hast du überseeische Besitzungen? Warum mehr, als du selbst kennst? Warum bist du so häßlich oder nachlässig, daß du eine kleine Schar Bedienter nicht kennst, oder so verschwendungssüchtig, daß ihre Zahl die Fassungskraft des Gedächtnisses übersteigt?«

Ich will dich später bei deinen Schmähungen unterstützen und noch mehr Vorwürfe gegen mich zusammentragen, als du für möglich halten wirst. Jetzt will ich dir nur folgendes antworten: Ich bin kein Weiser und – das wird deiner Mißgunst noch Nahrung geben – werde auch nie einer werden! Darum fordere nicht von mir, daß ich gleichwertig neben den Besten stehe, sondern nur, daß ich besser bin als die Schlechten. Es genügt mir, täglich ein wenig von meinen Fehlern loszuwerden und mir meine Irrtümer vorzuhalten. Zur Gesundheit bin ich nicht gelangt, werde es wohl auch nicht. Ich bemühe mich mehr um Linderungs- als um Heilmittel gegen meine Fußgicht, zufrieden, wenn sie seltener auftritt und weniger plagt. Verglichen mit eurem Beinwerk, ihr Kümmerlinge, bin ich freilich ein Schnelläufer. Dies alles sage ich nicht für mich selbst – schwimme ich doch noch in einem Meer von Unzulänglichkeiten –, sondern für einen, der schon etwas geleistet hat.

Dein Einwand: »Du redest anders, als du handelst!« Ihr mißgünstiges Volk, das sich immer gerade gegen die Besten wendet! Dies wurde einem Plato, einem Epikur, einem Zenon vorgeworfen. Sie alle wollten doch aber zeigen, wie sie leben müßten, nicht wie sie tatsächlich lebten. Von der Tugend ist die Rede, nicht von meiner Person. Auch wenn mein Kampf den Lastern gilt, handelt es sich besonders um meine eigenen. Vorschriftsgemäß werde ich leben, sobald ich dazu in der Lage bin. Und eure giftgetränkte Mißgunst wird mich nicht von meinen hohen Zielen abschrecken; selbst das Gift, mit dem ihr andere bespritzt, euch selbst aber umbringt, wird keineswegs meine Ausdauer mindern, ein Leben zu preisen, das ich selbst nicht führe, aber für lebenswert halte, die Tugend anzubeten und mich in gewaltigem Abstand ihr nachzuschleppen. Soll ich vielleicht erwarten, daß eine Mißgunst, der weder ein Rutilius noch ein Cato heilig war, irgend etwas unbesudelt läßt? Wen kümmert's denn, diesen Leuten, denen der Kyniker Demetrius noch nicht arm genug war, als zu reich zu erscheinen? Von einem sittenstrengen, jedes natürliche Verlangen niederkämpfenden Manne – darin noch ärmer als die übrigen Kyniker, daß er sich, was die anderen als Besitz verboten, nicht einmal als Wunsch erlaubte – behaupten sie, er sei nicht arm genug! Dabei ist es doch offenbar: Er ist ein Meister nicht nur der Tugendlehre, sondern auch der Armut.

Dem epikureischen Philosophen Diodor, der sich innerhalb weniger Tage entschloß, sein Leben zu beenden, und sich eigenhändig die Kehle durchschnitt, spricht man Handeln nach den Grundsätzen Epikurs rundweg ab. Die einen wollen seine Tat als Wahnsinnshandlung, andere als tolle Unüberlegtheit angesehen wissen. Das Lebensende jenes Mannes aber war ein Selbstzeugnis, abgelegt im Hochgefühl des Glücks und mit dem reinsten Gewissen. Ihr empfandet wohl die Aufforderung zur Nachfolge und hörtet darum nur widerwillig mit an, wie er die Ruhe einer sicheren Ankerstelle im Hafen des Lebens pries:

›Ja, ich habe gelebt und den Lauf meines Schicksals vollendet.‹

Ihr ereifert euch über des einen Leben wie über des anderen Sterben, vergreift euch am Ruf großer, hochgepriesener Helden, kläfft wie kleine Köter, wenn sich ein Unbekannter nähert. Natürlich wäre es euch am liebsten, wenn es keine Guten gäbe, wird doch fremde Tugend gewöhnlich als Vorwurf gegen alle Schurkereien empfunden. Neidvoll versucht ihr, ihre glanzvollen mit euren schmutzigen Taten zu vergleichen, und begreift dabei nicht, daß dieser Vergleich zu eurem Nachteil ausfallen muß. Sind nämlich die Jünger der Tugend wirklich so geizig, geil und machtgierig, was seid dann ihr, denen schon der bloße Name der Tugend ein Greuel ist? Ihr leugnet, daß es jemanden geben könne, der hält, was er verspricht, der nach seinen Worten lebt. Ist das verwunderlich, da sie ständig von Heldentaten und großartigen Dingen reden, die alle Stürme des Menschenlebens bestehen? Obwohl sie sich nun immer wieder von ihren Marterkreuzen freizumachen suchen – ihr dagegen nagelt euch dort ja alle selbst an! –, hängt, wenn es zur Hinrichtung kommt, schließlich jeder an einem Pfahl für sich. Die ihre eigenen Henker sind, werden an ebenso viele Kreuze geschlagen wie sie Leidenschaften besitzen. Trotzdem überschütten diese Lästerer andere mit ihren witzigen Schmähungen. Würden nicht einige noch vom Kreuz herab die Zuschauer anspucken, ich glaubte schwerlich, daß sie dafür noch Zeit hatten.

»Die Philosophen halten ja nicht, was sie versprechen!« Trotzdem lösen sie einen großen Teil ihrer Versprechungen damit ein, daß sie erstrebenswerte Ziele erst einmal als geistige Aufgabe begreifen. Entspräche ihr Tun völlig oder doch weithin ihren Worten, wäre dann überhaupt noch eine Steigerung des Glücks möglich? Jedenfalls darf man vorerst gute Reden und aus innerer Überzeugung stammende gute Vorsätze nicht verächtlich machen. Lobenswert ist die Behandlung so gewinnversprechender Studien, auch wenn der handgreifliche Erfolg ausbleibt. Ist es denn so verwunderlich, wenn Bergsteiger, die eine Steilwand bezwingen wollen, den Gipfel nicht erreichen? Ein Mann sollte aber den Mut haben, Menschen zu bewundern, die sich hohe Ziele stellen, auch wenn sie scheitern. Ist es doch etwas ganz Großartiges, wenn einer weniger mit seinen eigenen Kräften als mit denen der menschlichen Natur überhaupt die Höhe zu erklimmen sucht und sich so eine geistige Aufgabe stellt, die selbst die Kräfte der größten Geisteshelden übersteigt. So etwa könnten seine Grundsätze lauten: ›Den Tod will ich ansehen wie ein Lustspiel. Mit allen Anstrengungen – und seien sie noch so groß – werde ich fertig werden, weil mein Geist dem Körper aufhelfen kann. Reichtümer, gleichgültig, ob sie mir verfügbar sind oder nicht, werde ich verachten; ich werde um nichts mißmutiger, wenn sie anderswo sind, und um nichts übermütiger, wenn sie mich rings umstrahlen.

Glück, mag es nun kommen oder gehen, kann mich nicht rühren. Alle Länder will ich betrachten, als gehörten sie mir, meine eigenen Ländereien so, als gehörten sie allen. Ich will mein Leben in dem Bewußtsein führen, für andere auf der Welt zu sein, und der All-Natur will ich dafür danken. Es gab wirklich keine bessere Art, dem Leben gerecht zu werden. Mich, den Einzelmenschen, hat sie allen, alle hat sie mir zum Geschenk gemacht. Meine Habe werde ich weder kleinlich zusammenhalten noch leichtsinnig vergeuden. Alles will ich weniger als gesicherten Besitz denn als gern gewährtes Geschenk betrachten. Meine Wohltaten will ich nicht nach Zahl und Gewicht, sondern, wenn überhaupt, nach der Wertschätzung des Empfängers beurteilen. Ist der Empfänger es wert, soll es mir nie zuviel gewesen sein.

Überzeugung, nicht Meinung soll meine Handlungen leiten. Auch wenn ich selbst der einzige Mitwisser meiner Taten bin, will ich mir vorstellen, alles Volk schaute zu. Der Zweck des Essens und Trinkens soll für mich darin bestehen, das natürliche Verlangen zu stillen, nicht darin, den Magen zu füllen oder zu leeren. Ich will mich auch bemühen, mich gegen meine Freunde liebenswürdig, gegen meine Feinde mild und entgegenkommend zu verhalten. Auch unausgesprochene Wünsche will ich zu erfüllen suchen, anständige Bitten weitmöglich gewähren. Weiß ich doch, mein eigentliches Vaterland ist die ganze Welt, deren Hüter die Götter sind, die über mir und um mich herum als Richter meiner Taten und Worte walten.

Wann immer die Natur mein Leben zurückfordert oder die Vernunft es aufzugeben rät, werde ich scheidend Zeugnis ablegen, daß mir ein reines Gewissen und edles Streben Herzenssache waren, daß ich nie eines Menschen Freiheit eingeschränkt habe noch ein anderer die meine.‹ Wer sich dies zu tun vornimmt, Willen und Tatkraft zeigt, ist schon unterwegs zu den Göttern; auch wenn er vom Pfad abkam, ›scheiterte er doch an einem großen Versuch‹.

Für euch ist es freilich nichts Neues, die Tugend und ihren Vorkämpfer zu hassen. Empfindliche Augen scheuen ja auch das Sonnenlicht, Nachttiere meiden die Tageshelle. Schon beim ersten Dämmerlicht erstarren sie, suchen weit und breit ihre Schlupfwinkel auf, verkriechen sich, lichtscheu, wie sie sind, in irgendwelche Löcher. Nun erhebt nur euer Wehgeschrei und wetzt euer unseliges Mundwerk mit Schmähreden gegen die Guten. Ja, schnappt nur und beißt; eher brecht ihr euch die Zähne aus, als daß ihr etwas zu fassen kriegt!

»Warum« – sagt man – »beschäftigt sich jener mit Philosophie und lebt dabei wie ein schwerreicher Mann? Warum nennt er, selbst ein Besitzer, den Besitz verachtenswert? Warum hält er das Leben für verachtenswert und lebt trotzdem weiter? Warum hält er die Gesundheit für verachtenswert und ist doch peinlichst auf sie bedacht, möchte kerngesund sein? Hält er mit seiner Erklärung ›Veränderung des Ortes kann doch kein Übel sein!‹ nicht auch die Verbannung für ein leeres Wort und erstrebt trotzdem einen Lebensabend im Vaterland? Sein Urteil kennt keinen Unterschied zwischen einem längeren oder kürzeren Zeitraum, aber sucht er nicht dennoch, wenn irgend möglich, seine Lebenszeit zu verlängern und auch im hohen Alter ruhig und frisch zu bleiben?« – Allerdings – meint er – verdient all das unsere Verachtung, aber man soll Besitz nicht grundsätzlich ablehnen, sich nur nicht ängstlich an ihm festklammern. Das alles weist er nicht zurück, gibt es aber unbekümmert auf, wenn es ihm entgleitet. Das Schicksal könnte doch Reichtümer nirgendwo sicherer unterbringen als dort, wo man sie ihm widerspruchslos erstattet.

Marcus Cato, auch wenn er Curius und Coruncanius und ihr Zeitalter lobte, dem einige Stück Silberblech als strafwürdiges Verbrechen galten, besaß immerhin vier Millionen Sesterzen, zweifellos weniger als ein Crassus, aber mehr als Cato der Zensor. Ein Vergleich würde ergeben, daß er seinem Urahn mehr voraus hatte, als er selbst dem Crassus nachstand, vor allem: Hätte er noch mehr erwerben können, so hätte er das nicht verschmäht. Der Weise hält sich nämlich keineswegs für unwürdig, Glücksgüter zu besitzen. Sein Herz hängt nicht am Reichtum, aber gelegentlich gibt er ihm den Vorzug, nimmt ihn bei sich auf, läßt sich aber geistig nicht von ihm bestimmen. Besitz verschmäht er nicht, hält ihn aber in seiner Gewalt, und es ist ihm recht, wenn seine Tugend dadurch größere Möglichkeiten erhält.

Man wird aber doch wohl nicht bezweifeln, daß ein verständiger Mann im Reichtum viel mehr Möglichkeiten hat, sich geistig zu entfalten, als in der Armut. Armut kennt nur eine Art Tugend: sich nicht beugen und niederringen lassen. Im Reichtum dagegen haben Mäßigung, Freigebigkeit, sorgsame und überlegte Verwendung, Großzügigkeit weiten Spielraum. Ein Weiser, auch wenn er ausgesprochen kleinwüchsig ist, wird nie seine Selbstachtung verlieren; gleichwohl wäre er gern von schlankem Wuchs. Auch bei schwächlichem Körperbau und verminderter Sehkraft wird er sich behaupten, wenngleich ihm in dieser Lage Körperstärke höchst wünschenswert erscheinen muß, freilich auch das Wissen um seine eigentlichen Vorzüge. Krankheit wird er ertragen, Gesundheit sich wünschen.

Gewisse Dinge, die nämlich auch, aufs Ganze gesehen, nicht viel ausmachen und entbehrt werden könnten, ohne daß wir das wesentliche Gut einbüßen, tragen trotzdem zu jener beständigen Heiterkeit bei, die aus der Tugend erwächst. Reichtum bringt dem Weisen Anregung und Ermunterung wie einem Seefahrer ein günstiger Fahrtwind, wie bei Frostwetter mitten im Winter ein schöner Tag und ein sonniger Ort! Welcher unserer Weisen, denen bekanntlich die Tugend als einziges Gut gilt, wird aber leugnen, daß auch die von uns als gleichgültig bezeichneten Dinge einen gewissen Eigenwert haben und wohl auch das eine dem anderen vorzuziehen ist? Einigen von ihnen erkennt man einen bedingten, anderen einen bedeutenden Wert zu. Daß du dich aber ja nicht täuschst: Reichtum gehört zu den geschätzten Dingen! »Warum lachst du also über mich«, fragst du, »wenn du ihm den gleichen Rang zuerkennst wie ich?« Demnach willst du also wissen, weshalb es sich eben nicht um den gleichen Rang handelt! Läßt mich mein Reichtum im Stich, raubt er mir nichts als seine Gegenwart. Du dagegen wirst wie betäubt sein und dir ohne ihn wie von dir selbst verlassen vorkommen. Ich gestehe dem Reichtum einen bedingten, du den höchsten Wert zu; kurz, ich bin sein Herr, du sein Sklave!

Hör also endlich auf, einem Philosophen den Besitz von Geld zu untersagen. Niemals ist Weisheit zur Armut verurteilt worden. Mag ein Philosoph über ansehnliche Schätze verfügen, sie werden jedenfalls weder von anderen geraubt noch mit fremdem Blut befleckt, weder zu Unrecht noch durch ein schmutziges Gewerbe gesammelt sein. Außer böswilligen Neidern hat kein Mensch Veranlassung, über ordnungsgemäße Mehrung und Minderung von Schätzen zu jammern. Horte davon, soviel du willst. Ihr Besitz gilt als anständig, auch wenn sich bei aller Fülle mancherlei findet, was jeder gern haben möchte, aber eben doch nichts, was ein anderer als sein rechtmäßiges Eigentum bezeichnen dürfte.

Doch wird sich ein Philosoph das Glück, wenn es ihm schon entgegenkommt, nicht vom Leibe halten und sich seines rechtmäßig erworbenen Vätererbes weder rühmen noch schämen. Ihm bleibt trotzdem noch genug Ruhm, wenn er sein Haus öffnet, der ganzen Bürgerschaft Zutritt in sein Besitztum gestattet und dann sagen kann: »Jeder darf mitnehmen, was er als sein Eigentum wiedererkennt!« Wahrlich, ein bedeutender, ein vorbildlicher Reicher, wenn sich nach dieser Aufforderung sein Vermögen nicht vermindert! Ich meine es etwa so: Stellt einer ganz ruhig und unbekümmert allem Volke eine solche Untersuchung frei und keiner findet etwas, das er beschlagnahmen könnte, wird er mit Selbstgefühl und in aller Öffentlichkeit reich sein dürfen. Einem Weisen kommt kein unrechtmäßig erworbener Denar ins Haus, aber ebensowenig wird er große Schätze von der Tür weisen, mag er sie nun dem Glück oder seiner Tüchtigkeit verdanken. Warum sollte er ihnen auch einen so guten Platz mißgönnen? Sie sollen eintreten und als Gäste willkommen sein. Er wird mit ihnen nicht prahlen, sie aber auch nicht verstecken, das zeugte von einfältiger oder von ängstlicher und kleinlicher Sinnesart, die sich benimmt, als beherbergte sie einen großen Schatz; er wird ihnen aber – wie ich schon sagte – auch nicht die Tür weisen. Wie könnte er das rechtfertigen? Soll er sagen: »Ihr nützt mir nichts!«, oder: »Ich weiß mit Reichtum nichts anzufangen!« Wie er zum Beispiel einen Weg recht gut auch zu Fuß zurücklegen könnte, es aber vorziehen wird, einen Wagen zu benutzen, so wird er, auch wenn ihm Armut freisteht, lieber reich sein wollen. Also wird er Schätze besitzen, sie aber als unstete und flüchtige Gäste beherbergen und vor allem nicht dulden, daß sie irgendeinem anderen oder gar ihm selbst lästig werden.

Er wird Geschenke machen – da spitzt ihr die Ohren, nicht wahr, und macht euch empfangsbereit? –, und zwar Menschen, die gut sind, oder solchen, die er gut machen kann, wird ganz bedacht die Würdigsten auswählen wie einer, der genau weiß, daß er über Ausgaben und Einkünfte Rechenschaft geben muß, wird Geschenke machen, wenn Recht und Billigkeit es fordern; denn nichtswürdiger Aufwand zählt nicht unter die ehrenvollen Verluste. Er wird eine offene, aber keine allzu offene Börse haben; sicherlich mag sie viel hergeben, leichtfertig entfallen wird ihr nichts.

Wer Schenken für eine leichte Sache hält, der irrt. Schenken birgt ein Höchstmaß an Schwierigkeiten in sich, wenn es sich wirklich um wohlüberlegtes Zuteilen handeln soll, nicht um Verschleudern aus Zufall und Laune. Den einen verpflichte ich mir, einem anderen entgelte ich, dem helfe ich aus, mit einem anderen habe ich Mitleid, einen, der nicht verdient, von der Armut gepackt und von ihr festgehalten zu werden, unterstütze ich.

Einigen freilich werde ich, auch wenn sie Mangel leiden, nichts geben; denn ihr Mangel ist durch Spenden nicht zu beheben. Einigen werde ich Unterstützung anbieten, einigen sogar geradezu aufdrängen. Ich bringe es einfach nicht über mich, in dieser Sache nachlässig zu sein. Beim Schenken achte ich besonders auf die Namen. »Warum«, fragst du, »schenkst du etwa in Erwartung von Gegengaben?« Nein, aber reine Verlustgeschäfte sind auch nicht meine Sache. Eine Schenkung soll man nicht wiedergeben müssen, wohl aber erstatten können.

Eine Wohltat soll eine Anlage sein, die einem tiefvergrabenen Schatz ähnelt, den man ohne Not nicht ausgräbt. Schließlich bietet doch auch der Haushalt eines reichen Mannes viele Möglichkeiten, zu helfen. Denn wer wird seine Freigebigkeit auf die Vollbürger beschränken wollen? Es ist für mich ein Gebot der Natur, meinen Mitmenschen zu helfen; was macht es da aus, ob es Sklaven oder Freie, Freigeborene oder Freigelassene sind, ob sie ihre Freiheit dem Gesetz oder dem Wohlwollen ihrer Freunde verdanken? Wo immer du Menschen triffst, hast du Gelegenheit, hilfreich zu sein. Geld kann demnach auch im privaten Bereich ausgeteilt werden und Freigebigkeit fördern, die ihren Namen nicht von einer Verpflichtung gegen Freigeborene herleitet, sondern von ihrem Ursprung aus einer freien Gesinnung. Weder wird sich die Freigebigkeit des Weisen jemals einem Schurken oder Unwürdigen aufdrängen, noch wird sie sich auf Irrwegen so müde laufen, daß sie nicht jederzeit aus dem vollen schöpfen könnte, sobald sie einem Würdigen begegnet.

Nun dürft ihr keineswegs falsch auffassen, was die Schüler der Weisheit voller Ehrlichkeit, Mut und Begeisterung verkünden, vor allem müßt ihr beachten, daß zwischen einem Schüler und einem Meister der Weisheit ein Unterschied besteht. Der erstere wird sagen: »Ausdrücken kann ich mich schon recht gut, doch bin ich noch tief in allerlei Übel verstrickt. Grundsatztreue darfst du nicht von mir verlangen, jedoch fördere und bilde ich mich eifrig nach einem anspruchsvollen Vorbild, ja, ich schwinge mich zu ihm auf. Sobald meine Fortschritte meinen Vorsätzen gleichkommen, sollst du von mir verlangen dürfen, daß meine Worte meinen Taten entsprechen!«

Jemand, der die höchsten menschlichen Werte schon besitzt, wird anders mit dir verkehren und sagen: »Zunächst geht es nicht an, daß du dir ein Urteil über Bessere anmaßt, denn der Nachweis meiner Überlegenheit ist mir bereits dadurch gelungen, daß ich das Mißfallen der Schlechten erregen konnte. Doch um dir eine Rechenschaft abzulegen, die ich keinem Sterblichen verüble, vernimm, was ich dir versprechen kann und wie ich die Einzelheiten einschätze. Reichtum ist für mich kein Gut. Wäre er das, könnte er die Menschen gut machen. Man darf nun aber nicht etwas als Gut bezeichnen, was man auch bei Schurken antreffen kann; diesen Ehrennamen spreche ich ihm also ab. Natürlich gebe ich zu, daß Reichtum erlaubt und nützlich ist und dem Leben große Annehmlichkeiten bietet.

Mit welcher Begründung ich ihn nun aber nicht den Gütern zurechne, wozu er mir im Gegensatz zu euch nütze ist – beide hatten wir zugegeben, daß Reichtum erlaubt ist –, eben das sollt ihr jetzt hören! Versetze mich in ein hochbegütertes Haus, dorthin, wo man tagtäglich Gold- und Silbergeschirr benutzt. Darauf werde ich mir nichts einbilden, denn diese Dinge stehen mir fern, auch wenn sie zu meiner Umgebung gehören. Stelle mich auf die Pfahlbrücke unter die Bettler. Ich werde mich darum nicht verachten, weil ich unter Leuten Platz genommen habe, die ihre Hand nach Almosen ausstrecken. Was macht es einem Menschen, dem jederzeit der Tod freisteht, schon aus, wenn ihm ein Bissen Brot fehlt? Was also soll's? Die glänzende Haushaltung ziehe ich dem

Brückenposten vor. Versetze mich unter die funkelnden Gerätschaften und den erlesenen Prunk, ich werde mir keineswegs glücklicher vorkommen, wenn ich einen weicheren Mantel tragen kann und meine Zechgenossen auf Purpurkissen liegen. Gib mir eine andere Decke! Es macht mich nicht unglücklicher, wenn mein müdes Haupt auf Heu ruht, wenn ich wie im Zirkus auf einer Strohmatte liege, die aus den morschen Leinwandnähten platzt. Was soll's also? Ich beweise meine Gesinnung eben lieber in einem Staatsgewand als mit entblößten Schultern. Wenn Tag für Tag alles nach meinem Wunsch verliefe, wenn sich ein Dankfest dem anderen anschlösse; meine Achtung vor mir selbst hat damit nichts zu tun. Laßt diese günstigen Zeitumstände sich einmal ganz anders entwickeln, laß mich durch Verlust, Trauer und mancherlei Beschwernisse innerlich zermürbt werden, laß keine Stunde klaglos verstreichen. Mitten in all dem Elend werde ich mich selbst darum nicht elend nennen, nicht einen einzigen Tag werde ich darum verfluchen! Ja, für mich wird es nie einen schwarzen Tag geben können, dafür habe ich bereits gesorgt. Was soll's also? Maßvoller Genuß der Freude ist mir eben lieber als das Unterdrücken von Schmerzen!«

Auch der große Sokrates wird es dir bestätigen: »Mach mich zum Sieger über alle Völker. Des Dionysus herrliches Triumphgespann soll mich vom äußersten Osten nach Theben tragen. Könige sollen sich von mir ihr Recht erbitten. Gerade dann, wenn ich von allen Seiten als Gott gefeiert werde, will ich mir meines Menschseins am stärksten bewußt sein. Nun laß auf diesen schwindelnden Höhenflug gleich eine jähe Wandlung folgen: Man setzt mich auf ein fremdes Tragegestell und macht mich zum besonderen

Schaustück im Triumphzug eines übermütigen, wilden Siegers. Ob man mich nun hinter einem fremden Siegeswagen herträgt oder ob ich im eigenen Siegeswagen stand, von meiner Höhe werde ich nichts preisgeben! Wie steht's also? Natürlich möchte ich lieber Sieger sein als Gefangener. Trotz uneingeschränkter Verachtung der Schicksalsmacht werde ich mich, wenn mir die Wahl freisteht, für das Angenehmere entscheiden. Was immer auf mich zukommt, ich nehme es an. Nur sehe ich das Leichte und Erfreuliche und weniger Belastende lieber kommen. Du darfst nämlich nicht meinen, ohne Mühe sei auch nur eine einzige Tugend zu erlangen; freilich müssen einige Tugenden angestachelt, andere im Zaum gehalten werden. So wie man auf abschüssiger Ebene seinen Körper zurückhalten, bei steilem Anstieg hingegen ihm nachhelfen muß, gibt es Tugenden der abschüssigen wie der ansteigenden Bahn.

Oder bezweifelt jemand, daß Ausdauer, Tapferkeit, Beharrlichkeit und jede andere Tugend, die sich hart behaupten und gegen das Schicksal ankämpfen muß, in mühevollem Streben um den Aufstieg ringt? Wie denn nun? Ist es nicht ebenso einleuchtend, daß sich Freigebigkeit, Mäßigung, Sanftmut nach unten ausrichten? Bei letzteren geht es darum, daß wir, um nicht abzugleiten, geistige Zucht üben, bei den ersteren darum, daß wir mahnen und kräftig antreiben. Sind wir arm, werden wir jene kampferfahrenen, männlichen Tugenden ins Feld führen, sind wir reich, jene bedächtigeren, die den Schritt zu hemmen und an sich zu halten verstehen. Ist diese Unterscheidung richtig, dann ziehe ich die Tugenden, die gemächlicher zu handhaben sind, denen vor, die Blut und Schweiß fordern. Also – spricht der Weise – bin nicht ich es, der anders lebt, als er redet, ihr seid es, die es falsch verstehen. Nur der bloße Wortklang erreicht euer Ohr, nach der Bedeutung fragt ihr nicht!«

»Wenn wir nun aber beide auf Besitz aus sind, besteht dann überhaupt noch ein Unterschied zwischen mir, dem Toren, und dir, dem Weisen?« – Ein recht großer sogar! Bei einem Weisen spielt der Reichtum eine dienende, beim Toren eine herrschende Rolle. Der Weise macht dem Reichtum keine Zugeständnisse, euch gestattet der Reichtum alles. Ihr gewöhnt euch an ihn und hängt ihm an, als hätte man euch ewige Teilhaberschaft versprochen. Der Weise denkt mitten im Überfluß am ehesten an mögliche Armut. So sehr traut kein Feldherr jemals dem Frieden, daß er sich nicht für den angesagten Krieg gerüstet hielte, auch wenn gerade nicht gekämpft wird. Euch dagegen macht ein schönes Haus überheblich – als ob es weder niederbrennen noch einstürzen könnte! –, ihr laßt euch von Schätzen beeindrucken, als ob sie so unermeßlich und über jede Gefährdung erhaben wären, daß keines Schicksals Stärke sie je verbrauchen könnte. Ihr Müßiggänger spielt mit eurem Reichtum, ohne dessen Gefährdung zu sehen.

Wie eingeschlossene Barbaren in all ihrer Unerfahrenheit mit Kriegsmaschinen gewöhnlich seelenruhig dem Werk der Belagerer zuschauen, ohne etwas von der Bestimmung dessen zu ahnen, was dort von langer Hand vorbereitet wird. Ebenso geht es euch: Ihr lebt träge in eurer Welt dahin und denkt gar nicht daran, wie groß ringsum die Bedrohung ist, der ihr nur allzubald als köstliche Beute zufallen werdet. Wer dagegen einen Weisen ausplündert, wird ihm sein ganzes eigentliches Gut lassen müssen; lebt er doch freudig in der Gegenwart, ohne sich Sorgen um die Zukunft zu machen. So spricht der große Sokrates – oder auch irgendein anderer, der in gleicher Weise Recht und Macht über die Zufälligkeiten des menschlichen Lebens hat –: »Keiner meiner Grundsätze ist unerschütterlicher als der, mich in meiner Lebensführung nicht nach euren irrigen Vorstellungen zu richten. Redet nur – wie üblich – ringsherum auf mich ein! Nicht einmal für Lästerer werde ich euch halten, sondern nur für bedauernswerte, wimmernde Säuglinge!« So wird einer sprechen, der im Besitz der Weisheit ist, dessen tadelfreie Gesinnung ihn andere rügen läßt, nicht, weil er sie haßt, sondern weil er sie bessern will.

Dem mag er noch folgendes hinzufügen: »Es betrübt mich, daß ihr so über mich denkt, aber nicht um mich geht es mir dabei, sondern um euch! Diese gehässig-lärmenden Angriffe auf die Tugend bedeuten eine Absage an Hoffnung und Zuversicht. Mir könnt ihr doch damit nicht schaden. Das gelingt ja nicht einmal Altarstürmern bei den Göttern. Doch eure schurkischen Pläne und bösen Absichten kommen dabei ans Licht, auch wenn sie keinerlei Schaden anrichten können. Euer dummes Geschwätz nehme ich hin wie der große allmächtige Jupiter die albernen Einfälle der Poeten: Da dichtet ihm einer Flügel an, ein anderer Hörner, wieder ein anderer läßt ihn als nächtlichen Ehebrecher auftreten. Der läßt ihn gegen die Götter wüten, jener ihn die Menschen ungerecht behandeln; der macht ihn zum Kindesentführer, noch dazu in der eigenen hochwohlgeborenen Familie, jener sogar zum Vatermörder, der die ihm nicht zustehende väterliche Herrschaft an sich reißt.

Und so konnte es letzten Endes dahin kommen, daß derlei den Göttern zuzutrauen kein Mensch mehr als Sünde empfand. Mich berühren diese Anschuldigungen nicht. Gleichwohl, es geht mir um euch, und darum meine Warnung: Achtet die Tugend, vertraut ihren altbewährten Gefolgsleuten, die ihr Ziel als etwas Großartiges verkündigen, das von Tag zu Tag wirkungsvoller hervortritt.

Die Tugend selbst solltet ihr wie die Götter, ihre Verkünder wie deren Priester ehren, und wann immer ihr heiliges Wort ertönt: ›Schweigt andächtig!‹ Diese Formel hat nichts mit Gunstbezeugung zu tun, fordert vielmehr zu jenem Stillschweigen auf, ohne das eine Opferhandlung nicht ordnungsgemäß und unbeeinträchtigt von störenden Lauten vollzogen werden kann. Für euch nun muß dieses Gebot noch weit wichtiger sein. Wann immer dieses Orakel etwas verkündet, solltet gerade ihr gespannt zuhören und keinen Laut von euch geben. Schwingt einer die Isisklapper und lügt – wie ihm befohlen –, beherrscht einer die Kunst, seine Oberarme kunstgerecht zu zerfleischen, und ritzt sich mit erhobener Hand Arme und Schultern blutig, kriecht da ein Weib auf Knien heulend über die Straße, trägt mitten am Tag ein in Leinen gekleideter Greis Lorbeerzweige und eine Laterne vor sich her und verkündet dabei irgendeines Gottes Zorn, ja, da lauft ihr zusammen und horcht auf! Das nährt unter euch den stummen Schauder und bestärkt euern Glauben, daß es sich um einen Gottgesandten handeln müsse.

Aufgepaßt! Sokrates ruft es euch zu aus jenem Kerker, den er mit seinem Eintritt entsühnte und dem er höhere Weihe verlieh, als je eine Ratsversammlung besaß: Welch Wahnsinn, welch feindliches Wesen gegen Götter und Menschen, edle Eigenschaften zu verleumden, Heiliges mit Lästerreden zu besudeln. Vermögt ihr's, dann lobt die Vortrefflichen, könnt ihr euch dazu nicht durchringen, verschwindet! Und gefällt euch dies widerwärtig-unverschämte Treiben, dann fallt nur einer über den anderen her. Denn selbst wenn ihr wider den Himmel rast, von Gottesfrevel würde ich in eurem Fall nicht sprechen; verschwendete Mühe ist es allenfalls.

Einstmals bot ich dem Aristophanes Stoff für seine Witze, die ganze Schar der Komödiendichter verspritzte ihr Gift auf mich, aber eben durch diese Angriffe gewann meine Tugend noch mehr an Ansehen. Ans Licht gezogen und auf die Probe gestellt zu werden, das tut ihr gut! Und ihren vollen Wert begreifen die am ehesten, die sie herausforderten und dabei ihre Kräfte zu spüren bekamen. Keiner kennt die Härte des Kiesels besser, als wer auf ihn einschlägt!

Wie ein einsamer Fels am flachen Meeresufer, so halte ich stand. Unaufhörlich peitschen ihn von allen Seiten die Wogen. Dennoch rücken sie ihn weder von der Stelle, noch zermürbt ihn ihr ständiger, ja jahrhundertelanger Anprall. Springt, greift mich an! Ich halte aus – und besiege euch. Am Sichergegründeten und Unüberwindlichen übt der Angreifer seine Kraft nur zum eigenen Schaden. Darum müßt ihr euch schon einen weichen, nachgiebigen Stoff suchen, in dem eure Pfeile haften können. Ihr habt nun genügend Zeit, nach fremden Fehlern zu suchen und irgend jemanden anzuklagen: ›Warum hat dieser Philosoph so viel Wohnraum? Warum schätzt er eine gepflegte Küche?‹ An anderen zählt ihr die Pusteln, selbst seid ihr über und über mit Geschwüren bedeckt. Das ist ja, als wollte sich jemand, der von gräßlichem Grind entstellt ist, über Muttermale und Pikkel lustig machen, wie sie auch an wunderschönen Körpern vorkommen.

Werft nur immer Plato seine Geldforderungen, Aristoteles seine Geldeinnahmen vor, Demokrit, er habe sich nicht um sein Geld gekümmert, Epikur, er habe sein Geld verlebt. Mir selbst pflegt ihr den Umgang mit Alkibiades und Phädrus vorzuwerfen, ihr, deren höchstes Glück allenfalls in der Nachahmung unserer Fehler bestehen könnte! Warum achtet ihr nicht mehr auf eure eigenen Übel, die euch doch von allen Seiten plagen, teils von außen wüten, teils tief in den Eingeweiden brennen. Auch wenn euch eure Lage nur unzureichend bewußt ist, so tief ist die Menschheit noch nicht gesunken, daß euresgleichen Zeit genug haben dürfte, um in Schmähungen gegen weit Bessere die Zunge zu wetzen.

Das geht über euren Verstand, und ein Gesicht macht ihr dazu, das gar nicht eurer Lage entspricht: etwa wie die zahlreichen Zirkus- oder Theaterbesucher, in deren Haus sich gerade ein Todesfall ereignet hat, von dem sie noch nichts wissen. Ich hingegen blicke aus meiner Höhe herab und sehe bereits die Stürme, die euch noch bevorstehen und wenige Zeit später zum Wolkenbruch führen werden oder jene anderen, die euch, euer Hab und Gut zu vernichten, schon ganz nahe herangezogen sind. Wie nun? Auch wenn ihr's kaum spürt, treibt nicht auch jetzt schon so ein Wirbelsturm eure Seelen im Kreise herum und wälzt sie, die das gleiche Ziel bald fliehen, bald suchen und jetzt himmelan erhoben, dann wieder in tiefste Tiefen hinabgeschleudert werden – – –?«

VON DER SEELENRUHE

ANFRAGE DES SERENUS

Beim Versuch, mich selbst möglichst genau kennenzulernen, mein Seneca, traten gewisse Fehler zutage, die, wie mit Händen zu greifen, offen dalagen, andere lagen weit verborgener und wie im Versteck, wieder andere – ich möchte sie als die weitaus lästigsten bezeichnen – waren nicht einmal Dauergäste, kehrten aber mit Unterbrechung ständig wieder, wie Feinde, die auf Streifzügen günstige Gelegenheiten zu einem Angriff ausnutzen. Solchen gegenüber kann man weder gerüstet sein wie im Kriege noch sorglos wie im Frieden. Meistens ist es dieser Zustand, in dem ich mich ertappe – denn warum sollte ich dir als meinem Arzte nicht die Wahrheit gestehen? –: Ich fühle mich weder völlig frei von gefürchteten und gehaßten Fehlern noch ihnen völlig unterworfen. Ich bin also in einer Lage, die zwar nicht eben die schlimmste, aber doch in hohem Maße beklagenswert und lästig ist: ich bin weder krank noch gesund. Den Einwand jedoch, daß sich alle Tugenden aus zunächst schwachen Ansätzen heraus entwickeln und erst mit der Zeit Dauerhaftigkeit und Stärke hinzugewinnen, kann ich nicht gelten lassen. Doch weiß ich recht wohl, daß auch das, was um äußeren Glanz bemüht sein muß – öffentliches Ansehen verstehe ich hierunter, Rednerruhm und überhaupt alles, was von der

Zustimmung anderer abhängig ist –, erst ganz allmählich an Stärke gewinnt. Sowohl das, was uns zu wirklichen Kräften verhilft, als auch anderes, was, um ansprechend zu wirken, mit Schminke nachhelfen muß, beides braucht seine Jahre, die dann nach und nach gewissermaßen zur Dauerfärbung führen.

Doch ich fürchte, die Gewohnheit, die allen Dingen Beständigkeit verleiht, könnte diesen Fehler bei mir noch tiefer eingewurzelt haben. Langer Umgang läßt uns Böses wie Gutes liebgewinnen. Die eigentümliche Schwäche einer Gemütsverfassung, die unschlüssig zwischen diesen Extremen schwankt und sich weder dem Rechten noch dem Verwerflichen endgültig zuneigen möchte, kann ich dir nicht auf einen Schlag, sondern nur an Einzelheiten aufzeigen. Ich werde dir also jetzt meine Erlebnisse erzählen, dann magst du einen Namen für meine Krankheit finden.

Mein Hang zur Sparsamkeit, das gestehe ich ganz offen, hält mich streng gefangen. Ein prunkvoll hergerichtetes Lager behagt mir ebensowenig wie ein Kleidungsstück aus der Schatztruhe oder eins, das erst durch Pressen und Spannen auf Hochglanz gebracht werden muß, sondern schlichte Alltagskleidung, für die es weder besondere Aufbewahrungs- noch Tragevorschriften gibt. Ich schätze Mahlzeiten nicht, die von einem Heer von Dienern zubereitet werden müssen und angestaunt werden können, die viele Tage vorher bestellt und von vielen Händen serviert werden müssen; mir gefällt Nahrung, die leicht zu beschaffen, einfach und so gut wie überall erhältlich ist – also keine kostbaren Speisen aus dem Ausland –, Nahrung, die auch weder die Kasse noch den Körper belastet und nicht auf demselben Weg zurückkommt, auf dem man sie aufgenommen hat. Ich bevorzuge als Diener einen im Hause geborenen Sklavenjungen ohne feinere Ausbildung, schweres Silbergeschirr ohne Künstlersignatur wie bei meinem Vater auf dem Lande, einen Tisch, der weder durch auffallende Maserung sehenswürdig noch durch eine Reihe prachtliebender Vorbesitzer Stadtgespräch geworden ist, einen einfachen Gebrauchstisch, der die Blicke meiner Gäste weder begehrlich auf sich zieht noch neidisch macht.

Sosehr mir dies alles auch behagt, so macht mich doch schon der Aufwand der ersten besten Pagenschar wieder irre; diese Dienerschaft, die sorgfältiger als zur Festtagsprozession gekleidet in Goldschmuck daherkommt. Diese Schar glänzender Sklaven! Dann dies Haus, kostbar, wohin man nur tritt, voller Reichtümer, in alle Winkel verteilt, selbst das Dach in strahlendem Glanz! Und schließlich eine Menge Volks, das sich als ständiger Begleiter des rasch hinschwindenden Vätererbes aufdrängt! Soll ich noch weiterreden, etwa von den Wasserspielen rund um den Speisesaal, durchsichtig bis auf den Grund, und von den Schmausereien, dieses Schauplatzes würdig? Wenn mich nach langem Hocken in häuslicher Bescheidenheit der herrliche Glanz solch einer Prachtentfaltung von allen Seiten umringt und umlärmt, dann schwindelt's mir gewöhnlich ein wenig; aber ich werde innerlich leichter damit fertig, als wenn ich alles vor Augen habe.

So ziehe ich mich denn wieder zurück, nicht schlechter zwar, aber doch mißmutiger, schreite dann aber in meiner ärmlichen Häuslichkeit nicht mehr so erhobenen Haupts einher. Es nagt im stillen in mir, und der Zweifel beschleicht mich, jene andere Welt könne doch die bessere sein. Nichts davon ändert meine Gesinnung, doch regt mich das alles auf. Nun auf einmal entschließe ich mich, den Weisungen meiner Lehrer zu folgen und mich mitten ins politische Leben zu stürzen; ich möchte Ehrenämter und Auszeichnungen annehmen, doch nicht durch den Purpur und die Rutenbündel dazu verführt, sondern um meinen Freunden und Verwandten und allen meinen Mitbürgern, ja am Ende der ganzen Menschheit besser zu Dienst und Nutzen zu sein. Bereit und willig folge ich dem Zeno, Kleanthes, Chrysipp, von denen sich doch keiner selbst den Staatsgeschäften widmete, die er anderen empfahl.

Wenn nun etwas mein Gemüt, das nicht gewohnt ist, hart angefaßt zu werden, heftig bewegt, wenn mir, wie es im ganzen menschlichen Leben ja recht oft geschieht, Unwürdiges widerfährt, wenn etwas nicht schnell genug vorangeht oder Nichtigkeiten viel zuviel Zeit zu verschlingen drohen, dann wende ich mich einfach wieder meiner Muße zu, und wie das Vieh auch bei starker Ermüdung mit schnelleren Schritten dem heimischen Stalle zueilt, behagt es mir, mich wieder in meine vier Wände einzuschließen. Nun soll mir niemand mehr einen Tag stehlen, wenn er mir nichts Gleichwertiges dafür zu geben hat. Mein Geist soll sich nun ganz in sich selbst vergraben, sich nur seinem Selbst widmen, sich durch nichts ablenken lassen, vor allem nicht durch Gerichtsgeschäfte, und allein die tiefe Ruhe lieben, die Sorgen um das Gemeinwohl ebensowenig kennt wie Sorgen im Privatleben.

Wenn dann aber stärkende Lektüre meinen Mut wiederaufgerichtet hat und mich leuchtende Vorbilder angespornt haben, dann möchte ich mich sogleich wieder vordrängen auf den Marktplatz, dem einen meine Fürsprache, einem anderen meine Dienste zur Verfügung stellen, die, auch wenn sie nichts ausrichten könnten, doch versuchen würden, zu nützen, oder den Übermut eines durch Erfolge überheblich Gewordenen öffentlich in seine Schranken weisen. Beim Studium der Redekunst, meine ich sodann, sei es wahrlich besser, die behandelte Sache selbst ins Auge zu fassen und nur um ihretwillen das Wort zu ergreifen, die sprachliche Formulierung aber der Sache so anzupassen, daß der Vortrag, ohne weitere Ausarbeitung, einfach dem Gedankengang folgt. Warum auch Reden ausarbeiten, die die Jahrhunderte überdauern sollen? Willst du damit nicht nur erreichen, daß die Nachwelt deine Verdienste nicht totschweigt? Zum Sterben bist du geboren, eine Beisetzung in aller Stille macht weniger Umstände. Schreibe daher nur zum sinnvollen Zeitvertreib, für den Hausgebrauch, keinesfalls um des Nachruhms willen, und alles in schlichtem Stil! Wer nur für den Tag schreibt, braucht sich viel weniger Mühe zu geben. Wenn sich dann aber der Geist an der Erhabenheit großer Gedanken wieder aufgerichtet hat, so legt er auch wieder Wert auf sprachlichen Ausdruck, verlangt nach größerem Schwung, auch in der Rede. Das Ergebnis ist eine Redeweise, die der Würde ihres Gegenstandes entspricht. Dann lasse ich mich ohne Rücksicht auf Regeln und einengende Kritik zu höherem Fluge fortreißen und spreche gleichsam schon nicht mehr mit eigenem Munde. Um mich nicht zu sehr in Einzelheiten zu verlieren: diese Schwäche meines guten Willens verfolgt mich überallhin, und ich fürchte, mit der Zeit ganz abzugleiten oder – was mir noch mehr Sorgen macht – ständig in der Gefahr drohenden Absturzes zu schweben. Und vielleicht gibt es noch Schlimmeres, als ich selbst voraussehen kann! Auf unsere eigenen Verhältnisse blicken wir nämlich mit gütiger Nachsicht, und einem richtigen Urteil steht immer die Voreingenommenheit im Wege.

Ich bin überzeugt, schon viele hätten zur Weisheit gelangen können, hätten sie nicht geglaubt, sie wären schon am Ziel, hätten sie nicht manches vor sich selbst verheimlicht, wären sie nicht über manches mit offenen Augen hinweggegangen. Wir gehen nämlich weniger durch fremde Schmeichelei zugrunde als durch unsere eigene. Wer wagt es denn, sich selbst die Wahrheit einzugestehen? Wer schmeichelt unter lauter Lobrednern und Schmeichlern nicht sich selbst am meisten? Darum bitte ich dich, wenn du ein Mittel hast, mein Schwanken zu beenden, dann halte mich für wert, daß ich dir meine Seelenruhe verdanke. Ich weiß wohl, daß diese Gemütsbewegungen an sich ungefährlich sind und keinen Sturm nach sich ziehen. Um es dir aber im Gleichnis klarzumachen, worüber ich klage: Nicht der Sturm quält mich, sondern die Seekrankheit! Befreie mich von diesem Übel – sei es, was es sei – und komm mir zu Hilfe! Ich bin noch in Not, obwohl ich das rettende Land schon vor Augen sehe!

ANTWORT SENECAS

Im stillen frage ich mich wirklich schon lange, mein Serenus, womit ich deinen Gemütszustand wohl vergleichen könnte. Dabei finde ich nur ein Beispiel, das recht nahekommt: das der Patienten, die nach überstandener langer, schwerer Krankheit gelegentlich noch unter harmlosen Fieberanfällen und leichtem Unwohlsein leiden. Zwar haben sie schon alles überstanden und sind so weit gesund, lassen sich aber trotzdem durch jeden Verdacht beunruhigen und vom Arzt den Puls fühlen und achten argwöhnisch auf ihre Körpertemperatur. Ihr Körper ist nicht weniger gesund, Serenus, er hat sich lediglich der Gesundung noch nicht völlig angepaßt. So zittert die Oberfläche des Meeres gleichsam noch nach, wenn sich der Sturm schon gelegt hat. Jene stärkeren Mittel brauchst du gar nicht mehr – darüber bist du schon hinaus –, brauchst dir nicht selbst Gewalt anzutun, nicht mit dir zu rechten, nicht den starken Mann herauszukehren.

Letzten Endes ist vielmehr eines not: an dich selbst und an die Richtigkeit des eingeschlagenen Weges zu glauben, völlig unabgelenkt durch kreuz und quer führende Spuren der Irrläufer und solcher, die überhaupt seitab des Weges umherirren. Du ersehnst dir etwas Hohes, Erhabenes, Gottähnliches: Unerschütterlichkeit! Die Griechen bezeichnen diese ausgeglichene Gemütsverfassung als Euthymia, Wohlgemutheit – Demokrit hat eine berühmte Abhandlung darüber geschrieben –, ich würde es Seelenruhe nennen; denn es scheint mir unzweckmäßig, griechische Begriffe rein formal zu übersetzen. Für die in Rede stehende Sache ist ein Ausdruck zu finden, der uns nicht die formale Entsprechung, sondern die Aussagekraft der griechischen Bezeichnung vermittelt.

Also stellen wir die Frage: »Wie erwerben wir uns eine beständige und zuträgliche Gemütsverfassung? Wie können wir uns selbst gerecht beurteilen, wie mit Genuß unser eigenes Schaffen betrachten, ohne die dabei gewonnene Freude wieder zu zerstören? Wie können wir uns diese Gelassenheit erhalten, ohne überheblich oder niedergeschlagen zu werden? Denn darin müßte die Seelenruhe wohl bestehen.« Wir müssen ganz allgemein fragen, wie man sie erlangen kann – dann magst du diesen allgemeinen Verhaltensregeln entnehmen, was dir persönlich zusagt. Erst muß das Übel als Ganzes übersichtlich dargestellt werden, dann mag jeder einzelne sehen, was ihn betrifft. Dabei wirst du einsehen, daß du mit deinem Selbstüberdruß weit weniger Ärger hast als andere, die an eine glänzende Stellung gebunden sind, unter deren ungeheuerem Anspruch leiden und weniger aus Neigung als aus Ehrgefühl ihre Rolle weiterspielen.

Alle sind sie in der gleichen Lage: die von Leichtsinn, Überdruß und ständiger Neuerungssucht Geplagten, denen stets das als besser gilt, was sie eben gerade selbst liegengelassen haben, ebenso wie die Trägen und ewig Gelangweilten. Noch andere gehören dazu, die man am ehesten solchen vergleichen kann, die an Schlafstörungen leiden, sich hin und her wälzen, sich auf diese und jene Art zurechtlegen, bis sie vor Erschöpfung endlich zur Ruhe kommen: ständig ändern sie ihre Lebensgewohnheiten, um schließlich doch bei einer zu verharren; freilich nicht aus Widerwillen gegen weitere Veränderungen, sondern weil die neuerungsfeindliche Altersträgheit über sie kam. Und dazu noch diejenigen, die Beständigkeit nicht ihrer Ausdauer, sondern ihrer Trägheit verdanken, die nicht eigentlich ihrem Willen als vielmehr eingefahrenen Gewohnheiten folgen.

Weiterhin gibt es noch unzählige Ausprägungen dieses Fehlers, alle mit derselben Wirkung: Unzufriedenheit mit sich selbst, die einer Sprunghaftigkeit des

Geistes und ängstlichen, unerfüllten Trieben entstammt. Entweder fehlt es ihnen zum Durchsetzen ihrer Ziele an der nötigen Entschlossenheit, oder der Erfolg stellt sich nicht ein – worauf sie sich dann ganz aufs Hoffen verlegen. Ständig sind sie in Unruhe und Bewegung, wie es Unschlüssigen notwendigerweise zu ergehen pflegt. Mit allen Mitteln verfolgen sie ihre eigensüchtigen Wünsche; sie überreden, ja zwingen sich sogar zu Schimpflichem und Schwierigem. Bleibt der Erfolg ihrer Anstrengungen aus, ärgert sie an ihrer Schande nur die Zwecklosigkeit. Nicht die Niedrigkeit ihres Wollens tut ihnen leid, sondern dessen Vergeblichkeit. So packt sie gleichermaßen die Reue über ihr Beginnen und die Angst vor einem neuen Anfang.

Es schleicht sich da jene geistige Unruhe ein, die nie ein Ende findet – weil sie ihre Begierden weder zügeln noch ausleben können –; es kommt zum Stillstand des an seiner Entfaltung gehinderten Lebens und inmitten gescheiterter Wünsche zu geistiger Lähmung. Alles das erweist sich nun als noch bedrückender, wenn sie sich enttäuscht über das Scheitern ihrer Geschäftigkeit in die Muße des Privatlebens flüchten, in Spezialstudien, die nun gar nichts sind für einen auf politische Tätigkeit gerichteten, tatendurstigen und von Natur aus unruhigen Geist, der viel zuwenig Rückhalt an sich selbst hat. Entzieht man einem solchen die Annehmlichkeiten, die Vielbeschäftige gerade im Gewühl des Alltags finden, so sieht er sich wider Willen auf sich selbst verwiesen und kann es in der häuslichen Zurückgezogenheit seiner vier Wände nicht mehr aushalten. Daher rührt der Ekel, das Mißfallen an sich selbst, die geistige Haltlosigkeit, das mühsame, gequälte Ausharren in der eigenen Mußezeit! Wenn sie sich nun noch aus Schamhaftigkeit scheuen, die Ursachen einzugestehen, und sich innerlich damit abquälen, was wird geschehen? Die in die Enge getriebenen Leidenschaften sehen keinen Ausweg und beginnen, ihre Kräfte gegeneinander zu richten. So kommt es zu Niedergeschlagenheit, Abgespanntheit und tausendfachem Aufwallen verstörter Gemüter, die durch frische Hoffnungen hochgemut, durch begrabene Hoffnungen mutlos werden; kurz, zu einer Stimmung, in der sie ihre Muße verwünschen, über Beschäftigungslosigkeit klagen und die Fortschritte anderer mit Haß und Neid verfolgen. Erfolglose Untätigkeit wird zum Nährboden für den giftigsten Neid, und weil sie sich selbst nicht zur Geltung bringen konnten, wünschen sie allen den Untergang.

Aus solchem Mißvergnügen an den Erfolgen der anderen und der Verzweiflung am eigenen Fortkommen nährt sich schließlich der Zorn gegen das Schicksal: Man jammert über den Lauf der Welt, zieht sich in den Schmollwinkel zurück, hegt und pflegt seine eigene Strafe, wird ergriffen von Scham und Ekel vor sich selbst. Ist doch der menschliche Geist von Natur aus beweglich, veränderungsfreudig und dankbar für jede Gelegenheit, sich erregen und entrücken zu lassen. Besonders willkommen ist derlei freilich gerade den fragwürdigsten Geistern, die sich nur allzugern von Beschäftigungen aufreiben lassen. Wie es Geschwüre gibt, die schädliches Betasten herausfordern und gern berührt werden wollen, wie die häßliche Krätze sich jedes wollüstige Kratzen gefallen läßt – genauso (möchte ich sagen) gibt es Gemüter, in denen Leidenschaften wie böse Geschwüre aufbrechen, denen Mühe und Plackereien wahres Vergnügen sind.

Gibt's doch auch mancherlei, was unserem Körper gleichermaßen Schmerz und Lust bringt: wie sich abwechselnd auf die ausgeruhte Seite werfen, die verschiedenen Körperlagen durchprobieren, ganz wie Homers Achill, der sich bald auf die Bauch-, bald auf die Rückenseite wirft, die unterschiedlichsten Lagen wählt nach Art eines Kranken, der nichts lange aushält und sich von jeder Veränderung Linderung verspricht. Aufs Geratewohl werden Reisen unternommen, man irrt am Ufer entlang und versucht sich zur See und zu Lande mit einer Unbeständigkeit, der jede Gegenwart mißfällt. »Auf nach Kampanien!« Bald ist man das Schlemmerleben satt, dann heißt's: »Urwüchsige Natur wollen wir sehen, die Bergwälder Bruttiens und Lukaniens durchwandern!« Doch auch inmitten der Einöde hält man nach lieblicher Abwechslung Ausschau, die verwöhnten Augen wollen sich vom Schauder der schrecklichen Landschaft erholen: »Nach Tarent sollte es gehen, seinem gepriesenen Hafen, seinem milden Winterklima, einer Gegend, die schon früher ihre Leute nährte!« –

Doch lange genug haben unsere Ohren Beifallsklatschen und Publikumslärm entbehrt, auch möchte man wieder einmal Menschenblut fließen sehen: »Laßt uns drum endlich nach Rom zurückkehren!« So folgt eine Reise der anderen, ein Schauspiel dem nächsten, ganz wie Lukrez feststellt: ›So sucht jeder die Flucht vor sich selbst.‹ Aber was hilft das, wenn die Flucht mißlingt? Man bleibt sich zwar ständig auf der Spur, ist sich aber selbst der lästigste Begleiter. Darum müssen wir einfach wissen, daß unsere Leiden nichts mit den Örtlichkeiten zu tun haben, sondern mit uns selbst zusammenhängen. Wir sind es, die überhaupt nichts mehr vertragen können.

Weder bei einem arbeitsamen noch bei einem genußreichen Leben, weder bei uns selbst noch irgendwoanders halten wir es länger aus. Trotz häufig wechselnder Pläne immer auf dasselbe zurückgeworfen zu werden, nichts Neues mehr finden zu können – dieses Los hat einige sogar schon in den Tod getrieben: Allmählich wurden sie des Lebens und der ganzen Welt überdrüssig, und die bange Frage der haltlosen Lebewelt drängte sich auf: ›Wie lange soll der ewige Kreislauf dauern?‹

Du fragst mich nach einem Mittel gegen solchen Lebensüberdruß? Nun, da wäre es – nach Athenodor – sicher das beste, etwas Konkretes zu tun, sich Staatsaufgaben und Bürgerpflichten zu widmen. Wie es Menschen gibt, die tagtäglich unter freiem Himmel trainieren und Körperpflege treiben – für Athleten ist es ja auch das Sinnvollste, wenn sie den Hauptteil ihrer Zeit der Stärkung ihrer Armmuskulatur und ihrer Körperkräfte (das ist ja ihr einziger Lebenszweck) widmen –, so sollte es für euch, die ihr euch doch auf eine kampferfüllte politische Laufbahn vorbereitet, das Allerschönste sein, sich ganz dieser Aufgabe hinzugeben. Für den, der sich einmal vorgenommen hat, seinen Mitbürgern und Mitmenschen zu helfen, fallen nämlich eigene Übung und Förderung anderer zusammen: er stellt sich allen Verpflichtungen und fördert so in gleichem Maße – wie er's eben vermag – Allgemein- und Eigeninteresse.

Weil nun aber, so meint Athenodor, bei dem krankhaften Ehrgeiz der Menschen und der Menge verleumderischer Rechtsverdreher schlichte Ehrlichkeit nur wenig Sicherheit bietet und weil es stets mehr Hindernisse als Unterstützung geben wird, darum sollte man sich von Rechts- und Staatsgeschäften zurückziehen. Geistesgröße wird sich auch im häuslichen Kreis voll entfalten können. Steht es doch mit uns Menschen anders als mit Löwen und wilden Tieren, deren Tatendrang in engem Käfig gebrochen wird, uns bietet sich auch in der Zurückgezogenheit ein weites Betätigungsfeld. Gleichgültig, wo ein Mensch seine Mußezeit verbringt, er soll bereit sein, in seiner Zurückgezogenheit einzelnen wie der Allgemeinheit zu helfen: mit geistiger Tat, mit Zuspruch und Ratschlag.

Nicht allein derjenige nutzt dem Staat, der Kandidaten vorstellt, Angeklagte verteidigt, sich zur Frage ›Krieg oder Frieden‹ äußert, sondern auch der vertritt als Privatmann ein öffentliches Anliegen, der die junge Generation gewinnt und – bei dem großen Mangel an guten Lehrern – ihre Herzen für das Gute aufschließt, die nach Reichtum und Lebensgenuß Drängenden anhält, zurückreißt und – wenn schon nicht mehr zu erreichen ist – wenigstens aufhält. Wer ist der Bessere? Wer Streitigkeiten zwischen Bürgern und Ausländern schlichtet oder als städtischer Prätor den Parteien feierlich ihre Urteile verkündet oder wer Auskunft geben kann über das Wesen der Gerechtigkeit, der Frömmigkeit, der Geduld, der Tapferkeit, der Todesverachtung, der Gotteserkenntnis und darüber, wie man mühelos und sicher das Gut eines reinen Gewissens erlangen kann? Wenn du also deine Zeit statt für öffentliche Dienste für wissenschaftliche Studien verwendest, begehst du keinen Verrat und entziehst dich keiner Verpflichtung. Kriegsdienst leistet doch auch nicht nur, wer in vorderster Linie den rechten oder linken Flügel verteidigt, sondern auch der Torwächter, der auf zwar weniger gefährdetem, aber durchaus nicht untätigem Posten steht, Wachdienst versieht und das Waffenlager in Ordnung hält. Dienste, die kein Blut kosten! Gewiß, aber auch sie zählen als Dienstjahre.

Dein Entschluß zu wissenschaftlichen Studien bewahrt dich vor jedem Lebensüberdruß. Du wirst nicht die Nacht herbeisehnen, weil dich der Tag anekelt. Du wirst weder dir selbst lästig noch anderen entbehrlich sein. Du wirst dir viele Freunde gewinnen, und die Tüchtigsten werden sich dir anschließen. Echter Wert mag versteckt sein, nie bleibt er ganz verborgen. Er setzt seine Zeichen; jeder Mann von Wert erkennt ihn an seinen Spuren! Meiden wir jedoch jeden Umgang, kündigen wir der ganzen Menschheit die Freundschaft auf und leben ganz in uns gekehrt, dann wird diese geist- und planlose Zurückgezogenheit Betätigungsmangel zur Folge haben: wir fangen an, hier Häuser zu bauen, dort abzureißen; hier das Meer zurückzudämmen, dort Wasserleitungen durch schwierigstes Gelände zu führen; die Zeit, die uns die Natur zur Nutzung gab, elend zu vergeuden. Einmal geizen wir mit ihr, ein anderes Mal vertrödeln wir sie, einmal teilen wir sie so ein, daß wir darüber Rechenschaft ablegen könnten, ein anderes Mal – gibt es Schimpflicheres? – bleibt uns keine Spur. Wie oft haben hochbetage Greise außer der Zahl ihrer Jahre keinen Beweis für die Länge ihres Lebens!

Athenodor – scheint mir – hat sich zu stark von den Zeitumständen abhängig gemacht, hat sich zu schnell zurückgezogen. Zwar kann ich nicht leugnen, mein lieber Serenus, daß man sich unter Umständen zurückziehen muß, aber man setzt seinen Fuß doch ganz allmählich zurück, gibt seine Feldzeichen und seine militärische Ehre nicht preis. Wer sich bewaffnet auf Verhandlungen einläßt, genießt höheres Ansehen bei seinen Feinden und ist sicherer dazu. Wer tapfer ist oder sein will, muß meiner Ansicht nach folgendes tun: Nimmt uns die Übermacht des Schicksals jede Wirkungsmöglichkeit, so soll man ihm nicht sofort waffenlos den Rücken kehren und nach Schlupfwinkeln suchen – als gäbe es einen Ort, wohin uns das Schicksal nicht folgen könnte –, sondern soll zunächst seine öffentlichen Verpflichtungen einschränken und überlegt nach einer Beschäftigung suchen, die dem Ganzen dienen kann.

Ist Militärdienst unmöglich, soll man sich um Ehrenämter bewerben. Wird man zum Privatleben gezwungen, sollte man sich als Redner versuchen. Steht man unter Redeverbot, soll man den Mitbürgern schweigend Mut machen. Ist einem schon das bloße Auftreten in der Öffentlichkeit gefährlich, soll man sich im häuslichen Kreis, im Theater, bei Gastereien als guter Kamerad, treuer Freund und maßvoller Zechbruder erweisen. Wer Bürgerpflichten nicht mehr ausüben kann, soll sich in Menschenpflichten üben. Unser edler Sinn duldet keinen Rückzug hinter die Schutzmauern einer einzigen Stadt: darum stehen wir Stoiker ja auch mit dem gesamten Erdkreis in Austausch und bekennen die Welt als unser eigentliches Vaterland. So gewinnen wir freie Bahn für unsere edlen Bestrebungen. Mögen wir von Gerichtsverhandlungen ausgeschlossen, am Auftreten als Redner und als Teilnehmer an Volksversammlungen gehindert werden, blick nur um dich, sieh, wie sich dir weiteste Regionen und eine Vielzahl von Völkerschaften erschließen. So groß kann kein Bereich sein, daß nicht ein noch größerer für dich übrigbliebe! Du mußt nur achtgeben, daß der Fehler nicht ganz und gar bei dir liegt, weil du eben nur als Konsul, Prytane, Herold oder Sufet dem Gemeinwesen dienen willst. Wie denn? Kriegsdienste willst du auch nur als Feldherr oder Tribun leisten? Nun, wenn andere in der vordersten Linie stehn und du ins dritte Treffen beordert bist, kannst du dich doch auch dort durch Zuruf, Mahnwort, Beispiel und mutiges Auftreten bewähren. Als ihm die Hände schon abgeschlagen waren, fiel jenem Helden doch noch etwas ein, womit er seinen Leuten helfen konnte, ›hält er beharrlich doch stand und leistet Beistand durch Zuruf!‹ So etwas Ähnliches mußt du zu tun suchen.

Verdrängt dich das Schicksal aus den führenden Staatsstellen, so mußt du beharrlich standhalten und noch durch Zuruf Beistand leisten, und selbst wenn dir einer die Kehle zudrückt – halte aus und hilf noch durch dein Schweigen! Die Mühen eines rechtschaffenen Bürgers sind nie ganz nutzlos. Er hilft schon dadurch, daß man ihn hört und sieht, durch seine Blikke, seine Winke, seine wortlose Widersetzlichkeit und durch seine ganze Art des Auftretens. Wie gewisse Heilkräuter, die – ohne daß man sie kostet oder berührt – schon durch ihren bloßen Geruch Heilung bewirken, so übt die Tugend ihre heilsame Wirkung auch aus der Ferne und im verborgenen. Gleichgültig, ob man sich frei bewegen und uneingeschränkt über sich verfügen kann oder ob man in seiner Bewegungsfreiheit eingeschränkt ist und vorsichtig auftreten muß, ob in stiller Muße und engem Kreise oder in aller Öffentlichkeit: in welcher Lage man sich befinde, man kann hilfreich sein! Warum hältst du das Beispiel eines zurückgezogen Lebenden für so nutzlos? Wenn zufällige Hindernisse oder die ganze Verfassung des Staates dir politisches Handeln unmöglich machen, ist es doch bei weitem das Beste, Mußezeiten einzuschalten. So abgeschlossen ist man doch nie, daß gar kein Raum mehr für eine anständige Handlungsweise bliebe.

Kann man sich einen Staat vorstellen, elender als den der Athener zur Zeit des zerstörerischen Wirkens der dreißig Tyrannen? 1300 Bürger – gerade die besten! – hatten sie hingemordet, aber auch dann gaben sie noch keine Ruhe, im Gegenteil, ihre Grausamkeit übersteigerte sich selbst. In eben der Stadt, in der es einen vertrauenswürdigen Gerichtshof vom Rang eines Areopags gab, einen Senat und eine Bürgerschaft, die dem Senat in nichts nachstand, trat Tag für Tag dies nichtswürdige Kollegium der Henker zusammen, und das unglückliche Rathaus reichte den Tyrannen nicht mehr aus. Konnte ein solcher Staat zur Ruhe kommen, in dem es so viele Tyrannen gab wie Helfershelfer? Den Gemütern bot sich nicht einmal die leiseste Hoffnung, die Freiheit wiederzuerlangen, und gegen so übergroßes Unheil versagte jedes Heilmittel: woher sollte die unglückliche Stadt so viele Tyrannenmörder vom Schlage eines Harmodius nehmen? Trotzdem: ein Sokrates war mitten unter ihnen, tröstete die Trauernden, ermunterte die am Staate Verzweifelnden, warf den um ihre Schätze bangenden Reichen ihre verspätete Reue vor, die sie ihrer gefährlichen Habsucht wegen verspürten. Und wie er sich als freier Mann unter den dreißig Zwingherren bewegte, bot er allen ein wandelndes Musterbeispiel. Und doch war es das gleiche Athen, das diesen Mann im Kerker umbringen ließ: die Freiheit ertrug den Freimut dessen nicht, der die Tyrannenschar unbeschadet verhöhnt hatte.

Du darfst also zur Kenntnis nehmen: ein Weiser hat auch in einem angeschlagenen Staatswesen die

Möglichkeit, sich ins rechte Licht zu setzen, während auch ein blühender, glücklicher Staat von Mutwillen, Neid und tausend anderen Untugenden beherrscht wird. Also werden wir uns je nach der Lage im Staat und der Gunst des Schicksals entweder entfalten oder einschränken, auf jeden Fall aber werden wir beweglich bleiben und nicht der lähmenden Starre der Furcht verfallen. Nur der scheint mir ein richtiger Mann zu sein, der, von Gefahren umringt, zwischen Waffen und klirrenden Ketten seine Mannestugend weder preisgibt noch verheimlicht: sich zugrunde richten heißt mitnichten Rettung! Ich meine, Curius Dentatus hatte recht, wenn er sagte, er wolle lieber tot sein, als wie ein Toter dahinleben; noch vor dem Tod aus der Zahl der Lebenden auszuscheiden, wäre gewiß das größte Übel. Wenn du nun in einer für politische Betätigung ungünstigen Zeit lebst, wirst du freilich darauf achten müssen, dich mehr deiner Muße und wissenschaftlichen Studien zu widmen. Genauso wie du dich bei stürmischer Seefahrt sofort aus dem Gefahrenbereich löst und einen Hafen ansteuerst und nicht erst abwartest, bis die Umstände dich dazu zwingen.

Zuerst werden wir uns selbst gewissenhaft prüfen müssen, dann die Aufgaben, die wir übernehmen möchten, zuletzt diejenigen, um derentwillen oder mit denen wir zusammenarbeiten. Richtige Selbsteinschätzung ist vor allem notwendig, denn wir neigen meist zur Überschätzung unserer Fähigkeiten. Einer vertraut auf seine Beredsamkeit und kommt dadurch zu Fall, ein anderer mutet seinem väterlichen Vermögen mehr zu, als es leisten kann, wieder ein anderer zwingt seinen schwächlichen Körper zu pflichttreuer Überanstrengung. Du mußt dir genauestens überlegen, ob deine natürlichen Anlagen besser zu einem tätigen Leben oder zu ruhigen, beschaulichen Studien passen, und dich dann für die Richtung entscheiden, zu der du dich innerlich hingezogen fühlst – so zog Isokrates den Ephorus mit Gewalt vom Marktplatz weg, weil er sich von dessen Begabung für die Geschichtsschreibung mehr versprach –. Zwang lähmt die Geister, und gegen die Naturveranlagung anzukämpfen ist sowieso vergebliche Anstrengung! Manche macht ihre Bescheidenheit ungeeignet für den Staatsdienst, der sicheres Auftreten verlangt; manche läßt ihr Starrsinn nicht für den Hof geschaffen erscheinen; manche haben ihre Zornausbrüche nicht in der Gewalt, so daß jede vermeintliche Kränkung sie zu unbesonnenen Äußerungen reizt; andere wieder können ihre spitze Zunge nicht beherrschen und riskante Späße nicht unterdrücken: diesen allen ist ein ruhiges Leben zuträglicher als eine Fülle von Pflichten. Eine ungebändigte und ungebärdige Natur sollte sich den Lockungen einer Freiheit entziehen, die ihr nur Schaden bringen muß.

Dann müssen wir auch die Aufgaben, die wir in Angriff nehmen, genau einschätzen und unsere Kräfte mit den Gegenständen vergleichen, an denen wir uns versuchen wollen. Der Handelnde muß nämlich größere Kräfte einsetzen als sein Widerpart. Das ist immer so. Lasten, die die Kräfte des Trägers übersteigen, drücken zu Boden. Das geht nicht anders. Daneben gibt es Aufgaben, die zwar nicht umfangreich sind, aber andere nach sich ziehen und viel Ungelegenheiten schaffen. Weil aus ihnen neue, vielfältige Beschäftigung erwächst, gerade darum muß man solchen Aufgaben ausweichen. Auch soll man sich nie so fest auf etwas einlassen, daß ungehinderter Rückzug unmöglich wird. Kurz: wir sollen Aufgaben übernehmen, auf deren Abschluß wir Einfluß nehmen oder berechtigte Hoffnungen setzen dürfen. Wir sollen meiden, was unsere Schaffenskraft überfordert und über das Ziel, das wir uns gesetzt haben, hinausschießt.

Auf die sorgfältige Auswahl der Menschen kommt es aber nun besonders an. Sind sie es wert, daß wir ihnen einen Teil unserer Lebenszeit widmen? Nutzt es ihnen überhaupt, daß wir Zeit für sie opfern? Gibt es ja Menschen, die solcherlei Aufwand für selbstverständlich halten. Wie sagte Athenodor? »Von einem Menschen, der sich ihm gegenüber dafür unverpflichtet fühlen müßte, ließe er sich nicht einmal zum Essen einladen!« Nun verstehst du, glaube ich, daß er sich noch viel weniger von Leuten hätte einladen lassen, die eine Einladung zum Essen gegen Freundespflichten aufrechnen und ihre festlichen Menüs für eine Gnade halten, als könnten sie mit ihrem Aufwand dem Gast eine Ehre erweisen. Allein mit sich selbst, ohne Zeugen und Zuschauer, finden solche Leute am Angebot der Küche kein Gefallen mehr.

Dennoch gibt es keinen reineren Genuß als eine treue, herzliche Freundschaft. Wie gut, gleichgestimmte Herzen zu kennen, denen man jedes Geheimnis sicher anvertrauen kann, deren Mitwissen weniger zu fürchten ist als das eigene. Ihre Gespräche beruhigen uns, ihre Ratschläge helfen uns weiter, ihre Munterkeit vertreibt unsere trüben Gedanken, ihr bloßer Anblick macht uns Freude. Freilich dürfen wir uns nur für Freunde entscheiden, die – soweit möglich – von lasterhaften Leidenschaften frei sind, denn: Laster schleichen sich unvermutet ein, greifen gerade auf die nächste Umgebung über, richten gerade im persönlichen Umgang Schaden an. In Seuchenzeiten muß man ja auch darauf bedacht sein, nicht mit Personen zusammenzukommen, die schon von der Krankheit angesteckt oder ergriffen sind. Wie würden wir uns in Gefahr bringen, da schon ein Anhauchen gefährlich ist. Ebenso sorgfältig sollten wir bei der Prüfung eines Charakters zu Werke gehen und uns Freunde auswählen, die weitgehend noch unverdorben sind. Fängt doch die Krankheit gewöhnlich damit an, daß Gesundes mit Krankem zusammenkommt. Womit ich nicht gesagt haben möchte, du müßtest nun ausschließlich Anschluß an und Umgang mit einem ›Weisen‹ suchen! Wie könntest du einen solchen ausfindig machen, wo wir ganze Zeitalter vergeblich danach absuchen? Der Beste unter den Schlechten muß schon zur ersten Wahl zählen.

Deine Entscheidung dürfte auch kaum glücklicher ausfallen, wenn du die Guten unter Männern wie Plato, Xenophon und anderen aus der Schule des Sokrates aussuchen könntest oder wenn du die Auswahl aus der Zeit des alten Cato hättest. Damals lebten sehr viele, die wert waren, Zeitgenossen eines Cato zu sein – freilich waren auch die Schurken noch abgefeimter als zu anderen Zeiten und stifteten die scheußlichsten Verbrechen an. Damit man Cato richtig würdigen kann, mußte es eben beide Gruppen geben: Er brauchte tüchtige Männer, die ihn verstanden, und Schurken, an denen er seine Stärke erproben konnte. Heutzutage hingegen, wo die tüchtigen Männer so selten sind, fällt die Wahl weniger schwer. Trotzdem sollte man aber besonders die Schwarzseher und Jammerpeter meiden, denen jeder Anlaß für ihre Klagelieder recht ist. Es mag schon sein, daß einem solchen Gefährten Anhänglichkeit und Verläßlichkeit nicht abzusprechen sind, trotzdem bedroht ein innerlich aufgewühlter und immerfort klagender Mensch unsere Seelenruhe.

Und nun zur unerschöpflichen Quelle menschlichen Kummers: den Vermögensverhältnissen. Vergleichst du die Ärgernisse, die wir mit unserem Geld haben, mit allem, was uns sonst ängstigt, mit Tod, Krankheit, Furcht, Hoffnung, Schmerzen und Arbeitsüberlastung, so sind die ersteren am bedrückendsten.

Daraus müssen wir folgern: der Schmerz, besitzlos zu sein, ist weit leichter zu ertragen als der, besitzlos zu werden. Daraus geht hervor, daß Armut um so weniger bedrückt, je weniger man zu verlieren hat. Es ist nämlich ein Irrtum, zu glauben, ein Reicher verschmerze Verluste leichter: große wie kleine Körper sind gleich schmerzempfindlich. Bion bemerkt treffend: »Das Haarausreißen ist für Kahl- wie Wuschelköpfe gleich lästig.« Mit den Armen und den Reichen steht es ebenso, mußt du wissen: beide leiden die gleiche Qual, beide hängen an ihrem Geld, und keiner trennt sich ohne Schmerz von ihm. Doch sind – wie gesagt – fehlende Einkünfte leichter zu verschmerzen als Verluste des Erworbenen, und daher sieht man die, denen das Glück niemals hold war, öfter lächeln als andere, denen es den Rücken kehrte.

Diogenes, ein Mann von großer Geisteskraft, sah das ein. Das Ergebnis war: es konnte ihm nichts mehr entrissen werden. Du magst das Armut, Mangel, Dürftigkeit nennen oder welchen Schimpfnamen du dem Zustand der Sicherheit sonst zulegen willst. Wenn ich diesen Mann für unglücklich halten soll, mußt du mir schon einen andern zeigen, der nichts mehr einbüßen kann. Täusche ich mich, oder ist es nicht etwas wahrhaft Königliches, wenn unter lauter Geizhälsen, Betrügern, Räubern sich ein einziger findet, der gegen jeden Schaden gefeit ist? Wer am Glück des Diogenes zweifelt, kann ebenso die Lebensverhältnisse der unsterblichen Götter anzweifeln; ob sie wirklich glücklich leben, da sie doch weder Landgüter noch Gärten besitzen, weder ihr bestes Land verpachten noch Wucherzinsen nehmen können? Schämst du dich da nicht, du Anbeter des Mammon? Wirf nur einen Blick auf das Weltganze; auf die Götter: nackt stehen sie da, haben nichts und geben alles. Hältst du nun einen Mann, der sich aller Zufallsgüter entäußert hat, für arm, oder vergleichst du ihn den unsterblichen Göttern? Würdest du den Demetrius Pompejanus glücklicher nennen, weil er sich nicht schämte, reicher als Pompejus zu sein? Täglich wurde ihm – wie einem Feldherrn die Heeresstärke – die Zahl seiner Sklaven gemeldet, ihm, dem zwei Hilfssklaven und ein geräumigeres Zimmer schon längst Reichtum genug hätten sein müssen. Dem Diogenes dagegen lief sein einziger Sklave davon, und als man ihn vorführte, legte er keinen Wert darauf, ihn wieder aufzunehmen. »Kann Manes ohne den Diogenes leben«, sagte er, »wäre es doch eine Schande, wenn Diogenes nicht ohne den Manes auskommen könnte!« Damit wollte er ausdrücken: »Treibe dein Handwerk, Schicksal, beim Diogenes hast du nichts mehr zu suchen. Mein Sklave ist mir entlaufen; besser: ich bin frei davongekommen!« Die Schar der Bediensteten will gekleidet und verpflegt werden; für eine Riesenzahl hungriger Raubtiermägen muß gesorgt werden. Kleidungsstücke müssen angeschafft, diebische Hände überwacht werden – und bedienen lassen muß man sich unter Geschrei und Verwünschungen.

Wieviel glücklicher ist da, wer keinem außer sich selbst – dem er's bequem abschlagen kann – etwas schuldet. Da wir nun aber nicht so viel Härte aufbringen, sollten wir, um weniger unter dem Schicksal leiden zu müssen, wenigstens unser Vermögen in Grenzen halten. Im Krieg hat man ja auch besser einen Körper, der in die Rüstung paßt, als einen, dessen überquellende Fülle ringsum den Verwundungen ausgesetzt ist. Den besten Vermögensstand hat, wer weder der Armut verfällt noch allzu weit von ihr entfernt ist.

Haben wir uns zuvor zur Sparsamkeit bekehrt, wird uns dieser Maßstab schon zusagen. Ohne Sparsamkeit freilich ist kein Vermögen groß, kein Haus weiträumig genug; außerdem haben wir ja ein Hilfsmittel zur Hand: Armut kann sich in Reichtum wandeln, wenn man Genügsamkeit walten läßt. Wir müssen uns eben daran gewöhnen, persönlichen Aufwand zurückzustellen und eine Sache nach ihrem Gebrauchswert, nicht nach ihrem Schmuckwert zu beurteilen. Nahrungsmittel sollen den Hunger stillen, Getränke den Durst löschen; der Geschlechtstrieb soll sich nur im Rahmen des Notwendigen ausleben. Wir müssen wieder lernen, die eigenen Glieder zu gebrauchen, uns in Kleidung und Lebensweise nach den Empfehlungen des väterlichen Brauchtums und nicht nach der neuesten Mode zu richten. Wir müssen lernen, unsere Selbstbeherrschung zu steigern, den Aufwand einzuschränken, die Ruhmsucht zu zügeln, den Zorn zu mäßigen, ärmliche Verhältnisse mit Gleichmut zu betrachten, die Genügsamkeit zu pflegen, auch wenn sich die meisten schämen, natürliche Bedürfnisse mit einfachen Mitteln zu befriedigen, ungezügelte Hoffnungen und einen in die Zukunft schweifenden Geist gleichsam in Fesseln zu halten; kurz: zu erreichen, daß wir den Reichtum mehr von uns selbst als vom Schicksal erwarten.

Wo das Schicksal seine Machtmittel so unterschiedlich und so heimtückisch einsetzt, kann es kaum ohne großen Sturm abgehen, besonders wenn man breite Segel aufgezogen hat. Auf engen Raum muß man sich zurückziehen, wenn die Geschosse ins Leere gehen sollen. So haben Verbannungen und Unglücksfälle ja zuweilen heilsame Folgen gehabt, und schwerer Schaden ist durch leichteren geheilt worden. Sollte es für einen, der nicht auf Ratschläge hört und sich auf schonende Weise nicht helfen läßt, nicht unter Umständen zuträglich sein, wenn er mit Armut, Schande, Vermögenszusammenbruch Bekanntschaft macht und so Übel mit Übel geheilt wird?

Was müssen wir also lernen? Ohne Zeugenschaft zu tafeln, mit weniger Bediensteten auszukommen, nur zweckmäßige Kleidung schneidern zu lassen und uns wohnraummäßig einzuschränken. Nicht nur beim Wettlauf und im Zirkus, auch auf unserer Lebensbahn gilt es, in Zielnähe einzulenken! Auch der Aufwand für wissenschaftliche Studien ist nur so lange sinnvoll, wie er sich in Grenzen hält. Was soll die Unzahl von Büchern und Bibliotheken, deren Titel zu lesen das ganze Leben des Besitzers nicht ausreichen würde? Der Schüler fühlt sich durch das Überangebot nicht belehrt, sondern belastet. Ist es doch auch viel vernünftiger, sich mit wenigen Autoren zu beschäftigen, als viele abzugrasen. In Alexandria verbrannten 40000 Bücher. Mag ein anderer diese Bibliothek als schönstes Denkmal königlicher Freigebigkeit preisen – wie es Titus Livius tat –, der behauptete, es habe sich hier um ein hervorragendes Zeugnis des Geschmacks und der Fürsorge der Könige gehandelt. Keine Spur von Geschmack und Fürsorge. Prunk mit der Wissenschaft war's, ja nicht einmal mit der Wissenschaft, da sie es ja nicht auf Wissenschaft, sondern auf Repräsentation abgesehen hatten. So dienen ja den vielen, die nicht einmal die Elementarliteratur beherrschen, die Bücher nicht als Hilfen fürs Studium, sondern als Dekoration der Speisesäle. Man soll sich ruhig ausreichend Bücher anschaffen, aber nicht als Ausstellungsstücke! »Wird das Vermögen aber nicht besser in Büchern angelegt, als für kostbare Kannen und Tafelgemälde ausgegeben?« –

Übermaß ist immer von Übel! Gibt es denn überhaupt etwas, das für den Menschen spricht, der übereifrig Bücherschränke aus Zitrusholz mit Elfenbeinverzierung sowie Werkausgaben unbekannter Durchschnittsautoren sammelt, sich aber inmitten Tausender Bücher langweilt und ausschließlich an den Titelblättern und der äußeren Aufmachung seiner Bände Freude hat? Gerade bei den größten Faulpelzen wirst du in deckenhohen Regalen alles finden, was es an veröffentlichten Reden und Geschichtsdarstellungen gibt. Gehört doch auch schon in Badehäusern und Thermen eine gut eingerichtete Bibliothek zur notwendigen Zierde des Hauses. Ich könnte das noch verzeihen, wenn derartige Verirrungen auf übertriebene Liebe zu den Wissenschaften zurückzuführen wären, so aber werden diese mühsam erworbenen Werke der erlauchtesten Geister – jeweils mit Bild natürlich! – nur als Wandschmuck zur Schau gestellt.

Bist du nun einmal in eine schwierige Lebenslage geraten und hast dich, als Einzelperson oder als Glied einer Gemeinschaft aus Unwissenheit in den Fallstricken des Schicksals verfangen, denen du dich nicht entwinden, die du nicht zerreißen kannst – dann solltest du daran denken, daß Arbeitssklaven die Last der Fußketten und die Einschränkung ihrer Bewegungsfreiheit auch zunächst schmerzlich empfinden, haben sie sich aber einmal entschlossen, ihr Schicksal auf sich zu nehmen, lernen sie in der Not die Ausdauer und durch die Gewöhnung den Gleichmut. In jeder Situation deines Lebens wirst du Ablenkung, Entspannung und Vergnügen finden, wenn du dich dazu durchgerungen hast, Widrigkeiten nicht herauszufordern, sondern leicht zu nehmen.

Die Natur, die unser Erdenlos doch recht genau kennt, erwarb sich größte Verdienste um uns, als sie uns durch Gewöhnung Milderung schuf und uns dadurch schnell mit den schwierigsten Lagen vertraut machte. Kein Mensch könnte ein Unglück ertragen, das auf die Dauer so schrecklich wäre wie sein erster Schlag. Uns alle bindet das Schicksal. Die einen mit lockerer, goldener, die anderen mit straffer, rostiger Kette. Was liegt schon daran? Alle sind wir in gleicher Weise Gefangene. Auch die Wächter sind mit angekettet; du wirst höchstens ihre Kette für die leichtere halten. Den einen halten Ehrenstellen, einen anderen die Vermögensverwaltung gefangen. Einige leiden unter ihrer hohen, andere unter ihrer niedrigen gesellschaftlichen Stellung. Diese beugen ihr Haupt vor fremden, jene vor den eigenen Geboten. Diese bindet die Verbannung, jene ein Priesteramt an ihren Ort.

Das ganze Leben ist Knechtsdienst. Darum muß man sich halt an seine Lage gewöhnen, so wenig wie möglich über sie klagen und jeden sich bietenden Vorteil ausnutzen. Ein ausgeglichenes Gemüt findet Trost auch noch in der größten Bitternis. Oft genug hat ein überlegter Grundriß eine kleine Bodenfläche mannigfach nutzbar gemacht und sinnvolle Einteilung der Grundfläche ausreichend Wohnraum geschaffen. Mit Überlegung mußt du den Schwierigkeiten zu Leibe rücken. Hartes läßt sich erweichen, Enges ausweiten, auf geschickten Trägern lastet das Gewicht weit weniger. Auch soll man seinen Begierden nicht die Zügel schießen lassen. Da sie sich freilich nicht ganz unterdrücken lassen, müssen wir ihnen schon einen kleinen Spielraum gönnen. Auf das schwer oder gar nicht Erreichbare sollen wir verzichten, dagegen das Naheliegende, unseren Wünschen Entgegenkommende verfolgen. Dabei soll uns bewußt bleiben, daß alles gleich wertlos ist, äußerlich zwar verschieden aussieht, innerlich aber nichtig ist. Höherstehendes sollen wir nicht beneiden. Kein Gipfel ist ohne steil abstürzende Wände. Andere, die in eine unglückliche Mittellage geraten sind, werden trotz ihrer verständlichen Hochstimmung sicherer fahren, wenn sie ihren Stolz mäßigen und sich möglichst dem Durchschnitt anpassen. Nun gibt es ja doch auch viele, die in ihrer hohen Stellung ausharren müssen, von der sie nicht herunterkönnen außer durch jähen Absturz. Sie bezeugen alle, daß ihre Last gerade dadurch so drückend sei, daß sie gezwungen sind, andere zu bedrücken, und dabei nicht frei, sondern streng gebunden sind. Durch gerechtes Handeln, Milde, Menschlichkeit, Freigebigkeit und Wohltätigkeit können sie sich manche Brücken in eine sichere Zukunft bauen und hoffen, es dadurch in ihrem Schwebezustand gelassener aushalten zu können. Nichts wird uns nun sicherer vor diesen inneren Auseinandersetzungen bewahren als die ständige Kontrolle unserer Wachstumsgrenzen. Die Entscheidung, wann wir aufzuhören haben, sollen wir nicht dem

Zufall überlassen, rechtzeitig sollen wir uns durch Beispiele zum Einhalten mahnen lassen. So wird zwar dieses oder jenes Verlangen die Seele anstacheln, aber es wird seine Grenze finden und sich nicht ins Ungemessene und Ungewisse ausdehnen können.

Meine folgenden Ausführungen richten sich nun nicht an den ›Weisen‹, sondern an Unvollkommene, Durchschnittsmenschen, Anfällige. Ein ›Weiser‹ hat es nicht nötig, furchtsam und zaghaft aufzutreten, er besitzt genügend Selbstvertrauen, um es zu jeder Zeit mit dem Schicksal aufnehmen zu können; ausweichen wird er ihm jedenfalls nie. Freilich hat er auch keinen Anlaß zur Furcht. Zählt er doch Dienerschaft Eigentum und Ehrenämter, darüber hinaus auch den eigenen Körper, Augen, Hände, kurz, sich selbst, zum erworbenen Gut und lebt in einer solchen Übereinstimmung mit sich selbst, daß er ohne weinerliches Klagen alle Rückforderungen anerkennt. Das Wissen um seine Grenzen verführt ihn aber nun nicht zur Selbstaufgabe. Im Gegenteil: er wird in allen Dingen gewissenhaft und umsichtig handeln, wie ein bedächtiger, vertrauenswürdiger Mann ihm anvertrautes Gut behütet. Wird die Rückgabe verlangt, kennt er kein Hadern mit dem Schicksal. »Dank für alles, was ich besaß, was mein war«, wird er sagen, »viel habe ich dir eingebracht, gewiß, aber, weil du's so willst, nimm's hin, dankbar und freiwillig trete ich zurück. Gönnst du mir noch Dinge aus deinem Besitz, will ich sie ebenso treu verwahren; überlegst du dir's anders, gebe ich sie dir zur vollen Verfügung zurück: Silbergerät und Silbergeld, mein Haus, meinen ganzen Anhang.«

Und auch wenn die Natur zurückfordert, was sie uns einst anvertraute, werden wir zu ihr sagen: »Hier hast du mein Leben, ich habe etwas aus ihm gemacht! Kein Fluchtversuch, kein Versteckspiel! Aus freiem Willen steht dir zur Verfügung, was du unversehens gabst. Nimm's hin!« Kann die Rückkehr zum Ursprung eigentlich schwerfallen? Ist es nicht vielmehr ein elendes Leben, wenn man keinen guten Abgang zu finden weiß? Aus diesem Grund sollte man nicht so viel Aufhebens um den Tod machen und dem nackten Leben gegenüber viel gleichgültiger sein. Wie sagt Cicero: »Gladiatoren, die um jeden Preis ihr Leben erhalten wollen, ernten unseren Haß; andere, die Todesverachtung zur Schau tragen, stehen hoch in unserer Gunst.« Du solltest wissen, daß es uns genauso ergeht: Die Todesangst ist oft genug die eigentliche Todesursache. Das Schicksal treibt ja sein Spiel mit uns und spricht: »Dich nichtswürdiges, feiges Geschöpf soll ich verschonen?

Du bist unfähig, dich offen zu stellen, gerade darum wird man um so mehr auf dich einschlagen, dich verwunden. Aber du da, der den Schwertstreich gelassen hinnimmt und weder zurückzuckt noch die Hände vorhält, du darfst länger leben und leichter sterben!« Furcht vor dem Tode ist dem Lebenden für überhaupt nichts gut. Wer sich aber seit Anbeginn seinem Schicksal verbunden weiß, wird prinzipientreu leben und so – geisteskräftig wie er ist – gleichzeitig erreichen, daß ihn nichts Kommendes unvorbereitet trifft. Er ist gefaßt auf alles, was einem so zustoßen kann. Und indem er alle Übel für möglich hält, nimmt er ihren Angriffen die Wucht, die für bewußt Vorbereitete eben nicht überraschend kommt, die Sorglosen, die mit glücklichen Zufällen rechnen, hingegen schwer trifft. Nichts bricht plötzlich herein: weder Krankheit noch Gefangennahme, Einsturz-

oder Brandkatastrophe. War ich mir doch bewußt, in welche konfliktreiche Gesellschaft die Natur mich hineingestellt hat.

Wie oft habe ich in meiner Umgebung jammern hören, wie oft trug man Kinderleichen bei Fackel- und Kerzenschein an meiner Tür vorbei; oft hörte ich neben mir das Getöse einstürzender Mauern. Viele, mit denen ich beruflich und dienstlich Umgang hatte, raffte die Nacht dahin, und freundschaftlich verbundene Hände wurden getrennt. Soll ich mich da wundern, wenn ständig lauernde Gefahren sich auch an mich heranwagen? Die meisten Menschen denken vor einer Seefahrt nicht an den Sturm.

Ist ein Sinnspruch gut, kümmert mich der Autor wenig. Publilius, mag er noch so viel alberne Szenen und Bühnenwitze für die oberen Ränge hinterlassen haben, er ist schlagkräftiger als manche Tragiker und Komiker und unter dem vielen, das nachhaltiger wirkt als Lustspiel- oder sogar Trauerspielverse, findet sich auch das Wort: ›Ein Jegliches kann Jeglichem geschehn!‹ Wer sich das ganz tief eingeprägt hat und alles fremde Leid, wie es sich Tag für Tag massenhaft ereignet, so betrachtet, als ob es jederzeit den Weg auch zu ihm finden könnte, wird lange vor dem Angriff gewappnet sein. Ist die Gefahr erst da, kommen Ermahnungen, wie man sie bestehen könne, zu spät: »So etwas kann es meiner Meinung nach nicht geben!« und »Hättest du das jemals für möglich gehalten?« Nun, warum nicht? Gibt es denn einen Reichtum, der nicht durch Entbehrung, Hunger und Bettelarmut, oder ein gesellschaftliches Ansehen, dessen Kennzeichen wie Ehrenkleidung, Feldherrnzelt, Luxusstiefel, nicht auch abgelöst werden können durch Schmach, Degradierung, tausenderlei Schimpf und abgrundtiefe Verachtung? Welchem Königtum droht nicht Zusammenbruch, Zertrümmerung, Oberherrschaft und Hinrichtung? Und all das ohne lange Zwischenzeiten. Einer Stunde Werk: das Sitzen auf und das Knien vor dem Thron.

Merk es dir also: jede Stellung ist veränderbar, und was jenen trifft, kann auch dich treffen. Du bist reich. Etwa reicher als Pompejus? Als Gajus, sein alter Verwandter und neuer Gastfreund, ihm sein Haus verschloß und in den kaiserlichen Palast zog, fehlte es ihm an Wasser und Brot. So viele Flüsse gehörten ihm, durchflossen seine Ländereien, entsprangen sogar dort – jetzt bettelte er um ein paar Tropfen. Im Palast seines Verwandten starb er an Hunger und Durst; er mußte darben, während ihm sein Erbe ein großartiges Leichenbegängnis veranstaltete. Die ehrenvollsten Stellen hast du besetzt. Etwa auch so hohe, unerwartete und mit solchen Vollmachten ausgestattete, wie ein Sejan sie innehatte? Am gleichen Tag, wo ihm der Senat noch das Ehrengeleit gegeben hatte, zerriß ihn das Volk in Stücke. Von dem Mann, den Sterbliche und Unsterbliche mit allem Erdenklichen überhäuft hatten, blieb nicht einmal für den Henker etwas übrig. Du bist ein König. Soll ich dich auf den Krösus verweisen, der bei lebendigem Leib seinen eigenen Scheiterhaufen aufflammen und verlöschen sah und nicht nur sein Reich, sondern auch seinen Tod überlebte. Oder auf den Jugurtha, den das Volk Roms innerhalb eines Jahres in seiner Macht fürchtete und in seiner Ohnmacht zur Schau gestellt sah. Ptolemäus, den König Afrikas, Mithridates, den König Armeniens, konnten wir mit der Wachmannschaft Caligulas sehen. Der eine wurde verbannt, der andere bat um Entlassung zu günstigeren Bedingungen. Wenn du bei einem derartigen Auf und Ab der Geschehnisse nicht auf alles Mögliche eingestellt bist, räumst du dem Unglück eine Macht ein, die man brechen kann, wenn man sich vorsieht.

Nun zum nächstliegenden Ziel: Keine unserer Bemühungen um Überflüssiges, keine unserer Anstrengungen ohne Sinn! Das heißt: Unerreichbares sollen wir nicht herbeisehnen, um nicht zu spät und tief beschämt die Nichtigkeit leidenschaftlich erkämpfter Erfolge erkennen zu müssen! Also dürfen weder unsere Anstrengungen vergeblich und erfolglos bleiben noch unsere Erfolge in keinem rechten Verhältnis zur Anstrengung stehen. Aus beidem nämlich, dem schimpflichen Erfolg wie dem Mißerfolg, stammt unsere Trübsal. Schluß machen müssen wir mit dieser Art Betriebsamkeit, die so viele Menschen zwischen ihren Häusern, den Theatern und Marktplätzen hin und her treibt. Wie sie sich aufdringlich in fremde Angelegenheiten mischen, immer mit irgendwas beschäftigt scheinen! Tritt einer dieser Zeitgenossen aus dem Haus und du fragst ihn: »Wohin soll's denn gehen? Was hast du vor?« Gleich wird er dir antworten: »Weiß ich wirklich auch nicht! Werd schon jemanden treffen, mich irgendwie beschäftigen!« So irren sie ohne festes Ziel umher, verwirklichen nicht bestimmte Pläne, sondern verwickeln sich lediglich in Zufallsgeschäfte. Unüberlegt und vergeblich ist ihr ganzes Tun. Mit emsigen Ameisen könnte man sie vergleichen, die sich ohne Sinn und Ziel die Baumstämme hinauf- und wieder hinuntertreiben lassen. Mit solchen hat das Leben der meisten Menschen die größte Ähnlichkeit. Mit Fug und Recht könnte man ihr Treiben als geschäftige Trägheit bezeichnen.

Es ist rührend zu sehen, wie einige so losstürmen,

als ob's irgendwo brennt, jeden, der ihnen im Wege steht, beiseite drängen und sich und andere mit sich fortreißen. Dabei wollten sie doch nur irgend jemanden begrüßen, der auf ihren Gruß gar keinen Wert legt, sich dem Leichenzug eines Unbekannten anschließen, sich den Prozeß eines Streitsüchtigen mit anhören, bei der x-ten Verlobung eines Herrn Y mit dabeisein, eine Sänfte ein Stück Wegs begleiten und gelegentlich beim Tragen aushelfen. Kommen sie dann sinnlos erschöpft nach Hause, schwören sie, selbst nicht zu wissen, wann sie eigentlich von dort weggegangen, wo sie überhaupt gewesen sind – um am nächsten Tag wieder in der gleichen Weise umherzuirren.

Jede Tätigkeit muß doch einen Sinn und ein Vorbild haben! Ihr Fleiß ist es jedenfalls nicht, der diese Verblendeten so rastlos antreibt, sondern ihre falschen Vorstellungen von der Wirklichkeit. Ohne eine gewisse Zielvorstellung würde ja auch ihnen der Antrieb fehlen; ihr Geist läßt sich eben von der schönen Außenseite, deren Nichtigkeit er verkennt, anlocken und gefangennehmen. Jeder dieser Pflastertreter treibt sich auf ähnliche Weise und aus völlig nichtigen Anlässen in der Stadt herum. Auch wenn die Morgensonne ihn aus dem Haus treibt, hat er nicht den Vorsatz, ernsthaft zu arbeiten. An vielen Türen klopft er vergeblich an, die Empfangsdiener grüßt er überfreundlich; meist wird er hart abgewiesen, und trotz alledem besteht seine größte Schwierigkeit darin, sich selbst zu Hause anzutreffen. Daher stammt nun auch jenes abscheuliche Laster des Aushorchens und des Ausspionierens allgemein zugänglicher wie intimer Vorgänge sowie das Wissen um so mancherlei, das man ohne Gefahr zu laufen weder weitererzählen noch mitanhören darf.

Auch Demokrit scheint mir das so aufgefaßt zu haben mit seinem ›Wer ruhig leben will, darf sich nicht verzetteln, weder für Eigeninteressen noch im Staatsdienst‹. Dabei hat er offensichtlich die Nebensächlichkeiten im Auge, denn an notwendigen Dingen gibt's ja genug und übergenug zu tun, sei es im eigenen, sei es im öffentlichen Leben. Ruft uns jedoch keine der gebotenen Pflichten, dann soll man seine Tätigkeit einstellen. Gerade die Betriebsamen liefern sich dem Schicksal am ehesten aus, wo es doch das Sicherste wäre, es nur ausnahmsweise mit ihm aufzunehmen, es aber im übrigen ständig im Auge zu behalten und sich nichts von seiner Zuverlässigkeit zu versprechen. »Ich steche in See – wenn nichts dazwischenkommt«, und »Ich werde Prätor – wenn dem nichts entgegensteht«, und »Dies Geschäft geht mir nach Wunsch – wenn nichts hindernd eingreift.« – Unsere Behauptung, »dem Weisen könne nichts Unvermutetes zustoßen«, hat folgenden Grund: Wir erheben ihn nicht über die Zufälligkeiten das Menschenlebens, sondern nur über dessen Irrtümer. Nicht alles geht ihm nach Wunsch, aber alles entspricht seinen Erwartungen. Bei seinen Planungen hat er nun zuallererst an die möglichen Hindernisse gedacht. Denn die Seelenqual enttäuschter Wünsche wird notwendigerweise derjenige leichter tragen, der sich nicht hat einreden lassen, daß der Erfolg ihm sicher sei.

Freilich müssen wir uns zu einer gewissen Geschmeidigkeit zwingen, um nicht allzusehr an Vorsätzen hängenzubleiben, um uns auf neue, zufallsbedingte Situationen einstellen zu können, ohne uns vor der Aufgabe eines Grundsatzes oder einer Stellung zu fürchten. Hauptsache, daß wir nicht dem ruhestörendsten Laster, dem Wankelmut, verfallen. Nun muß zwar auch Hartnäckigkeit Angst und Elend mit sich bringen, da ja gerade ihr das Schicksal häufig etwas abverlangt, doch ist Wankelmut ohne Ausdauer das weitaus Schlimmere. Der inneren Ruhe steht beides entgegen: die Unfähigkeit zur Umstellung wie die Unfähigkeit zum Standhalten. Auf jeden Fall muß man alle Äußerlichkeiten fahrenlassen und sich innerlich sammeln, muß Selbstvertrauen gewinnen, sich an sich selbst freuen können, Selbstkritik üben, Wesensfremdes möglichst fernhalten und zur Übereinstimmung mit sich selbst finden, Verluste nicht betrauern und auch Widrigkeiten zum Guten auslegen.

Als unser Zeno von dem Schiffbruch hörte, der seinen gesamten Besitz verschlungen hatte, sagte er: »Das Schicksal will, daß ich mich noch ungehinderter der Philosophie zuwende!« Theodorus, den Philosophen, bedrohte ein Tyrann mit Hinrichtung, ja er wollte ihm sogar die Bestattung verweigern. Der erwiderte: »Deinen Herzenswunsch magst du dir erfüllen, mein bißchen Blut steht dir zur Verfügung. Was aber mein Begräbnis betrifft, so bist du ein Narr, wenn du glaubst, es mache mir etwas aus, über oder unter dem Erdboden zu vermodern!« Canus Julius, ein ganz hervorragender Mann, ein Zeitgenosse, dem selbst unser Jahrhundert die Bewunderung nicht versagen kann, wurde einst in einen langen Wortwechsel mit Kaiser Caligula verwickelt. Als ihm dieser neue Phalaris beim Abgang zurief: »Daß du dir nur keine törichten Hoffnungen machst, den Befehl zu deiner Hinrichtung habe ich schon gegeben!«, entgegnete er: »Schönsten Dank, gnädiger Fürst!« Ich bin nun im Zweifel, wie er das gemeint haben könnte, denn mir fällt vielerlei ein: Wollte er kränkend sein und die

Grausamkeit der Situation verdeutlichen, in der der Tod eine Wohltat ist? Oder wollte er den schon alltäglichen Wahnwitz kritisieren, der die Opfer zwang, sich für die Ermordung der eigenen Kinder oder für Einzug des Vermögens zu bedanken? Oder war er gewissermaßen dankbar für diese Befreiung? Wie es nun auch immer damit steht, die Antwort verriet einen hohen Sinn.

Man könnte einwenden: »Gajus hätte mit Begnadigung reagieren können.« Das mußte Canus nun nicht befürchten, da auf die Unumstößlichkeit solcher Befehle bei Caligula Verlaß war. Aber glaubst du, daß Canus die zehn Tage bis zu seiner Hinrichtung ganz ohne Anfechtung durchlebt hat? Nahezu unglaublich klingt es, was dieser Mann gesagt und getan haben, wie ruhig er gewesen sein soll! Als der mit dem Transport der Todeskandidaten beauftragte Centurio auch ihn heraustreiben lassen wollte, war er gerade beim Brettspiel. Der Aufgerufene zählte noch seine Steine und sagte zu seinem Gefährten: »Behaupte ja nicht nach meinem Tod, du habest gesiegt!« Dann nickte er dem Centurio zu: »Du bist Zeuge, ich habe einen Stein mehr!« Für Canus sei das nur eben ein Spiel gewesen, meinst du? Hohn war's! Trauer überkam die Freunde, die einen solchen Freund verlieren sollten; so sprach er zu ihnen: »Warum so traurig? Für euch ist die Unsterblichkeit der Seele noch ein Problem, ich werde es bald gelöst haben!« Die Wahrheitssuche vergaß er selbst über dem eigenen Ende nicht, noch in seiner Todesstunde versuchte er, eine Fragestellung abzugewinnen. Als man sich dem Hügel näherte, wo unserem Gott, dem Kaiser, täglich geopfert wurde, fragte ihn sein Philosoph, der neben ihm ging: »Canus, woran denkst du jetzt? Wie fühlst du dich?« Canus erwiderte: »Ich möchte gern feststellen, ob uns in jenem schnellsten aller Augenblicke der Austritt der Seele bewußt wird«, und er versprach, sein Beobachtungsergebnis und überhaupt das Wißbare über das Los der Seelen ringsum seinen Freunden mitzuteilen. Betrachte nun diese Ruhe mitten im Sturm, diese der Unsterblichkeit würdige Gesinnung, die noch im eigenen Untergang nach der Wahrheit forscht, noch im letzten Augenblick die scheidende Seele befragt und nicht nur bis zum Tod, sondern noch im Tod selbst etwas dazulernt. Länger hat gewiß kein Mensch Philosophie betrieben!

Wir sollten nun nicht übereilt dieses Thema abbrechen, sondern voller Ehrfurcht von diesem großen Manne sprechen: »Erlauchter Held, der du das Hauptziel warst des Wütens eines Caligula, wir wollen dein Andenken uns immer gegenwärtig halten!«

Die Ursachen der eigenen Unzufriedenheit beseitigt zu haben ist freilich noch nicht genug. Überkommt uns doch zuweilen eine Abscheu vor allem Menschlichen, etwa wenn wir bedenken, wie selten Natürlichkeit, wie unbekannt Unschuld, wie spärlich Treue – es sei denn, sie bringt etwas ein – geworden sind; wenn uns die vielen geglückten Verbrechen einfallen oder die Gewinne und – gleichermaßen verhaßt – die Einbußen am Luderleben oder der Ehrgeiz, der sogar so weit über seine Grenze schlägt, daß er noch durch Schande glänzen möchte. Da nun wird's Nacht in uns, und Nebel breitet sich aus, als ob es keine Tugenden mehr gäbe und man keine Hoffnungen mehr auf sie setzen, keinen Nutzen mehr von ihnen erwarten dürfe. Drum müssen wir uns dazu überwinden, alle Laster der Menge weniger hassenswert als vielmehr lächerlich zu finden und uns mehr den Demokrit als den Heraklit zum Muster zu nehmen. Der letztere nämlich machte, sooft er unters Volk ging, einen weinerlichen Eindruck, der andere lachte. Dem einen erschien alles Menschenwerk bejammernswert, dem anderen albern.

So sollte man eben alles mit leichtem Sinn tragen und nicht so wichtig nehmen. Paßt es denn nicht besser zum Menschen, wenn er sein Leben belacht, als wenn er's bejammert? Hinzu kommt noch, daß wer da lacht, sich mehr um die Menschheit verdient macht, als wer traurig ist. Läßt doch der eine noch Raum für sinnvolles Hoffen, während der andere in seiner Torheit über etwas weint, an dessen möglicher Verbesserung er zweifelt. Selbst beim Blick auf große Zusammenhänge zeigt mehr Geistesgröße, wer sein Lachen, als wer seine Tränen nicht unterdrücken kann, denn er ist am wenigsten innerlich angegriffen, weil ihm am ganzen Weltgetriebe nichts bedeutend oder erhaben, ja nichts einmal als des Jammerns wert erscheint. Die einzelnen Anlässe zum Fröhlich- und Traurigsein mag sich jeder selbst vorstellen, er wird dann die Wahrheit von Bions Worten begreifen: »Alles, was Menschen tun, gleicht ihren ersten Anfängen, und ihr ganzer Lebenslauf verdient nicht mehr Würde und Ernst als ihre Empfängnis. Aus dem Nichts entstehen sie, ins Nichts kehren sie zurück.« Noch besser ist es jedoch, die Öffentliche Moral und alle menschlichen Fehler nachsichtig zu beurteilen und weder in Gelächter noch in Tränen auszubrechen. Fremdes Leid mitzuleiden ist doch nur eine endlose Quälerei, sich über fremdes Leid zu freuen ein Vergnügen für Unmenschen, wie es andererseits nutzlos ist, anteilnehmend zu weinen und eine entsprechende Miene aufzusetzen, wenn einer seinen Sohn zu Grabe trägt.

Auch unser Verhalten im eigenen Unglück soll so sein, daß wir dem Schmerz nur einräumen, was die Natur, nicht was der herrschende Brauch fordert. Die meisten Menschen vergießen ihre Tränen doch nur zur Schau; stellt sich kein Zuschauer ein, bleiben die Augen trocken. Sie halten es einfach für unschicklich, nicht zur Gesellschaft mitzuweinen: so tief wurzelt die Unsitte, sich von fremdem Urteil abhängig zu machen, daß auch eine so ureigene Sache wie das Schmerzempfinden zur Heuchelei werden kann!

Nun folgen Dinge, die uns immer wieder mit Recht trübsinnig machen und mißmutig stimmen: das traurige Ende guter Menschen. Wenn man zum Beispiel einen Sokrates zum Tod im Kerker, einen Rutilius zum Leben im Exil zwingt, wenn ein Pompejus und ein Cicero sich von einstigen Untergebenen enthaupten lassen müssen, wenn Cato, dieser Inbegriff aller Tugenden, sich ins eigene Schwert stürzen muß, um der Welt deutlich zu machen, sein Ende und das der Republik seien ein und dasselbe – ist es da nicht wirklich ein quälendes Gefühl, daß das Schicksal so ungerechten Lohn verteilt?

Und was darf jeder einzelne für sich erhoffen, wenn er das traurige Los der Besten mit ansehen muß? Was soll's überhaupt? Nun, du sollst beachten, wie die einzelnen ihr Schicksal trugen. Ertrugen sie's standhaft, eifere ihnen im Geiste nach, gingen sie unmännlich und unwürdig zugrunde, dann ist an ihnen nichts verloren. Entweder sie sind es wert, dann kannst du ihre aufrechte Haltung nur billigen, oder sie sind es nicht, dann darfst du ihrer Nichtswürdigkeit nicht nacheifern. Es wäre doch eine riesige Schande, wenn große Männer uns mit ihrem tapferen Sterben furchtsam machten!

Wer Lob verdient, soll von uns immer wieder gepriesen werden: »Je tapferer, desto glücklicher! Den Zufälligkeiten des Lebens bist du entronnen, ebenso dem Neid und dem Leid. Frei bist du aller Ketten. Nicht, daß du nach Meinung der Götter ein hartes Los verdienst. Es ist einfach unter deiner Würde, daß das Schicksal noch Macht über dich hat.« Aber die sich davonschleichen wollen und noch in ihrer letzten Stunde auf eine Chance des Überlebens lauern, die soll's packen! Einer mag freudig, ein anderer unter Tränen sterben, beweinen werde ich keinen der beiden. Aber während der eine meine Tränen selbst getrocknet hat, bewiesen des anderen Tränen nur, wie wenig er ihrer wert war. Soll ich den Herkules beweinen, weil er lebendig verbrennt, oder den Regulus, weil ihn eine Unzahl Nägel durchbohrt, oder den Cato, weil er seine eigene Wunde wieder aufreißt? Alle fanden sie in einem kurzen Augenblick Wege zur Ewigkeit, ihr Tod verschaffte ihnen Unsterblichkeit.

Auch das ist ja eine ständige Ursache von Unruhe und Aufregung: wenn du dich immerfort ängstlich in Szene setzen mußt, keinem dein wahres Gesicht zeigen kannst – so wie das Leben vieler Menschen auf Gaukelei und Angeberei eingestellt ist –, dann nämlich quält dich dieses ständige Sichselbstauflauern und die Furcht, ohne die gewohnte Maske ertappt zu werden. Wenn wir uns mit jedem Blick beurteilt glauben, werden wir ja nie die Sorge los! Gibt es doch genug Zufälle, die uns, ohne daß wir's wollen, bloßstellen und selbst wenn solches Achtgeben auf sich selbst gelingt, angenehm ist's gewiß nicht und riskant obendrein, wenn man ständig hinter einer Maske lebt.

Wieviel Vergnügen macht dagegen echte, schlichte Natürlichkeit, die sich im Umgang ganz unbefangen gibt. Dennoch läuft auch diese Lebensart, wo alles allen offenliegt, Gefahr, verachtet zu werden. Gibt es doch viele, die gerade vor allzu großer Nähe zurückscheuen. Freilich muß die Tugend nicht befürchten, daß sie bei Lichte besehen an Achtung einbüßt – und auch dann ist es noch besser, sich durch Ehrlichkeit Verachtung einzuhandeln, als mit fortwährender Verstellung abzuquälen. Dennoch gilt es, den rechten Maßstab zu finden: zwischen Schlichtheit und Nachlässigkeit im Lebensstil besteht ein großer Unterschied. Man soll öfter Einkehr bei sich selbst halten. Umgang mit Andersgearteten zerstört die gewonnene Ordnung, läßt Leidenschaften wiederaufleben und alle kränkelnden und notdürftig verheilten Wunden des Geistes wiederaufbrechen. Immerhin sollen sich Einsamkeit und Geselligkeit miteinander verbinden und einander abwechseln. Kann die eine unsere Sehnsucht nach Menschen, so die andere Sehnsucht nach uns selbst wecken. Bei jeder von beiden erholt man sich von der anderen: Abscheu vor Betriebsamkeit läßt sich am besten in der Einsamkeit, Überdruß an der Einsamkeit mitten im Menschengewühl heilen.

Unser Geist darf nicht immer in gleichmäßiger Anspannung gehalten werden, gelegentlich muß auch Spaß sein. So schämte sich Sokrates nicht, mit kleinen Jungens zu spielen, Cato entspannte sein von der Sorge ums öffentliche Wohl erschöpftes Gemüt beim Wein, und Scipios, des Triumphators soldatische Gestalt bewegte sich im Takt des Tanzes, und das nicht nach den verzehrenden Weisen, die heute bei den schon im ganzen Auftreten überzarten, weibischen Weichlingen in Mode sind, sondern so, wie's früher die echten Männer taten, die bei Spiel und Festen einen männlichen Waffentanz zeigten, und damit keineswegs ihren Ruf gefährdeten, selbst wenn ihre Feinde zugeschaut hätten.

Unser Geist braucht Entspannung; sind wir ausgeruht, geht es mit frischem Schwung voran. Wie man den Ertrag der Äcker eben nicht erzwingen kann – ununterbrochener Zwang zur Fruchtbarkeit laugt sie schnell aus! – so kann auch geistiger Schwung durch stete Überanstrengung erlahmen. Schon ein wenig Abspannung und Erholung läßt uns wieder zu Kräften kommen. Beständige geistige Anspannung hat ein gewisses Abstumpfen und Ermattung zur Folge. Böten uns Scherz und Spiel nicht ein gewisses natürliches Vergnügen, würden sich die Menschen gewiß nicht so stark dazu hingezogen fühlen, freilich würde hier Dauerausübung den Geistern jegliche Würde und jegliche Kraft nehmen. So ist Schlaf zur Erholung unentbehrlich, setzt du ihn tage- und nächtelang fort, bedeutet das – Tod.

Zwischen Entspannung und völliger Auflösung besteht ein gewaltiger Unterschied. Die Gesetzgeber haben Feiertage eingeführt, um die Menschen von Amts wegen zur Fröhlichkeit anzuhalten, also gewissermaßen als notwendige mildernde Unterbrechung der Arbeitsperioden eingeschaltet. Unter den bedeutenden Männern gönnten sich die einen – wie schon gesagt – allmonatlich an bestimmten Tagen eine Ruhepause, die anderen teilten jeden einzelnen Tag unter Pflicht- und Mußestunden auf, wie wir es von dem großen Redner Asinius Pollio wissen, der nie länger als bis zur zehnten Stunde arbeitete. Um sich nicht erneut aufzuregen, las er nach dieser Zeit nicht einmal mehr Briefe. In zwei Stunden erholte er sich von der

Anspannung eines ganzen Arbeitstages. Wieder andere legten mitten am Tag eine Ruhepause ein und behielten sich die Nachmittagsstunden für eine leichtere Arbeit vor. Auch im Senat unserer Altvorderen durfte – laut Verbot – nach der zehnten Stunde kein Antrag mehr eingebracht werden. Für den Soldaten gibt es eine geregelte Einteilung der Nachtwachen, und wer vom Außendienst zurückkommt, hat nachtsüber dienstfrei.

Mit dem Geist soll man behutsam umgehen, ihm ab und an Ruhe gönnen, das nährt ihn und gibt ihm Kraft. Auch soll man Spaziergänge im Freien unternehmen, damit sich unter freiem Himmel unser Sinn in vollen Zügen weiten und erheben kann. Zuweilen stärkt uns auch ein Ausritt, eine Reise, eine Ortsveränderung, wohl auch ein geselliges Zusammensein und ein kleines Gelage. Das kann ruhig einmal bis zum Rausch führen, nicht um darin zu versinken, nur um einmal einzutauchen; er spült die Sorgen fort, rührt uns im Innersten an und ist überhaupt ein bewährtes Mittel gegen mancherlei Krankheiten, besonders gegen Trübsinn. Liber, der Begründer des Weinbaus, trägt ja seinen Namen nicht wegen der Rede›freiheit‹, sondern weil er unseren Geist aus der Knechtschaft der Sorgen befreit, uns freispricht, ermuntert und zu mehr Wagemut bei allen Unternehmungen verhilft. Doch wie in der Freiheit, so ist auch beim Wein Mäßigung das Zuträgliche. Solon und Arkesilaus sollen dem Wein gehuldigt haben, dem Cato wurde Trinkfreudigkeit vorgeworfen, doch wird – wer immer auch der Ankläger sei – leichter aus diesem Vorwurf eine Ehre als aus Cato ein Wüstling. Es darf nur eben nichts übertrieben werden, sonst nehmen wir schlechte Gewohnheiten an.

Und trotzdem sollte man sich gelegentlich zu ungebundener Freiheit aufschwingen und die grämliche Nüchternheit ein wenig zurückdrängen. Denn ob wir nun dem griechischen Dichter glauben ›Wahnsinn ist Glück, wenn auch nur ein vorübergehendes!‹ oder dem Plato ›Umsonst klopft der ewig Nüchterne an die Pforte des Musentempels!‹ oder dem Aristoteles ›Ganz ohne eine Spur von Wahnsinn war noch nie ein großer Geist!‹: Nur ein im Innersten aufgewühlter Geist kann etwas Großartiges, über das Mittelmaß Hinausragendes überhaupt ausdrücken! Nur wenn er Gewohntes und Alltägliches verachtet und sich in begeistertem Aufschwung hoch emporschwingt, erst dann kann der Geist das für Menschen Unsagbare verkünden. Solange er bei sich selbst ist, kann er überhaupt nichts Erhabenes und Hohes erreichen. Lossagen muß er sich von der gewohnten Bahn, muß sich aufwärtstreiben lassen, knirschend in die Zügel beißen und seinen Lenker mit sich fortreißen und dorthin tragen, wohinauf allein aufzusteigen er sich gescheut hätte.

Hier hast du nun, teuerster Serenus, was unsere Seelenruhe bewahren, was sie wieder herstellen hilft, was den sich einschleichenden Fehlern Widerpart bieten kann. Dennoch sollst du dir bewußt sein, daß nichts von alledem ausreichend Widerstandskraft verleiht, wenn man immer nur eine zusammenbrechende Front stützen will und nicht immerwährende, angespannte Aufmerksamkeit das schwankende Gemüt umsorgt.

ÜBER DIE MUSZE

– – – so manches Laster empfiehlt man uns nahezu einstimmig. Aber wenn wir auch sonst nichts anpakken, was uns wirklich helfen kann, schon der Rückzug ins Privatleben als solcher wird uns förderlich sein: allein auf uns selbst gestellt, gelangen wir zur Besserung! Etwa, weil erst so die Beschränkung auf den Umgang mit den hervorragendsten Persönlichkeiten und die Wahl eines für unsere Lebensführung verbindlichen Vorbilds möglich wird? Gerade dazu dient uns ja die Zurückgezogenheit! An einem einmal gefaßten Entschluß kann man nämlich nur dann festhalten, wenn keiner sich einmischt, der, unterstützt von der öffentlichen Meinung, unsere noch ungefestigte Überzeugung ins Wanken bringt. Dann kann der Gang unseres Lebens, den wir durch unsere so widersprüchlichen Pläne immer wieder zerreißen, gleichmäßig und einheitlich verlaufen. Ist dies doch das schlimmste aller sonstigen Übel: wir wechseln nur unsere Fehler. So bleibt uns nicht einmal der Vorteil, bei einem schon vertraut gewordenen Übel bleiben zu können.

Eines nach dem anderen findet unseren Beifall, und zusätzlich leiden wir an der Nichtswürdigkeit wie auch an der Unbeständigkeit unserer Entscheidungen. Unschlüssig lassen wir uns treiben, packen eines nach dem anderen an, ändern unsere Ziele, greifen auf alte Pläne zurück. Ständig lösen in unserem Inneren Begierde und Reue einander ab. Hängen wir doch völlig von fremdem Urteil ab und halten das für das Beste, was viele erstreben und lobenswert finden, nicht was wirklich lobens- und erstrebenswert ist. Wir halten einen Weg nicht als solchen für gut oder schlecht, sondern richten uns nach der Zahl der Fußspuren, unter denen sich freilich keine finden, die wieder zurückführen.

Hier wirst du einwenden: Worauf läßt du dich ein, Seneca? Willst du etwa deiner Schule untreu werden? Ihr Stoiker behauptet doch: ›Bis zum letzten Atemzug wollen wir tätig sein, wollen uns für das Gemeinwohl einsetzen, einzelne unterstützen und auch Gegnern beistehen, und sei's mit zitternder Greisenhand. Wir sind es doch, die keinem Lebensalter eine Ruhepause zugestehen und ‚noch aufs altersgraue Haupt den Helm drücken‘‹, wie es der redegewaltige Dichter ausgedrückt hat. Wir sind es, die es mit der rastlosen Tätigkeit bis zum Tode so weit treiben, daß – wenn es irgend geht – nicht einmal der Tod selbst zur Mußezeit gehört. Was vermischst du die Grundsätze Zenos mit Epikurs Lebensregeln? Wenn du dich deiner Schule schämst, warum ziehst du dann nicht offenen Übertritt dem Verrat vor?« Darauf will ich dir erst einmal antworten: Was verlangst du eigentlich mehr, als daß ich's meinen Schulhäuptern gleichtue? Was soll's denn? Auf meinem Weg folge ich nicht nur ihren Richtungsangaben, sondern ihrer ganz persönlichen Führung.«

Und nun will ich dir beweisen, daß ich mitnichten den Vorschriften der Stoiker untreu werde. Das hat sich auch keiner aus ihrer Schar zuschulden kommen lassen. Und trotzdem wäre ich völlig gerechtfertigt, auch wenn ich mich weniger nach ihren Vorschriften als mehr nach ihren Beispielen richtete. Meine Meinung hierzu will ich in zwei Beweisgängen darlegen: nämlich erstens, daß man sich von klein auf ganz der Wahrheitssuche hingeben, nach einer vernünftigen Lebensführung suchen und diese ganz für sich ausüben kann; daß zweitens ein anderer, der seinen Kriegsdienst schon abgeleistet hat und hoch in den Jahren steht, mit vollem Recht ebenso handeln und seine Sinne auf andere Beschäftigungen richten dürfe – wie es die Vestalischen Jungfrauen tun, deren Dienstjahre ganz verschiedene Bestimmung haben: erst erlernen sie selbst die heiligen Bräuche; beherrschen sie diese, wirken sie weiter als Lehrmeisterinnen.

Ich will zeigen, daß dies auch im Sinne der Stoiker ist, aber nicht, weil ich mir's zum Gesetz gemacht hätte, niemals gegen eine Weisung Zenos oder Chrysipps zu verstoßen, sondern weil sich meine Zustimmung zu ihrer Meinung ganz aus der Sache selbst ergibt, denn wer immer nur einem einzigen folgt, wäre mehr bloßer Mitläufer als verantwortungsbewußtes Ratsmitglied. Ja, hätten wir alle Dinge schon im Griff und wäre die allgemein anerkannte Wahrheit völlig verständlich, dann brauchten wir an unseren Lehrsätzen nichts zu ändern. So aber müssen wir – zusammen – mit unseren Lehrern – die Wahrheit immer wieder suchen gehen.

Hauptsächlich sind es zwei Schulen, die sich über diesen Punkt streiten, die Epikureer und die Stoiker. Zur Muße gelangen beide, aber auf ganz verschiedenen Wegen. Epikur sagt: »Der Weise wird sich nicht mit Staatsangelegenheiten befassen, es sei denn, es träten besondere Umstände ein.« Zeno sagt: »Er wird sich des Staates annehmen, es sei denn, es läge ein Hinderungsgrund vor. Strebt der eine vorsätzlich nach Zurückgezogenheit, tut es der andere nur aus besonderem Anlaß, ›Anlaß‹ muß freilich hier ganz weit gefaßt werden. Ist der Staat so verdorben, daß ihm nicht mehr aufzuhelfen ist, sitzen Schurken am Ruder, wird sich der Weise nicht vergebliche Mühe machen; auch wird er sich nicht auf ein aussichtsloses Ringen einlassen, wenn sein Ansehen und sein Einfluß nicht groß genug sind; ebenfalls wird es für ihn keinen Eintritt in den Staatsdienst geben, wenn er von schwacher Gesundheit ist. So wenig wie er ein leckes Schiff aufs Meer schicken oder sich als körperlich Schwacher für den Kriegsdienst einschreiben ließe, wird er einen Weg einschlagen, der ihm als ungangbar bekannt ist. Also darf sich wohl auch der, für den alles noch offen ist, ehe er Bekanntschaft mit den Stürmen macht, einen sicheren Standort wählen, sich von Anfang an den Wissenschaften widmen und sich ganz seiner Muße hingeben, also die Charaktereigenschaften entwickeln, die auch im ruhigsten Leben voll zur Geltung kommen können.

Was von einem Menschen gefordert wird, ist doch, daß er seinen Mitmenschen nütze, wenn es irgend geht, recht vielen; ist das nicht möglich, einigen wenigen; ist auch dies nicht möglich, nur seiner näheren Umgebung; sollte auch das nicht möglich sein, dann allein sich selbst. Eben durch seinen hilfreichen Einsatz für andere erfüllt er seine Pflicht gegenüber der Allgemeinheit. Wie einer, der sich absinken läßt, nicht allein sich selbst schadet, sondern auch allen anderen, denen er durch seine Besserung hätte nützen können – so nützt, wer sein eigenes Selbst fördert, auch anderen, und zwar dadurch, daß er für ihren künftigen Nutzen sorgt.

Stellen wir uns einmal zwei Staaten vor! Der eine umfasse Götter und Menschen, dehne sich weithin aus und gehöre im wahrsten Sinn allen. In diesem Staat kümmern wir uns nicht um diesen oder jenen Winkel, sondern messen die Grenzen unseres Staates an der Sonnenbahn. Der andere sei der, an den uns der Zufall der Geburt gebunden hat. Es wird dies der Staat der Athener sein oder der der Karthager, oder irgendein anderer Stadtstaat, der nicht der gesamten Menschheit, sondern nur einer bestimmten Gruppe gehört. Einige widmen sich gleichzeitig dem Dienst beider Staaten, dem größeren wie dem kleineren, andere wieder nur dem größeren. Dem größeren Staat können wir auch in der Zurückgezogenheit dienen, ja ich weiß nicht, ob in Zurückgezogenheit vielleicht noch besser.

Wir befassen uns dann mit Fragen wie: Worin besteht die Tugend? Gibt es nur eine einzige oder mehrere? Was macht die Menschen besser, die Natur oder die Kunst? Gibt es nur diese eine Welt, die Meere und Länder und alles, was darin lebt, umschließt, oder hat die Gottheit viele solcher Welten im All verstreut? Ob die Materie, aus der alles hervorgeht, immer und ohne Ausnahme alles ausfüllt oder ob sie in sich zersplittert und mit Zwischenräumen durchsetzt ist? Wie verhält sich die Gottheit zu ihrem Werk? Schaut sie untätig zu, oder greift sie handelnd ein? Umschließt sie wie ein Ring das Ganze von außen, oder durchdringt sie das Weltinnere? Ist diese Welt unvergänglich, oder muß man sie zum Hinfälligen und zeitlich Begrenzten zählen? Welchen Dienst leistet ein Mensch, der solche Betrachtungen anstellt, der

Gottheit? Den, daß ihre gewaltigen Werke nicht ohne Zeugen dastehen!

Gewöhnlich drücken wir uns so aus: Das höchste Gut sei ein Leben, das im Einklang mit der Natur steht. Die Natur aber gab uns eine doppelte Bestimmung: zur Weltbetrachtung wie zum Tätigsein. Das Erstgenannte wollen wir auch zuerst untersuchen. Wie soll das geschehen? Wird sich das nicht von selbst erweisen, wenn jeder sein Inneres befragt über seinen Drang, unbekannte Dinge kennenzulernen, über seine Erregung bei jedem abenteuerlichen Bericht? Da fahren die einen zur See, nehmen die Strapazen einer überlangen Reise auf sich, nur um Verborgenes und Entlegenes kennenzulernen. Dieser Drang lockt alle Welt zu Sehenswürdigkeiten, drängt dazu, Verschlossenes zu erforschen, Geheimnisse zu ergründen, Altertümer ans Licht zu holen, von den Sitten wilder Völker zu erfahren. Wißbegierde hat die Natur uns eingegeben und im Bewußtsein eigener Kunst und Schönheit uns zur Betrachtung solcher Großartigkeit bestimmt. Würde sie sich nicht selbst um den Genuß gebracht haben, wenn sie solche großartige, herrliche, scharfsinnig ausgeklügelte, glänzende und in vieler Hinsicht schöne Dinge einer Einsamkeit dargeboten hätte? Um sich bewußt zu werden, daß sie nicht nur wahrgenommen, sondern genau betrachtet werden will, mußt du den Standort beachten, den sie uns zugewiesen hat: in den Mittelpunkt ihrer Schöpfung hat sie uns hingestellt und uns den Überblick über das Ganze verschafft. Sie gab dem Menschen nicht nur den aufrechten Gang, sie verlieh ihm auch eine ausgeprägte Beobachtungsgabe.

Damit er den Lauf der Gestirne vom Aufgang bis zum Niedergang verfolgen und seinen Blick mitwandern lassen könne, schuf sie ihm das hocherhobene Haupt und setzte es auf einen beweglichen Hals. Beim Gang durch sechs Tag- und sechs Nachtsternbilder zeigte sie sich ihm in voller Entfaltung. Sicherlich wollte sie durch das den Augen Dargebotene seine Neugierde auch nach dem Übrigen wecken. Sehen wir doch weder alles noch alles in seiner wirklichen Größe. Aber unser Scharfblick erschließt uns Wege der Forschung, legt die Grundlagen der Wahrheitsfindung, so daß die Untersuchung vom Bekannten zum Unbekannten fortschreiten, ja etwas finden kann, das noch älter ist als diese Welt selbst: den Ursprung der Gestirne; den Urzustand des Weltalls vor der Abspaltung von Teileinheiten; nach welchem Plan sich das Versenkte und Vermengte geschieden haben könnte; wer den Dingen ihren Platz zuwies; ob es die ureigene Natur war, die alles Schwere herabzog, alles Leichte emporhob, ob außer eigener Anstrengung und eigener Körperschwere noch irgendeine höhere Kraft am Werke gewesen sei, die den Einzeldingen ihr Gesetz vorgeschrieben haben könnte; ob jener landläufige Beweis für die Göttlichkeit des Menschengeistes stimmt: ein Teil Sternenstoff, gleichsam Sternenfunken, sei auf die Erde gesprungen und an diesem fremden Ort haftengeblieben.

Unser Denken durchbricht die Himmelsgrenzen und begnügt sich nicht mit dem Wissen des Sichtbaren: »Mein Forschen«, sagt er, »gilt dem, was jenseits dieser Welt liegt. Ob sich dort unermeßliche Leere dehnt oder ob auch das seine Grenzen hat. Wie dieses Jenseitige beschaffen ist: ob es sich um ein gestaltloses Durcheinander handelt, ob es nach allen Richtungen hin die gleiche Ausdehnung einnimmt oder ob selbst das nach einer gewissen Ordnung verteilt ist; ob ein

Zusammenhang mit unserer Welt besteht oder eine Trennung stattgefunden hat und es wie im leeren Raum kreist? Ob die Bausteine alles Geschaffenen und alles Zukünftigen unteilbar sind oder ob sie aus einheitlichem Stoff bestehen, der im Ganzen veränderlich ist? Ob es Gegensätze zwischen den Grundstoffen gibt oder zwischen ihnen kein Widerspruch herrscht, vielmehr Zusammenwirkung aus unterschiedlichen Richtungen?« Wer geboren ist, all das zu ergründen, soll bedenken, wie wenig Zeit ihm zur Verfügung steht. Selbst wenn er sie voll ausschöpft und sich keinen Augenblick leichtfertig rauben oder durch Nachlässigkeit entgehen läßt, wenn er noch so sehr mit seinen Stunden geizen und die äußerste Grenze eines Menschenlebens erreichen mag, wenn ihm das Schicksal bei der Erfüllung seiner natürlichen Bestimmung nichts in den Weg stellen mag, ist er trotz allem zur Erkenntnis des Unsterblichen als Mensch nur allzu sterblich. Also lebe ich im Einklang mit der Natur, wenn ich ihr ganz ergeben bin, sie bewundere und verehre. Die Natur wollte aber doch, daß ich beides betreibe: ich sollte tätig wirken, aber auch Zeit für besinnliche Betrachtungen haben. Und beides übe ich aus: auch meine wissenschaftlichen Betrachtungen sind Handlungen!

Nun bringst du den Einwand: »Es kommt aber darauf an, ob du dich auf solche Betrachtungen ausschließlich um des Vergnügens willen einläßt und von ihnen nichts erwartest, außer daß sie nie aufhören und nie unterbrochen werden; denn sie sind voller Reize.« – Darauf antworte ich dir, daß es in gleicher Weise darauf ankommt, welche innere Einstellung du zum Ablauf des täglichen Lebens findest; ob du in ständiger Unruhe lebst und dir nie die Zeit nimmst, dich vom menschlichen dem göttlichen Bereich zuzuwenden. Wie es auf keinen Fall zu billigen ist, wenn einer ohne jeden Drang nach sittlicher Vervollkommnung und ohne jede Spur geistiger Bildung sich in Tätigkeit stürzt und in bloßer Beschäftigung erschöpft – muß doch vielmehr beides miteinander verbunden und verflochten werden –, so muß es sich auch um ein unvollkommenes, ja mattherziges Gut handeln, wenn einer seine Tugend tatenlos an seine Freizeitbeschäftigung verschwendet und sie nie zeigen läßt, was in ihr steckt. Bestreitet doch kein Mensch, daß die Tugend ihren Fortschritt durch die Tat erproben muß und sich nicht nur Gedanken über notwendige Taten machen darf, sondern auch einmal mit Hand anlegen muß, diese Gedanken Wirklichkeit werden zu lassen.

Ist aber das Hemmnis nicht der Weise selbst, fehlt es also nicht an einem tatbereiten Manne, sondern an einem Betätigungsfeld, wirst du ihm sicherlich den Rückzug auf sich selbst gestatten? Mit welcher inneren Einstellung zieht sich nun der Weise zurück? Im Bewußtsein, daß er auch dann etwas für die Nachwelt Nützliches tun wird! Ich jedenfalls gehöre zu denen, die meinen, daß Zeno und Chrysipp Wertvolleres geleistet haben, als wenn sie Heere befehligt, Ehrenämter ausgeübt, Gesetze ausgearbeitet hätten. Letzteres haben sie nun freilich getan, aber nicht für einen einzelnen Staat, sondern für das gesamte Menschengeschlecht. Wie und warum also sollte ein zurückgezogenes Leben dieser Art für einen tüchtigen Mann unpassend sein? Erhält er doch dadurch die Möglichkeit, für künftige Jahrhunderte Ordnung zu stiften und nicht nur vor einigen wenigen zu reden, sondern zu allen Menschen aller Völker, der Gegenwart wie der Zukunft.

Abschließend die Frage, ob Kleanthes, Chrysipp und Zeno nach ihren eigenen Vorschriften gelebt haben. Zweifellos wirst du antworten, sie hätten nach den von ihnen aufgestellten Lebensregeln gelebt – doch hat keiner von ihnen ein Staatsamt bekleidet! »Sie besaßen eben weder genug Glück noch genug Ansehen, wie es zur Bekleidung öffentlicher Ämter gewöhnlich dazugehört«, meinst du. Trotzdem haben sie nicht träge dahingelebt, vielmehr gelang ihnen der Beweis, daß ihr eigenes ruhiges Leben der Menschheit mehr Nutzen bringen könnte als Geschäftigkeit und Hetzerei der anderen. Allem zum Trotz gewann man also den Eindruck, diese Männer hätten Bedeutendes geleistet, auch ohne im Staatsdienst tätig gewesen zu sein.

Im übrigen unterscheidet man drei Lebensformen. Der Streit geht nun gewöhnlich darum, welche die beste sei: die eine widmet sich der Lust, die andere wissenschaftlichen Betrachtungen, die dritte einem tätigen Leben. Zunächst wollen wir vom Streit ablassen, den unversöhnlichen Haß, den wir Andersgesinnten entgegenbringen, beiseite räumen und darauf achten, wie letztlich alles, nur unter anderem Namen, auf dasselbe hinausläuft. Weder kommt der Fürsprecher der Lust ohne wissenschaftliche Betrachtungen aus noch sind dem Diener der Wissenschaft Lustgefühle fremd, und auch der einem tätigen Leben Verpflichtete kann nicht auf die wissenschaftliche Betrachtung verzichten. »Doch ist es ein großer Unterschied«, sagst du »ob etwas aus eigenem Vorsatz angestrebt wird oder nur Folge eines fremden Vorsatzes ist.« Das mag gewiß ein großer Unterschied sein, trotzdem kann eins nicht ohne das andere bestehen. Weder wird der eine tatenlos der Wissenschaft leben noch der andere ohne nachzudenken handeln, noch billigt jener dritte, den wir einstimmig geringschätzen, den trägen Genuß; ist er doch vielmehr auf einen Genuß aus, den er sich planmäßig dauerhaft zu machen versteht. Der Tätigkeit verbunden finden wir also auch jene Schule, die sich der Lust verschrieben hat. Warum sollte sie's nicht? Sagt nicht Epikur selbst, er wäre dafür, sich ab und zu vom Vergnügen zurückzuziehen, ja, wenn der Lust Reue zu folgen droht oder die Wahl eines leichteren Schmerzes einen schwereren ersparen kann, sogar den Schmerz zu suchen. Worauf zielen diese Aussagen? Sie sollen deutlich machen, daß eigentlich alle eine wissenschaftliche Betrachtungsweise befürworten. Für die einen ist sie eigentliches Ziel; für uns Stoiker ist sie nur Zwischenstation, nicht der endgültige Hafen.

Und nun noch eins: wer zurückgezogen lebt, kann das durchaus nach dem Grundsatz des Chrysipp tun, und zwar meiner Meinung nach nicht nur so, daß er sich mit der Zurückgezogenheit abfindet, sondern daß er sich freiwillig für sie entscheidet! Wir Stoiker sind nicht der Meinung, der Weise werde in jedem beliebigen Staate wirken. Ist es aber überhaupt wichtig, wie der Weise zu einem Leben in Zurückgezogenheit kommt, dadurch, daß ihm ein Staat fehlt oder daß er einem Staat fehlt? Es sei denn, es gäbe überall einen richtigen Staat. Wer aber wählerisch ist, wird nie einen finden.

Wie muß ein Staat, so frage ich, dem der Weise seine Kräfte zur Verfügung stellen soll, beschaffen sein? Etwa wie der Staat der Athener, in dem ein Sokrates verurteilt wird, aus dem ein Aristoteles fliehen muß, um der Verurteilung zu entgehen, wo gehässiger Neid die Tugenden erstickt? Sicher bist du doch mit mir der Meinung, daß kein Weiser für einen solchen Staat wirksam werden wird! Soll sich der Weise also etwa in karthagische Staatsdienste begeben, wo ständig Aufruhr herrscht und ihr Freiheitssinn gerade den Besten zum Verhängnis werden kann, wo Rechtschaffenheit und Tugend überhaupt nichts gelten, wo man gegen Feinde unmenschliche Grausamkeit und selbst gegen das eigene Volk Feindseligkeit übt?

Auch einen solchen Staat wird er fliehen! Wollte ich jetzt alle Staaten einzeln durchgehen, würde ich keinen finden, der den Weisen oder den der Weise ertragen könnte. Wenn sich jener von uns erträumte Staat nämlich nicht finden läßt, dann müssen sich einfach alle zurückziehen, eben weil nirgendwo zu finden ist, was allein verdiente, der Zurückgezogenheit vorgezogen zu werden. Sagt mir einer, eine Seefahrt sei doch etwas Wunderschönes, weigert sich aber sogleich, ein Meer zu befahren, wo Schiffbrüche nichts Außergewöhnliches und plötzliche Stürme, die den Steuermann in völlig andere Richtung treiben, recht häufig sind, verbietet er mir dann nicht überhaupt die Abfahrt, mag er nun die Seefahrt noch so sehr loben?

MORALISCHE BRIEFE AN LUCILIUS

SENECA GRÜSST SEINEN LUCILIUS

So ist's schon richtig, Lucilius: Führe Dein Leben in eigener Verantwortung und nimm Deine Zeit peinlich genau zusammen. Bisher wurde sie Dir doch offen oder heimlich gestohlen, oder sie entglitt Dir ganz unmerklich. Sei überzeugt, es ist schon so, wie ich schreibe: ein Teil unserer Zeit wird uns entrissen, ein anderer unbemerkt entzogen, ein dritter wieder zerrinnt uns. Am schimpflichsten aber ist wohl der Verlust durch Nachlässigkeit.

Betrachte es einmal genauer: der größte Teil unseres Lebens geht dahin mit unwürdigem Tun, ein großer mit Nichtstun, das ganze Leben mit belangloser Beschäftigung. Kannst Du mir jemanden nennen, der wirklich Wert auf Zeiteinteilung legt, der jeden Tag zu schätzen weiß, der begreift, daß er täglich stirbt? Hierin liegt nämlich unser Irrtum, daß wir den Tod immer nur vor uns sehen; er gehört vielmehr zum großen Teil schon zur Vergangenheit. Was von unserer Lebenszeit hinter uns liegt, hat schon der Tod. Also, Lucilius, tu, was Du, Deinem Briefe nach, ja schon tust: nimm all Deine Stunden zusammen! Wenn Du Dein Heute fest in die Hände nimmst, wirst Du vom Morgen weniger abhängig sein! Vertagt man sein Leben, schon ist's vorüber! Alles, Lucilius, gehört anderen mit, nur die Zeit gehört uns. Dieses so flüchtige, so leicht entgleitende Ding, dieser einzige Besitz, den uns die Natur gegeben hat: gerade aus dem lassen wir uns von jedem Beliebigen vertreiben.

Ja so groß ist die menschliche Torheit, daß man sich das Geringfügigste und Wertloseste, das doch am ehesten ersetzbar ist, als Schuld anrechnen läßt, wenn man es von anderen erlangt hat. Hingegen glaubt niemand, etwas schuldig zu sein, wenn er Zeit erhalten hat. Dabei ist sie doch das einzige, das auch der Dankbare nicht zurückgeben kann.

Du fragst vielleicht, was ich, der ich Dir diese Ratschläge gebe, denn selbst tue? Ich will es Dir offen gestehen: Es geht mir wie dem, der trotz allem Aufwand doch sorgfältig nachrechnet. Die Buchführung über meine Ausgaben liegt vor. Gewiß kann ich nicht sagen, daß ich ohne Verluste davonkomme; aber ich kann angeben, was ich verliere, warum und wie. Über die Ursachen meiner Armut kann ich mir Rechenschaft geben. Allein es geht mir wie den meisten, die ohne ihr Verschulden mittellos dastehen: jeder hat Einsehen, keiner hilft. Was also? Ich halte den nicht für arm, dem das Wenige genügt, das ihm übrigbleibt. Dir aber gebe ich den Rat: halt zusammen, was Du hast und fange damit ja zur rechten Zeit an! Denn, wie es unsere Vorfahren hielten: »Ist der Boden erst erreicht, kommt Sparsamkeit zu spät!« Was als Bodensatz zurückbleibt, ist nämlich nicht nur ein kläglicher Rest, sondern auch völlig minderwertig. Leb wohl!

Was Du mir schreibst und was ich so von Dir höre, läßt mich auf eine gute Entwicklung Deiner Persönlichkeit hoffen. Du hastest nicht ziellos hin und her und schaffst Dir durch dauernden Ortswechsel keine Unruhe. Zu kranken Gemütern mag diese Art von Geschäftigkeit passen; Hauptmerkmal eines geschulten Verstandes ist meiner Meinung nach die Fähigkeit, einmal haltmachen zu können und bei sich selbst zu verweilen. Achte nun besonders darauf, daß die Lektüre vieler Schriftsteller und verschiedenartiger Bücher nicht zu einer gewissen Flüchtigkeit und Unsicherheit führt. Willst Du festen geistigen Besitz gewinnen, solltest Du Dich mit zuverlässigen Partnern abgeben und Dir bei ihnen Nahrung suchen. Wer überall ist, ist nirgends.

Wer ständig umherreist, macht die Erfahrung, daß er zwar viele Reisebekanntschaften hat, aber keine wahren Freundschaften. Ebenso ergeht es notwendigerweise denen, die sich keinem geistigen Leitbild vertrauensvoll anschließen wollen, sondern alles so nebenbei und in Eile erledigen. Nahrung, die gleich wieder ausgebrochen wird, nützt nichts und dient dem Körper nicht. Nichts schadet der Gesundheit so sehr wie häufiger Wechsel der Medikamente. Die Wunde, an der viele Mittel ausprobiert werden, vernarbt nicht; die Pflanze, die laufend umgesetzt wird, gedeiht nicht: Kein Mittel wirkt so stark, daß es nur so nebenbei helfen könnte. Ein Zuviel an Büchern verwirrt uns nur. Und da Du nun nicht alles Dir Erreichbare lesen kannst, muß es Dir genügen, so viel zu haben, wie Du auch lesen kannst. »Ich möchte aber doch mal in diesem, mal in jenem Buch blättern«, erwiderst Du. Langeweile ist's, die den Magen an allem herumkosten läßt; aber dieses unverträgliche Gemisch ist ja nur Unrat ohne Nährkraft! Lies daher ständig in den bewährten Schriftstellern, und solltest Du auch einmal an anderen Geschmack gefunden haben, kehre immer zur Ausgangslektüre zurück.

Tag für Tag solltest Du Dir etwas Hilfreiches gegen die Armut, den Tod und nicht weniger gegen sonstiges Unheil zusammenstellen, und auch wenn Du vieles überflogen hast, wähle Dir eine Stelle aus, die Du noch am gleichen Tag geistig verarbeiten kannst. So mache ich's auch: aus der Menge des Gelesenen greife ich mir etwas heraus. Heute ist's beispielsweise ein Satz, den ich bei Epikur fand – ich pflege mich nämlich gelegentlich auch in fremde Lager zu begeben, sozusagen als Kundschafter, nicht etwa als Überläufer –; dieser Epikur behauptet nun: Ehrenvoll ist Armut in Fröhlichkeit«. Armut in Fröhlichkeit ist aber doch gar keine Armut mehr. Denn arm ist ja nicht, wer wenig besitzt, sondern wer mehr haben will. Was hängt denn davon ab, wieviel einer in seiner Schatztruhe, wieviel er in seinen Speichern liegen hat, wieviel Vieh auf der Weide, wieviel zinstragendes Kapital er besitzt, wenn er auf fremdes Eigentum aus ist und, unzufrieden mit dem Erworbenen, die zu erwartenden Erwerbungen schon mit dazurechnet? Du möchtest den Maßstab des Reichtums kennen? Nun, zunächst ist es der Besitz des Notwendigen, dann allenfalls der des Ausreichenden. Leb wohl!

Mit Freuden billige ich, daß Du Dich so beharrlich anstrengst, daß Du alles andere zurückstellst und ganz darauf bedacht bist, wie Du Dich Tag um Tag immer mehr verbessern kannst. Nur ermahne ich Dich nicht nur zur Ausdauer, ich bitte Dich sogar darum! Doch rate ich Dir, nicht durch Kleidung und Lebensstil besonders aufzufallen, wie diejenigen, die nur angestaunt werden wollen, denen aber an wirklichem Fortschritt nichts liegt. Meide ungepflegtes Äußeres, allzulanges Haar, verwilderten Bartwuchs, Kampfansage an den Wohlstand, Nachtlager zu ebener Erde und was sich fehlgeleiteter Geltungsdrang sonst noch einfallen läßt. Auch wenn man ›Philosophie‹ nicht übertreibt, ihr bloßer Name schafft schon Feinde. Was würde erst, wenn wir noch anfingen, menschliche Gewohnheiten ganz abzulegen. Im Inneren muß alles anders sein, unser Äußeres entspreche dem Landesbrauch. Glänzen soll unsere Toga nicht, aber sie soll auch nicht schmutzig sein. Wir sollten keine Silberschalen mit eingelegtem Reliefwerk aus gediegenem Gold besitzen wollen, es aber auch nicht als Zeichen von Bescheidenheit ansehen, überhaupt kein Gold- und Silbergerät zu besitzen. Wir sollten eine Lebensweise anstreben, die besser ist als die gemeinhin übliche, nicht aber eine um jeden Preis abweichende; sonst vertreiben wir diejenigen aus unserer Umgebung, die wir bessern wollen, und entfremden sie uns endgültig. Auch kommt dabei heraus, daß sie sich dann aus Furcht, alles mitmachen zu müssen, gar nichts mehr an uns zum Vorbild nehmen wollen.

Als erstes verspricht die Philosophie: natürliches Taktgefühl, gesittete Umgangsformen und Geselligkeit. Absonderlichkeiten passen einfach nicht zu diesem Versprechen. Hüten wir uns, daß nicht gerade das, womit wir Bewunderung erringen wollen, lächerlich und hassenswert erscheint. Ist es doch unser Vorsatz, im Einklang mit der Natur zu leben; einfach widernatürlich ist es freilich, seinen Körper zu quälen, gefällige Eleganz zu verachten, sich nach Unsauberkeit zu sehnen und nicht nur minderwertige, sondern sogar eklige und verschmutzte Nahrung zu genießen. So wie Vorliebe für erlesene Leckereien von

Genußsucht zeugt, muß Ablehnung auch der einfachen Hausmannskost als Zeichen von Schwachsinn gelten. Die Philosophie fordert Bescheidenheit, die freilich nicht ungepflegt sein muß, nicht Selbstbestrafung. Mir persönlich gefällt dieser Stil: unsere Lebensart halte die Mitte zwischen strenger Sitte und Volksbrauch. Mögen alle unsere Lebensart beargwöhnen, wenn sie sie nur anerkennen! Wie denn aber nun? Sollen wir es treiben wie alle anderen? Soll gar kein Unterschied zwischen uns und ihnen sein? Ein ganz wichtiger sogar! Jeder, der uns näher betrachtet, soll erkennen, daß wir der großen Masse so ganz unähnlich sind. Wer unser Haus betritt, soll uns bewundern, nicht unseren Hausrat. ›Groß‹ ist, wer mit Tongeschirr so umgeht, als sei es aus Silber. Und nicht geringer ist der, der mit seinem Silber umgeht, als sei es aus Ton: von innerer Unsicherheit zeugt es, Reichtümer nicht ertragen zu können!

Doch um auch den kleinen Gewinn meines heutigen Tages mit Dir zu teilen: bei unserem Hekaton fand ich den Gedanken: seiner Begehrlichkeit den Garaus zu machen, gehöre zu den Mitteln gegen die Furcht. Er behauptet: »Du wirst aufhören, Dich zu fürchten, sobald Du aufgehört hast zu hoffen.« Du wirst entgegnen: »Wie kann denn so Verschiedenes zusammenpassen?« Es ist aber schon so, Lucilius, beides gehört eng zusammen, obwohl es sich zu widersprechen scheint. So wie die gleiche Kette den Häftling mit dem Wachtposten zusammenschließt, so geht jenes im Grunde so Unähnliche dicht nebeneinander her: der Hoffnung folgt die Furcht! Und ich wundere mich nicht, daß es so ist: beides gehört zu einem schwankenden Gemüt, das aufgeregt die Zukunft erwartet. Die wichtigste Ursache von beiden aber ist, daß wir uns nicht auf die Gegenwart beschränken, sondern unsere Gedanken weit vorausschicken. Darum ist ja die Voraussicht – an sich doch ein großer Vorzug unserer menschlichen Natur – zu einem solchen Übel geworden. Das Tier flieht vor der sichtbaren Gefahr. Dieser entkommen, lebt es sorglos dahin. Wir hingegen lassen uns durch Zukünftiges ebenso wie durch Vergangenes beunruhigen. Unsere vielen Vorzüge schaden uns sogar: unser Gedächtnis ruft uns die quälende Furcht zurück, die Voraussicht nimmt sie vorweg. Durch Gegenwärtiges allein wird kein Mensch unglücklich! Leb wohl!

Ich spüre, Lucilius, wie ich nicht nur immer fehlerfreier, sondern gleichsam verwandelt werde. Allerdings kann ich noch nichts versprechen und gebe mich auch nicht der Hoffnung hin, daß an mir nun gar nichts Änderungsbedürftiges mehr zurückbliebe. Warum sollte ich nicht auch manches an mir haben, das weiter verstärkt, gemildert oder noch mehr hervorgehoben werden müßte? Eben dies aber darf als Merkmal eines zum Besseren bekehrten Sinnes gelten: das Gewahrwerden bisher übersehener Mängel. Bei manchen Kranken ist man heilfroh, wenn sie anfangen, sich krank zu fühlen. Daher möchte ich diese unvermutete Wandlung meines Wesens so gern mit Dir teilen: ich könnte dann nämlich noch stärkeres Zutrauen zu unserer Freundschaft gewinnen, einer echten Freundschaft, die weder Hoffnung noch Furcht, noch Sorge um den eigenen Vorteil zerreißt, einer Freundschaft bis zum Tod, für die Menschen auch ihr Leben hingeben. Viele kann ich Dir nennen, denen zwar nicht ein Freund, wohl aber Freundschaft fehlt. Das kann nicht geschehen, wenn gleicher Wille verwandte Seelen zu gemeinsamem ehrenvollem Streben begeistert. Wie sollte es auch? Wissen sie doch, daß sie alles – und besonders das Widrige – gemeinsam haben.

Du kannst Dir nicht vorstellen, welche Bedeutung ich jetzt jedem einzelnen Tag beimesse. Du sagst: »Laß auch mir zukommen, was Du an Dir selbst als wirksam erfahren hast!« Nun, ich möchte wirklich alles in Dich hinüberströmen lassen, und schon darum freue ich mich, etwas zu lernen, weil ich's Dir dann weitervermitteln kann. Kein Wissen – sei es noch so großartig und nützlich – kann mich richtig erfreuen, wenn ich es nur für mich allein haben soll. Würde mir Weisheit unter der Bedingung zuteil, daß ich sie für mich behalten muß und nicht weitergeben darf – ich würde sie zurückweisen. Ohne Gefährten kann man sich an keinem Besitz richtig freuen! Ich schicke Dir also die Bücher selbst, und damit Du bei der Suche nach den verstreuten Kernstellen nicht zuviel Mühe hast, lege ich Dir Lesezeichen ein. So findest Du sofort jene Abschnitte, die ich selbst wertschätze und bewundere. Doch werden Dir das lebendige Wort und unser Zusammensein noch mehr nützen als die schriftliche Erörterung. Dich selbst mußt Du herverfügen, einmal, weil wir Menschen unseren Augen mehr trauen als unseren Ohren, und dann, weil durch Einzelvorschriften der Weg recht lang, durch Beispiele hingegen kurz und zielstrebig ist.

Nur als Hörer wäre Kleanthes nie zu einem Abbild Zenos geworden; so aber lebte er eng mit ihm zusammen, gewann Einblicke in sein Inneres, beobachtete, ob er auch seiner Lehre entsprechend lebte. Plato und Aristoteles und die ganze, unter sich so verschiedene Philosophenschar, zog größeren Gewinn aus der

Charakterhaltung des Sokrates als aus seinen Worten. Den Metrodorus, den Hermarchus und den Polyaenus machte nicht Epikurs Schule zu bedeutenden Männern, sondern der persönliche Umgang mit ihm. Doch nicht nur zu Deinem, sondern auch zu meinem Vorteil will ich Dich kommen lassen: So können wir einander am meisten nützen.

Da ich Dir indessen eine kleine tägliche Entschädigung schulde, will ich Dir sagen, welcher Sinnspruch im Hekaton mir heute besonders gefiel. »Du fragst«, sagt er, »was ich hinzugelernt habe? Ich fange an, mir selbst Freund zu sein.« Viel hat ein solcher Mann gewonnen. Nie wird er allein sein. Für alle – daran solltest Du denken – ist er ein Freund! Leb wohl!

Du wirfst mir vor: »Mir gibst Du den ernstlichen Rat, Menschengewühl zu meiden, mich ja zurückzuziehen und mir am Bewußtsein meiner selbst genug sein zu lassen. Wie verträgt sich das mit Euren Vorschriften, die Tätigsein bis zum Tode auferlegen?« Genau wie Du meinen Ratschlag vorerst aufgefaßt hast, habe ich mich zurückgezogen und meine Türen verschlossen, um einer größeren Zahl meiner Mitmenschen hilfreich sein zu können. Kein einziger Tag geht mir durch Untätigkeit verloren. Sogar einen Teil meiner Nächte widme ich wissenschaftlicher Tätigkeit. Zum Schlaf nehme ich mir keine Zeit, freilich muß ich ihm nachgeben, wenn die durch Nachtarbeit überanstrengten Augenlider mir über der Arbeit zufallen. Ich lebe zurückgezogen von den Menschen, aber auch von den Geschäften des Tages, meine eigenen voll eingeschlossen. Mein Schaffen gilt der Nachwelt, für die ich aufschreibe, was vielleicht Wert für sie haben könnte. Den Rezepturen heilsamer Arzneien vergleichbar, vertraue ich meine hilfreichen Ratschläge dem Papier an. Ihre Wirksamkeit konnte ich an meinen eigenen Leiden erproben, die zwar noch nicht völlig ausgeheilt sind, aber doch wenigstens nicht weiterwuchern. Den richtigen Weg, den ich selbst erst spät und schon erschöpft vom langen Umherirren endlich gefunden habe, ihn will ich den Gefährten zeigen!

Mein Mahnruf: »Geht allem aus dem Weg, was der Menge gefällt, was der Zufall schenkt! Vor jedem unvermuteten Glücksgeschenk verhaltet argwöhnisch und ängstlich Euren Schritt! Wilde Tiere und Fische lassen sich durch verlockende Hoffnung täuschen. Für Gaben des Glücks haltet ihr das? Ein Hinterhalt ist's! Wer von Euch sein Leben in Sicherheit verbringen will, meide soweit er irgend kann, jene als Köder ausgelegten Wohltaten, auf die wir Ärmsten doch so oft hereinfallen: wir meinen etwas fest zu haben, statt dessen sind wir nur hängengeblieben. Jener Weg führt in Abgründe. Am Ende eines so hochgemuten Lebens lauert der Absturz. Hat die Hochstimmung mit ihrer Verwirrung erst einmal eingesetzt, hilft kein Widerstand mehr. Weder aufrechten Untergang gibt es dann, noch Zusammenbruch auf einen Schlag. Keinen plötzlichen Umschlag gönnt das Schicksal; mit dem Kopf drückt es uns nach unten, um uns stoßweise aufzureiben. Folgende heilsame Lebensregel solltet ihr also befolgen: Eurem Körper macht nur so viel Zugeständnisse, wie zu seiner Gesunderhaltung unbedingt nötig sind. Er muß etwas straffer gehalten werden, damit er unserem Geist nicht den Gehorsam verweigert. Nahrung soll ihm den Hunger stillen, Trinken den Durst löschen, Kleidung soll ihn vor

Kälte schützen, ein Haus Schutz gegen alles sein, was ihn bedroht. Dabei ist es völlig gleichgültig, ob dieses aus Rasenstücken oder ausländischem Mosaikwerk errichtet ist: glaubt mir, ein Strohdach schützt den Menschen genauso wie Goldplatten.

Verachtet alles, was sinnloser Fleiß als Schmuck und Zier verwendet. Denkt daran: nichts außer unserem Geist selbst ist der Bewunderung wert. Hat der Geist Größe, kann's außer ihm nichts Großes geben!« Wenn ich so mit mir und der Nachwelt rede, glaubst Du nicht, daß ich dann größeren Nutzen stifte, als wenn ich zur Bürgschaftsleistung vor Gericht erscheine oder ein Testament besiegele oder im Senat einem Amtsbewerber mit Rat und Tat zur Seite stehe? Glaub mir, die scheinbar so Untätigen sind oft mit weit Wesentlicherem beschäftigt: zu gleicher Zeit betreiben sie Menschenwerk wie göttliche Dinge.

Nun muß aber schließlich ein Ende gefunden und – wie gewohnt – für diesen Briefwechsel die Gebühr entrichtet werden. Sie soll nicht aus meinem eigenen Vorrat stammen: noch immer lese ich im Epikur, bei dem ich dann auch heute folgenden Ausspruch fand: »Der Philosophie mußt du Sklavendienste leisten, dann wird dir wahre Freiheit zuteil werden!« Wer sich ihr unterworfen und ausgeliefert hat, wird nicht von einem Tag auf den anderen vertröstet; sofort wird er auf freien Fuß gesetzt. Denn eben im Sklavendienst für die Philosophie besteht die Freiheit. Möglich, daß Du mich nun fragst, warum ich so viele treffende Sprüche aus dem Epikur auswähle und nicht aus den unsrigen. Aus welchem Grunde aber hältst Du diese Aussprüche für Eigentum des Epikur und nicht vielmehr für Gemeinbesitz? Wie viele Dichter sagen doch nur das, was von Philosophen bereits gesagt wurde oder doch hätte gesagt werden sollen. Dabei will ich weder auf die Tragiker noch auf unser Nationaldrama zu sprechen kommen, das ja ebenfalls gewisse ernste Züge trägt und zwischen Komödie und Tragödie etwa die Mitte hält. Wie viele treffend formulierte Verse finden sich doch in den Mimen! Wie vieles von Publilius paßte nicht besser in den Mund eines Tragöden als eines Komödienschauspielers? Einen seiner Verse, der sich auf ein philosophisches Thema bezieht, das uns soeben beschäftigte, will ich anführen. In diesem Vers lehnt er es ab, Zufallsgut als Eigentum zu betrachten.

›Fremd bleibt uns immer, was ein Wunsch uns gab!‹

Ich erinnere mich, daß dieser Gedanke von Dir noch besser und genauer ausgedrückt wurde:

›Nicht dein ist, was das Glück zu Deinigem gemacht!‹

Und auch Deine noch gelungenere Formulierung will ich nicht übergehen:

›Geschenktes Gut, dem Raube steht es frei!‹

Dies stelle ich Dir aber nicht in Rechnung, ich gebe es Dir ja aus Deinem Eigentum! Leb wohl!

Wohin ich mich auch wende, stoße ich auf Anzeichen meines fortgeschrittenen Alters. So war ich auf mein Landgut vor der Stadt gekommen und beklagte mich über den Kostenaufwand für dieses baufällige Gebäude. Der Verwalter erklärte mir, dies sei nicht Schuld seiner Nachlässigkeit, er tue alles, aber das Landhaus sei eben alt. Diese Villa war einst gleichsam unter meinen Händen emporgewachsen; was mag da mir noch bevorstehen, wenn gleichaltrige Ziegelsteine schon so altersmorsch sind? Erzürnt über ihn, ergreife ich die nächstbeste Gelegenheit, meinem Ärger

Luft zu machen. Es ist doch ganz deutlich, sage ich, daß diese Platanen vernachlässigt werden; sie tragen überhaupt kein Laub; wie knotig und dürr sind ihre Zweige, wie kümmerlich und schmutzverkrustet ihre Stämme! Das wäre nicht so weit gekommen, wenn man den Boden ringsum aufgelockert, wenn man sie gegossen hätte! Nun schwört er bei meinem Genius, er tue alles, nirgendwo lasse er es an Sorgfalt fehlen, doch seien es eben alte Bäume. – Unter uns gesagt, ich selbst hatte sie einst gepflanzt, hatte ihre ersten Blätter gesehen! – Zur Türe gewendet, frage ich noch: »Und wer ist der dort, der abgelebte Alte, der wohl mit Recht so in der Nähe des Ausgangs postiert ist; blickt er doch schon nach draußen. Wo hast du den bloß aufgetrieben? Wie konntest du Vergnügen daran finden, einen Toten aufzunehmen, der nicht zu uns gehört?« Sagt jener: »Erkennst du mich denn nicht? Ich bin doch der Felicio, derselbe, dem du immer Püppchen schenktest, der Sohn deines Verwalters Philositus, dein Liebling.« Darauf ich: »Der Mensch ist völlig verdreht. Wurde er schon als ganz kleiner Junge mein Liebling? Kann schon sein, besonders da ihm eben jetzt die Zähne ausfallen.«

Ich danke es also meinem Landgut, daß mir – wohin ich mich auch wenden mochte – mein Alter so deutlich bewußt wurde. Schenken wir dem Alter unsere Aufmerksamkeit und Liebe: verständig genutzt bietet es eine Fülle an Genuß. Überreif schmecken Früchte am besten. Die Kindheit übt ihren stärksten Reiz kurz vor ihrem Abschluß. Der letzte, umwerfende Schluck, der den Rausch aufs höchste steigert, ist für den echten Zecher der höchste Genuß. Jede Lust spart sich ihre höchste Wonne bis zum Ende auf. Und so ist das Alter dann am angenehmsten, wenn es schon zur Neige geht, aber noch nicht jäh abstürzt. Aber auch das auf der letzten Stufe hat, glaube ich, noch seine Annehmlichkeiten. Oder die Bedürfnislosigkeit selbst tritt an die Stelle der Genüsse. Wie wohltuend kann es doch sein, wenn man die eigenen Begierden abgemüdet hinter sich gelassen hat.

Du wendest ein, es sei doch bedrückend, den Tod so unmittelbar vor Augen zu haben. Dagegen zunächst: Greis und Jüngling müssen ihn gleichermaßen vor Augen haben, denn der Abruf erfolgt nicht nach Altersklassen. Und zweitens ist keiner so alt, daß es dreist von ihm wäre, nicht wenigstens noch auf einen Lebenstag zu hoffen. Ein einzelner Tag ist wie eine Stufe des Lebens. Unser ganzes Leben setzt sich aus Einzelabschnitten zusammen, schließt sich in immer größeren Ringen um die jeweils kleineren, bis ein letzter alle übrigen umfaßt und umrundet, vom Tag der Geburt sich spannend bis zum Todestag. Ein anderer umschließt die Jugendzeit, ein dritter die ganze Kindheit. Eine Besonderheit ist der Jahreskreis, der alle Zeiteinheiten enthält, aus deren Wiederkehr sich unser Leben zusammensetzt. Mit einem kleineren Kreis ist der Monat umgürtet, den engsten Umkreis hat der Tag, aber auch der hat seinen Anfang und sein Ende. Daher sagt Heraklit, dessen orakelhafte Ausdrucksweise ihm den Beinamen ›der Dunkle‹ einbrachte: »Ein Tag, allen anderen gleich!« Das verstand einer so, ein anderer anders. Einer meinte die Gleichheit an Stunden, und damit hat er nicht unrecht: nimmt man nämlich den Tag als Zeiteinheit von vierundzwanzig Stunden, dann sind notwendig alle Tage einander gleich, denn Nacht- und Taglängen gleichen sich aus. Ein anderer behauptet, ein Tag gleiche allen anderen vermöge der Ähnlichkeit: auch der längste Zeitraum bietet nichts, was nicht auch an jedem Tag zu finden ist: Licht und Finsternis. Mehr, aber nicht anderes bringt auch der Wechselrhythmus des Alls hervor, ... einmal kürzer, einmal länger. Darum sollte man jeden Tag so einrichten, als ob er den Reigen abschlösse und unser Leben vollende.

Jener Pacuvius, der ganz Syrien ausplünderte, ließ sich, sooft er sich bei Weingenuß und Totenmahlzeiten gewissermaßen selbst ein Totenopfer gebracht hatte, von der Tafel weg ins Schlafgemach tragen, wobei unter dem Beifallsklatschen seiner Lustknaben zur Musik gesungen werden mußte: »Genug gelebt! Genug gelebt!« Jeden Tag ließ er sich so hinaustragen. Was jener mit schlechtem Gewissen tat, wollen wir mit gutem Gewissen tun und beim Schlafengehen fröhlich und heiter sagen:

»Ja, ich habe gelebt und den Lauf meines Schicksals vollendet!«

Gönnt uns die Gottheit noch einen weiteren Tag, so wollen wir auch den fröhlich annehmen. Der ist der Allerglücklichste in sorgenfreiestem Selbstbesitz, der das Morgen ohne Unruhe erwarten kann. Wer sagen kann: »Ich habe gelebt!«, beginnt jeden neuen Tag mit Gewinn.

Nun aber muß ich meinen Brief schließen. Du fragst: »So ohne jeden Sparpfennig soll er zu mir kommen?« Keine Angst, er bringt etwas mit. Warum sagte ich ›etwas‹? Er bringt viel, denn was wäre kostbarer als der Ausspruch, den ich jetzt für Dich mitgebe: »Ein Übel ist's, unter Zwang zu leben, doch unter Zwang weiterzuleben, besteht kein Zwang!«

Und warum kein Zwang? Es stehen überall viele kurze, leicht gangbare Wege zur Freiheit offen. Danken wir es der Gottheit, daß niemand im Leben zurückgehalten werden kann: Selbst die Not können wir unter unsere Füße treten! »Das stammt von Epikur!«, wendest Du ein, »was kümmerst Du Dich um fremdes Gut?« Was wahr ist, gehört auch mir. Ich werde fortfahren, Dir Epikureisches bekanntzumachen, denn alle, die nur auf des Meisters Worte schwören und nicht nach dem Gehalt, sondern nach dem Urheber urteilen, sollen wissen, daß alles Vorzügliche Gemeingut ist. Leb wohl!

Ich weiß, Lucilius, Du bist Dir jetzt völlig im klaren, daß kein Mensch ohne Studium der Philosophie wirklich glücklich, geschweige denn erträglich leben kann und daß solch ein glückliches Leben nur durch gründliche philosophische Bildung zu erreichen ist, wenn auch die ersten Schritte schon zu einem wenigstens erträglichen Dasein führen. So klar sie auch ist, diese Überzeugung bedarf weiterer Bestätigung und muß durch tägliche Selbstprüfung noch tiefer Wurzeln schlagen. An guten Vorsätzen festzuhalten ist nämlich anstrengender als sie zu fassen. Durch beharrliche, unablässige Bemühungen muß man Ausdauer und Kraft hinzugewinnen, bis aus dem guten Wollen eine edle Gesinnung heranreift. In Deinem Falle kann ich mir nun weitere Worte und Beteuerungen ersparen, weil ich ja sehe, daß Du schon große Fortschritte gemacht hast. Ich weiß um den Ursprung Deiner mitgeteilten Überzeugungen, die weder Lüge noch Schönfärberei sind. Trotzdem verhehle ich Dir nicht, daß ich zwar Hoffnung auf Dich setze, aber noch kein volles Zutrauen haben kann. Du solltest ebenso verfahren, ich will es sogar.

Es geht nicht, daß Du Dir selbst vorschnell und leichtfertig Glauben schenkst. Prüfe Dich selbst, erforsche Dich auf mannigfache Weise, beobachte Dich! Vor allem mußt Du darauf achten, ob Du nur in der Philosophie oder auch im praktischen Leben vorangekommen bist. Die Philosophie ist nicht dazu da, als Kunststück öffentlich vorgeführt zu werden. Nicht Worte machen ihr Wesen aus, sondern Taten. Sie darf uns auch nicht dazu dienen, in angenehmer Unterhaltung den Tag hinzubringen und in der Freizeit vor Langeweile bewahrt zu bleiben: denn sie ist es ja, die unser Inneres formt und bildet, unser Leben ordnet, unsere Handlungen lenkt, die uns zeigt, was zu tun, was zu lassen sei; sie sitzt am Steuerruder und bestimmt den Kurs, wenn wir unschlüssig hin und her treiben. Ohne sie vermag kein Mensch sorgenfrei und sicher zu leben. In unzähligen Angelegenheiten wird stündlich Rat gebraucht, der nur bei ihr zu holen ist.

Mag nun einer sagen: »Was nützt mir alle Philosophie, wo es doch ein unentrinnbares Schicksal gibt? Was nützt sie mir, wenn ein Gott die Welt regiert? Was nützt sie mir, wenn der Zufall herrscht? Vorherbestimmtes läßt sich ja doch nicht ändern, und gegen Unvorhergesehenes läßt sich keine Vorsorge treffen!« Entweder hat ein Gott schon im voraus über mein Wollen und Tun entschieden, oder das launische Schicksal läßt mir nichts mehr zu entscheiden übrig. Was hiervon auch zutreffen mag, Lucilius, und sei es alles zusammen: wir müssen Philosophie betreiben! Mag uns das Schicksal mit unerbittlicher Gesetzmäßigkeit binden oder ein richtender Gott das ganze Weltall ordnen oder der regellos waltende Zufall mit allem Menschlichen sein Spiel treiben: die Philosophie muß unser Schild sein! Sie wird uns mahnen, der Gottheit willig zu gehorchen, dem launischen Schicksal zu trotzen. Sie wird uns lehren, der Gottheit zu folgen, den Zufall zu ertragen. Doch wollen wir jetzt nicht darüber streiten, was uns zu tun übrigbleibt, wenn die Vorsehung regiert, der Schicksalslauf uns unentrinnbar mit sich zieht oder der überraschende Zufall des Augenblicks waltet. Daher komme ich noch einmal zu Mahnung und Ermunterung: laß nicht zu, daß Dein geistiger Schwung erlahmt und erkaltet, erhalte ihn Dir und nimm Dir vor, daß dieser Schwung ein fester geistiger Besitz wird.

Wenn ich Dich recht kenne, bist Du schon von Anfang an gespannt, was dieser Brief wohl als Beigabe enthalten wird. Schau nach, und Du wirst's finden! Das heißt nicht, daß Du meine Geistesgaben bewundern sollst, denn freigebig bin ich noch immer – mit fremdem Gut. Doch warum betone ich das ›fremd‹? Jeder gute Gedanke, von wem er auch stammen mag, ist auch mein eigener. So auch Epikurs Ausspruch: »Lebst Du nach der Natur, wirst Du niemals arm, richtest Du Dich nach Deinen Wunschvorstellungen, wirst Du niemals reich sein.« Die Natur kommt mit Wenigem aus, Wunschträume verlangen Unermeßliches. Nimm einmal an, der Besitz vieler reicher Leute strömte bei Dir zusammen; Glücksumstände ermöglichten Dir Großzügigkeit in Geldangelegenheiten, überhäuften Dich mit Gold, kleideten Dich in Purpur und ließen Dich in den Besitz von Kostbarkeiten und Schätzen kommen, so daß Du den Erdboden unter Deinen Marmorplatten verstecken kannst, und Du Reichtümer nicht nur besitzt, sondern sogar auf ihnen herumtreten kannst. Dazu kämen Statuen, Gemälde und was andere Künste um der Prachtentfaltung willen sonst noch austüfteln.

Du wirst die Erfahrung machen, daß dadurch in

Dir nur noch größere Wünsche geweckt werden. Natürliche Bedürfnisse haben ihre Grenzen. Was irrigen Wunschvorstellungen entspringt, kennt kein Maß, denn der Irrtum spottet jeglicher Schranke. Wer seinen Weg geht, kommt einmal ans Ziel, Irrwege führen ins Leere. Zieh Dich also zurück aus nichtiger Betriebsamkeit, und wenn Du wissen willst, ob Deine Wünsche natürlichem Bedürfnis oder blinder Begierde entspringen, so achte darauf, ob sie irgendwo von selbst zur Ruhe kommen. Bleibt trotz ständigen Fortschreitens immer noch ein unerfüllter Rest, so darfst Du sicher sein: Dein Streben ist wider die Natur. Leb wohl!

Meinst Du wirklich, ich würde Dir schreiben, wie freundlich der letzte Winter zu uns war – er war ja in der Tat mild und kurz –, wie übellaunig sich dagegen dieser Frühling mit seinem verspäteten Kälteeinbruch aufführt und ähnlich abgeschmacktes Zeug nach Art der Schwätzer. Nein, ich will etwas schreiben, was mir und Dir nützen kann. Was aber könnte das anderes sein als eine Ermunterung zu edler Gesinnung. Du fragst nach der erforderlichen Grundlage? Keine falsche Freude an Nichtigkeiten! Ich nannte das Grundlage, wo es doch bereits der Höhepunkt ist. Denn das Höchste hat schon erreicht, wer den Grund seiner Freude kennt und sein Glück nicht vom äußeren Einfluß abhängig gemacht hat. Verstört und selbstunsicher ist jeder, den Hoffnung auf Ungewisses reizt, gleichgültig, ob das Erhoffte mit Händen zu greifen oder leicht zu gewinnen ist, oder ob er Enttäuschungen überhaupt noch nicht kennengelernt hat. Eines, lieber Lucilius, soll Dein Tun vor allem bestimmen: Du mußt lernen, Dich zu freuen!

Jetzt denkst Du vielleicht, ich entziehe Dir viele Vergnügungen, wenn ich Dich von Zufälligkeiten fernhalte, wenn ich die angenehmsten Ablenkungen, die Hoffnungen, von Dir gemieden wissen will. Ganz im Gegenteil, ich will erreichen, daß es Dir niemals an Freude fehlt! Im häuslichen Kreis soll sie Dir zuteil werden. In Deinem eigenen Inneren freilich muß sie lebendig sein. All die anderen fröhlichen Anlässe füllen das Herz nicht, sie glätten nur die Stirn und sind flüchtiger Natur. Du müßtest denn meinen, wer lacht, sei froh. Nein, unser Geist muß tatkräftig und zuversichtlich über allem stehen. Glaube mir, es ist eine ernste Sache um die wahre Freude. Oder meinst Du, man könnte mit unbefangener und – wie gewisse Lebemänner sich auszudrücken pflegen – sogar heiterer Miene den Tod verachten, der Armut die Tür öffnen, seine Begierden zügeln, sich Unempfindlichkeit gegen Schmerzen einüben? Wer derlei mit sich herumträgt, lebt im Gefühl großer, doch wenig verlockender Freude.

Ich möchte Dich im Besitz einer Freude sehen, die Dir nie fehlen wird, sobald Du erst einmal entdeckt hast, wo sie zu finden ist. Geringwertige Metalle werden an der Oberfläche gewonnen, die Adern der wertvollsten dagegen liegen in der Tiefe und erschließen sich erst dem beharrlich Grabenden in ihrer ganzen Fülle. Das, woran sich die Menge ergötzt, bietet nur schwachen, oberflächlichen Genuß, und jeder nur äußerlichen Freude fehlt die sichere Grundlage. Die Freude, von der ich rede und zu der ich Dich hinführen will, hat festen Grund und dringt tief ins Innere. Mein teurer Lucilius, bitte, Du mußt jetzt tun, was allein Dich glücklich machen kann. Verwirf und verachte alle Dinge, die nur äußerlich glänzen, die

Dir von anderen oder aus fremdem Besitz versprochen werden. Auf das wahre Gut mußt Du achten und daß Deine Freude aus Eigenem stammt. Was heißt nun dieses ›aus Eigenem‹? Aus Dir selbst und dem besten Teil Deines Ichs! Auch Dein schwaches Körperchen – mag auch nichts ohne ihn auszurichten sein – mußt Du eben nur für notwendig und nicht für bedeutsam halten; schafft es doch bloß nichtige, kurze, reuebringende Genüsse, die leicht ins Gegenteil umschlagen, wenn man sie nicht durch Selbstbeherrschung im Zaum hält.

So meine ich's: Wenn er nicht maßhält, schlägt der Hochgenuß jählings in Schmerz um. Aber es ist schwer, in einer Sache maßzuhalten, die man für ein Gut hält. Gier nach dem wahren Gut birgt jedoch keine Gefahr! »Was ist das?«, fragst Du nun, und »Woher stammt es?« Ich will es Dir sagen: aus einem guten Gewissen, aus löblichen Vorsätzen, aus sinnvollem Handeln, aus der Verachtung alles Zufälligen, aus dem ruhigen, steten Gang eines Lebens, das sich an seine gradlinige Bahn hält. Denn wie können andererseits die Schwankenden und Schweifenden etwas Sicheres und Bleibendes haben, sie, die von einem Vorsatz zum anderen hinüberwechseln, ja nicht einmal selbst hinüberwechseln, sondern sich einfach vom Zufall hinüberwerfen lassen? Nur wenige unterwerfen sich und ihr Leben einem festen Plan, den übrigen geht's wie dem Treibgut auf den Flüssen: sie lassen sich mehr treiben, als daß sie schwimmen. Das eine trägt eine ruhige Welle zögernd und sanft dahin, dieses erfaßt eine kräftigere Welle, jenes setzt ein matter Wellenschlag in unmittelbarer Ufernähe ab, anderes wieder drängt dahinschießender Ansturm der Wogen ins Meer hinaus. Darum müssen wir genau festlegen, was wir eigentlich wollen, und dann unbeirrt daran festhalten.

Hier ist nun die Gelegenheit, meine Schuld zu begleichen. Ich kann Dir nämlich ein Wort Deines Epikur zurückgeben und den Brief damit ›freimachen‹: »Es ist eine lästige Sache, mit dem Leben immer nur anzufangen.« Oder wenn der Gedanke besser so ausgedrückt werden kann: »Wer mit dem Leben ständig neu beginnt, verfehlt sein Leben.« »Wieso?«, fragst Du, denn dieser Spruch verlangt nähere Erklärung. Nun, weil für solche Menschen das Leben immer Stückwerk bleibt. Denn wie kann der zum Tode bereit sein, der eben erst mit dem Leben anfängt? Darauf sollten wir vielmehr aus sein: jederzeit schon genug gelebt zu haben. Wer sein Leben eben erst anfängt, schafft das nicht. Die Ausrede, dies seien ja nur wenige, darf nicht gelten: so sind fast alle! Manche fangen sogar erst dann zu leben an, wenn sie schon aufhören müssen. Dies findest Du seltsam? Nun, so will ich hinzufügen, was Du noch seltsamer finden wirst: Es gibt Menschen, die haben schon aufgehört zu leben, noch bevor sie überhaupt einen Anfang fanden. Leb wohl!

Wenn Du Dich weiterhin energisch um eine edle Gesinnung bemühst, tust Du gewiß das Beste und für Dich Sinnvollste! Das betonst Du ja auch selbst! Nun wäre es aber doch töricht, sich etwas zu wünschen, was man sich selbst befehlen kann. Die Hände zum Himmel ausstrecken, den Tempeldiener anflehen, daß er uns den Zutritt zum Götterbild freigibt – als ob wir auf diese Weise eher Gehör fänden! –: nichts davon ist vonnöten! Der Gott ist ganz nahe bei Dir und in Dir. Ja, so würde ich's ausdrücken, Lucilius: ein ehrwürdiger Geist hat in unserem Inneren seinen Wohnsitz. Wachsam blickt er auf unsere Schlechtigkeit und unsere Güte. So wie wir ihn behandeln, behandelt er uns. Aber nur mit göttlicher Hilfe kann man ein guter Mensch sein. Ja, kann sich überhaupt ein Mensch ohne göttlichen Beistand über sein Schicksal erheben? Ein Gott ist es, der uns wahrhaft große und erhabene Ratschläge gibt. In jedem guten Menschen ›wohnt ein Gott, wenn auch ungewiß ist, welcher‹.

Gelangst Du einmal zu einem Hain voller uralter, ungewöhnlich hoher Bäume, deren Äste wechselseitig einander überdeckend den Durchblick zum Himmel verstellen, läßt Dich die Höhe dieses Waldes, der geheimnisumwobene Bereich dieses wunderbaren so undurchdringlichen wie ununterbrochenen – Halbdunkels an ein göttliches Walten glauben. Wölbt sich ein Berg über tiefausgehöhltem Felsengestein und bildet eine Grotte, die ihre riesige Ausdehnung natürlichen Ursachen und nicht menschlichem Eingreifen verdankt, so wird Deinen Geist ehrfürchtiger Schauder durchdringen.

Wir verehren die Quellen großer Flüsse. Altäre erheben sich dort, wo aus verborgener Tiefe unvermutet ein großer Strom hervorbricht. Heiße Quellen werden verehrt. Schattige Waldseen von ungeheuerer Tiefe gelten als heiliger Bezirk. Siehst Du aber einen Menschen, unerschrocken in Gefahren, unberührt von Begierden, glücklich im Unglück, ruhig inmitten von Stürmen, der die Götterwelt von gleich zu gleich, die Menschen von erhabener Höhe aus betrachtet, wirst Du den etwa nicht verehren wollen? Wirst Du nicht vielmehr sagen wollen: »Das ist etwas zu Großes und Erhabenes, als daß man an einen Zusammenhang mit diesem ärmlichen Körper glauben könnte?« Ja, eine göttliche Kraft hat sich hierher herabgesenkt. Eine himmlische Macht bewegt jenen erhabenen, beherrschten Geist, der an allem vorübergeht wie an Unbedeutendem, der für alles, was wir fürchten und hoffen, nur ein Lächeln hat! Ohne göttliche Unterstützung hätte etwas so Großartiges gewiß keinen Bestand. Darum weilt er ja auch mit dem Kern seines Wesens an seinem hohen Ursprungsort. Wie Sonnenstrahlen zwar die Erde berühren und doch in ihrem Ursprung verhaftet bleiben, so pflegt ein erhabener, ehrwürdiger, zur Beförderung unserer Gotteserkenntnis herabgesandter Geist zwar Umgang mit uns, bleibt aber immer in Verbindung mit seinem Ursprung. Denn von dem ist er abhängig, nach dem richtet er sich, zu ihm strebt er zurück: Unter uns weilt er wie ein höheres Wesen.

Was ist das nun für ein Geist, dessen Ausstrahlungskraft nur auf dem ihm eigenen Gut beruht? Denn was wäre törichter, als an einem Menschen das zu loben, was gar nicht in seiner Gewalt steht? Was wäre unsinniger, als Glücksgüter zu bewundern, die ständig ihren Besitzer wechseln können? Goldene Zügel machen ein Pferd nicht besser. Anders schüttelt sich ein Löwe mit vergoldeter Mähne, der sich erschöpft zum Ertragen des aufgedrungenen Schmucks bewegen lassen mußte, anders ein Löwe ohne Schmuck, mit ungebrochenem Mut. Dieser nun, angriffslustig wie die Natur selbst ihn wollte, herrlich in seiner Wildheit – zu dessen Ruhm es zählt, daß keiner ihn ohne Furcht anblicken kann –, wird gewiß jenem schwächlichen und flitterbehangenen vorgezogen.

Jeder sollte sich nur des Eigensten rühmen! So loben wir einen Rebstock, wenn er mit früchteschweren Zweigen prangt, wenn die Last seiner Trauben die Stützpfähle zur Erde niederbeugt. Wer wird einem solchen Rebstock einen anderen vorziehen, an dem goldene Trauben und goldene Blätter hängen? Der für einen Rebstock geltende Wertmaßstab heißt Fruchtbarkeit. So sollte nun auch am Menschen das gelobt werden, was ihm ureigen zugehört. Hat er eine stattliche Dienerschaft, ein schönes Heim, viel Ackerland, viel zinstragendes Kapital: nichts davon gehört ihm innerlich zu, es gehört nur zu seiner Umwelt. Lobe also am Menschen nur den ihm ureigenen Vorzug, der ihm weder verliehen noch genommen werden kann. Welcher das sei, fragst Du? Sein Geist und seine im Geist vollendete Vernunft, ist doch der Mensch ein vernunftbegabtes Lebewesen! Erst wenn er seine Bestimmung erfüllt, kommt sein Vorzug voll zur Geltung. Was verlangt diese Vernunft ihm ab? Nun, ganz Leichtes: nach seiner eigenen Natur zu leben! Landläufige Unvernunft macht das freilich schwierig, drängen wir uns doch gegenseitig auf Abwege. Wie aber kann man die zur Vernunft zurückrufen, die keiner hindert, ja, die die Menge noch antreibt? Leb wohl!

Du fragst mich, wer mir Deine geheimsten Gedanken verraten haben könnte, die Du doch niemandem ausgeplaudert hattest. Das wie immer wohl unterrichtete Gerücht! »Wie«, entgegnest Du, »bin ich denn so bedeutend, daß sich das Gerücht meiner annimmt?« Nach den hiesigen Maßstäben darfst Du Dich dabei freilich nicht richten. Denke an Deine jetzige Umgebung. Was seine Umgebung überragt, ist eben dort auch groß. Für Größe gibt es nämlich kein vorgegebenes Maß. Größer oder kleiner erscheint eine Sache allein durch den Vergleich. Ein Schiff, das sich auf offenem Meer winzig ausnimmt, erscheint gewaltig groß auf einem Fluß. Ein und dasselbe Steuerruder ist für das eine Schiff sehr groß, für ein anderes ganz bescheiden. In Deiner Provinz bist Du jetzt ein bedeutender Mann, magst Du Dir auch selbst noch so gering vorkommen. Man interessiert sich für Deinen Tageslauf, Deine Tischsitten, Deine Schlafgewohnheiten – und man weiß das auch. Darum mußt Du auf Deine Lebensführung besonders achten. Wenn Du so vor der Öffentlichkeit bestehen kannst, wenn Deine Wände Dich nicht verbergen, sondern nur eben schützen, darfst Du Dich als glücklich ansehen. Im allgemeinen halten wir es nämlich für deren Bestimmung, uns nicht sicherer leben, sondern heimlicher sündigen zu lassen.

Ich berühre hier ein Thema, das Dir unseren Sittenverfall zeigt: Du wirst kaum jemanden finden, der es sich leisten könnte, gewissermaßen mit offener Tür zu leben. Nicht unser Stolz, unser schlechtes Gewissen hat Türwächter eingesetzt. Denn wir leben so, daß wir uns bei jedem unverhofften Blick ertappt fühlen müssen. Was nutzt es da noch, sich verborgen zu halten und sich den Augen und Ohren der Menschen zu entziehen? Ein gutes Gewissen stellt sich dem Urteil der Menge, ein schlechtes ist auch in der Einsamkeit ängstlich und unruhig. Handelst Du ehrenvoll, sollen's ruhig alle wissen! Handelst Du schändlich, was macht es dann noch aus, wenn's keiner weiß: Du selbst weißt es ja. Diesen Mitwisser zu verachten, das eigentlich bedeutet, elend zu sein. Leb wohl!

Schon wieder übst Du Dich mir gegenüber in Selbsterniedrigung, behauptest, erst habe Dich die Natur, später das launische Schicksal stiefmütterlich behandelt. Dabei liegt es nur an Dir, Dich aus der Menge herauszuheben und zum höchsten Menschenglück aufzusteigen. Das Allerbeste an der Philosophie ist ja doch, daß sie nicht nach dem Stammbaum fragt. Zählt man den ersten Ursprung, stammen wir alle von Göttern ab. Du bist ein römischer Ritter, Deine Tüchtigkeit hat Dich diesen Stand erreichen lassen. Beim Herkules! Trotzdem bleiben die vierzehn Reihen Ehrensitze vielen versperrt. Die Kurie läßt eben nicht alle zu. Das Militär trifft selbst unter denen, auf die Anstrengungen und Gefahren warten, noch eine peinliche Auslese. Edle Gesinnung aber steht allen frei, dazu sind wir alle hochgeboren!

Die Philosophie weist keinen zurück und bevorzugt keinen: ihr Licht leuchtet allen. Sokrates war kein Patrizier, Kleanthes war ein Wasserträger, der als Lohnarbeiter Gartenland bewässern mußte. Als Plato seine philosophischen Studien begann, zählte er noch nicht zum Adel, den verschaffte ihm erst die Philosophie. Warum gibst Du die Hoffnung auf, ihnen gleich werden zu können? Sie alle sind Deine Ahnen, Du brauchst Dich nur ihrer würdig zu zeigen. Das kannst Du auch! Du mußt Dir nur unverzüglich klarmachen, daß Du von niemandem an wahrem Adel übertroffen werden kannst! Jeder von uns hat die gleiche Zahl von Vorfahren. Jedermanns Ursprung liegt jenseits seines Erinnerungsvermögens. Plato sagt, es gäbe keinen König, der nicht von Sklaven und keinen Sklaven, der nicht von Königen abstamme. Langlanger Wechsel hat all dies durcheinandergemischt, und das Schicksal hat unten und oben vertauscht. Wer ist nun wahrhaft von Adel? Der, den die Natur zur Tugend bestimmt hat! Und wenn Du schon auf Deinen Stammbaum pochst, so mußt Du eines bedenken: beruft man sich einmal aufs Alter, stammt ausnahmslos jeder aus dem Uranfang!

Vom Ursprung der Welt bis in die Gegenwart reicht unsere Ahnenreihe, abwechselnd zwischen glanzvollen Heldengestalten und elenden Kümmerlingen. Zum Edlen macht nicht ein Ahnensaal voll rauchgeschwärzter Familienbilder. Kein Vorfahr hat sich für unseren Ruhm abgemüht, und was vor uns war, gehört uns nicht. Allein die Gesinnung macht den Edlen aus, sie allein kann sich aus jeder Lebenslage über das Schicksal erheben. Betrachte Dich also einmal nicht als römischen Ritter, sondern als Freigelassenen. Trotzdem kannst Du erreichen, unter lauter Freigelassenen der einzige wahrhaft Freie zu sein. »Wie das?« fragst Du. Du darfst Dich bei der Unterscheidung von Gut und Böse nicht nach der Volksmeinung richten.

Entscheidend ist nämlich nicht, woher etwas stammt, sondern wozu es dient! Gibt's etwas, das unser Leben glücklich machen kann, so ist's auch mit vollem Recht gut, denn es läßt sich nicht in ein Übel verkehren. Da sich nun wohl alle ein glückliches Leben wünschen, muß der Irrtum anderswo liegen! Darin, daß man die Voraussetzungen mit der Sache selbst verwechselt und sich so vom Ziel, das man doch ansteuert, entfernt. Sichere Seelenruhe und unerschütterliches Vertrauen sollten Grundvoraussetzung für ein glückliches Leben sein. Statt dessen aber sucht man nach Gründen zur Besorgnis, trägt auf ungesichertem Lebenspfad sein Bündel weniger, als daß man's schleppt und entfernt sich immer mehr vom erstrebten Ziel. Ja, je mehr Mühe man aufwendet, desto mehr ist man sich selbst im Weg und gleitet rückwärts. So geht's ja auch denen, die im Labyrinth zu hasten beginnen: gerade durch ihre Eile verstricken sie sich immer mehr. Leb wohl!

Du hättest zu wenig Bücher zur Hand, klagst Du. Aber nicht auf die Zahl kommt es doch an, sondern auf den Wert. Nur sinnvoll ausgewählte Lektüre stiftet Nutzen, abwechslungsreiche mag zur Entspannung gut sein. Wer sein Ziel erreichen will, muß eine einheitliche Marschroute einhalten und nicht hin und her pendeln: denn das hieße nicht zielbewußt wandern, sondern umherirren. »Mir wäre es lieber, wenn Du mir Bücher anstelle von Ratschlägen gäbest«, entgegnest Du. Nun bin ich durchaus bereit, Dir alle meine Bücher zu schicken. Wenn ich könnte, würde ich mich selbst gleich mitschicken. Und bestünde nicht die Hofinnung, daß Du in Deiner Staatsfunktion bald abgelöst wirst, hätte ich alter Mann mich schon auf die Reise gemacht. Weder Scylla noch Charybdis samt ihrem Fabelmeer hätten mich abschrekken können. Was heißt übersetzen lassen? Ich wäre sogar selbst hinübergeschwommen, nur um Dich umarmen zu können und mich persönlich davon zu überzeugen, wie Du geistig gewachsen bist. Übrigens, weil Du um die Übersendung gerade meiner Werke bittest: ich rechne mich deswegen nicht unter die literarischen Größen, ebensowenig wie ich mich für schön hielte, wenn Du ein Bild von mir haben möchtest. Ist es doch mehr ein Zeichen Deiner Zuneigung als ein Urteil. Aber selbst wenn es ein Urteil wäre, hat es Dir gewiß Deine gütige Nachsicht eingegeben. Sei es, wie es sei: meine Bücher sollst Du als Zeugnisse eines hartnäckigen Wahrheitssuchers lesen, nicht als die eines Wissenden. Denn ich habe mich keinem Leitbild verschworen, bin keinesfalls nur Schüler. Zwar gebe ich viel auf das Urteil bedeutender Männer, aber eine gewisse Entscheidungsfreiheit behalte ich mir vor.

Jene Größen haben doch auch uns noch unentdeckte Forschungsgebiete übriggelassen. Wären sie nicht auch auf überflüssige Fragestellungen verfallen, hätten sie notwendige Entdeckungen vielleicht selbst machen können. So aber haben sie viel Zeit mit Wortspielereien und Redeübungen vertan, stellten Fangfragen zu nutzloser Verstandesübung. Erst wird Verwirrung geschaffen, werden zweideutige Begriffe eingeführt, um anschließend die Lösung anzubieten. Und dafür nehmen wir uns Zeit! Aber wie man leben, wie man sterben soll – wissen wir das denn schon? Ganz bewußt müssen wir einen Standpunkt erreichen, der uns die Täuschung durch die Wirklichkeit, nicht nur die durch bloße Worte erspart. Wozu die Unterscheidung ähnlicher Wortbedeutungen, die immer nur den hinters Licht führt, der sich auf solche Disputationen überhaupt einläßt.

Die Wirklichkeit ist es, die uns täuscht. Hier gilt es zu unterscheiden. Wir entscheiden uns für das Schlechte statt für das Gute. Unsere Wünsche von heute stehen gegen unsere Wünsche von gestern, unsere Urteile widerrufen einander, unsere Beschlüsse widersprechen sich. Schmeichelei ist der Freundschaft zum Verwechseln ähnlich, ahmt sie nicht nur täuschend nach, sondern läuft ihr siegreich den Rang ab. Mit offenen und geneigten Ohren nimmt man sie auf, in unser tiefstes Inneres dringt sie ein. Gerade ihre Gefälligkeit richtet den Schaden an. Man sollte lehren, wie man sich bei dieser Ähnlichkeit noch zurechtfindet. Schmeichlerisch, unter der Maske des Freundes, nähert sich der Feind.

Unter dem Namen von Tugenden schleichen sich die Laster bei uns ein. Hinter dem Anspruch der Tapferkeit verbirgt sich sträflicher Leichtsinn. Feigheit bezeichnet man als Besonnenheit, den Ängstlichen läßt man als Vorsichtigen gelten. Hier lauern die gefährlichen Irrwege. Hier müssen eindeutige Unterscheidungen getroffen werden. Dagegen ist wohl niemand so töricht, bei der Frage, ob er etwa Hörner trage, seine Stirn abzutasten. Es wird aber wiederum auch niemand so einfältig und stumpfsinnig sein, nicht zu ahnen, daß Du ihn mit Deiner spitzfindigen Fragestellung nur hereinlegen willst. Derlei Täuschungen sind harmlos wie die Gauklertricks mit Bechern und Steinchen, bei denen uns ja die Täuschung als solche Spaß macht. Kommst du dahinter, wie es vor sich geht – schon hat's den Reiz verloren. Ebenso steht es, meine ich, mit jenen Fangfragen, wie man diese Sophismen am besten nennen sollte. Sie schaden dem Neuling ebensowenig, wie sie dem Kundigen nützen.

Wenn Du schon zweideutige Ausdrücke auflösen willst, dann stelle klar, daß nicht der wirklich glücklich ist, den die Masse so nennt, dem Mengen von Geld zufließen, sondern der, dessen ganzes Gut im geistigen Bereich liegt, ein Aufrechter, Erhabener, der das, was alle Welt anstaunt, mit Füßen tritt, der mit keinem tauschen möchte; der im Menschen vorzüglich den Menschen würdigt, der sich von der Natur leiten läßt, sich nach ihren Gesetzen ausrichtet und ganz nach ihren Vorschriften lebt. Keine Gewalt wird ihm sein Gut rauben können, ihm, der selbst Widrigkeiten zum Guten wenden kann. Er ist sicher in seinem Urteil, unerschüttert und unerschrocken. Äußere Gewalt berührt ihn, aber verwirrt ihn nicht. Das Schicksal, selbst wenn es sein tödlichstes Geschoß mit voller Wucht auf ihn schleudert, ritzt ihn, doch verwundet ihn nicht – und selbst das nur selten. Denn all die übrigen Geschosse, mit denen das Schicksal die Menschheit bezwingt, prallen von ihm ab wie Hagelkörner, die, ohne den Hausbewohnern zu schaden, auf die Dächer prasseln und dahinschmelzen.

Was belästigst Du mich mit dem Trugschluß, den Du selbst den ›Lügner‹ nennst und über den schon so viel zusammengeschrieben worden ist? Schau, das ganze Leben scheint mir eine einzige Lüge zu sein. Hier sollte Dein Scharfsinn einsetzen und der Wahrheit zum Sieg verhelfen. Hier nämlich darf das größtenteils Überflüssige als notwendig gelten. Und auch was nicht gerade überflüssig ist, vermag nicht durch innere Überzeugungskraft zufrieden und glücklich zu machen. Auch das Notwendige zählt nicht von vornherein zu den Gütern.

So wäre es eine Herabwürdigung für die Bezeichnung ›Gut‹, wollten wir Brot und Gerstengrütze und was sonst noch lebensnotwendig ist, diesen Namen beilegen. Das Gute ist auf jeden Fall notwendig, das Notwendige noch lange nicht gut. Gibt es doch notwendige Dinge, die vollkommen wertlos sind. Kein Mensch kann die Würde des Guten so sehr verkennen, daß er tägliche Gebrauchsgegenstände so nennt. Wie denn nun? Solltest Du nicht vielmehr Deine Mühe darauf verwenden, aller Welt zu zeigen, wieviel wertvolle Zeit für Nebensächlichkeiten verschwendet wird und für wie viele das Leben über der Suche nach den Voraussetzungen des Lebens vergeht? Sieh Dir die einzelnen an und betrachte die Gesamtheit. Jeder sorgt sich um das Morgen. Was daran Schlimmes sei, fragst Du? Unvorstellbar viel! Sie leben ja gar nicht, sind immer nur im Begriff zu leben. Alles wird vertagt. Gewiß, das Leben würde uns davoneilen, auch wenn wir ihm ständig auf den Fersen wären: so aber gleitet es fremd an uns Säumigen vorüber, und eines Tages ist es zu Ende; verspielt aber wird es Tag für Tag.

Nun will ich den Umfang des Briefes nicht über Gebühr ausdehnen – man soll ja eine Briefrolle nicht mit zwei Händen halten müssen –, den Streit mit den überklugen Dialektikern, denen es allein um ihre Spitzfindigkeiten geht, will ich mir für einen anderen Tag aufsparen. Leb wohl!

Es freut mich, von Deinen Besuchern zu erfahren, in welch gutem Einvernehmen Du mit Deinen Sklaven zusammenlebst! Das beweist mir Deine praktische Klugheit und Deine philosophische Bildung. »Es sind ja nur Sklaven!« – Aber sind es nicht auch Menschen? »Sklaven sind's!« – Gehören sie aber nicht auch zur Hausgemeinschaft? »Es sind Sklaven!« – Sind sie aber nicht auch unsere Freunde, wenn auch aus niedrigerem Stand? »Es sind Sklaven!« – Sind sie nicht eher unsere Mitsklaven? Denn Du mußt ja bedenken, daß das Schicksal uns alle in seiner Gewalt hat! Ja, ich lache über jene, die es für schimpflich halten, gemeinsam mit einem Sklaven zu speisen; und das nur, weil ein hochmütiger Brauch will, daß den Herrn an der Tafel eine Schar stehender Diener zu umgeben hat. Der Herr ißt mehr, als er vertragen kann: mit unvorstellbarer Gier belastet er seinen übervollen Magen, der längst nicht mehr weiß, was ihm zukommt, so daß letztlich seine Entlastung mehr Mühe macht als der Nachschub. Die unglücklichen Sklaven aber dürfen den Mund nicht einmal zum Sprechen öffnen. Die Peitsche unterdrückt jedes Flüstern. Nicht einmal unwillkürliche Regungen wie Husten, Niesen, Schlucken bleiben ungestraft. Für jeden Laut, der das Schweigen unterbricht, drohen schwerste Strafen. Hungrig und stumm, so stehen sie ganze Nächte hindurch. Kein Wunder, daß die über ihren Herrn sprechen, denen verboten ist, vor ihm zu reden. Im Gegensatz dazu waren alle Sklaven, die nicht nur vor ihrem Herrn, sondern sogar mit ihm reden durften und denen man den Mund nicht zustopft, bereit, für ihn den Nacken hinzuhalten, jede ihm drohende Gefahr auf sich zu nehmen. Zu den Mahlzeiten wurde geplaudert, aber unter der Folter geschwiegen. Das gleichermaßen überhebliche Sprichwort ›So viel Sklaven, so viel Feinde!‹ wird einem oft entgegengeschleudert. Dabei sind sie gar nicht unsere Feinde, wir machen sie erst dazu.

Ich übergehe nun andere grausame Unmenschlichkeiten wie den Mißbrauch von Menschen als Lasttiere. Legen wir uns zu Tisch, muß einer unseren Speichel aufwischen, ein anderer muß unter den Tisch kriechen und die Sachen der Trunkenbolde zusammensuchen. Wieder ein anderer muß erlesenes Geflügel vorschneiden: mit sicheren Schnitten trennt seine geschickte Hand Brust und Keulen und teilt die Portionen zu. Ein Unglücklicher, der nur dazu da ist, Geflügel geschickt zu zerteilen! Es sei denn, der noch weit Elendere ist der, der andere für sein Vergnügen abrichten läßt, gegenüber dem, der es der Not gehorchend lernen muß. Ein anderer wird als Mundschenk wie ein junges Mädchen herausgeputzt. Er, der gezwungenermaßen ein Knabe bleiben soll, muß ständig gegen seine reifende Jugend ankämpfen. Er ist schon zum Kriegsdienst fähig und muß seine lästige Behaarung abschaben oder ausreißen, um unbehaart nächtelang für die Gelage und die sexuellen Ausschweifungen seines Herrn bereit sein zu können: im Bett als Mann, beim Gelage als Knabe! Einem anderen wiederum ist die Betreuung der Gäste anvertraut. Dieser Unglückliche muß dastehen und aufpassen, wer sich durch Schmeichelei und Übertreibungen beim Fressen oder Schwatzen für eine erneute Einladung empfehlen könnte. Dazu dann die Einkäufer für die Küche. Sie haben die gründlichste Kenntnis des herrschaftlichen Geschmacks, sie wissen genau, was ihm besonders schmeckt, was er gern sieht, welches Modeessen seinen überreizten Magen überhaupt noch lockt, woran er sich übergessen hat, worauf er gerade heute Appetit hat. Mit diesen Leuten gemeinsam zu speisen, dünkt ihn unzumutbar; er hält es für unter seiner Würde, mit einem seiner Sklaven Tischgemeinschaft zu halten. Bei gnädigen Göttern! Wie vielen von ihnen mag er untertan sein! Vor des Callistus Tür habe ich dessen ehemaligen Herrn stehen sehen. Aber während andere eintreten durften, blieb der, der den Callistus früher unter die unbrauchbaren Sklaven einreihte und ihn dementsprechend gekennzeichnet hatte, ausgeschlossen! Das war der Dank des ehemaligen Sklaven, der vom Ausrufer lauthals als billigste Verkaufsware angepriesen worden war. Auch er wies nun seinerseits den anderen zurück und erklärte ihn seines Hauses für unwürdig. Ein Herr verkaufte einst den Callistus – Callistus aber, wieviel bringt der jetzt an den Herrn!

Zwinge Dich, ständig daran zu denken, daß der, den Du Deinen Sklaven nennst, gleichen Ursprungs ist wie Du, daß er sich an demselben Himmel erfreut, daß er wie Du atmet, lebt und stirbt. Wie Du in ihm den Freien, kann er in Dir den Sklaven sehen. Nach der Niederlage des Varus warf das Schicksal viele vornehme Bürger aus der Bahn, die sich im Kriegsdienst den Senatorenrang zu verdienen hofften: den einen machte es zum Hirten, den anderen zum Türwächter. Kannst Du einen Menschen, dem das widerfuhr, noch verachten, da Dich, den Verächter, dasselbe Los treffen kann?

Ich will mich nun nicht auf ein unerschöpfliches Thema einlassen und vom Umgang mit Sklaven sprechen, die wir so hochmütig, grausam und kränkend behandeln. Kurz zusammengefaßt lautet mein Grundsatz: Gehe mit einem Untergebenen so um, wie Du wünschst, daß ein Höhergestellter mit Dir umgehe. Sooft Du an Deine Befugnisse gegenüber Deinen Sklaven denkst, solltest Du auch bedenken, daß Deinem Herrn Dir gegenüber das Gleiche erlaubt sein könnte. »Ich habe aber doch gar keinen Herrn«, sagst Du. Du stehst jetzt im besten Alter, aber vielleicht wirst Du mal einen haben! Hast Du vergessen, in welchem Alter für Hecuba der Knechtsdienst begann oder für Krösus, für die Mutter des Darius, für Plato, für Diogenes? Sei mild im Umgang mit einem Sklaven, verkehre freundschaftlich mit ihm, ziehe ihn ins Gespräch, berate Dich mit ihm, laß ihn Dein Tischgenosse sein. Hier höre ich schon, wie mir der Chor der Lebemänner zuschreit: »Wie erniedrigend, wie schimpflich!« Gerade diese aber werde ich noch ertappen, wie sie den Sklaven anderer Herren die Hand küssen. Wollt ihr denn nicht einmal anerkennen, daß unsere Vorfahren das Verhältnis zwischen Herren und Sklaven von jeglicher Mißgunst und

Kränkung freihielten? Den Herrn nannten sie Hausvater, die Sklaven – in den Mimen hat sich das bis heute erhalten – Hausgenossen! Sie setzten einen Festtag ein, an dem die Herren mit ihren Sklaven zusammen speisen sollten. Dies war nun keine Ausnahme, war aber besonders geregelt: sie gestanden ihnen die Ehrenstellung im Hause zu, ließen sie Recht sprechen und betrachteten so das Haus als einen Staat im Kleinen. »Wie denn? Soll ich meine ganze Sklavenschar zu Tisch bitten?« Genausowenig wie alle Freien! Du irrst Dich aber, wenn Du meinst, ich würde einige wegen ihrer schmutzigen Beschäftigung zurückweisen, wie zum Beispiel einen Maultiertreiber oder einen Kuhhirten. Ich beurteile jemanden doch nicht nach seiner Tätigkeit, sondern nach seinem Lebenswandel. Den bestimmt jeder selbst, die Tätigkeit ist Werk des Zufalls. Einige sollen mit Dir speisen, weil sie dessen würdig sind, andere, damit sie's werden. Haften ihnen aus ihrem niedrigen Umgang noch sklavische Gewohnheiten an, wird der Umgang mit Gebildeteren das bald beseitigen.

Einen Freund, Lucilius, soll man nicht nur bei Rechts- und Amtsgeschäften suchen; wenn Du aufmerksam achtgibst, findest Du ihn auch bei Dir zu Hause. Fehlt ein Künstler, liegt oft der beste Stoff brach: versuch's nur und Du wirst's erfahren! Ein Narr, wer beim Pferdekauf nicht das Pferd selbst, sondern nur Sattel und Zaumzeug anschaut. Der allergrößte Narr ist freilich, wer einen Menschen nach seiner Kleidung beurteilt oder nach der Stellung, die er ›bekleidet‹. »Es ist ein Sklave!« – Aber vielleicht innerlich frei? »Es ist ein Sklave!« – Ist er's zu seinem Schaden? Zeige mir den, der kein Sklave ist! Der eine ist Sklave seiner Begierde, ein anderer seines Geizes, jener seines Geltungsbedürfnisses und alle zusammen der Hoffnung und der Furcht. Ich kann Dir einen ehemaligen Konsul zeigen, der vor einem alten Weibe kriecht, einen Reichen, der einer jungen Magd hörig ist, Jünglinge aus besten Familien, die völlig den Pantomimen verfallen sind. Und nicht wahr, freiwillige Knechtschaft ist doch die allerverächtlichste? Du hast also überhaupt keinen Grund, Dich von jenen Hochmütigen abschrecken zu lassen, zu Deinen Sklaven weniger freundlich zu sein und nicht den stolzen Gebieter herauszukehren. Ehren sollen sie Dich, nicht fürchten!

Hier könnte nun einer einwenden, mit meinem Satz »Sie sollen den Herrn mehr ehren als fürchten« wolle ich alle Sklaven zu Freien erklären und die Herren entthronen. »Kurz«, so könnte einer einwenden, »sie sollen ihn ehren wie Klienten beim morgendlichen Besuch?« Wer das sagt, vergißt, daß das, was einem Gotte genügt, für einen Herrn nicht zu wenig sein kann. Wer so Verehrung genießt, wird auch geliebt, und Liebe verträgt sich nicht mit Furcht! Ich meine also, Du handelst genau richtig, daß Du von Deinen Sklaven nicht gefürchtet sein willst und sie nur mit Worten strafst. Mit Schlägen erzieht man Tiere! Nicht alles, was uns kränkt, ist eine wirkliche Beleidigung. Doch unsere Verwöhntheit treibt uns zwangsläufig zu Zornesausbrüchen, so daß alles, was sich nicht gleich freiwillig unterwirft, unsere Wut anstachelt. Wir benehmen uns wie Tyrannen. Ohne ihre Macht und die Ohnmacht der anderen zu bedenken, brausen sie auf und wüten herum, als ob sie Unrecht erlitten hätten. Wo doch die Höhe ihrer Stellung sie vor einer derartigen Gefahr völlig bewahrt. Natürlich wissen sie das auch, aber sie suchen förmlich die Gelegenheit, anderen zu schaden. Um Unrecht tun zu können, geben sie vor, Unrecht erlitten zu haben.

Ich will Dich nicht länger aufhalten. Du hast Ermahnung nicht nötig. Unter anderem ist dies ein Merkmal guten sittlichen Verhaltens: es ist ausdauernd und findet an sich selbst Gefallen. Schlechtigkeit dagegen ist unbeständig, liebt häufigen Wechsel, aber nicht zum Besseren, sondern nur – zu anderem! Leb wohl!

Jeder, wie er kann, Lucilius; Du hast Siziliens hohen und berühmten Berg, den Ätna, in Deiner Nähe. Ich kann zwar nicht entdecken, warum ihn Messala oder Valgius – bei beiden hab ich's gelesen – einzigartig nennen, gibt es doch sehr viele Stellen, wo Feuer ausbricht, nicht nur hochgelegene – dort natürlich häufiger, weil Feuer in die Höhe steigt –, sondern auch im Flachland. Ich gebe mich, soweit es geht, mit Bajä zufrieden, verließ es freilich schon am Tage nach meiner Ankunft. Es ist ein Ort, den man trotz gewisser natürlicher Vorzüge meiden sollte, weil sich die Lebewelt dort festgesetzt hat und ihre Feste feiert. Soll sich nun aber unser Haß auf einen Ort richten? Keinesfalls, aber wie einem klugen und tüchtigen Manne ein Kleidungsstück besser steht als ein anderes, wie er auch nichts gegen irgendeine Farbe hat, sondern nur die eine oder andere für einen schlichten Bürger nicht recht passend findet, so gibt es Gegenden, die ein Weiser oder ein nach Weisheit Strebender meiden sollte, weil sie zu strengen Sitten einfach nicht passen. Daher wird sich – wer an Rückzug aus der Öffentlichkeit denkt – keinesfalls für Canopus entscheiden, obgleich doch Canopus niemandem verbietet, anständig zu leben. Das tut nicht einmal Bajä, das sich zu einer richtigen Lasterhöhle entwickelt. Dort nimmt sich die Lebewelt am meisten heraus, dort läßt man sich gehen, als ob man's diesem Ort gleichsam schuldig wäre.

Wir sollten uns einen Ort wählen, der die Voraussetzungen für körperliche wie für geistige Gesundheit bietet. Unter Folterknechten möchte ich ebensowenig wohnen wie neben Garküchen. Muß man denn unbedingt zusehen, wie Trunkene den Strand entlangtorkeln, Zechtouren per Schiff veranstaltet werden, die Seen von Gesang und Saitenspiel widerhallen und wie die Lebewelt hemmungslos nicht nur ein Lotterleben führt, sondern es auch noch offen zeigt? Wir sollten uns vielmehr bemühen, lasterhaften Verlockungen in weitem Bogen auszuweichen, uns innerlich abzuhärten und uns von sinnlichen Verführungen weit entfernt zu halten.

Ein Winterlager – und Hannibal war erlegen. Schneestürme und Alpenüberquerung hatten ihn nicht unterkriegen können, Kampanien mit seinen Annehmlichkeiten entnervte ihn völlig. Mit Waffen siegte er, aber die Laster besiegten ihn! Auch wir müssen kämpfen, und zwar in einer Art Kriegsdienst, der niemals Ruhe, niemals Muße gibt …

Das Schicksal führt Krieg gegen mich. Ich aber sage ihm den Gehorsam auf. Unter sein Joch beuge ich mich nicht, mehr noch, ich schüttle es ab – dazu gehört mehr Mut. Mein Geist darf nicht erschlaffen. Gebe ich der Begierde erst einmal nach, muß ich auch dem Schmerz, der Mühsal, der Armut nachgeben. Das gleiche Recht fordern dann Ehrgeiz und Zorn. Eine Unzahl von Leidenschaften wird mich zerreißen, ja zerstückeln. Freiheit heißt das Ziel und der Lohn für unsere Anstrengungen. Du fragst, was das sei, die Freiheit! Keiner Sache, keinem Zwang, keinem Zufall zu Willen sein, dem Schicksal Gerechtigkeit abtrotzen! ... Wer solche Gedanken hegt, muß sich ernste, ehrwürdige Orte aussuchen. Allzu reizvolle Landschaft verwöhnt die Geister, und zweifellos kann auch eine Örtlichkeit die Tatkraft mindern. Während Zugtiere, die in rauhem Gelände harte Hufe bekommen haben, jede Wegstrecke durchhalten, lassen sich auf weicher, sumpfiger Weide gemästete Tiere schnell unterkriegen. Tüchtiger ist der Soldat aus der rauhen Gebirgsgegend, träge der verwöhnte Stadtsoldat.

Hände, die den Pflug mit dem Schwert vertauschten, scheuen vor keiner Mühe zurück, der schmucke, parfümierte Soldat versagt beim ersten Geplänkel. Eine strengere, gewissermaßen ortsgebundene Zucht festigt den Geist und macht ihn tüchtig zu großen Unternehmungen ... Gajus Marius, Gnäus Pompejus und Gajus Cäsar haben zwar in der Gegend um Bajä ihre Landhäuser errichten lassen, doch als Krönung der höchsten Bergspitzen. Sie waren mehr dafür, wie Feldherren von oben herab das weit und breit ausgestreckte Gebiet zu überschauen. Betrachte die Wahl der Orte, an denen sie ihre Villen errichten ließen und vor allem die Villen selbst. Du wirst erkennen: das sind wahre Festungen und keine Landhäuser! Glaubst Du, ein Cato hätte jemals in einem Speisesalon Platz genommen, um die vorbeirudernden Ehebrecher zu zählen, die unterschiedlichen Modelle bunt bemalter Gondeln und die rosenübersäte Seefläche zu betrachten und dem nächtlichen Sängerkrieg zu lauschen? Hätte er's nicht vorgezogen, hinter seinem eigenhändig für eine Nacht aufgeschütteten Wallgraben zu bleiben? Würde nicht jeder echte Mann seinen Schlaf lieber durch Trompetensignale als durch Serenadenklang stören lassen?

Auf Bajä haben wir jetzt lange genug geschimpft, gegen die Laster aber kann man gar nicht genug wettern! Ich beschwöre Dich, Lucilius: den Lastern mußt Du mit endlosem und maßlosem Haß nachsetzen, kennen sie doch selbst weder Ende noch Maß. Du mußt opfern, was Dein Herz zu zerreißen droht und – wenn's nicht anders geht – zusammen mit ihm ausgerissen werden müßte. Als Deine ärgsten Feinde betrachte die Begierden, sie vor allem mußt Du hinauswerfen: sie sind wie jene Räuber, die die Ägypter ›Liebhaber‹ nennen, weil sie uns umarmen, um uns zu erwürgen. Leb wohl!

Eben komme ich von einem Ausflug in der Sänfte zurück und bin vom Sitzen genauso erschöpft, als wäre ich die ganze Zeit zu Fuß marschiert. Vielleicht strengt dieses lange Getragenwerden sogar noch mehr an, weil es etwas so Unnatürliches ist. Hat uns doch die Natur die Füße zum Laufen und die Augen zum Sehen gegeben! Das Genußleben hat uns geschwächt, und wer längere Zeit etwas nicht tun wollte, kann es eines Tages nicht mehr. Mein Fall lag freilich anders: ich mußte mich einfach wieder einmal richtig durchschütteln lassen. Der bittere Schleim in der Kehle sollte sich lösen und der eigenartig schwere Atem leichter werden. Das Schütteln hat mir denn auch spürbar geholfen. Darum bestand ich ja darauf, noch länger getragen zu werden. Natürlich reizte mich auch die geschwungene Uferpromenade zwischen Cumä und der Villa des Servilius Vatia: ein ganz schmaler Weg zwischen Meer und Acherusischem See, der nach dem letzten Sturm noch recht trittfest war. Hoher Wellengang bildet hier, wie Du weißt, eine geschlossene Strandfläche, die sich bei ruhiger

See, sobald die die Sandmassen bindende Feuchtigkeit entschwunden ist, wieder auflöst. Wie ich's gewohnt bin, begann ich auch hier, mich umzuschauen. Vielleicht gab es etwas zu entdecken, das für mich zum Gewinn werden konnte.

So fielen meine Blicke auf die Villa, die früher einmal dem Vatia gehört hatte. Das also war der Alterssitz jenes schwerreichen Exprätors, den man gemeinhin für glücklich hielt, weil man von ihm nichts weiter wußte, als daß er nichts tat. Sooft nämlich den einen die Freundschaft mit Asinius Gallus, einen anderen der Haß Sejans oder später dessen Gunst zu Falle gebracht hatte – ihn zu kränken war gleichermaßen gefährlich wie ihn zu lieben –, war der Ausruf der Menge fällig: »Vatia, du allein verstehst es zu leben!« Dabei verstand er es nur, unbemerkt zu bleiben; vom eigentlichen Leben verstand er nichts. Es besteht aber doch ein großer Unterschied zwischen sinnvoller Freizeitgestaltung und untätigem Dahinleben. Zu Lebzeiten Vatias ging ich an dieser Villa nie vorüber, ohne zu sagen: »Hier liegt Vatia begraben!«

Die Philosophie, Lucilius, ist nun etwas so Heiliges und Ehrwürdiges, daß sogar trügerische Ähnlichkeit mit ihr Anklang findet. So hält die Menge jeden, der seiner Muße lebt, schon für einen Menschen, der zurückgezogen sein Leben in Geborgenheit, in Selbstgenügsamkeit und im Einklang mit sich selbst gestaltet. Dabei kann all dies nur auf den Weisen zutreffen. Denn der allein versteht es, mitten in aller Aufregung sich selbst zu leben, weil er allein – und das ist die Hauptsache – überhaupt zu leben versteht. Denn wer Welt und Menschen flieht, wer sich durch unglückliche Liebe in die Einsamkeit treiben läßt, wer es nicht ertragen kann, andere glücklich zu sehen, wer sich wie ein scheues und träges Tier furchtsam verkriecht, der lebt nicht sich selbst, sondern – was das Allerschimpflichste ist – seinem Bauch, seinem Schlaf, seiner Lust. Man lebt nicht dadurch schon für sich selbst, daß man für keinen anderen mehr zu sprechen ist. Mit hartnäckiger Ausdauer seinen Vorsätzen treu zu bleiben, ist dennoch etwas so Eindrucksvolles, daß Ausdauer selbst noch in der Trägheit eine gewisse Achtung abnötigt.

Über die Villa selbst kann ich Dir nichts Näheres mitteilen, denn ich kenne nur ihre Schauseite und das, was auch jedem Vorübergehenden in die Augen fällt. Da sind zwei gewaltige künstliche Grotten, etwa von der Größe einer geräumigen Empfangshalle: in die eine dringt kein Sonnenstrahl, die andere hat bis zum Abend Sonnenlicht. Ein Bach fließt mitten durch ein Platanenwäldchen und stellt die Verbindung zwischen Meer und Acherusischem See her. Sein Fischreichtum würde, selbst wenn man ihn ununterbrochen nutzen wollte, nicht zu erschöpfen sein. Doch solange das Meer zugänglich ist, schont man den See: nur wenn Stürme die Fischer zur Ruhe zwingen, greift man auf seine Vorräte zurück. Doch das Bequemste an diesem Grundstück ist, daß es alle Annehmlichkeiten des unmittelbar angrenzenden Bajä hat, ohne dessen Nachteile in Kauf nehmen zu müssen. Diesen Vorzug jedenfalls kann ich selbst bezeugen: es bietet wohl das ganze Jahr über einen angenehmen Aufenthalt und liegt so günstig zu den lauen Westwinden, daß Bajä leer ausgeht. Ich glaube schon, daß sich Vatia nicht unüberlegt gerade dieses Grundstück ausgesucht hat, um hier sein Alter in Untätigkeit zu verleben.

Für ein Leben innerer Ausgeglichenheit ist freilich der Ort allein nicht das Ausschlaggebende, die innere

Einstellung muß allem das Gepräge geben. Ich habe selbst beobachtet, wie man auf einem heiteren, anmutig gelegenen Landsitz todunglücklich, in tiefster Zurückgezogenheit hingegen völlig ausgelastet sein kann. Darum solltest Du nicht meinen, Du hättest es schlecht getroffen, weil Du nicht gerade hier in Kampanien bist. Warum bist Du's eigentlich nicht? Komm doch in Gedanken hierher! Mit seinen Freunden kann man sich, sogar wenn sie weit entfernt sind, unterhalten, sooft und solange, wie man nur will. Aus der Ferne ist dieses schönste Vergnügen sogar besonders groß. Ständiges Beisammensein verwöhnt uns. Eben weil wir ab und an zusammen plaudern, wandern, uns ausruhen, denken wir in der Trennungszeit gerade über die am wenigsten nach, mit denen wir eben noch zusammen waren. Auch darum sollten wir Abwesenheit mit Gleichmut tragen, weil wir selbst von den Menschen unseres täglichen Umgangs oft genug getrennt werden. Denke da erst einmal an die Trennung zur Nachtzeit, dann an die verschiedenartigen Beschäftigungen jedes einzelnen, auch die unterschiedlichen Studiengebiete, die Ausflüge in die nähere Umgebung: Du wirst sehen, so viel ist es gar nicht, was uns die Entfernung raubt. Im Herzen muß ein Freund wohnen, nur so ist er uns niemals fern. Täglich kann man so vor Augen haben, wen man nur immer sehen will. Also: denk mit mir nach, geh mit mir zu Tisch, wandere mit mir! Unser Leben wäre doch sehr eng, wenn es etwas gäbe, das unserem Gedankenflug unerreichbar bliebe. Ich sehe Dich vor mir, Lucilius, ja ich höre Dich. So nahe bin ich Dir, daß ich nicht recht weiß: soll ich Dir überhaupt noch Briefe schreiben oder soll ich lieber zu kleinen Notiztäfelchen übergehen? Leb wohl!

Als es an die Rückfahrt von Bajä nach Neapel gehen sollte, hatte man's leicht, mir einzureden, draußen herrsche stürmisches Wetter, denn noch einmal wollte ich eine Seefahrt nicht durchmachen. Freilich durfte ich mir dann doch als Seefahrer vorkommen, denn die ganze Wegstrecke war ein einziger Morast. An diesem Tag erging es mir ganz wie den Ringkämpfern: auf das Einsalben folgte der feine Sandregen in der neapolitanischen Grotte. Nichts dehnt sich so endlos aus wie jenes Tunnelgewölbe, nichts ist dort undeutlicher auszumachen als die Fackeln, die man gerade selbst noch sehen kann, die uns aber in dieser Finsternis absolut nichts erkennen lassen. Übrigens würden an diesem Ort die Staubmassen auch eine natürliche Lichtquelle verschlucken. Schon im Freien ist ja Staub lästig und beschwerlich, wieviel mehr, wenn er sich beim Fehlen jeglicher Luftbewegung zusammenballt und sich auf die stürzt, die ihn aufwirbeln? So mußten wir doppeltes, im allgemeinen unvereinbares Ungemach ertragen: auf dem gleichen Weg hatten wir am gleichen Tag unter Schlamm und unter Staub zu leiden.

Aber selbst diese Dunkelheit bot mir Stoff zum Nachdenken; spürte ich doch eine gewisse innere Erregung und – ohne mich dabei zu fürchten – einen Stimmungsumschwung, den der Reiz des Ungewohnten und des Abstoßenden gleichermaßen bewirkt hatten. Dabei soll hier jetzt nicht von mir die Rede sein, der ich noch weit entfernt bin, ein halbwegs erträglicher, geschweige denn ein vollkommener Mensch zu sein, sondern von einem, an dem das Geschick sein Recht verloren hat: auch ein solcher kann noch innerlich erschüttert, noch rot oder blaß werden.

Gibt es doch Ereignisse, Lucilius, die auch am vollkommensten Menschen nicht vorübergehen, ohne ihn an die Sterblichkeit seiner Natur zu erinnern. So wird er bei traurigen Anlässen betrübt dreinschauen, bei plötzlichen Veränderungen zusammenzucken, ja es wird ihm dunkel vor Augen werden, wenn er am Rande eines Abgrunds steht und in die endlose Tiefe blickt. Das ist etwas ganz Natürliches, keine Furcht! Mit Vernunftgründen kann man dagegen nicht ankämpfen! So gibt es ja auch tapfere Leute, die – stets bereit, das eigene Blut zu vergießen – fremdes Blut nicht fließen sehen können. Manche brechen ohnmächtig zusammen, wenn eine frische Wunde zu behandeln oder zu untersuchen ist, manche wenn es um eine vernarbte und eiternde geht. Andere wieder können eher selbst einen Schwerthieb aushalten als mit ansehen.

Ich war also, wie gesagt, weniger verwirrt als vielmehr irgendwie innerlich umgewandelt. Sobald wir das Tageslicht wiedererblickten, kehrte ganz überraschend und wie von selbst meine alte Spannkraft zurück. Nun begann ich, Betrachtungen anzustellen, wie töricht es doch von uns sei, manche Dinge mehr, andere weniger zu fürchten, wo doch alles auf dasselbe hinausläuft. Denn was wäre es schon für ein Unterschied, ob über dir ein Wächterhäuschen zusammenbricht oder ein ganzer Berg? Du wirst keinen finden können. Und doch wird es immer Menschen geben, die sich vor dem Bergsturz mehr fürchten. Mag beides gleichermaßen tödlich sein, unsere Furcht achtet mehr auf die auslösenden Faktoren als auf das Endergebnis. Jetzt denkst Du sicherlich, ich wolle mich auf die Stoiker beziehen, nach deren Überzeugung die menschliche Seele, wenn ihr die Möglichkeit ungehinderten Entweichens genommen ist – wie beispielsweise bei einem von großer Last Erdrückten –, keinen Bestand haben könne und sich sofort auflösen müsse. Das will ich aber gar nicht! Wer das behaupten wollte, irrt offensichtlich. Eine Flamme kann doch auch nicht erdrückt werden; sie wird sich vielmehr um das bedrängende Hindernis herumschlängeln. Ebensowenig wie man Luft durch Schlag und Stoß verletzen oder wenigstens zerteilen kann – sie weicht ja aus und schließt sich rings um das Hindernis wieder zusammen –, ebensowenig kann auch unser aus feinstem Stoff bestehender Geist eingefangen und zusammen mit dem Körper zerdrückt werden; seine außerordentliche Feinheit ermöglicht ihm gerade bei Druck von außen das Entrinnen. Vergleichbar dem weithin erschütternden und leuchtenden Blitzstrahl, der sich durch einen winzigen Spalt wieder zurückzieht, kann uns der Geist, der ja das Feuer an Feinheit noch übertrifft, auf der Flucht jeden Körper durchdringen. Die Frage darf darum nur lauten, ob er überhaupt unsterblich sein könne. Eins darfst Du jedenfalls festhalten: Hat er den Körper einmal überlebt, so kann er durch Körperliches – das ihn ja eben nicht vernichten konnte – nicht mehr zugrunde gehen. Unsterblichkeit duldet nämlich keine Ausnahme. Und wer will dem schaden, was ewig ist? Leb wohl!

Die Lektüre Deines Briefes war mir eine wahre Lust! Ja, laß mich einmal Wendungen der Umgangssprache benutzen und sieh von ihrer stoischen Sonderbedeutung ab. Die Lust zählen wir zu den Lastern. Gewiß, trotzdem benutzen wir gewöhnlich diesen Ausdruck, um eine heitere Seelenstimmung zu bezeichnen. Indessen weiß ich wohl, daß die Lust, wenn wir uns vorschriftsmäßig ausdrücken, etwas Verwerfliches ist und daß es Freude nur für den Weisen geben kann: sie ist der Aufschwung einer hochgemuten Seele, die fest auf ihre wahren Güter baut. Trotzdem drücken wir uns gemeinhin so aus, daß wir sagen: Konsulwahl, Heirat oder glückliche Entbindung der Gattin von N. N. habe uns große Freude gemacht.

Weit entfernt, reine Freuden zu sein, sind das oft genug Vorboten künftiger Trauer: Freude jedoch duldet kein Nachlassen und keine Verkehrung ins Gegenteil ...

Trotz alledem war ich mit meinem Ausdruck im Recht: die Lektüre Deines Briefes sei mir eine wahre Lust gewesen. Mag nämlich die Freude eines noch Unerfahrenen auch ehrenhafte Gründe haben, so würde ich doch seine unbeherrschte Laune, die jeden Augenblick ins Gegenteil umschlagen kann, nur als Lust bezeichnen, die von der Vorstellung eines eingebildeten Gutes angeregt wird und Maß und Mäßigung nicht kennt. Doch um auf mein eigentliches Thema zurückzukommen, Du sollst hören, was mich an Deinem Brief so entzückt hat: Du übst sprachliche Zucht. Dein Redefluß trägt Dich nicht über das selbstgesteckte Ziel hinaus. Vom Glanz eines passenden Wortes geblendet, schreiben viele etwas dahin, was sie eigentlich gar nicht schreiben wollten. Das widerfährt Dir nicht. Alles ist knapp und sachgemäß. Du sagst so viel, wie Du willst, drückst dabei mehr aus, als Du eigentlich sagst. Das deutet auf weit Wesentlicheres. Zeigt es doch eine Geisteshaltung, die nichts Überflüssiges und Aufgeblasenes an sich hat. Gewiß stoße ich hin und wieder auf bildliche Ausdrücke, die zwar nicht leichtfertig, wohl aber etwas gewagt erscheinen mögen. Mir begegnen bildliche Vergleiche, die mit Hinweis auf uns verbotene dichterische Freiheiten freilich nur der ankreiden kann, der keinen der Alten gelesen hat. Deren Redeweise war noch nicht auf Beifall aus, und doch steckt gerade ihre ungekünstelte und sachbezogene Rede voller Gleichnisse, wie ich meinen möchte unentbehrlicher – doch nicht aus gleichen Gründen wie bei den Dichtern, vielmehr als Hilfen in unseren Ausdrucksschwierigkeiten, um Rednern wie Hörern einen Gegenstand ganz gegenwärtig zu machen.

Schau, ich bin gerade beim Lesen des Sextius. Welch scharfsinniger Denker: griechisch die Sprache, römisch die Gesinnung! Eins seiner Bilder regt mich besonders an: Eine Militärkolonne rückt vor, in geschlossener Marschordnung, jederzeit kampfbereit, denn der Feind ist von jeder Seite her zu erwarten. Sextius sagt nun: »Der Weise muß es genauso machen. Seine Tugenden muß er allseitig entfalten, damit sie zur Abwehr bereitstehen, sobald sich irgendwo etwas Feindliches rührt, und auf einen Wink des Befehlshabers sofort auf ihrem Posten sind.« Wie wir's bei großen, von bedeutenden Feldherren befehligten Heeresmassen beobachten können, daß alle Truppenteile gleichzeitig die Entscheidung des Befehlshabers erfahren, weil sie nämlich so aufgestellt sind, daß sein eines Zeichen sofort die Reihen des Fußvolks und der Reiterei durchläuft. Das, meint er, tut uns noch viel mehr not. Soldaten fürchten den Feind oft völlig grundlos und sind auf sicherem Terrain besonders mißtrauisch.

Für Toren gibt es keinen Frieden: sie zittern ängstlich vor dem Oben wie vor dem Unten, vor dem Rechts wie vor dem Links, befürchten Gefahren von hinten wie von vorn. Vor allem schrecken sie zurück, auf nichts sind sie vorbereitet, selbst vor den eigenen

Hilfstruppen haben sie Angst. Der Weise dagegen ist gegen jeden Überfall gewappnet und wachsam. Keinen Schritt weicht er zurück vor den Angriffen der Armut, der Trauer, der Schande und des Leides, unerschrocken wirft er sich gegen und zwischen sie alle. Wir dagegen sind vielfach behindert und geschwächt; zu lange hielten uns die Laster gefangen, so hält es schwer, freizukommen. Sind wir doch nicht nur äußerlich berührt, sondern innerlich durchdrungen ... Keiner von uns will der Sache auf den Grund gehen, wir bleiben an der Oberfläche, und das bißchen Zeit, das wir für philosophische Studien opfern, scheint uns Vielbeschäftigten genug und übergenug. Vor allem hindert uns voreilige Selbstzufriedenheit. Haben wir einen gefunden, der uns als tüchtig, klug und vorbildlich bezeichnet, sind wir sofort einverstanden.

Mit maßvollem Lob geben wir uns nicht zufrieden. Alles, was schamlose Schmeichelei aufzubieten hat, nehmen wir ganz selbstverständlich hin. Wer uns versichert, wir seien die Tüchtigsten und Klügsten, dem stimmen wir zu, auch wenn wir nur zu gut wissen, wie oft und viel er lügt. Ja, unsere Selbstgefälligkeit geht so weit, daß wir für das gelobt werden wollen, was wir ja eben gerade nicht tun. Gern hört sich einer nachsichtig nennen – bei Hinrichtungen; ein anderer freigebig – bei Raubzügen; wieder ein anderer maßvoll bei Gelagen und Ausschweifungen. Aus allem folgt: wir wollen uns gar nicht ändern, weil wir uns ja selbst für die allerbesten halten ...

Nun möchte ich Dich zur Einsicht führen, daß Du noch nicht zu den Weisen gehörst. Der Weise, den wir meinen, ist voller Freude, heiter und zufrieden, unerschütterlich, mit den Göttern lebt er auf gleichem Fuß. Und nun geh mit Dir selbst zu Rate: bist

Du niemals niedergeschlagen, erwartest Du nie voll banger Hoffnung die Zukunft, erfreut sich Dein hochgemuter, selbstzufriedener Sinn zu jeder Tages- und Nachtzeit vollkommener Ausgeglichenheit, dann hast Du wohl die höchste Stufe menschlichen Glücks erreicht. Suchst Du dagegen allerorts Vergnügungen, kannst Du nicht eine einzige auslassen, dann bist Du gleichweit entfernt von der Weisheit wie von der Freude; das muß Dir klar sein. Das wahre Glück ist Dein Ziel, aber Du bist im Irrtum, wenn Du es als Millionär oder als angesehener Staatsbeamter zu erreichen hoffst.

Aus der gleichen Quelle, die Dir Genuß und gute Laune verschaffen soll, fließt auch Dein Kummer. Freude ist jedermanns Losungswort; soll sie jedoch unwandelbar und erhaben sein, findet keiner den Weg zu ihr. Der eine sucht sie bei Gastmählern und verschwenderischem Aufwand, der andere umgeben von einem Schwarm von Klienten, auf der Jagd nach Ämtern, ein anderer bei seiner Freundin, wieder ein anderer durch eitle Angeberei mit den sogenannten ›freien Studien‹ und in der Beschäftigung mit völlig nutzloser Wissenschaft. Alle fallen sie verführerischen, aber kurzlebigen Verlockungen zum Opfer, zum Beispiel dem Rausch, der uns für die unbekümmerte Ausgelassenheit einer einzigen Stunde mit langanhaltendem Überdruß heimzahlt oder der Gunst des Beifalls und der Zustimmung, für die wir viel Mühe aufwenden und später büßen müssen.

Bedenke dagegen, daß Weisheit eine Freude bewirkt, die sich stets gleichbleibt. Der Geist des Weisen gleicht den Welten jenseits des Mondes, wo ständig helle Heiterkeit herrscht. Die immerwährende Freude des Weisen rechtfertigt also die Anstrengung

Deines Willens, selbst ein Weiser zu sein. Diese Freude erwächst Dir nur aus dem Bewußtsein Deiner sittlichen Kräfte. Nur der Unerschrockene, der Gerechte, der Maßvolle ist dieser Freude fähig. »Wie denn«, meinst Du, »kennen Toren und Bösewichter keine Freude?« Aber eben nur so wie ein Löwe, der seine Beute erjagt hat! Sind sie erschöpft vom Wein und vom Liebesspiel, haben sie wieder einmal eine Nacht durchgeludert, wurde endlich der Körper ihren Wollüsten so eng, daß sie Eiterbeulen trieben, dann zitieren diese Elenden den Vergil-Vers:

›Weißt du doch, wie wir die Nacht des Schicksals
hingebracht in falschem Freudentaumel.‹

Nun verbringen Verschwender jede Nacht ›in falschem Freudentaumel‹ und immer so, als wäre es ihre letzte. Jene andere Freude, die Begleiterin der Götter und all derer, die ihnen ähnlich werden möchten, wird weder unterbrochen noch hört sie jemals auf – was geschehen müßte, wenn sie uns von außen zukäme. Weil sie nun aber kein Geschenk eines Außenstehenden ist, kann auch kein Außenstehender über sie verfügen. Was das Schicksal nicht gab, kann es nicht rauben. Leb wohl!

Unwohlsein raubte mir den ganzen Vormittag des gestrigen Tages, aber der Nachmittag blieb für mich! So war zunächst Lektüre die erste geistige Nahrung, für die ich mich entschied. Später, als ihm das bekommen war, wagte ich meinem Geist schon mehr abzuverlangen, oder vielmehr – ihm zu erlauben. Etwas davon schrieb ich auch nieder, freilich mühsamer als sonst, schlage ich mich doch hier mit einem spröden Stoff herum, vor dem ich natürlich nicht aufgeben möchte. Schließlich mischten sich Freunde ein, die mir wie einem ungebärdigen Kranken Einhalt gebieten wollten. Also löste den Schreibstift ein Gespräch ab, dessen Streitpunkte ich Dir als dem von uns erkorenen Schiedsrichter mitteilen will. Dieses Schiedsrichteramt wird Dir jedoch mehr Mühe machen, als Du zunächst glaubst.

Auf drei Punkte kommt es dabei an. Wie Du weißt, kennen unsere Stoiker zwei Grundursachen alles Naturgeschehens, die Ursache und die Materie. Die allseitig verwendbare Materie verhält sich passiv; bleibt ein Anstoß aus, neigt sie zur Trägheit. Die Ursache dagegen, das heißt die Vernunft, formt die Materie, treibt sie in die gewünschte Richtung, bildet aus ihr die unterschiedlichsten Gestalten. Es muß also für alles Werden ein ›Woher‹ und danach ein ›Wodurch‹ geben. Letzteres ist die Materie, ersteres die Ursache. Jede Kunst ist Nachahmung der Natur. Darum mußt Du das, was ich vom Ganzen der Welt sagte, auch auf alles von Menschen Geschaffene anwenden: zu einem Standbild gehört Rohmaterial, das künstlerische Bearbeitung zuläßt, und ein Künstler, der dem Stoff Form geben kann. Im Fall des Standbildes gilt also: Bronze gleich Materie, Künstler gleich Ursache. Das Gleiche gilt für alle Gegenstände: sie bestehen aus Bewirktem und Bewirkendem.

Für die Stoiker gibt es nur die eine Ursache: die, die etwas bewirken kann. Aristoteles dagegen meint, daß man in dreifacher Weise von einer Ursache sprechen kann. Erste Ursache ist für ihn die Materie selbst, ohne sie könne überhaupt nichts bewirkt werden. Zweite Ursache ist der Schöpfer, dritte Ursache die Form, die jedes Werk prägt, wie im Beispiel des Standbilds. Aristoteles nennt sie die äußere Gestalt. Dazu käme als vierte Ursache noch der Zweck des ganzen Werkes. Wie das gemeint ist, will ich Dir erklären. Für das Standbild ist die Bronze die erste Ursache. Ohne diesen Grundstoff für Guß und Formung hätte es nämlich niemals entstehen können. Der Künstler ist die zweite Ursache. Ohne seine geschickten Hände hätte die Bronze nämlich nicht zur Form eines Standbilds gebildet werden können. Die Form ist die dritte Ursache. Ohne diese ganz individuelle Formung könnte nämlich keine Statue als ›Der Speerträger‹ oder ›Der Stirnbandträger‹ bezeichnet werden. Der Zweck ihrer Herstellung ist die vierte Ursache; ohne einen solchen wäre sie ja überhaupt nicht entstanden. Was heißt Zweck? Nun, die Anregung, der der Künstler bei seinem Schaffen folgte. Das kann der Erlös sein, wenn er es für den Verkauf herstellte, oder der Ruhm, wenn er sich damit einen Namen machen wollte, oder ein religiöses Gefühl, wenn er es als Weihgeschenk für einen Tempel schuf. Also auch das muß als Ursache für sein Entstehen gelten dürfen. Oder meinst Du nicht, daß man auch dies zu den Ursachen des fertigen Werkes zählen müsse, ohne daß es gar nicht hätte zustande kommen können?

Dem fügt Plato noch eine fünfte Ursache hinzu, das Urbild: er selbst nannte es: Idee. Dieses nämlich hat der Künstler bei der Verwirklichung seiner Absicht vor Augen. Und es tut nichts zur Sache, ob er nun ein Vorbild direkt vor Augen hat oder als innere Vorstellung und Plan in sich trägt. Diese Urbilder aller Dinge trägt die Gottheit in sich, in ihrem Geist liegen Zahl und Maß aller künftigen Wirklichkeiten beschlossen. Sie birgt auch den ganzen Formenreichtum in sich, den Plato als unvergängliche, unveränderliche, unermüdliche ›Ideen‹ bezeichnet. So gehen zwar einzelne Menschen zugrunde, das Menschentum als Muster des Einzelmenschen aber überdauert, und während ringsum Menschen leiden und sterben, bleibt sie allein völlig leidfrei. Nach Plato gibt es also fünf Ursachen: das ›Woraus‹, das ›Wodurch‹, das ›Worin‹, das ›Wonach‹ und das ›Wozu‹. Diese Ursachen zusammen führen zum Endergebnis. Wie bei einem Standbild – um beim von mir eingeführten Beispiel zu bleiben –: das ›Woraus‹ ist die Bronze, das ›Wodurch‹ ist der Künstler, das ›Worin‹ die Form, die es erhält, das ›Wonach‹ das Vorbild, das der Künstler nachbildet, das ›Wozu‹ die Absicht des Künstlers. Das Standbild selbst ist dann das Endergebnis. Auch im Weltganzen findet sich nach Plato das alles wieder. Das ›Wodurch‹, der Künstler, ist die Gottheit, das ›Woraus‹ die Materie; das ›Worin‹, die Form, ist Gestalt und Ordnung der sichtbaren Welt; das ›Wonach‹, das Urbild, ist der Plan der Gottheit für die ganze Größe dieser herrlichen Schöpfung; das ›Wozu‹ ist die Absicht. Du fragst: ›Welche Absicht kann ein Gott verfolgen?« Nun, das Gute! Plato wenigstens hat es so ausgedrückt: »Warum schuf Gott diese Welt? Aus Güte! Weil er selbst gut ist, kennt er keinen Neid gegen irgend etwas, so konnte er die bestmöglichste Welt erschaffen.« Nun urteile als Schiedsrichter und sage uns, wessen Meinung Dir am ehesten einleuchtet, nicht wer letztlich recht hat, denn das entspräche der absoluten Wahrheit und wäre zu hoch für uns.

Dieses von Aristoteles und Plato entworfene Netz von Ursachen ist nun zu weit – oder zu engmaschig. Wenn sie nämlich als Ursache des Schaffens nur dasjenige angeben, ohne das etwas nicht hätte zustande kommen können, so ist das zuwenig. Sie müßten die

Zeit noch dazunehmen. Nichts geschieht außerhalb der Zeit. Sie müßten den Raum dazurechnen. Nichts könnte geschehen außerhalb räumlicher Begrenzungen. Sie müßten die Bewegung dazurechnen. Nichts entsteht und vergeht ohne Bewegung. Jede Kunst, überhaupt jede Entwicklung setzt Bewegung voraus. Wir suchen aber nach einer ersten und allgemeinen Ursache, die eine einfache sein muß, wie auch die Materie einfach ist. Fragen wir nach dieser Ursache, könnte die Antwort lauten: die wirkende Vernunft, das heißt die Gottheit. Alles, was ihr da an vielen einzelnen Ursachen aufgezählt habt, läßt sich auf eine einzige zurückführen, nämlich auf die wirkende Ursache. Du sagst, daß auch die Form Ursache sei? Der Künstler prägt sie seinem Werk auf, sie ist nur eine Teilursache, nicht die Hauptursache selbst.

Auch das Urbild ist nicht die Ursache selbst, sondern nur ein notwendiges Werkzeug der Ursache. Natürlich ist dem Künstler das Urbild so unentbehrlich wie Meißel und Feile, ohne die ja kein Kunstwerk entstehen kann. Trotzdem handelt es sich hier nicht um Teile oder Ursachen des Kunstwerks. »Die Absicht des Künstlers«, sagt man, »sein Schaffensantrieb, das ist doch Ursache!« Mag schon sein, aber es ist nur eine Ursache unter anderen, keine bewirkende Ursache. Solche Nebenursachen gibt es unzählige. Wir fragen nach der allgemeinen Ursache. Das Weltganze als vollendetes Kunstwerk soll schließlich eine solche Ursache sein. Aber diese Behauptung scheint mir nicht dem gewohnten Scharfsinn jener Philosophen zu entsprechen, denn groß ist der Unterschied zwischen einem Werk und seiner Ursache.

Sprich also entweder Dein Urteil aus oder gib zu, daß Dir eine eindeutige Entscheidung unmöglich ist –

bei Problemen dieser Art ist das ja das Leichtere – und laß uns umkehren! »Wie«, meinst Du, »kann es Dir Freude machen, Deine Zeit mit Beschäftigungen hinzubringen, die Dich von keiner Leidenschaft befreien, von keiner Begierde erlösen können?« Ich jedenfalls widme mich eifrig wichtigeren Dingen, die mir Seelenruhe verschaffen können, erforsche zuallererst mich selbst und erst später meine Umwelt. Nicht einmal jetzt mißbrauche ich meine Zeit, wie Du vermutest.

Alle diese Fragen, wenn sie nur nicht aufgespalten und mit so nutzloser Spitzfindigkeit zerfasert werden, erheben und beflügeln unseren Geist, der sich ja danach sehnt, von der Last seiner schweren Bürde befreit, zu seinem Ursprung zurückzukehren. Ist doch unser Körper eine Last und eine Strafe für unseren Geist, der von ihm eingezwängt und in Fesseln gehalten wird – wenn nicht die Philosophie herantritt und ihm befiehlt, beim Betrachten des Naturgeschehens aufzuatmen und ihn von der Erdenwelt ins Göttliche entrückt. Darin erweist sich ja des Geistes Freiheit, sein Umherschweifen: er entzieht sich zuweilen der ihm auferlegten Bewachung und stärkt sich im Himmelslicht. Wie ein Künstler, der sich bei schlechtem Kunstlicht über angestrengter Feinarbeit die Augen überanstrengt hat, nach draußen geht und sich in einem der für die Öffentlichkeit freigegebenen Erholungsbezirke am natürlichen Licht erfreut, so strebt auch unser in diese trübselig-dunkle Behausung eingezwängter Geist, sooft er nur kann, ins Freie und erquickt sich an der Betrachtung des Naturgeschehens. Zwar bleibt der Weise und der nach Weisheit Strebende an den Körper gebunden; allein sein besseres Ich weilt anderswo, seine Gedanken gelten erhabneren Gegenständen. Seine

Lebenszeit betrachtet er als Militärdienst, wie ein durch Fahneneid Gebundener. Und er ist so geartet, daß er dem Leben gegenüber weder Liebe noch Haß empfindet; sein Erdenschicksal nimmt er hin, im Bewußtsein, daß das Bessere noch aussteht.

Von der Betrachtung des Naturgeschehens willst Du mich abhalten; mich, den das Ganze gefangenhält, willst Du auf Teilbereiche beschränken? Ich soll nicht nach dem Ursprung des Alls forschen dürfen, nicht nach dem Schöpfer aller Dinge? Nicht danach, wer alles dies in eins Vermengte und mit tauber Materie Vermischte zu Gestalten formte? Ich soll nicht nach dem Weltenbildner fragen dürfen und nicht nach dem Plan, der so gewaltige Massen geregelt und geordnet hat? Nicht danach, wer Zerstreutes sammelte, Vermischtes trennte und dem in völliger Gestaltlosigkeit Daliegenden eigenes Gepräge gab? Woher die Quellen des Lichts strömen? Aus dem Feuer oder einem noch heller leuchtenden Stoff! Nach all dem soll ich nicht fragen, von meinem Ursprung nichts wissen dürfen? Ob ich all das nur einmal sehe, ob mir Wiedergeburten bevorstehen? Wohin geht es von hier aus mit mir? Welcher Ort erwartet meine von den Gesetzen menschlicher Knechtschaft befreite Seele? Willst Du mir einen Aufenthalt im Himmel verbieten? Das hieße ja, mich mit gesenktem Kopf durchs Leben gehen lassen! Nein, ich bin erhabener und zu Größerem geboren, als daß ich zum Sklaven meines Körpers werden könnte, der für mich doch nicht mehr ist als eine der Fesseln meiner Freiheit. Darum stelle ich ihn ja auch dem Schicksal entgegen, daß es vor ihm haltmache, durch ihn lasse ich keine Wunde zu mir selbst vordringen. Er ist das Einzige an mir, dem überhaupt Unrecht widerfahren kann.

Dieses hinfällige Gebäude bewohnt ein freier Geist. Nein, dieses elende Fleisch wird mir niemals Furcht einjagen, mich niemals zu Heuchelei verleiten, die eines Edlen unwürdig wäre. Niemals werde ich diesem elenden Körper zuliebe lügen. Die Gemeinschaft werde ich ihm aufkündigen, sobald es mir gutdünkt. Selbst jetzt, wo wir noch aneinander gekettet sind, werden wir ungleiche Bundesgenossen sein: der Geist fordert alles Recht für sich! Verachtung des eigenen Körpers, das heißt für ihn wahre Freiheit!

Um auf mein eigentliches Anliegen zurückzukommen: dieser Freiheit wird auch eine Betrachtung der eben geübten Art zugute kommen. Ist doch alles Bestehende auf die Materie und auf die Gottheit zurückzuführen. Die Gottheit ordnet alles, was ringsum zerstreut ihr als dem Lenker und Führer folgt. Mächtiger und wichtiger als die der göttlichen Macht preisgegebene Materie ist diese wirkende Ursache, das heißt die Gottheit selbst. Der Bedeutung Gottes in der Welt entspricht die Bedeutung des Geistes im Menschen! Was dort die Materie, ist an uns der Körper. Dem jeweils Besseren soll das Minderwertigere zu Diensten sein. Laßt uns also allem Unvorhergesehenen mutig entgegentreten und vor Unrecht, Verwundung, Gefangenschaft und Armut nicht erzittern. Was ist schon der Tod? Ein Ende oder ein Hinübergehen! Ich fürchte weder ein Ende – es ist dasselbe wie überhaupt nicht angefangen zu haben – noch ein Hinübergehen: Denn so eingeengt wie hier werde ich wohl nirgendwo sein! Leb wohl!

Du befragst mich immer wieder über Einzelheiten der Lebensführung und vergißt dabei, daß ein weites Meer zwischen uns liegt. Gerade der Zeitfaktor spielt aber beim Ratgeben eine große Rolle, und so ist es eben unvermeidlich, daß mein Ratschlag manchmal erst dann zu dir gelangt, wenn schon sein Gegenteil ratsamer ist. Denn: Ratschläge passen sich der Sachlage an – und diese unsere Lage entwickelt, ja überstürzt sich.

Also: Ein Ratschlag muß von Tag zu Tag erfolgen, und selbst dies ist noch zu langsam, er muß – wie man so sagt – unterderhand wachsen; doch wie man ihn findet, das will ich Dir zeigen. Wenn Du wissen willst, was jeweils zu tun oder zu lassen ist, fasse das höchste Gut, das heißt den Gesamtplan Deines Lebens, ins Auge, denn mit ihm muß unser Handeln übereinstimmen. Wer nicht schon einen solchen Gesamtplan seines Lebens vor sich hat, wird Einzelheiten nicht in Ordnung bringen können. Stünde einem auch eine ganze Farbenpalette zur Verfügung, so würde er doch ohne feste Vorstellung von dem, was er eigentlich malen will, keine Ähnlichkeit erreichen.

Darum scheitern wir ja, weil wir alle nur an die Einzelheiten unseres Lebens denken, aber keiner das Leben als Ganzes bedenkt. Will einer einen Pfeil abschießen, so muß er wissen, was er treffen will, dann erst kann er seinem Geschoß mit der Hand die genaue Richtung geben. Folgen unsere Ratschläge keinem festen Ziel, müssen sie ja in die Irre führen. Für den, der nicht weiß, welchen Hafen er ansteuern soll, kann es gar keinen günstigen Wind geben. Groß ist freilich die Macht des Zufalls in unserem Leben, wir sind seine Kinder. Manchen ist ja unbewußt, wie weit ihr Wissen überhaupt reicht. So wie wir oft jemanden suchen, der unmittelbar neben uns steht, so verkennen wir gewöhnlich auch den vor uns liegenden Sinn und Zweck des höchsten Gutes. Doch über dieses höchste Gut solltest Du nicht mit vielen Worten und auf langem Umweg ins reine kommen: den Finger mußt Du drauflegen – um es einmal so auszudrücken – und Dich nicht in Einzelheiten verlieren. Warum in Teilfragen zerlegen, was sich auf eine Hauptsache bezieht? Du kannst doch sagen: das höchste Gut, das ist das sittlich Gute; oder was Dich noch mehr verwundern mag: das sittlich Gute ist das einzige Gut, alle übrigen sind falsche und gefälschte Güter! Hast Du Dich zu dieser Überzeugung durchgerungen und die Tugend ganz fest liebgewonnen – einfach lieben ist zu wenig! – dann wird alles, was Dir widerfährt, Glück und Seligkeit für Dich sein, gleichgültig, wie es den anderen erscheint ...

Vielen scheinen wir mehr zu versprechen, als die menschliche Natur überhaupt zuläßt. Nicht zu Unrecht, gewiß, denn sie orientieren sich ja am körperlichen Geschick. Sollen sie sich doch dem Geistigen zuwenden: sogleich hat das Menschliche Göttliches zum Maß! Kopf hoch, sei ein wahrer Mann, Lucilius, und weg von jenem weltfremden Schulbetrieb der Philosophen, die das Erhabenste zur Silbenstecherei herabwürdigen, unsere Seelenkräfte entmutigen und aufreiben, indem sie sich über kleinste Details verbreiten. Du sollst den ersten Entdecker-Philosophen ähnlicher werden, nicht den Dozenten, die ja doch nur erreichen, daß ihre Philosophie mehr schwierig als großartig erscheint.

Sokrates, der die Ethik wieder zum Mittelpunkt allen Philosophierens machte, meinte ja auch, die höchste Weisheit sei, Gutes und Böses unterscheiden zu können. Er sagte: »Wenn mein Urteil dir etwas gilt, dann richte dich zu deinem wahren Glück nach jenen alten Philosophen und achte nicht darauf, daß du ›irgendwem‹ als Narr erscheinst. Mag dir Kränkung und Unrecht zufügen, wer will: wenn nur die Tugend mit dir ist, wirst du doch nichts zu leiden haben. Willst du wahrhaft glücklich sein, willst du ein rechtschaffener und ehrenwerter Mensch sein, dann nimm nur hin, daß dich ein ›irgendwer‹ verachtet!« Doch das wird nur der erreichen, der alle Güter gleichermaßen achtet: denn es gibt kein Gut ohne sittlichen Rang, und dieser ist überall der gleiche.

Was aber nun? Ist denn kein Unterschied, ob Cato Prätor wird oder bei der Wahl unterliegt? Ob er mit der Armee bei Pharsalus besiegt wird oder Sieger bleibt? Also sollte – trotz der Niederlage seiner Partei – die Unbesiegbarkeit seiner moralischen Position den gleichen Wert haben wie seine unter Umständen siegreiche Heimkehr als Friedensstifter? Warum nicht? Mit ein und derselben Tugend läßt sich Unglück überwinden und Glück bewahren: Tugend kann nämlich nicht größer oder kleiner werden, sie ist immer von einer Größe ... Mag alles vorkommen: daß einem Juba die Ortskenntnis im eigenen Reich so wenig nützt wie das hartnäckigste Eintreten seiner Untertanen für ihn, ihren König; daß auch die Treue der Bürger von Utica im Unglück dahinschwindet und daß einen Scipio gerade in Afrika das Glückhafte seines Namens im Stich läßt: schon längst vorher steht fest, daß einen Cato kein Schaden treffen kann. »Er wurde aber doch besiegt!« – Meinetwegen rechne auch das unter die Rückschläge im Leben Catos. Hindernisse, die seinem militärischen wie seinem Wahlsieg entgegenstanden, wird er gleichermaßen gelassen hinnehmen. Am Tag seiner Wahlniederlage widmete er sich dem Spiel, in der Nacht seines Todes der Lektüre. Offenbar galten ihm Verzicht auf die Prätorwürde und sein Lebensende gleichviel. Alles müsse, wie es kommt, getragen werden war seine Überzeugung. Warum ertrug er dann aber die Verfassungsänderung nicht auch mit starkem und ruhigem Sinn? Was ist denn schon von der Gefahr einer Veränderung ausgenommen? Weder die Erde noch der Himmel, noch der Gesamtbau des Alls, stehe er gleich unter göttlicher Leitung ...

Alles verläuft in einem festen zeitlichen Rahmen: Alles muß geboren werden, wachsen, verlöschen. Was Du da über uns hingleiten siehst, die Himmelskörper, und jener gleichsam beständigste Elementenkomplex, dem wir verflochten, in den wir hineingestellt sind, er wird abnehmen und schwinden. Jedem kommt sein Alter: die Natur entläßt alles zu gleichem Ziel, wenn auch mit ungleichem Abstand. Was ist, wird einmal nicht mehr sein: aber es wird nicht zugrunde gehen, sondern gewissermaßen aufgelöst. Für uns ist diese Auflösung gleich dem Untergang, denn wir schauen nur aufs Nächste: darüber hinaus schaut der stumpfe, dem Körper verschriebene Geist nicht, sonst ertrüge er das eigene Ende und das der Angehörigen standhafter; nämlich in der Hoffnung, daß alles abwechselnd durch Leben und Tod führt, daß alles Zusammengefügte aufgelöst, alles Aufgelöste zusammengefügt wird, daß sich gerade darin die ewige Kunst der allausgleichenden Gottheit erweist.

Darum wird man, wenn man den Zeitenlauf in Gedanken verfolgt, wie Cato sagen: »Das ganze Menschengeschlecht, das gegenwärtige wie das zukünftige, ist zum Tode bestimmt. Alle die Städte, die selbst politische Macht ausüben oder das Ansehen der Großreiche erhöhen, einst wird man fragen, wo sie geblieben sind! Auf unterschiedlichste Art werden sie untergehen: die einen werden durch Kriege zerstört, die anderen richtet Müßiggang, zu Trägheit verführender Frieden und das, insbesondere großen Mächten verderbliche Repräsentationsbedürfnis, zugrunde ... Warum und weswegen also soll ich bedrückt oder mißmutig sein, wenn ich dem allgemeinen Untergang um ein kleines vorauseile?« Ein hoher Sinn soll dem Gott gehorchen und ohne Zögern auf sich nehmen, was das Gesetz des Alls befiehlt. Entweder gelangt er zu einem besseren, lichtvolleren, ruhigeren Leben in göttlichen Gefilden, oder er wird, gewiß ohne Nachteil, seinem eigentlichen Ursprung eingegliedert und kehrt zurück zum Ganzen. Ein verantwortlich gelebtes Leben ist also für Cato keinesfalls ein größeres Gut als ein ehrenvoller Tod, denn Tugend ist ja nicht steigerungsfähig ...

Darum sollst Du Dich nicht wundern, daß alle Güter gleich sind, solche, die man sich mit Vorsatz selbst erwerben muß und solche, die der Zufall uns zuspielt. Denn, hast Du die Ungleichheit erst einmal zugegeben, so daß Du Standhaftigkeit unter der Folter zu den kleineren Gütern zähltest, so wirst Du sie auch bald zu den Übeln zählen und Sokrates im Kerker ebenso für unglücklich halten wie Cato, wenn er seine sich selbst zugefügten Wunden mit noch mehr Mut wieder aufreißt, für den allerunglücklichsten aber Regulus, der dafür bestraft wurde, daß er selbst gegenüber den Feinden sein Versprechen hielt.

Das aber zu behaupten, hat nicht einmal einer von den Laxesten je gewagt. Diese pflegen zwar einen solchen nicht eben für glücklich zu halten, aber immerhin nennen sie ihn nicht unglücklich. Die Philosophen der Alten Akademie nun erklären ihn für glücklich, auch unter Folterqualen, aber freilich nicht vollkommen und im Vollsinn. Damit kann man sich auf keinen Fall einverstanden erklären. Wer nicht wirklich glücklich ist, ist auch nicht im Besitz des höchsten Gutes. Das höchste Gut kennt keine Steigerung über sich selbst hinaus; nur muß Tugend dabei sein! ...

Die Tugend nämlich verstehe ich als etwas Stolzes und Erhabenes. Was immer sie bedroht, spornt sie erst recht an. Diese Gesinnung, zu der sich Jünglinge von edler Veranlagung so oft bekennen, wenn sie von der ganzen Schönheit einer ehrenvollen Tat so ergriffen sind, daß sie alle Nebensächlichkeiten verachten, eine solche Gesinnung wird die Weisheit in der Tat stärken und mehren, ja sie wird zur Überzeugung verhelfen, daß es nur ein höchstes Gut gibt, das immer auch das sittlich Gute ist: dieses kann nicht gemindert und nicht vergrößert werden ... Derjenige, der aller Gesinnung nach seiner Elle mißt, möchte mir jetzt die Augen auskratzen, wenn ich behaupte, für den gewissenhaften Richter wie für den irrtümlich Beschuldigten sei der Anteil am sittlich Guten gleich groß; wenn ich behaupte, gleich seien die Güter des Triumphators und des Mannes, der – unbesiegt im Gemüt – vor dem Siegeswagen hergeschleppt wird. Was Leute dieses Schlages selbst nicht zustande bringen, halten sie für ganz unmöglich. Aus ihrer eigenen Unsicherheit heraus urteilen sie über die Tugend der anderen ...

Über Dinge von Rang muß ein Geist von Rang entscheiden, sonst kann es geschehen, daß unsere Unvollkommenheit jenen wesentlichen Dingen – zugeschrieben wird. So erscheinen zum Beispiel ganz gerade Dinge unter Wasser dem Betrachter krumm und gebrochen. Nicht so sehr, was, sondern wie du es siehst, macht hier den Unterschied aus: unser Auffassungsvermögen ist getrübt, wenn es gilt, die Wahrheit zu erkennen. Stelle Dir einen unverdorbenen, geistig regsamen jungen Mann vor! Wird er Dir nicht sagen, daß ihm derjenige beglückter erscheint, der die ganze Last des Unglücks auf seinen trotzigen Nacken lädt, der sich über das Glück erhebt?

Nichts Besonderes ist es, in bequemer Ruhelage unerschüttert zu bleiben, den aber solltest Du bewundern, der sich aufrichtet, wo alle niedergedrückt werden, der aufrecht steht, wo alle darniederliegen ... Was auch einen Menschen treffen kann, er beklagt sich nicht, daß es gerade ihn trifft. Er kennt seine Kräfte und weiß sich dazu bestimmt, Lasten zu tragen. Dabei nehme ich den Weisen bewußt nicht aus der Zahl aller Menschen aus und behaupte nicht, er empfände – wie ein fühlloser Stein – keinen Schmerz. Ich weiß wohl, daß er aus zwei Teilen besteht: einem vernunftlosen, mithin schmerzempfindlichen, der Qual und Feuer leidet, und einem vernunftbegabten, der an seinen unerschütterlichen Meinungen festhält, furchtlos und unbezwinglich bleibt. Er ist die Grundlage für jenes höchste Gut des Menschen.

Bevor dieser Teil zu voller Reife gelangt ist, schwanken alle geistigen Regungen im Ungewissen. Ist er aber vollendet, dann ruht er in unerschütterlicher Festigkeit. Aus diesem Grund wird der dem höchsten Ziel zustrebende Anfänger, der sich redlich bemüht – auch wenn er sich dem vollkommenen Gut schon nähert, es aber noch nicht erreichen konnte – inzwischen schrittweise vorgehen und auch gelegentlich einen Teil seiner geistigen Planung zurückstekken. Denn noch hat er ja das unsichere Gelände nicht überwunden, auch jetzt noch bewegt er sich auf schlüpfrigem Pfad. Der vollendet Glückliche und Tugendhafte jedoch fühlt sich dann am wohlsten, wenn er am stärksten gefordert wurde. Wenn andere vor den Aufgaben eines ehrenvollen Amtes zurückschrecken, trägt er sie nicht nur, sondern schätzt sie und hört sich lieber einen ›um vieles besser‹ als einen ›um vieles glücklicher‹ nennen.

Jetzt endlich komme ich auf Deine Erwartung zurück. Es soll nicht scheinen, daß unsere Tugend außerhalb natürlicher Grenzen umherschweift, darum soll auch der Weise zittern, Schmerz empfinden und erbleichen dürfen – dies alles sind ja körperliche Empfindungen. Worin besteht also das Unglück, worin jenes eigentliche Übel? Nun, darin vielleicht, daß jene Empfindungen den Geist niederziehen und ihn zum Eingeständnis der Knechtschaft bewegen, daß sie ihn dahin bringen, sich seiner selbst zu schämen.

Der Weise freilich besiegt das launische Schicksal durch Tugend; viele hingegen, die sich der Weisheit verschrieben, ließen sich des öfteren durch oberflächliche Drohungen erschrecken. Hierin liegt unser Fehler: wir verlangen dasselbe vom vollendeten Weisen wie vom fortgeschrittenen Anfänger. All das Lobenswerte rate ich mir ja auch, voll überzeugt bin ich hingegen noch nicht, und auch wenn ich's wäre, hätte ich's noch nicht immer bereit und wäre noch nicht so geübt, um für alle Fälle gerüstet zu sein. So wie Wolle gewisse Farben sofort annimmt, andere nur nach öfterem Weichen und Kochen, genauso wendet der Geist manche Lehren sogleich an, nachdem sie ihm bekannt geworden sind. Andere Lehren werden erst dann wirksam, wenn sie tief eingedrungen sind und sich für lange Zeit verankert haben, den Geist also nicht nur gefärbt, sondern fest durchdrungen haben. Man kann das schnell und mit wenigen Worten erklären: das einzige Gute ist die Tugend; wenigstens ist kein Gut ohne diese Tugend, und diese Tugend liegt in unserem besseren Selbst, der Vernunft. Worin zeigt sich diese Tugend? Im wahren und unverrückbaren Urteil. Denn von dort kommen die geistigen Anstöße, von dort empfängt jede Vorstellung, die einen Anstoß auslöst, Klarheit und Ziel. Diesem Urteil wird es auch entsprechen, alles, was Beziehung zum Sittlichen hat, für Güter zu achten, die unter sich völlig gleichwertig sind. Körperlich Angenehmes ist zwar unter Umständen ein Gut, aber nicht im Ganzen. Es wird wiederum einen gewissen Wert haben, aber ohne eigentliche Würde sein. Bedeutende Unterschiede wird es unter den Gütern geben, teils kleinere, teils größere.

Auch unter den Jüngern der Weisheit bestehen mit Notwendigkeit große Unterschiede, das gebe ich zu. Der eine ist schon so weit fortgeschritten, daß er es wagen kann, seine Augen vor dem Schicksal zu erheben, nur nicht zu ausdauernd, denn vom übergroßen Glanz geblendet, muß er sie wieder senken. Ein anderer ist erst so weit, daß er dem Blick des Schicksals erst standhalten kann, wenn er zur Vollendung gelangt und ganz voller Zutrauen ist... Es bleibt immer noch mehr zu tun, als wir schon bewältigen konnten, aber es ist schon ein großer Teil des Fortschritts, überhaupt fortschreiten zu wollen. Dessen bin ich mir bewußt: ich will es, und ich will es mit ganzer geistiger Kraft.

Auch Dich sehe ich angespornt, mit viel Schwung dem herrlichen Ziel zustreben. Eilen wir! Erst so erhält unser Leben endlich den vollen Wert, sonst ist's nur schimpfliches Verweilen, noch dazu bei Verwerflichem! Das wollen wir doch anstreben, daß alle unsere Zeit auch ganz uns selbst gehört. Aber das kann wohl nicht eher wirklich werden, bevor wir nicht begonnen haben, uns selbst zu gehören. Wann endlich wird es uns gelingen, auf Glücksfälle – gute wie böse – nicht mehr Rücksicht zu nehmen? Wann wird es uns gelingen, alle Leidenschaften zu bezwingen, sie in unserer Gewalt zu haben und mit fester Stimme zu rufen: »Ich habe gesiegt!« Wen ich denn nun besiegt hätte, willst Du fragen? Nun, nicht Perser, nicht die fernsten Mederstämme und wenn es noch jenseits der Daher ein kriegerisches Volk geben mag – auch das nicht, sondern Habsucht, Ehrgeiz und die selbst Völkerbezwinger bezwungen hat: die Todesfurcht! Leb wohl!

Gewiß irren sie alle, die von den treuen Anhängern der Philosophie behaupten, sie seien halsstarrig und widerspenstig, Verächter der amtierenden Beamten, der Monarchen oder der staatlichen Angestellten. Ganz im Gegenteil! Niemand ist diesen dankbarer – und nicht zu Unrecht: bieten sie doch keinem mehr als gerade denen, die durch sie in den Genuß einer geruhsamen Mußezeit kommen. Darum sollten alle, denen ein geordnetes Staatswesen entscheidend zur Lebensverwirklichung verhilft, den Urheber dieses Gutes wie einen Vater ehren – und das noch viel inniger als jene betriebsamen Weltmenschen, die den Kaisern viel verdanken, aber auch viel von ihnen erwarten, deren ständig wachsende Ansprüche keine noch so große Freigebigkeit befriedigen kann.

Wer nämlich nur ans Nehmen denkt, vergißt leicht, was er alles schon empfangen hat, und Undank ist ja die übelste Begleiterscheinung der Begehrlichkeit. Nun mußt Du noch eines berücksichtigen: im öffentlichen Leben achtet jeder weit weniger darauf, wen er alles übertrifft, als vielmehr darauf, von wem er womöglich selbst übertroffen werden könnte. Leuten dieses Schlages ist es eben keine Freude, viele überflügelt zu haben, dagegen quält es sie maßlos, wenn sie auch nur einen noch vor sich sehen. Dieser Fehler haftet jedem Ehrgeiz an: er liebt keine Vergleiche.

Aber nicht nur der Ehrgeiz, sondern jede Begehrlichkeit hat etwas Unstetes: Jedes Ziel ist für sie immer nur ein Anfang. Dagegen nun ein aufrichtiger, rechtschaffener Mann, der sich von den Verpflichtungen in Rechtsprechung und Staatsverwaltung zurückgezogen hat, um sich höheren Aufgaben zu widmen: Wird er nicht alle, die ihm das ermöglichen, aufrichtig schätzen; wird er nicht als einziger dankbar bezeugen, wieviel er ihnen verdankt, auch wenn sie selbst davon nichts ahnen? Wie er seine Lehrer verehrt und bewundert, weil sie ihm den Weg aus der Ausweglosigkeit zeigten, so eben auch die, unter deren Schutz er seine Wissenschaft betreiben kann!

»Mit seiner Macht beschützt ein Herrscher doch auch alle anderen!« – Das bezweifelt keiner. Aber ist es nicht wie mit dem Neptun des Meeres? Von allen, die Nutznießer des gleichen, ruhigen Seewetters waren, erkennt derjenige seine Verdienste williger an, der mehr und kostbarere Waren mit auf See nahm. Erleichterter wird der Händler sein Gelübde einlösen als der einfache Fahrgast, und von den Händlern wiederum ist verschwenderischer dankbar, der Spezereien, Purpurstoffe und nur mit Gold zu bezahlende Dinge geladen hatte, als der, der nur wertlosen Ballast mit sich führte. Genauso hat die Wohltat dieses allgemeinen Friedens tiefere Bedeutung für diejenigen, die ihn am sinnvollsten nutzen. Gibt es doch unter den friedlichen Bürgern Roms viele, für die der Frieden anstrengender ist als der Krieg. Oder glaubst Du, daß diejenigen für den Frieden gleichermaßen dankbar sind, die ihn mit Trinkgelagen, Ausschweifungen und anderen Lastern hinbringen, gegen die man eigentlich auch Krieg führen müßte? Es sei denn, Du hieltest den Weisen für so uneinsichtig, daß er den gemeinsamen Gütern der Menschheit persönlich nichts zu verdanken glaubt. Sonne und Mond gehen nicht für mich allein auf, trotzdem verdanke ich beiden das meiste.

Der Gottheit, die den Jahreslauf regelt, weiß ich mich ganz persönlich verpflichtet, obwohl sie nichts zu meiner persönlichen Ehre tut. Törichte Habsucht der Sterblichen unterscheidet zwischen Besitz und Eigentum und zählt öffentlichen Besitz nicht zum persönlichen Eigentum. Der Weise jedoch betrachtet gerade das als ureigensten Besitz, was er mit dem gesamten Menschengeschlecht gemeinsam hat. Denn Gemeingut, das in seinen Teilen nicht auch jedem einzelnen gehörte, wäre ja auch kein richtiges Gemeingut. Gemeinsamkeit stiftet auch das, was nur zum kleinsten Teil Gemeingut ist. Nun bedenke noch, daß die wesentlichen und wahren Güter nicht so verteilt sind, daß für die einzelnen nur ein winziger Bruchteil abfällt. Nein, jedem einzelnen gehört das Ganze. Bei einer öffentlichen Kornspende bekommt ein einzelner nur den Anteil, der pro Kopf zugestanden wurde; ein öffentliches Festbankett, eine Fleischzuteilung und was an handgreiflichen Gütern sonst noch denkbar ist, all das geht in Einzelteile, jene unteilbaren Güter hingegen, Frieden und Freiheit, gehören voll und ganz sowohl allen wie jedem einzelnen. Darum bedenkt er wohl, wer ihm deren Gebrauch und Genuß ermöglicht und wem er es verdankt, daß kein öffentlicher Notstand ihn zu den Waffen, zum Wachdienst, zum Schutz der Mauern und zu einer Menge anderer Kriegslasten ruft; und dafür ist er dem Lenker seines Staates dankbar.

Lehrt doch die Philosophie eines ganz besonders: sich für Wohltaten verpflichtet zu fühlen, sie angemessen zu erwidern. Gelegentlich mag schon das bloße Eingeständnis als Gegengabe gelten. Er wird also eingestehen, wie hoch er in der Schuld dessen steht, der ihm durch kluge Führung und Umsicht ein gemächliches Ausspannen, das freie Verfügen über seine Zeit und eine durch öffentliche Verpflichtungen ungestörte Ruhe ermöglicht. »O Meliböus, ein Gott hat uns diese Ruhe geschaffen, wird er doch immer ein Gott mir sein …« – wenn schon jene berühmten Ruhepausen ihrem Gönner so viel verdanken, deren höchste Bedeutung darin besteht, ›daß durch ihn, wie du siehst, meinen Rindern das Weiden erlaubt ist, und mir selbst (wie ich mag) ein Lied auf der Flöte zu blasen‹ – um wievielmehr schätzen wir die Mußezeit, die uns den Göttern zugesellt, ja uns zu Göttern macht?

Dies ist meine Meinung, Lucilius, und es ist der kürzeste Weg, auf dem ich Dich himmelan führen will. Sextius pflegte zu sagen: »Mehr als ein aufrechter Mann vermag Jupiter auch nicht!« Gewiß, Jupiter verfügt über mehr, was er den Menschen geben kann; aber unter zwei Guten ist der Reichere nicht auch der Bessere. Ebensowenig wie Du von zweien, die mit gleicher Sachkenntnis am Steuerruder sitzen, nicht den als den Besseren bezeichnest, dessen Schiff größer und prächtiger ist.

Was hat Jupiter einem guten Menschen voraus? Nur, daß er über längere Zeit gut ist! Schätzt sich doch der Weise um nichts niedriger ein, weil ihm weniger Zeit zur Bewährung seiner Tugenden gegeben ist. Wie von zwei Weisen ja auch nicht der Ältere der Glücklichere ist gegenüber dem, dessen Tugend weniger Zeit zur Entfaltung hat, so hat auch die Gottheit einem Weisen nicht das Glück voraus, sondern nur das Alter. Die ältere Tugend ist darum nicht schon die bessere. Jupiter verfügt über alles, überläßt es aber den anderen zur Nutzung. Er selbst kennt nur eine Form des Gebrauchs: Urheber des Nutzens für alle zu sein. Der Weise sieht bei anderen alles mit Gleichmut und Verachtung – wie Jupiter auch –, nur daß er sich selbst darin höher bewertet, weil Jupiter alle diese Dinge nicht gebrauchen kann, der Weise sie nicht gebrauchen will. Wollen wir's also dem Sextius glauben, der uns den besten Weg zeigt. Er ruft uns zu: »Hier geht's zu den Sternen, hier zu Bescheidenheit, Mäßigung und mannhafter Bewährung. Die Götter sind weder müßig noch neidisch: sie gewähren uns Zugang und strecken ihre Hand den Aufwärtsstrebenden entgegen. Wundert's Dich, daß ein Mensch zu den Göttern gelangt? Die Gottheit kommt ja auch zu den Menschen, ja noch weit näher – sie geht ein in die Menschen: kein edler Sinn ohne die Gottheit! In unsere menschlichen Körper ist göttlicher Samen ausgestreut: wird er gewissenhaft gepflegt, gerät er nach seinem Urbild, und die Frucht gleicht dem Samen; wird er vernachlässigt, geht's wie auf unfruchtbarem und sumpfigem Boden, er stirbt ab, und anstelle von Früchten wächst Unkraut. Leb wohl!

Du beklagst Dich, daß ich Dir nicht mehr so sorgfältig ausgearbeitete Briefe schicke. Sorgfältig schreibt aber doch nur, wer geziert reden will! Meine Briefe sollen so sein wie mein Umgangston in der gemeinsamen Plauderpause oder beim Spaziergang, gefällig und ungezwungen. Ungekünstelt und ohne Heuchelei, so sollen sie sein! Wenn möglich, würde ich meine Gedanken lieber handgreiflich vorzeigen als mit Worten ausdrücken. Doch das Gestikulieren mit Füßen und Armen, das Anheben der Stimme würde ich auch beim Gespräch lieber den Berufsrednern überlassen und mich damit begnügen, Dir meine Gefühle ohne Über- und Untertreibungen verständlich gemacht zu haben. Freilich möchte ich Dir eins überzeugend dartun – daß ich alles, was ich sage, auch so meine, mehr noch, daß ich mit ganzem Herzen dabei bin. Anders küßt man die Geliebte, anders die Kinder. Trotzdem schwingt auch in dieser ehrbaren und züchtigen Umarmung noch echte Leidenschaft mit. Ich bin gewiß gegen eine nüchterne und trockene Tonart, wenn es um etwas so Wesentliches geht; verlangt doch die Philosophie durchaus keine Absage an Geist und Witz. Trotzdem darf man nicht so viel Aufwand mit Worten treiben.

Hier unser leitender Grundsatz: sagen, was wir denken, und denken, was wir sagen. Rede und Tat sollen zusammenstimmen. Wer immer sich selbst gleichbleibt, magst Du ihn nun sehen oder hören, der hat diesen Grundsatz verwirklicht. Wie und was einer ist, wird sich schon zeigen; auf jeden Fall soll er in sich einheitlich sein. Unsere Rede soll nicht unterhalten, sondern Nutzen stiften. Steht uns nun die Kunst der Rede ohne große Anstrengung zur Verfügung, sind ihre Mittel zur Hand oder nahezu mühelos zu haben, warum nicht? Nur möchten wir sie in den Dienst des würdigsten Inhalts stellen; dem allein soll sie dienen, nicht sich selbst.

Andere Wissenschaftszweige wenden sich ganz an unseren Verstand, hier dagegen haben wir es mit einer reinen Herzenssache zu tun. Ein Kranker will keinen Schönredner als Arzt. Ergibt es sich aber, daß ein Heilkundiger zugleich angemessen über seine Maßnahmen reden kann, wird's ihm recht sein. Trotzdem wird man sich niemals dazu beglückwünschen, an einen redegewandten Arzt geraten zu sein. Das wäre genauso, wie wenn ein erfahrener Steuermann gleichzeitig auch ein schöner Mann ist. Was betörst Du meine Ohren und versuchst mich abzulenken? Mir ist anderes not, nämlich Brennen, Schneiden, Fasten. Dafür wirst Du herangezogen. Eine alte, schwere und verbreitete Krankheit sollst Du heilen. Damit ist Dir eine Aufgabe gestellt wie dem Arzt während einer Seuche. Du mühst Dich um Worte? Freue Dich, wenn Du den Tatsachen gerecht wirst. Wann gelangst Du zu umfangreichem Wissen? Wann prägst Du Dir das Gelernte so fest ein, daß es unverlierbar wird? Wann wendest Du's an? Hier genügt es eben nicht – wie sonst – sich etwas einzuprägen: es muß praktisch erprobt werden. Nicht der Wissende, sondern der Handelnde ist glücklich!

»Wie denn? Gibt es keine niederen Grade, öffnet sich unmittelbar hinter vollendeter Weisheit eine große Kluft?« – Ich glaube nein, denn wer Fortschritte macht, gehört noch unter die Toren, hat sich aber schon weit von ihnen entfernt. Auch unter denen, die Fortschritte machen, gibt es noch beträchtliche Unterschiede. Man teilt sie gewöhnlich in drei Gruppen. Zur ersten gehören jene, die die Weisheit noch nicht erlangt haben, ihr aber schon ganz nahe sind. Aber Nähe bedeutet hier noch keinesfalls Besitz. Was das für Leute sind, fragst Du? Nun, die alle Leidenschaften und Laster abgelegt haben, alles Notwendige gelernt, aber bislang noch kein volles Selbstvertrauen gewonnen haben. Noch wissen sie ihr erworbenes Gut nicht zu nutzen, doch können sie bereits nicht mehr in ihre alten Fehler zurückfallen. Sie sind sich selbst noch nicht klar darüber, daß sie von der Stufe, auf der sie sich jetzt befinden, gar nicht mehr zurückfallen können. Ich erinnere mich, es einmal in einem Brief so ausgedrückt zu haben: ›Sie wissen noch nichts von ihrem Wissen‹. Schon im Genuß ihres Gutes, fehlt ihnen doch noch das volle Zutrauen.

Einige begreifen diese eben von mir besprochene Gruppe von Fortgeschrittenen so, daß sie von ihnen aussagen: Der Gefahr seelischer Dauerkrankheiten sind sie schon entronnen, den Anfällen der Leidenschaften noch nicht. Noch stehen sie auf schlüpfrigem Boden, denn vor dem Übel ist nur der völlig sicher, der es ganz und gar abgeschüttelt hat – was freilich nur dem gelingt, der dafür die volle Wahrheit eingetauscht hat.

Den Unterschied zwischen Krankheiten der Seele und Leidenschaften habe ich schon oft erklärt. Auch jetzt erinnere ich Dich daran: unter Krankheiten sind eingewurzelte, verhärtete Fehler zu verstehen wie Habsucht und Ehrgeiz; die haben ganz fest in den Gemütern Wurzeln geschlagen und sich zu Dauerübeln entwickelt. Kurz gesagt: Krankheit bedeutet hier hartnäckiges Festhalten an der verwerflichen Meinung, man müsse sich eifrig um nicht Erstrebenswertes bemühen.

Wenn Du willst, läßt sich's auch so erklären: allzusehr auf wenig oder gar nicht Erstrebenswertes aus zu sein oder das für außerordentlich wertvoll zu halten, was begrenzten oder gar keinen Wert hat. Leidenschaften sind verwerfliche Gemütsbewegungen, die plötzlich und heftig über uns kommen. Sie treten häufig auf, und wenn man sie nicht beachtet, führen sie zur Krankheit, etwa wie gelegentlicher Schnupfen zu Husten führt, ständiger und langanhaltender zur Schwindsucht. So schweben nun die am weitesten Fortgeschrittenen zwar nicht mehr in Krankheitsgefahr, doch sind sie – obwohl der Vollendung schon sehr nahe – den Leidenschaften durchaus noch zugänglich. Die zweite Gruppe besteht aus denen, die mit den gefährlichen seelischen Lastern und Leidenschaften schon fertiggeworden sind, aber noch keine feste innere Sicherheit erlangt haben, so daß ein Rückfall jederzeit möglich ist. Die dritte Gruppe hat viele und gefährliche Laster schon abgelegt, aber keineswegs alle. Den Geiz haben sie überwunden, aber gegen Zorn sind sie noch anfällig. Sexuelle Begierde packt sie nicht mehr, wohl aber der Ehrgeiz. Verlangen quält sie nicht mehr, wohl aber Furcht. Gegen Furcht selbst nun sind sie mitunter standhaft genug, mitunter aber noch recht nachgiebig. Den Tod verachten sie, Schmerzen fürchten sie.

Darüber wollen wir noch ein wenig nachdenken: es steht schon gut mit uns, wenn wir zur Gruppe der Letzteren gehören. Mit viel natürlichem Glück und großem andauerndem Eifer belegt man den zweiten Platz. Aber nicht einmal der dritte Platz ist zu verachten. Wenn Du daran denkst, wieviel Übel Dich umgeben, und wenn Du bedenkst, daß es für jede mögliche Untat ein Beispiel gibt, wie tagtäglich die Verdorbenheit zunimmt, wieviel insgeheim oder in aller Öffentlichkeit gesündigt wird – dann wirst Du Dir eingestehen, daß wir schon genug erreicht haben, wenn wir nicht gerade unter den Schlechtesten sind. »Ich freilich hoffe, eine höhere Stufe erreichen zu können«, meinst Du. Nun, das wünsche ich uns mehr, als ich's versprechen kann, denn zu sehr sind wir vorbelastet.

Wir ringen um Vollkommenheit, aber die Laster halten uns umgarnt. Ich schäme mich, es auszusprechen: Edles Streben ist uns lediglich Freizeitbeschäftigung. Dabei erwartet uns herrlicher Lohn, wenn wir's nur über uns brächten, unsere Betriebsamkeit und die festgewurzelten üblen Gewohnheiten abzuwerfen. Weder Begehrlichkeit noch Furcht werden uns etwas anhaben können. Durch Schrecken nicht verwirrt, durch Begierden nicht verdorben, werden wir weder vor dem Tod noch vor den Göttern schaudern: es wird uns klar geworden sein, daß der Tod kein Übel, die Götter keine Bösewichte sind. Schadenstifter wie Geschädigte sind gleichermaßen schwach; vom Guten geht keine schädliche Wirkung aus. Gelingt uns endlich einmal die Flucht aus diesem Morast zu jener erhabenen Höhe, so erwartet uns heitere Seelenruhe und – wenn alle Irrtümer beseitigt sind – uneingeschränkte Freiheit. Was das für eine Freiheit sei, fragst Du. Weder Menschen noch Götter zu fürchten, weder die Schande zu wollen, noch das Übermaß; sich selbst fest in der Gewalt zu haben: denn ein unschätzbares Gut ist es, zu sich selbst zu finden. Leb wohl!

Du wirst häufig vom Schnupfen geplagt, und diesem schon nicht mehr ungewöhnlichen Dauerschnupfen folgt leichtes Fieber. Das bedrückt mich sehr, weil ich diese Art Leiden selbst recht gut kenne. Anfänglich machte ich mir nichts daraus; denn meine Jugendkraft konnte es sich leisten, Krankheiten durchzustehen, ja mit Mißachtung zu strafen. Dann aber packte es mich gründlich, und es kam so weit mit mir, daß ich förmlich zerfloß und fast zum Skelett abmagerte. Einige Male wollte ich mir das Leben nehmen. Nur die Rücksicht auf meinen alten Vater, der sehr an mir hing, konnte mich zurückhalten. Ich dachte nämlich nur wenig daran, wie ich selbst tapfer in den Tod gehen könnte, aber viel an ihn, der seiner Sehnsucht nicht hätte Herr werden können. So zwang ich mich, am Leben zu bleiben. Auch dazu gehört manchmal viel Mut!

Ich will Dir erzählen, was mir damals Trost gab. Doch, um es gleich vorwegzunehmen: was mir damals die innere Ruhe wiedergab, wirkte gleichzeitig wie eine Medizin. Moralischer Trost hat nämlich Wirkungen wie ein Heilmittel. Was Dich innerlich aufrichtet, nützt auch Deinem Körper. Wissenschaftliche Tätigkeit war's, die mich rettete. Auf meine philosophischen Neigungen führe ich es zurück, daß ich wieder auf die Beine kam und gesund wurde. Ja, mein Leben ist noch das Geringste, was ich der Philosophie verdanke. Auch meine Freunde haben viel für meine Gesundheit getan. Ihre Ermunterungen, ihre Nachtwachen, ihre Gespräche schafften mir Linderung. Überhaupt, mein tüchtiger Lucilius, ist für einen Kranken kaum etwas so heilsam und hilfreich wie die herzliche Teilnahme seiner Freunde. Nichts nimmt uns in gleichem Maße die bange Todesfurcht: da sie ja weiterleben würden, gab es für mich kein Sterben mehr! Fest glaubte ich an mein Weiterleben, nicht mit ihnen, sondern in ihnen. Mir war nicht zumute, als ob ich meinen Geist aushauchte, eher als ob ich ihn übertrüge! Dies gab mir den Willen zum Durchhalten und zum Ertragen aller Schmerzen. Sonst hätte es ja tiefstes Elend bedeutet, den Mut zum Sterben aufgegeben, den zum Leben noch nicht gefunden zu haben!

Auch Du mußt diese Heilmittel anwenden! Ein Arzt kann Dir vorschreiben, wie lange Du spazierengehen darfst, welche Körperübungen nötig sind. Er wird Dich vor dem Abgleiten in jenes Nichtstun warnen, zu dem man bei geschwächter körperlicher Verfassung so leicht neigt. Er wird Dir raten, laut zu lesen, und weil Lunge und Luftwege kranken, Atemübungen zu machen, Kahnfahrten zu unternehmen, die Deinen Unterleib sanft durchrütteln sollen. Er wird Dir bestimmte Speisen verordnen, Dir sagen, wann Du Wein als Kräftigungsmittel trinken darfst, wann Du ihn meiden mußt, damit er nicht verstärkten Hustenreiz bewirkt. Meine Vorschriften hingegen sollen Dir nicht nur in dieser einen Krankheit helfen, sondern Dir für's ganze Leben heilsam sein: Verachte den Tod! Sind wir die Todesfurcht los, hat alle Traurigkeit ausgespielt! Jede Krankheit bringt folgende drei Schwierigkeiten mit sich: Todesfurcht, körperliche Schmerzen, Verzicht auf Lustbefriedigung. Über den Tod ist schon genug gesprochen worden; nur eines will ich noch anmerken: wir fürchten uns weniger vor der Krankheit als vor der Natur. Für viele bedeutete Krankheit sogar Aufschub des Todes. Das scheinbar so nahe bevorstehende Ende bewirkte ihre Rettung. Sterben mußt Du, weil Du lebst, nicht weil Du krank bist. Auch nach Deiner Gesundung erwartet Dich der Tod. Der Krankheit entfliehst Du durch Deine Genesung, nicht dem Tode.

Wir wollen jetzt auf die jeder Krankheit eigentümliche Beschwernis zurückkommen: große Schmerzen, die freilich durch Unterbrechungen erträglich werden. Mit dem Höhepunkt erreicht nämlich jeder Schmerz zugleich sein Ende. Niemand kann starke Schmerzen über längere Zeit aushalten. Die freundliche Natur läßt unsere Schmerzen entweder erträglich oder kurz sein ... So hat man bei heftigen Schmerzen wenigstens den einen Trost, eben durch ihr Übermaß notwendigerweise schmerzunempfindlich zu werden. Was aber Unerfahrenen körperliche Schmerzen so unerträglich macht, ist, daß sie sich noch nicht daran gewöhnt haben, mit geistigen Genüssen vorliebzunehmen; statt dessen messen sie ihrem Körper viel zuviel Bedeutung bei.

Darum unterscheidet ein hochgesinnter und kluger Mann scharf zwischen Geist und Körper, widmet sich eingehend dem besseren, göttlichen Teil seiner selbst und gibt sich mit jenem kläglichen, gebrechlichen Rest nur soviel ab, als unbedingt nötig ist. »Es ist aber doch ein recht harter Zwang«, könnte man einwenden, »die gewohnten Annehmlichkeiten zu entbehren, auf Nahrung zu verzichten, Durst und Hunger zu leiden.« Freilich fallen solche Entbehrungen am Anfang schwer. Allmählich aber läßt die Begierde nach, und ihre Organe werden vor Erschöpfung schlaff. So wird der Magen wählerisch, und Speisen, die wir eben noch sehnlich herbeiwünschten, ekeln uns plötzlich an. Die Wünsche selbst sterben ab, und das nunmehr Unerwünschte entbehrt man leicht...

Mach es Dir doch in Deiner Krankheit nicht selbst noch schwerer, belaste Dich nicht mit Vorwürfen! Der Schmerz wäre nicht so groß, wenn ihn unsere Einbildung nicht noch übertreiben würde. Wenn Du dagegen mit Dir selbst ins Gericht gehst und sagst: »Es ist gewiß nicht so schlimm, vielleicht ist es auch gar nichts! Durchhalten! Es läßt schon nach!«, so kannst Du Dir's durch Einbildung leicht machen. Es hängt nämlich alles von unserer Einbildungskraft ab, nach der sich eben nicht nur unser Ehrgeiz, unsere Prunksucht und Habsucht richten, sondern auch unser Schmerzempfinden. Jeder ist so elend, wie er zu sein glaubt. Von Klagen über ausgestandene Leiden muß man abkommen – meine ich – auch von Redereien wie den folgenden: »Nie ging es einem Menschen schlechter. Welche Qualen, welches Unglück hatte ich durchzumachen. Kein Mensch wollte noch an meine Genesung glauben. Unzählige Male waren die Meinen in Wehklagen ausgebrochen, hatten die Ärzte mich aufgegeben! Auf der Folterbank wird man nicht so zerrissen wie ich« ... Zweierlei also gilt es zu vermeiden: Angst vor der Zukunft und Erinnerung an altes Leid. Das eine betrifft mich noch nicht, das andere nicht mehr. Inmitten vieler Schwierigkeiten sollte man sich zusprechen:

»Später wird's uns wohl freun, sich einstigen Leids
zu erinnern!«

Mit ganzer Geisteskraft soll man dagegen ankämpfen. Wer nachgibt, hat verloren. Wer sich gegen den Schmerz wappnet, bleibt Sieger. Nun verhalten sich freilich die meisten so, daß sie das Unglück, dem sie Widerstand leisten sollten, auf sich ziehen. Sobald Du Dich nämlich dem Drückenden, Drohenden und Drängenden entziehen willst, wird es Dir nachsetzen und Dich noch mehr belasten. Stellst Du Dich dagegen zum Kampf und zeigst Willen zum Widerstand, dann läßt es sich auch abwenden! ...

»Ich empfinde starke Schmerzen!« – Wie denn,

schmerzt es etwa weniger, wenn Du Dich so weibisch benimmst? Wie ein Feind erst für die Fliehenden richtig gefährlich wird, so ist auch jedes zufällige Ungemach gefährlicher für den, der den Rücken kehrt und flieht. »Trotzdem hab ich's schwer!« Aber sind wir denn dazu tapfer, um leichte Last zu tragen? Wünschst Du Dir eine lange Krankheit oder eine heftige, die schnell vorübergeht? Eine lange Krankheit hat ihre Unterbrechungen, gönnt uns Erholungspausen und viel Zeit; sie braucht ihren Anlauf und ihren Ausklang. Für eine kurze und heftige Krankheit gibt es dagegen nur zwei Möglichkeiten: sie vernichtet uns, oder wir vernichten sie. Einer unterliegt: sie oder ich! Was macht das aus? So oder so hat der Schmerz ein Ende.

Auch kann es nützlich sein, sich vom Schmerz zu befreien, indem man sich auf andere Gedanken bringt. Denke an alle guten und tapferen Taten, die Du vollbracht hast, beschäftige Dich mit Deinem besseren Ich, erinnere Dich immer von neuem an alles, was Du je bewundert hast. Dann werden Dir alle tapferen Helden und standhaften Dulder vor Augen treten … »Aber« – so meinst Du – »meine Krankheit läßt mich zu nichts kommen, hindert mich an allen meinen Pflichten!« –

Die Krankheit beherrscht doch den Körper, nicht den Geist. Sie hemmt den Schritt des Läufers, lähmt die Hand des Schusters oder des Schmieds. Hast Du Dich an geistige Betätigung gewöhnt, kannst Du Ratschläge und Lehren erteilen, kannst hören und lernen, fragen und antworten. Weiter nichts? Glaubst Du, nichts zu tun, wenn Du als Kranker Dich zusammenreißt? Wo Du doch beweist, daß die Krankheit überwunden oder doch wenigstens ertragen werden kann.

Glaube mir, Tapferkeit kann man auch im Krankenbett zeigen. Nicht nur Waffentaten und Feldzüge liefern Beweise eines unverzagten, durch Schrecknisse ungebeugten Mutes, den tapferen Mann erkennt man auch im Krankenhemd. Dir bleibt genug zu tun: ein mannhaftes Ringen mit Deiner Krankheit. Welch herrliches Vorbild, wenn Du Dich nicht bezwingen, nicht erweichen läßt! Welch weites Bewährungsfeld für unseren Ruhm, wenn man uns im Krankenbett sehen könnte! So schau Dir nur selbst zu, rühme Dich selbst!

Übrigens gibt es ja zwei Arten von Genuß: die Genüsse des Körpers – sie können von der Krankheit zwar gehemmt, aber nicht völlig ausgelöscht werden. Genaugenommen werden sie sogar gesteigert: der Durstige findet mehr Erquickung beim Trinken, der Hungrige ist dankbarer für Speise. Nach langer Entbehrung wird alles um so gieriger genossen. Die geistigen Genüsse – sie sind die stärkeren und verläßlicheren, und kein Arzt verbietet sie dem Kranken. Wer es versteht, sich an sie zu gewöhnen, hat für das ganze Blendwerk der Sinnlichkeit nur noch Verachtung übrig. »Ach, der arme Kranke!« – Warum arm? Weil er nicht Schnee in seinem Wein schmelzen lassen kann? Weil er seinen in mächtigem Humpen selbstgemischten Trunk nicht durch Eiswürfel ständig frisch halten kann? Weil man ihm an der Tafel keine frischgeöffneten Austern vorsetzt? Weil es bei seinen Mahlzeiten nicht von Köchen wimmelt, die Fischhappen frisch aus der Pfanne anbieten? Ja, unsere Schlemmerei ist schon darauf verfallen, die Küche an die Tafel zu verlegen – damit ja nichts zu sehr abkühlt und für abgestumpfte Gaumen etwa nicht heiß genug ist. »Ach, der arme Kranke!« – Er darf nur so viel essen, wie er auch verdauen kann. Kein Wildschweinbraten wird auf- und wieder abgetragen, solch billiges Fleisch ist nur zum Anschauen! Keine Geflügelbrüste, auf dem Vorlageteller kunstvoll aufgetürmt, ganze Vögel kann der verwöhnte Blick schon nicht mehr ertragen! Was ist Dir denn so Übles widerfahren? Die vermeintliche Krankenkost: endlich einmal wie ein Gesunder essen! Das alles werden wir doch leicht ertragen, die Süppchen, das lauwarme Wasser und was sonst noch den Verwöhnten, den im Überfluß Schwelgenden, die ja weniger körperlich als vielmehr geistig kränkeln, unerträglich scheinen mag: wenn wir nur aufhören, vor dem Tode zurückzuschaudern. Und das ist auch durchaus möglich, wenn wir nämlich über die Wesensbestimmung des höchsten Guts und des größten Übels ins reine gekommen sind. Dann endlich wird es weder Lebensüberdruß noch Todesfurcht geben.

Ein Leben, das so mannigfaltige, gewaltige und wahrhaft göttliche Gegenstände vor sich sieht, kann seiner selbst gar nicht überdrüssig werden. Träger Müßiggang ist es, der gewöhnlich zum Selbstüberdruß führt. Wer den Dingen auf den Grund geht, wird der Wahrheit niemals überdrüssig: die Lüge hat man bald über. Wenn uns schließlich – völlig verfrüht oder mitten im Leben – der Tod packt und zu sich ruft, ist er wie die reife Frucht eines langen Lebens. Die Welt der Natur kennt ja ein solcher Mensch in weitestem Umfang, und daß die Tugend nicht weiterwachsen kann, weiß er ohnehin. Das Leben erscheint notwendigerweise nur denjenigen so kurz, die es nach nichtigen und darum endlosen Vergnügungen beurteilen.

In solchen Überlegungen solltest Du Erholung suchen und ab und zu auch unserem Briefwechsel ein wenig Zeit widmen. Vielleicht kommt für uns noch einmal eine Zeit engerer Verbindung; und sei's nur auf ganz kurz, kluge Nutzung wird uns diese Zeit lang machen! Wie sagt doch Posidonius?: »Ein Tag im Leben eines Gebildeten dehnt sich länger als für Unerfahrene das längste Leben.« Zunächst halte folgenden Grundsatz fest: sich vom Unglück nicht unterkriegen lassen, im Glück mißtrauisch bleiben, alle Möglichkeiten des Schicksals im Auge behalten, so als könnte es jederzeit alles in seiner Macht Stehende auch verwirklichen. Ganz allmählich wird dann auf uns zukommen, worauf wir schon lange vorher gefaßt sind. Leb wohl!

Hier im Landhaus Scipios des Afrikabezwingers habe ich Rast gemacht und schreibe diese Zeilen. Eben erst ehrte ich seine Manen und sprach ein Gebet am Hausaltar, der meiner Meinung nach auch die Grabstätte des großen Mannes ist. Ich bin überzeugt, daß sein Geist in seine himmlische Heimat zurückgekehrt ist – nicht etwa dank seiner überragenden Feldherreneigenschaften – die hatte auch Kambyses, der Wahnsinnige und in seinem Wahnsinn Erfolgreiche –, sondern dank seiner außergewöhnlichen Selbstzucht und seinem Pflichtgefühl, das er meines Erachtens durch selbstgewählte Verbannung aus seinem Vaterland noch weit eindrucksvoller bewies als bei dessen Verteidigung. Ein Scipio in Rom: das hätte eine Gefahr für die Freiheit Roms bedeutet! Wie drückte er sich doch aus? ›Unter keinen Umständen will ich für meine Person die Gesetze und die gesetzlichen Einrichtungen einschränken. Für alle Bürger muß gleiches Recht gelten. Was du mir verdankst, mein Vaterland, mußt du auch ohne mich genießen können. Nur so kann ich beweisen, daß ich es war, der dir zur Freiheit verhalf. Nun, da mein Einfluß zur Gefahr wächst, ziehe ich in die Fremde!« Durch seine freiwillige Verbannung befreite er den Staat aus einer schwierigen Lage: Diese Geistesgröße kann ich nicht genug bewundern. War es doch so weit gekommen, daß die Freiheit und Scipio sich gegenseitig hätten ins Unrecht setzen müssen. Beides war nicht vertretbar. Darum räumte er das Feld und zog sich hierher nach Liternum zurück. Diese Selbstverbannung sollte dem Staat ebenso nützen wie die Vertreibung Hannibals.

Nun habe ich sein Landhaus besichtigt. Aus behauenen Quadern ist es errichtet. Rings um den Park führt eine Mauer. Bastionen vergleichbar, ragen rechts und links Türme auf. Zwischen Wirtschaftsgebäuden und Wiesenland liegt die Brunnenanlage, die ein ganzes Heer versorgen könnte. Im bescheidenen kleinen Badehaus ist es – wie früher üblich – recht finster. Nach der Absicht unserer Vorfahren paßte zur Wärme nur Dunkelheit. Wirklich ein großes Vergnügen, unsere heutigen Gebräuche mit denen eines Scipio zu vergleichen! Hier in diesem Winkel wusch sich, erschöpft von der Landarbeit, der ›Schrecken Karthagos‹, er, dem Rom es zu danken hat, wenn es nur einmal erobert wurde. Ehrlich mühte er sich ab, bestellte nach Vätersitte seinen Acker selbst. Auf diesem schlichten Fußboden hat er gestanden, unter diesem armseligen Dach hat er sich aufgehalten! Aber wo findet sich heute jemand, dem solch eine Waschgelegenheit genügen würde? Hält man sich doch für arm und rückständig, wenn keine kostbaren, großen Metallspiegel an den Wänden funkeln, alexandrinischer

Marmor nicht mit numidischem durchsetzt und ringsherum wie ein Gemälde mit buntem kunstvollem Mosaikwerk eingefaßt ist, wenn die Deckenwölbung nicht mit Glas, die Badebassins, in die wir unseren im Schwitzbad entschlackten Körper gleiten lassen, nicht mit thasischem Marmor verkleidet sind – eine früher nur in wenigen Tempeln gezeigte Sehenswürdigkeit –, wenn das Wasser nicht aus silbernen Hähnen strömt ...

Heute blickt so mancher verächtlich auf die ländliche Rückständigkeit eines Scipio herab. Keine breiten Fensterscheiben ließen Tageslicht in sein Dampfbad, er schwitzte nicht bei strahlender Beleuchtung und hatte keine Aussicht, je richtig durchgekocht zu werden. Welch kümmerliche Gestalt, so ganz ohne Lebensart! Er badete in ungefiltertem, oft genug trübem, nach starkem Regen nahezu schmutzigem Wasser; und diese Art zu baden störte ihn nicht einmal, weil er sich ja nur den Schweiß, nicht die parfümierten Salben abspülen wollte. Was werden nun Deiner Meinung nach einige Zeitgenossen dazu sagen? »Beneiden kann ich den Scipio nicht! Wer sich hier baden muß, lebte wirklich wie in der Verbannung!« Wenn Du nun gar noch wüßtest, daß er sich nicht einmal täglich badete! Wie nämlich die Erforscher unserer Vorvätersitten festgestellt haben, wusch man sich damals nur die Körperteile täglich, die bei der Arbeit schmutzig geworden waren, also Arme und Beine. Nur einmal in der Woche gab es ein richtiges Vollbad. Hier wird nun gewiß einer einwerfen: »Unsere Vorfahren waren doch wohl rechte Dreckspatzen! Wie die wohl gerochen haben mögen?« – Nun, einfach wie Männer, nach Dienst und nach Arbeit! Die Erfindung der schmucken Badeanstalten hat doch nur zu Auswüchsen geführt! …

Wenn Dir dies alles übertrieben feierlich vorkommt, mußt Du's schon diesem Landhaus hier zugute halten. Dies ist ja auch der Ort, wo ich von Ägialus – so heißt der jetzige Eigentümer des Grundstücks, ein äußerst gewissenhafter Hausvater – lernen durfte, wie sich auch eine ältere Baumgruppe noch umsetzen läßt. Dies zu lernen ist sehr wichtig für uns Ältere, die wir alle unsere Ölbaumpflanzungen für andere anlegen: habe ich's doch selbst gesehen, wie er drei-, vierjährige Pflanzen umsetzte, deren Ertrag nachließ. Auch Du könntest einmal Schutz finden unter jenem Baum, von dem uns Vergil singt:

»Langsam wächst er heran, den Enkeln erst spendet er Schatten!« …

Was die Ölbaumpflanzung betrifft, so konnte ich zwei Verpflanzungsmethoden beobachten. Bei den großen Bäumen verschnitt er ringsherum die Zweige bis auf eine Fußlänge, entfernte das Wurzelwerk und versetzte die Bäume nur mit dem Wurzelknollen, aus dem die Wurzeln herauswachsen. Diesen tauchte er in Jauche, setzte ihn ins Pflanzloch und füllte Erde ein, die er fest einstampfte und andrückte. Wie er meint, gibt es nichts Besseres als dieses Feststampfen. Kälte und Wind würden auf diese Weise abgehalten, außerdem größere Schwankungen verhindert, was wiederum Wachstum und Bodenbindung der keimenden Wurzeln fördert, die ja noch weich wie Wachs und ohne festen Halt sind, so daß sie schon ein leichtes Rütteln losreißen kann. Den Wurzelknollen des Baumes aber schabt er vor dem Einpflanzen ab, weil seiner Meinung nach an den gereinigten Stellen neue Wurzeln treiben. Auch darf der Stamm nicht höher als drei bis vier Fuß aus der Erde stehen, damit er gleich von unten an ausschlägt und nicht der größte Teil trocken und dürr dasteht wie in überalterten Ölbaumpflanzungen. Die andere Verpflanzungsmethode war folgende: er steckte kräftige Zweige, deren Rinde wie bei den meisten jungen Bäumen noch weich ist, auf gleiche Art in den Boden. Diese treiben wohl ein wenig später, doch da sie gewissermaßen aus der Pflanze selbst hervorsprießen, wirkt das keinesfalls abstoßend oder gar häßlich. Dann konnte ich noch beobachten, wie ein alter Weinstock verpflanzt wurde, ... auch andere, die im Februar und sogar noch Ende März gesetzt wurden, sah ich bald an Ulmenstämmen sich emporranken. Alle diese sozusagen großstämmigen Bäume sollten nun seiner Meinung nach zusätzlich mit Brunnenwasser gegossen werden. Schlägt das an, sind wir nicht auf Regen angewiesen. Weitere Lehren gedenke ich Dir nicht zu erteilen, denn ich will Dich ja nicht zum Feind haben, wie's der Ägialus bei mir geschafft hat. Leb wohl!

Dein Wunsch betrifft etwas sehr Nützliches, ja etwas für jeden, der Weisheit erlangen möchte, Notwendiges: die Einteilung der Philosophie und die Gliederung ihres umfangreichen Ganzen nach Teilbereichen. Der Umweg über diese Teilbereiche erleichtert uns nämlich den Zugang zum Ganzen. So wie sich unseren Blicken ein Gesamtbild des Weltgebäudes erschließt, so müßte auch eine Begegnung mit der Philosophie als Ganzem möglich werden. Ein Anblick wäre das, vergleichbar dem des Weltalls! Alle würde sie zur Bewunderung hinreißen, das steht außer Zweifel, und alles, was wir jetzt aus Unkenntnis wahrer Größe für groß halten, würde zurückbleiben. Weil dies aber nun nicht sein kann, müssen wir versuchen, sie so in den Blick zu bekommen wie die sich unseren Blicken entziehenden Regionen der Welt.

Der Geist des Weisen freilich umfaßt sie als Ganzes, überschaut sie ebensoschnell wie unsere Blicke das Himmelsgewölbe. Uns hingegen, die erst eine Nebelwand durchstoßen müssen, deren Blicke am Boden haften, uns läßt sich besser alles im einzelnen zeigen; das Ganze fassen wir ja noch nicht. Gut, ich werde tun, was Du verlangst, und die Philosophie gliedern; aber in sinnvolle, nicht in zufällige Bestandteile! Nützlich ist nämlich nur ihre Gliederung, nicht ihre Zerstückelung. Läßt sich doch Übergroßes ebensoschwer fassen wie übermäßig Kleines. Die Bevölkerung unterteilt man nach Tribus, das Heer nach Centurien. Alles übermäßig Angewachsene überschaut sich leichter, wenn man es in Teile zerlegt, die – wie schon gesagt – weder besonders zahlreich noch besonders klein sein dürfen. Eine Gliederung, die zu sehr ins einzelne geht, ist genauso von Übel wie überhaupt keine Einteilung. Ja, einem wirren Durcheinander gleicht das bis zu Staubkorngröße Zermahlene!

Zunächst also – wenn es Dir recht ist – werde ich den Unterschied zwischen Weisheit und Philosophie erklären. Unter Weisheit verstehen wir das vollkommenste Gut menschlichen Geistes. Philosophie, das ist Liebe zur Weisheit, unser Bemühen, sie zu erlangen; sie strebt das Ziel an, das jene, die Weisheit, schon erreicht hat. Warum wir von ›Philosophie‹ sprechen, liegt auf der Hand; weist ja ihr Name selbst auf den Gegenstand ihrer Liebe. Weisheit haben einige so umschrieben: Sie ist Wissen um Göttliches und Menschliches; andere: Weisheit heißt, sich im Göttlichen und Menschlichen auskennen, einschließlich ihrer Herkunft. Ein überflüssiger Zusatz, wie mir scheint, weil der Ursprung des Göttlichen wie des Menschlichen ja schon in den göttlichen Bereich weist.

Auch der Begriff Philosophie ist unterschiedlich erklärt worden. Bemühung um Tugend nannten sie die einen, andere sprachen von Bemühung um geistige Neuwerdung, noch andere wieder vom Streben nach geordneter Vernunft. Eines steht jedenfalls fest: Zwischen Philosophie und Weisheit besteht ein Unterschied. Denn unmöglich können erstrebtes Ziel und das Streben selbst dasselbe sein. Philosophie und Weisheit unterscheiden sich ebensosehr wie Habsucht und Geld, wo die eine giert, das andere begehrt wird. Weisheit nämlich ist Ergebnis und Lohn der Weisheitsliebe. Die eine ist der Weg, die andere ist das Ziel. Weisheit ist, was die Griechen ›Sophia‹ nennen. Auch den Römern war dieses Wort geläufig; von ›philo-sophias‹ zu sprechen ist ja noch heute üblich. Das beweisen Dir die alten römischen Komödien und die Grabinschrift des Dossennus:

›Bleib stehen, Wandrer, des Dossennus Weisheit lies!‹

Mag immer Philosophie das Streben nach Tugend sein, mag man sich um die eine mühen, während die andere sich selbst abmüht, so waren trotzdem einige der Unseren von der Unzertrennbarkeit dieser beiden fest überzeugt. Denn wie es keine Philosophie ohne Tugend gibt, so auch keine Tugend ohne Philosophie. Philosophie, das ist unser Ringen um die Tugend durch Tugend. Ohne Ringen um Tugend keine Tugend und kein Ringen um Tugend ohne Tugend! Es geht hier eben nicht so zu wie bei denen, die aus weiter Entfernung auf einen Gegenstand zielen: hier der Schütze, dort das Ziel. Und zur Tugend gelangt man eben nicht von außen her, wie man etwa eine Stadt in Tagesmärschen erreicht. Zur Tugend gelangt man durch Tugend. Philosophie und Tugend sind aufs engste miteinander verbunden.

Die meisten Gewährsleute, unter ihnen die bedeutendsten, haben von drei Teilen der Philosophie gesprochen: Sittenlehre, Naturlehre, Dialektik. Die erste nimmt den Geist in Zucht, die zweite erforscht unsere natürliche Umgebung, und, um zu verhindern, daß Irrtümer die Wahrheit verdrängen, erforscht die dritte die Eigengesetzlichkeiten der Sprache, ihren Aufbau und ihre Beweisarten.

Darüber hinaus gibt es einige, die weniger, aber auch andere, die mehr Unterteilungen der Philosophie vornehmen. Einige Peripatetiker fügten einen vierten Teil hinzu, die Staatslehre, die sich ihrer Meinung nach mit einem ganz anderen Gegenstand befaßt und ein besonderes Studium erfordert. Andere fügten hier noch einen Teil hinzu, den sie Wirtschaftslehre, Ökonomik, nennen, worunter sie die Kenntnis verstehen, Privateigentum in Ordnung zu halten. Wieder andere haben eine besondere Abteilung geschaffen: die Lebensformen.

Aber nichts von alledem, was nicht auch in der Sittenlehre zu finden ist! Die Epikureer begnügten sich mit zwei Unterteilungen der Philosophie: Naturlehre und Sittenlehre. Die Dialektik schoben sie beiseite; doch als die Auseinandersetzung mit der Wirklichkeit sie zwang, Zweideutigkeiten auszuschließen und die verborgenen Quellen von Fehlern, die der Wahrheit so sehr ähneln, aufzudecken, fügten auch sie wieder die Dialektik ein, wenn auch unter anderem Namen.

Sie wählten dafür die Bezeichnung ›Von Urteil und Regel‹, betrachteten aber diesen Teil nur als Anhang zur Naturlehre. Die Cyrenaiker schieden Naturlehre nebst Dialektik völlig aus und beschränkten sich auf die Sittenlehre. Doch auch sie führen das Verworfene auf andere Weise wieder ein, denn bei ihrer fünffachen Unterteilung der Sittenlehre beschäftigt sich der erste Teil mit dem, ›was man meiden und was man anstreben soll‹, der zweite mit den Affekten, der dritte mit den Handlungen, der vierte mit den Ursachen, der fünfte mit den Beweisarten. Nun, die Ursachen gehören in die Naturlehre, die Beweisarten in die Dialektik. Aristo von Chios behauptet, Naturlehre und Dialektik seien nicht nur überflüssig, sondern stünden sogar miteinander in Widerspruch. Selbst die Sittenlehre, die er als einzige übrigläßt, schränkt er stark ein. Das Kapitel mit den Verhaltensregeln übergeht er mit der Bemerkung, das sei Sache eines Erziehers, nicht eines Philosophen. Der Weise ist doch aber nichts anderes als der Erzieher des Menschengeschlechts!

Wenn es also bei der Dreiteilung der Philosophie bleibt, wollen wir damit beginnen, die Sittenlehre zu untergliedern. Hier bieten sich wieder drei Teile an. Der erste Teil befaßt sich mit Betrachtungen darüber, wie jedes einzelne Tätigkeitsfeld abzustecken und wie Wert und Würde der Dinge einzuschätzen sind. Das ist außerordentlich nützlich, denn was ist wohl notwendiger, als den Dingen ihren richtigen Wert beizumessen? Der zweite Teil handelt von den Triebkräften, der dritte von den Handlungen. Denn zuerst mußt Du Wert und Wesen einer Sache beurteilen können, dann mußt Du Dein Verlangen mäßigen und ordnen, endlich müssen bei Dir Verlangen und Handlung so übereinstimmen, daß Du in allen Punkten mit Dir selbst im Einklang bist. Eine Störung in einem der drei Teilbereiche zieht auch die anderen beiden in Mitleidenschaft. Denn was nützt Dir ein wohlausgewogenes Urteil über alle Welt, wenn Dein Verlangen in Dir übermächtig wird? Was nützt es Dir, Dein Verlangen einzudämmen und Deine Begierden in der Gewalt zu haben, wenn Du beim eigentlichen Handeln den richtigen Zeitpunkt verfehlst, über das geforderte Wann, Was, Wo und Wie Deines Tuns im unklaren bist. Es handelt sich jeweils um ganz Verschiedenes: Wert und Preis einer Sache zu kennen, den geeigneten Zeitpunkt zu erfassen, Verlangen zu bändigen und zur Tat zu schreiten, nicht zu stürzen. Aber erst dann ist das Leben mit sich selbst im Einklang, wenn die Tat unseren Tatendrang nicht enttäuscht und wenn der Tatendrang sich nach der Würde seines Gegenstandes richtet und, je nachdem dieser wirklich begehrenswert ist, verhaltener oder stürmischer vorgeht.

Der naturphilosophische Teil zerfällt in zwei Unterabteilungen: in die Lehre von den Körpern und die Lehre von den unkörperlichen Dingen. Jede dieser Unterabteilungen hat sozusagen wiederum ihre Abstufungen, die Körperlehre zunächst in Zeugendes und Erzeugtes; das Erzeugte aber sind die Elemente. Die Elementenlehre ist nach Ansicht einiger Gelehrter in sich einheitlich, nach Ansicht anderer gliedert sie sich nach Stoff, allgemeiner Bewegungsursache und Elementen. Bleibt zum Schluß noch die Gliederung der philosophischen Dialektik. Jede Rede ist entweder fortlaufende Rede oder auf Antwortende und Fragende verteilte Wechselrede. Man kam überein, letztere Dialektik, erstere Rhetorik zu nennen.

Die Rhetorik hat mit den Wörtern, ihrem Sinn und ihrer Anordnung zu tun. Die Dialektik zerfällt in zwei Teile, Wörter und Wortbedeutungen, das meint Sachen, über die man spricht, und die Wörter, die man dabei gebraucht. Was folgt, ist eine endlose Unterteilung beider Gebiete. Darum will ich hier schließen, denn ›nur die wichtigsten Dinge verfolg ich‹. Andernfalls, das heißt, wenn ich mich auf weitere Unterteilungen einlassen wollte, würde eine wissenschaftliche Untersuchung in Buchformat entstehen.

Lucilius, mein Bester, ich will Dich ja nicht vom Lesen solcher Literatur abschrecken; nur mußt Du das Gelesene, gleichgültig, worum es sich handelt, immer sogleich auf Deine eigene Lebensführung beziehen. Dein Leben sollst Du ja bewältigen, Deine innere Schlaffheit aufrütteln, Deine Lässigkeit straffen, Deinen Übermut zähmen, ja, Du sollst nach bestem Vermögen Deinen eigenen Begierden wie denen der Allgemeinheit hart entgegentreten! Und all jenen, die Dir zurufen: »Wie lange noch das alte Lied?«, solltest Du antworten: »Mir stünde es zu, euch zuzurufen: Wie lange noch die ewig gleichen Fehler?« Euch wäre es doch angenehmer, wenn die Heilmittel beseitigt, als wenn die Laster ausgeräumt würden? Um so mehr aber bestehe ich darauf, ja, durch eure Widerspenstigkeit gereizt, versteife ich mich noch. Dann nämlich beginnt eine Arznei zu wirken, wenn sich beim Anpacken eines halbtoten Körpers der Schmerz wieder regt. Auch gegen euren Willen werde ich vorbringen, was nützen kann. Endlich mag euch einmal ein wenig schmeichelhaftes Wort treffen, und weil ihr für euch allein die Wahrheit nicht hören wollt, nun, so sollt ihr sie vor aller Öffentlichkeit hören.

»Wie weit wollt ihr die Grenzen eurer Besitzungen

eigentlich noch ausdehnen? Ackerland, einst ausreichend für ein ganzes Volk, sollte für einen einzigen zu eng sein? Bis wohin wollt ihr euer Pachtland noch erweitern, wenn als Schranken eures Landbesitzes die Provinzgrenzen nicht mehr genügen? Berühmte Flüsse durchziehen Privatgebiet, ja, Grenzströme zwischen großen Völkern, mächtige Wasserläufe, sind von der Quelle bis zur Mündung euer Privateigentum. Und das ist euch noch zu wenig: Eure Ländereien müssen das Meer einrahmen. Jenseits des Adriatischen, des Ionischen und des Ägäischen Meeres müssen eure Verwalter schalten und walten können. Ganze Inseln, einst Wohnsitz bedeutender Feldherren, darf man nur unter den verächtlichsten Kleinigkeiten aufzählen. Mag euch doch gehören, soviel ihr wollt; besitzt als Landgut, was man früher ein Reich nannte; rafft zusammen, was ihr nur könnt, solange nur der Rest, der euch noch nicht gehört, doch immer noch größer ist!«

»Und nun zu euch, deren Verschwendungssucht sich genauso grenzenlos ausdehnt wie bei den Letztgenannten die Habsucht. Zu euch sage ich: ›Wie lange noch, und es wird keinen See mehr geben, der nicht von den Giebeln eurer Landhäuser überragt wird? Wo immer heiße Quellen hervorsprudeln, wird man neue Prachtbauten errichten. Wo immer sich am Meeresstrand eine Bucht anbietet, sofort seid ihr zur Stelle und fangt zu bauen an. Eher gebt ihr euch nicht zufrieden, als bis ihr euch nicht auch noch den Boden selbst schafft und das Meer verdrängt. Mögen auch allerorts die Dächer eurer Paläste erstrahlen, hier auf Bergeshöhen Land und Meer weithin überschauend, dort von der Ebene aus bis in Gipfelhöhe aufgestockt. Wieviel und wie großartig ihr auch bauen mögt, seid ihr doch jeder für sich nur ein einzelner Körper, und ein wie winziger dazu! Warum so viele Schlafzimmer? In einem könnt ihr nur liegen! Wo ihr euch nicht aufhalten könnt, gehört euch auch nichts!‹«

»Endlich komme ich zu euch, deren unergründlichen und unersättlichen Schlund zu befriedigen ganze Meere und Länder durchsucht werden. Mit größtem Eifer werden da Angeln, Schlingen und Netze aller Art gebraucht, um Tiere zu erbeuten. Und zuletzt vermag nur noch euer Überdruß der Tierwelt Ruhe zu verschaffen. Und doch: Was hat am Ende euer genußunfähiger verwöhnter Gaumen von all den Gastmählern, für die sich dienstbare Hände regen mußten? Schmeckt der Herr überhaupt noch etwas von jenem mit so viel Gefahren erlegten Wildbret, wenn er es unverdaut ausrülpst? Wie wenige der von fern herbeigeschafften Austern gelangen bis in euren ewig hungrigen Magen? Unglückliche, begreift ihr denn gar nicht, daß eure Freßsucht größer ist als euer Magen?« So etwa mußt Du zu anderen sprechen, und auf daß Du's beim Sprechen mithörst, so mußt Du an andere schreiben, daß Du's beim Schreiben mitliest. Alles mußt Du auf die Lebensführung beziehen und auf die Zügelung wilder Leidenschaften. Bemühe Dich nicht so sehr um bloßen Zuwachs als um höheren Wert Deines Wissens. Leb wohl!

Wer wagt zu bezweifeln, mein Lucilius, daß wir unser Leben als solches den unsterblichen Göttern verdanken, die Fähigkeit jedoch, es sinnvoll einzurichten, der Philosophie? So sollte es denn als ausgemacht gelten, daß wir dieser gegenüber um so viel dankbarer sein müssen als den Göttern, wie sinnerfülltes Leben höheren Wert hat als bloßes Dasein, wenn die Philosophie nicht auch selbst ein Geschenk der Götter wäre! Fertiges Wissen schenkt sie freilich keinem, die Möglichkeit, es zu erwerben, allen. Hätte sie nämlich auch dieses Gut allgemein leicht zugänglich gemacht und kämen wir vollendet klug zur Welt, so hätte die Weisheit ihren höchsten inneren Wert verloren: kein Zufallsgeschenk zu sein.

So aber besteht ihr Wert und ihre Würde gerade darin, daß sie sich nicht aufdrängt, daß jeder sie sich selbst verdankt, daß kein anderer sie uns verschaffen kann. Was könnte Dir die Philosophie schon bieten, wäre sie ein Allerweltsgeschenk? Ein einziges ist ihr aufgegeben: die Wahrheit über die göttlichen und die menschlichen Dinge aufzudecken. Ihre ständigen Begleiter sind Ehrfurcht, Frömmigkeit, Gerechtigkeit und das ganze unter sich wie eine Kette zusammenhängende übrige Gefolge von Tugenden. Sie lehrte, Göttliches zu verehren. Menschliches zu lieben, auch daß Herrschaft Sache der Götter, gemeinschaftlicher Zusammenhalt Sache der Menschen sei. Daran hielt man sich eine ganze Zeitlang, bis die Habsucht das Band der Gemeinschaft zerriß und selbst die in Armut stürzte, denen sie zuvor zum größten Reichtum verholfen hatte.

Mit dem Allgemeinbesitz hatte es ein Ende, sobald das Streben nach Eigenbesitz einsetzte. Die ersten Menschen hingegen und ihre Nachkommen ließen sich nicht vom Leitpfad der Natur abdrängen; sie unterschieden nicht zwischen Anführer und Gesetz und vertrauten auf die Entscheidung des Besseren. Die Natur pflegt ja das Schwächere dem Stärkeren unterzuordnen. So finden wir an der Spitze von Herden vernunftloser Tiere die stärksten und wildesten. Kein Schwächling von Stier führt da eine Herde an, sondern einer, der an Größe und Muskelstärke die anderen übertrifft. Einer Elefantenherde schreitet der ansehnlichste Bulle voran. Unter Menschen nun tritt an die Stelle der Größe die Vortrefflichkeit. Das geistige Vermögen war ausschlaggebend bei der Wahl eines Anführers, und so lebten *die* Völker am glücklichsten, bei denen der Zugang zur höchsten Macht nur dem Besten erreichbar war. Seinen Willen vermag mit Sicherheit nur der durchzusetzen, der nichts außer seiner Pflicht für erlaubt hält.

In jenem sogenannten Goldenen Zeitalter nun – so beurteilt es Posidonius – wurde die Herrschaft von Weisen ausgeübt. Diese Weisen waren es, die es nicht zu Handgreiflichkeiten kommen ließen und den Schwächeren vor den Stärkeren in Schutz nahmen, die aufmunterten, zur Vorsicht mahnten und auf Nutzen oder Schädlichkeit einer Sache hinwiesen. Ihre kluge Voraussicht ließ unter den Ihrigen keinerlei Mangel aufkommen, ihre Tapferkeit wandte Gefahren ab, ihre Fürsorge galt einem reicheren und schöneren Leben der ihnen Anvertrauten. Weisungen erteilen, das bedeutete für sie Erfüllung einer Pflicht, nicht Ausübung von Herrschaft. Keinem fiel es ein, seine Kräfte mit denen zu messen, denen er sie erst verdankte, und keinem stand der Sinn nach Rechtsverletzungen, zu denen jeder Anlaß fehlte. Warum? Weil man einer sinnvollen Weisung gern folgte und dort, wo man aufbegehrte, das Schlimmste, was ein Herrscher androhen konnte, seine Abdankung war. Als sich später doch Laster einschlichen, wandelte sich Herrschaft zu Tyrannei; Gesetze wurden notwendig, die anfangs freilich noch von den Weisen gegeben wurden.

So war Solon, der der Stadt Athen mit dem Gleichheitsprinzip eine feste Rechtsgrundlage gab, einer der bekannten ›Sieben Weisen‹. Und sicher würde man Lykurg, wäre er ihr Zeitgenosse gewesen, als achten jenem Kreis zugezählt haben. Beifall fanden die Gesetze eines Zaleukus und eines Charondas, die nicht in der Öffentlichkeit und nicht in einem Privathörsaal der Rechtsgelehrten ihre gesetzgeberischen Fähigkeiten erwarben, die sie im damals aufstrebenden Sizilien und in Großgriechenland anwenden konnten; vielmehr lernten sie in der stillen, gleichsam geweihten Zurückgezogenheit der Pythagoras-Jünger.

So weit stimme ich Posidonius zu. Aber ich kann nicht zugeben, daß auch die im Alltagsleben angewandten Kunstfertigkeiten eine Erfindung der Philosophie sein sollen; Handwerkerehre mag ich für sie nicht in Anspruch nehmen. Posidonius sagt: »Die Philosophie lehrte die zerstreut lebenden Menschen, die sich in Höhlen, irgendwelchen Felsspalten oder ausgehöhlten Baumstämmen bargen, den Hausbau.« Ich dagegen meine, die Philosophie könne ebensowenig die sich übereinandertürmenden Dächer und einander beengenden Städte ausgeheckt haben, wie sie besondere Teiche für Meeresfische anlegte, damit die Feinschmecker auch bei stürmischem Wetter nichts entbehren müssen und die Genußsucht auch bei tobendem Meer sichere Häfen habe, in denen sie die einzelnen Fischarten mästen kann. Ausgerechnet die Philosophie soll es gewesen sein, die den Menschen zu Schloß und Riegel verhalf? Was wäre das denn anderes als ein Freipaß für die Habsucht? Die Philosophie soll diese hochragenden Bauten aufgeführt haben, die den eigenen Bewohnern so gefährlich werden? War denn nicht jeder sich anbietende Schutz ausreichend, und genügte es nicht, irgendein schlichtes, anspruchsloses Unterkommen zu finden? Glaube mir, jenes glückliche Zeitalter kannte noch keine Baumeister und Stukkateure. Das alles kam erst auf, als zügellose Prunksucht um sich griff und man anfing, Vierkanthölzer herzustellen und Sägeschnitte genau nach Bauzeichnung auszuführen

›denn man trennte zuvor mit Keilen die spaltbaren Stämme‹.

Es wurden ja noch keine festlichen Gelagesäle errichtet, und für die Herstellung schwervergoldeter Tafeldecken wurden noch keine Fichten und Tannen in langem Wagenzug herbeigekarrt, so daß die Straßen dröhnten. Gabelhölzer zu beiden Seiten waren die einzigen Stützen der Hütte. Über dichtes Zweiggeflecht und schräg gestaffeltes Laubwerk konnte auch der stärkste Regenguß ablaufen. Unter solchen Dächern lebte man, fern allen Sorgen. Ein Strohdach schützte die Freien, unter Marmor und Gold ist die Knechtschaft zu Hause. Und auch in diesem Punkt bin ich mit Posidonius nicht einig, daß er die Erfindung der Eisenwerkzeuge den Weisen zuschreibt. Dann könnte man ja auch den einen Weisen nennen,

›der es erfand, das Wild mit Schlingen und Ruten zu fangen
und mit der Hunde Schar den endlosen Forst zu umstellen‹.

All das geht auf den Scharfsinn der Menschen zurück, nicht auf ihre Weisheit. Auch bin ich nicht der Meinung, daß es Weise waren, die Eisenerzlagerstätten entdeckten, als vom Waldbrand glühende Erde die unter der Oberfläche verlaufenden Metalladern zum Fließen brachte. Solcherlei entdecken gewöhnlich Anwohner, denen etwas daran liegt. Nicht einmal die Frage, was früher in Gebrauch kam, der Hammer oder die Zange, scheint mir so schwierig wie dem Posidonius. Beides erfand ein Mann mit aufgeschlossenem und scharfem Verstand, kein großer und erhabener Geist. Und so wird es überall zugehen, wo es in gebückter Körperhaltung und mit erdgebundenem Spürsinn etwas zu entdecken gibt. Der Weise verschaffte sich mühelos seinen Unterhalt. Warum eigentlich nicht, da er ja auch in unserer Zeit noch so unbeschwert wie möglich leben will?

Wie bringst Du es eigentlich fertig, Diogenes und Dädalus als Männer gleichen Ranges zu bewundern? Welcher der beiden ist für Dich ein Weiser? Der Erfinder der Säge oder jener, der, als er einen Knaben aus der hohlen Hand Wasser trinken sah, sofort seinen Becher aus dem Rucksack holte und ihn unter Selbstverwünschungen zerbrach: »Ich Tor, wie lange habe ich überflüssiges Gepäck mit mir geschleppt«, der in sein Faß kroch und darin wohnte? Und heutzutage, wen hältst Du da für den Weiseren? Den, der herausfand, wie man Safranwasser durch verborgene Steigröhren in gewaltige Höhen preßt, wie man Kanäle blitzschnell mit Wasser füllt und wieder leert oder auswechselbare Speisezimmerdecken so anbringt, daß sich von Zeit zu Zeit ein neuer Anblick bietet und die Deckengestaltung mit jedem Gang der Mahlzeit wechselt; oder jenen, der sich und anderen beweist, daß die Gebote der Natur für uns keineswegs hart und schwer erfüllbar sind, daß wir uns ohne Zimmermann und Marmorarbeiter einrichten, ohne Seidenhandel kleiden können, daß wir über alles Lebensnotwendige verfügen können, auch wenn wir uns nur auf das Angebot der Erdoberfläche beschränken? Hörte die Menschheit auf diesen Mann, so würde sie einsehen, daß sie weder Köche noch Soldaten braucht.

Die Männer also, die sich wenig Sorge um die Belange des Körpers machten, waren die Weisen oder wenigstens den Weisen sehr ähnlich. Notwendiges beschafft sich leicht, Liebhabereien erfordern Anstrengung. Fachleute kannst du entbehren. Folge der Natur! Uns zu überfordern war ihre Absicht nicht! Sie fordert von uns nur das, wozu sie uns selbst die Fähigkeiten gab. »Nackt hält man Frostwetter nicht aus!« – Nun ja, aber bieten uns denn die Felle wilder und anderer Tiere nicht völlig ausreichenden Schutz gegen die Kälte? Gibt es nicht viele Völker, die ihre Körper in Baumrinde hüllen? Stellt man nicht Kleidungsstücke aus Vogelfedern her? Kleidet sich ein großer Teil der Skythen nicht auch heute noch in weiche, windundurchlässige Fuchs- und Mäusepelze? »Trotzdem muß man sich vor der Sommerhitze in den bergenden Schatten flüchten?« – Hat nicht die Entwicklung der Zeit durch allmähliche Verwitterung und zufällige Aushöhlung viele versteckte Orte geschaffen, die sich schluchtartig erweiterten? Oder hat nicht jedermann handgeflochtene Rutenbündel mit einfachem Lehm bestrichen, dann mit Stroh und Waldgestrüpp sein Dach gedeckt und, während die Regengüsse über die Dachschrägen abliefen, den Winter sorglos überstanden? Und die Völker am Rand der Syrten, die bei übermäßiger Sonnenglut ausreichenden Schutz vor der Hitze nur im glühenden Boden selbst finden können, bergen sie sich nicht in Erdgruben?

Nein, so feindselig war die Natur nicht, daß sie allen anderen Lebewesen das Dasein erleichterte und allein der Mensch nicht ohne viele Fertigkeiten hätte auskommen können. Nichts von alledem hat sie uns aufgezwungen. Um unseren Lebensunterhalt brauchen wir uns nicht mühevoll zu sorgen. Von Anfang an steht alles für uns bereit. Nur aus Überdruß am Einfachen haben wir selbst uns alles so schwierig gemacht. Obdach, Bekleidung und Wärmeschutz für unseren Körper, dazu Nahrungsmittel und Dinge, die heutzutage mit größtem Aufwand hergestellt werden, all das stand uns frei zur Verfügung und war ohne sonderliche Mühe erreichbar. In allen Dingen war der wirkliche Bedarf ausschlaggebend. Nur wir haben es dahin gebracht, daß alles so kostspielig und absonderlich und nur mit Aufwand so vieler und mannigfaltiger Mittel zu beschaffen ist.

Die Natur erfüllt ihre Forderungen selbst. Zügellosigkeit, die sich täglich anstachelt, über längere Zeiträume hin ständig anwächst und mit viel Erfindungsgeist die Laster fördert, das bedeutet Abfall von der Natur! Erst richtete sie ihre Wünsche auf Überflüssiges, dann auf Naturwidriges, schließlich lieferte sie den Geist dem Körper aus und machte ihn zum Sklaven seiner Begehrlichkeit. All jene Gewerbe, die das städtische Leben so lärmend ausfüllen, dienen dem Körper, der einst in jedem Punkt wie ein Sklave, jetzt aber wie ein Herr versorgt wird. Daher diese Heimstätten von Webern, von Handwerkern, von Duftstoffherstellern, von Lehrmeistern verweichlichter Umgangsformen und kraftloser Gesänge. Ist doch jenes natürliche Maßgefühl verlorengegangen, das sich bei der Befriedigung von Wünschen mit dem Unentbehrlichen begnügte; schon gilt man ja als zurückgeblieben und ärmlich, wenn man sich nur um das Lebensnotwendige bemüht.

Man glaubt es kaum, mein Lucilius, wie leicht selbst bedeutende Männer sich durch den Wohllaut der Rede von der Wahrheit ablenken lassen. So etwa

Posidonius, der meiner Meinung nach zu den Männern zählt, die auf philosophischem Gebiet Außerordentliches geleistet haben, beim Versuch, kunstvoll zu beschreiben, zunächst wie hier Fäden zusammengedreht, dort locker und leicht geführt werden, wie dann der Zettel, gehörig beschwert, das Gewebe spannt, wie der Einschlag, um den Druck des beidseitig pressenden Aufzugs zu mildern, mittels des Weberkamms die enge Gewebebindung herstellt, auch die Weberkunst zur Erfindung der Weisen erklärt. Wobei er vergißt, daß diese verfeinerte Webart eine Erfindung späterer Zeit ist, für die gelten mag:

›fest sitzt der Zettel am Baum;
vom Rohr getrennt steht der Aufzug.
Nun wird zwischengefügt
von spitzigen Schiffchen der Einschlag,
eingepreßt dann durch die Zähne,
die eingeschnittnen, des Kammes.‹

Hätte er nur einmal die Gewebe unserer Zeit gesehen, aus denen man Gewänder fertigt, die nichts mehr verhüllen, die – schamlos wie sie sind – dem Körper keinerlei Schutz bieten! Dann wendet er sich den Landleuten zu und beschreibt nicht minder beredt, wie der Boden vom Pflug aufgerissen, wie nachgepflügt wird, damit der gelockerte Boden die Wurzeln besser aufnehmen kann, wie dann der Samen ausgestreut und das Unkraut mit der Hand gejätet wird, damit kein zufälliger Wildwuchs nachschießt und das Getreide erstickt. Auch das ist seiner Meinung nach ein Werk der Weisen, als ob nicht auch heutzutage noch viele neue Mittel zur Hebung der Bodenfruchtbarkeit von den Ackerbauern selbst gefunden werden.

Noch immer unzufrieden mit all diesen Kunstfertigkeiten schickt er seinen Weisen sogar noch in die Mühle! Berichtet er uns doch, wie, Naturvorgänge nachahmend, der Weise die Brotherstellung erfand. Er sagt: »Die Körner, die wir in den Mund nehmen, werden durch das Zusammenspiel scharfer Zahnreihen zermahlen, und was danebengerät, schiebt die Zunge zwischen die Zähne zurück. Dann wird der Brei mit Speichel durchtränkt, damit er leichter die schleimfeuchte Speiseröhre durchlaufen kann. Im Magen angelangt, wird alles bei gleichbleibender Wärme verdaut und geht zuletzt in den Körper über. Dieses Beispiel ahmte einmal jemand nach: Er lege zwei rauhe Steine übereinander wie Zahnreihen, deren eine unbeweglich die Gegenbewegung der anderen erwartet; durch doppelseitige, sich öfters wiederholende Reibung werden nun die Körner zerquetscht, bis alles durch den andauernden Vorgang ganz fein gemahlen worden ist. Dann gab er Wasser unter das Mehl, knetete es kräftig und formte es zu einem Brot, das er anfangs in heißer Asche und auf glühendem Ziegel buk; später wurden nach und nach Öfen erfunden und weitere Backvorrichtungen entwickelt, die die Hitzezufuhr regeln konnten.« Es fehlte nicht viel, und er hätte behauptet, auch das Schusterhandwerk sei von den Weisen erfunden worden.

All das ist gewiß ein Werk der Vernunft, aber nicht einer geläuterten Vernunft, ist Schöpfung eines Menschen, aber nicht eines Weisen; wie doch auch die Schiffe, die wir für Fluß- und Meeresfahrten mit Segeln bestückt haben, die die Windstöße auffangen und die wir mit Heckrudern ausgerüstet haben, die Kursänderungen beliebig ermöglichen. Vorbild waren die Fische, die sich mittels der Schwanzflosse lenken und durch deren leichten Ausschlag nach dieser oder jener Seite ihre blitzschnellen Bewegungen ausführen. »Alles dies«, meint Posidonius, »hat der Weise zwar erfunden, aber weit entfernt, von so niederen Dingen selbst Gebrauch zu machen, überließ er sie niederen Bediensteten.« Falsch, das haben keine anderen Leute erdacht als die, die sich heute noch damit befassen.

Manches ist, wie wir wissen, erst in unseren Tagen aufgekommen, wie etwa Fenster, die helles Tageslicht durch durchsichtige Scheiben einlassen, oder wie in den Bäderanlagen die Hohlfußböden und das eingebaute Röhrennetz, das die Wärme verteilt und Dekken und Böden gleichmäßig erwärmt. Nicht zu reden von den Marmorflächen, die Tempel und Häuser erglänzen lassen, von den riesigen runden, polierten Steinsäulen, die wir Hallen und Dachgeschosse tragen lassen, auf denen ganze Völkerschaften Platz haben, von den Kurzschriftnoten, die auch eine schnellgesprochene Rede festhalten können, die unserer Hand die Schnelligkeit der Zunge verleihen. Erfindungen sind das wohl, doch solche der niedrigsten Sklaven.

Die Weisheit thront höher, ist Lehrmeisterin der Geister, nicht der Hände. Ihre Entdeckungen und Leistungen willst Du kennenlernen? Nun, es sind eben nicht die anmutigen Tanzbewegungen, nicht die vielerlei Töne von Trompete und Flöte, aus denen sich der ausströmende und durchziehende Luftstrom zur Melodie formt. Sie gibt sich weder mit Waffen noch mit Mauern, noch mit anderem Kriegsbedarf ab; sie unterstützt den Frieden und mahnt die Menschheit zur Eintracht. Sie ist – ich sagte es schon – keine Verfertigerin notwendiger Gebrauchsgegenstände. Warum schreibst Du ihr so nichtige Dinge zu? In ihr siehst Du die ›Künstlerin des Lebens‹ vor Dir, der alle anderen Künste untergeordnet sind.

Denn wer das Leben selbst beherrscht, dem dient auch alles, was dem Schmuck dieses Lebens dient. Freilich gilt ihr Streben nur jenem wahren Lebensglück, zu dem sie uns hinführen, zu dem sie uns die Wege öffnen will! Echte und scheinbare Übel zeigt sie auf, erlöst die Geister von nichtiger Eitelkeit, verhilft ihnen zu wahrer Größe; die angemaßte aber und in ihrer hohlen Pracht sich darbietende Größe drängt sie in den Hintergrund, läßt nicht zu, daß der Unterschied zwischen Größe und Hochmut verkannt wird. Sie vermittelt Kenntnis des Naturganzen und Einblick in ihr eigenes Wesen; erklärt uns, was Götter und wie beschaffen sie sind, was es mit Laren und Genien auf sich hat, wer die Seelen einer zweiten Ordnung höherer Wesen sind, wo sie sich aufhalten, was sie treiben, was sie können und wollen.

Das sind ihre Werke, die uns nicht einen einzelnen städtischen Tempel, sondern das unermeßliche Heiligtum aller Gottheiten, die Welt selbst, aufschließen, dessen wahre Götterbilder und wahrhafte Ansichten sie uns zu geistiger Schau darbietet. Denn für Schauspiele dieser Größenordnung sind unsere Sinne zu stumpf. Dann wendet sie sich zurück zum Urgrund der Dinge, zur ewig währenden Vernunft, die dem Weltganzen innewohnt, und zum Vermögen aller Urkeime, Einzelgestaltungen nach bestimmter Eigenart auszubilden. Dann beginnt sie mit der Untersuchung über das Wesen des Geistes, seine Herkunft, seinen Aufenthaltsort, seine Lebensdauer, seine Gliederung; wendet sich darauf vom Bereich des Körperlichen ab und dem des Unkörperlichen zu, prüft die Möglichkeiten der Wahrheitsfindung und die Beweisarten und befaßt sich zuletzt mit der Entschlüsselung von Zweideutigkeiten in Leben und Lehre; in beiden Bereichen begegnet uns nämlich Falsches mit Wahrem vermischt.

Der Weise hat sich nicht – wie Posidonius meint – von jenen Künsten abgewandt, nein, er hat sich nie mit ihnen befaßt. Denn wie wäre ihm etwas des Erfindens wert erschienen, was nach seinem Urteil nicht auch dauernden Gebrauch verdient hätte. »Anacharsis«, sagt er, »erfand die Töpferscheibe, deren Drehung die Gefäße formt.« Nun sollen, weil sich die Töpferscheibe bei Homer findet, eher dessen Verse gefälscht als diese Erzählung erfunden sein. Ich bin nun keinesfalls für Anacharsis als den Erfinder dieser Sache, und selbst, wenn er sie erfunden hätte, so war's freilich ein Weiser, der diese Erfindung machte, aber eben nicht als Weiser; so wie auch die Weisen vieles wie schlichte Menschen tun, nicht als Weise. Nimm an, ein Weiser könne besonders schnell laufen. Dann ist er allen voran, weil er eben schnell läuft, nicht, weil er ein Weiser ist. Ich möchte Posidonius zu gern einmal einen Glasbläser vorstellen, der durch seinen Hauch dem Glas die vielgestaltigsten Formen verleiht, die auch von einer kunstfertigen Hand kaum nachgebildet werden könnten. Und diese Erfindung wurde gemacht, nachdem wir aufgehört haben, die Weisheit als Erfinderin gelten zu lassen. »Demokrit«, sagte Posidonius, »soll die Kunst des Wölbens erfunden haben, die darin besteht, daß Steine, die sich in Bogenlinie einander zuneigen, durch den mittelsten, den Schlußstein, zusammengehalten werden.« Das nun – behaupte ich – ist falsch, denn es muß vor Demokrits Zeit Brücken und Tore gegeben haben, und die sind ja gewöhnlich gewölbt. Weiterhin habt ihr übersehen, daß derselbe Demokrit erfunden hat, wie man Elfenbein erweichen, wie man einen Stein schmelzen und in einen Smaragd verwandeln kann, ein Schmelzvorgang, durch den man auch heutzutage geeignete Steine färbt. Gut möglich, daß ein Weiser diese Erfindungen machte, aber er machte sie eben nicht als Weiser. Tut er doch vieles, was wir Ungelehrte genausogut oder sogar mit mehr Erfahrung und Übung tun sehen.

Was nun der Weise eigentlich entdeckte, was er ans Licht gebracht hat, willst Du wissen? Nun, zunächst die Wahrheit und die Natur, die er nicht wie die übrigen Geschöpfe mit stumpfen, für Höheres unempfindlichen Blicken anstarrt, dann das Gesetz der Lebensführung, das er in Beziehung zum Weltganzen setzte. Er gebot, die Götter nicht nur zu kennen, sondern ihnen zu folgen und alle Schickungen anzunehmen, als wären es göttliche Aufträge. Er verbot, auf falsche Meinungen zu hören, und bestimmte aufs genauste Wert und Wesen jeder Sache. Er verwarf Sinnengenuß, der Reue einbringt, und lobte nur solche Güter, die niemals enttäuschen; öffentlich erklärte er zum Glücklichsten den, der Glück nicht nötig hat, zum Mächtigsten den, der sich selbst in der Gewalt hat. Richtig, ich spreche nicht von jener Philosophie, die den Bürger seinem Vaterland entfremdet, die Götter außerhalb der Welt ansiedelt, die Tugend der Wollust preisgibt, sondern von der Philosophie, die ausschließlich das sittlich Gute als ein Gut gelten läßt, die sich nicht durch Geschenke – weder von Menschen noch vom Schicksal – erweichen läßt, deren Preis es ist, unverkäuflich zu sein.

Ich kann nicht glauben, daß es diese Philosophie schon in jenem rauhen Zeitalter gegeben hat, dem noch alle technischen Hilfsmittel fehlten, in dem man das Nützliche rein gewohnheitsmäßig erlernte. Sie folgte erst später, und zwar nach den glücklichen Zeiten, in denen die Gaben der Natur jedem frei zur Verfügung standen, als Habsucht und Zügellosigkeit die Menschen noch nicht entzweit hatten und die so einträchtig Zusammenlebenden noch nicht auf Raubzüge auseinandergelaufen waren. Die Männer jener Zeit waren keine Weisen, auch wenn sie handelten, wie es Weisen geziemt. Freilich wird keiner einen anderen Zustand der Menschheitsentwicklung höher bewerten, und keiner, dem ein Gott die Erdenwelt zur freien Verfügung und die Menschenwelt zur sittlichen Erziehung überließe, würde andere Verhältnisse billigen, als wie sie damals unter jenen Menschen geherrscht haben sollen, bei denen

›kein Landmann den Umbruch der Scholle sich wagte.
Mehr noch: es galt als Verbrechen, die Grenzen der
Flur zu bezeichnen.
Aller Erwerb war gemeinsam, die Erde spendete alles
williger noch und bereiter, weil keiner sich fordernd
ihr nahte!‹

Gab es je höheres Glück als unter den Menschen jenes Zeitalters? Gemeinsam genoß man die Naturgüter. Natur hieß der bergende Mutterschoß, der allen ihr Genüge bot; sie allein bedeutete sorglosen Besitz der öffentlichen Güter. Warum sollte ich jenes Geschlecht nicht das reichste aller Sterblichen nennen dürfen? Nicht einen Armen hättest Du unter ihnen finden können. Dann brach die Habsucht über jene so vorzüglich geordnete Welt herein, und beim Versuch, etwas auf die Seite zu schaffen und sich zum Eigentum zu machen, wandelte sie alles zu Fremdem und begab sich aus unermeßlicher Fülle in beklemmende Enge: Habsucht hatte Armut im Gefolge; nach vielem gierte sie, alles verlor sie. Darum versucht sie ja jetzt das Verlorene wiederzugewinnen. Soll sie's ruhig! Mag sie Flurstück zu Flurstück fügen, durch Aufkauf oder Unrecht den Nachbarn vertreiben, ihre Ländereien zur Größe von Provinzen ausweiten und eigenen Besitz nennen, was man nur auf einer langen Besichtigungsreise kennenlernen kann: keine Grenzerweiterung bringt uns zurück zum Ursprung. Setzen wir alles in Bewegung, werden wir viel besitzen, einst aber gehörte uns das Ganze!

Mutter Erde selbst war im Urzustand viel fruchtbarer und spendete freigebig für den Bedarf von Völkern, die ihren Schoß noch nicht durchwühlten. Jedermann freute sich, Gaben der Natur zu entdekken, aber auch sie seinem Nachbarn zu zeigen. Für keinen gab es ein Zuviel oder ein Zuwenig. Alles wurde einträchtig untereinander geteilt. Noch hatte sich kein Stärkerer an einem Schwächeren vergriffen, noch kein Geizhals seine Vorräte vergraben und damit einem anderen selbst das Unentbehrliche vorenthalten. Man sorgte sich um den Nächsten wie um sich selbst. Die Waffen schwiegen, keine Hand war mit Menschenblut befleckt, der ganze Ingrimm richtete sich gegen wilde Tiere. Jene Menschen, denen als Schutz vor Sonnenglut nur ein dichter Hain zur Verfügung stand, die gegen die Unbilden des Winters und des Regenwetters nur notdürftig gesichert unter einem Laubdach lebten, verbrachten dennoch ruhige, von keinem Klagelaut gestörte Nächte.

Uns unter unseren Purpurdecken schüttelt quälende Unruhe, scheucht uns auf und peinigt uns aufs grausamste: Welch sanften Schlaf schenkte dagegen jenen anderen der harte Erdboden! Über ihnen schwebte keine kunstvoll verzierte Zimmerdecke; hoch über ihrem Lager zogen unter freiem Himmel die Sterne ihre Bahn, schweigend vollzog das Weltgebäude seinen gewaltigen Umschwung: welch herrliches nächtliches Schauspiel! Bei Tag und bei Nacht bot sich ihnen gleicherweise der Anblick dieses herrlichsten aller Gebäude. Welch Vergnügen, zuzusehen, wie Sternbilder aus dem Zenit zum Horizont hinabsinken, während andere aus dem Verborgenen auftauchen! Wie hätte es auch keine Freude machen sollen, in dieser weiten, wundervollen Welt umherzustreifen? Ihr dagegen zittert bei jedem Laut im Hause, und wie betäubt ergreift ihr die Flucht, wenn es hinter euren Bildern geraschelt hat. Häuser von der Größe ganzer Städte gab es damals noch nicht. Frische Luft und Wind, der über die Felder streicht, gelinder Schatten, den ein Felsen bot oder ein Baum, klare, unentstellte Quellen und Bäche, die, weder durch Röhrenleitungen noch durch Flußbettregulierung verunstaltet, ihrem natürlichen Lauf folgen, ungepflegte, aber herrlich anzuschauende Wiesen. Und mitten darin ein ländlicher Sitz, unbeholfen zwar, aber sauber ausgeführt: Das war ein Haus, wie die Natur es haben will, in dem man gern wohnte und vor dem oder für das man sich nicht ängstigen mußte. Heutzutage sind die Häuser unsere Hauptsorge!

Wie rühmlich und ohne Falsch aber ihr Leben auch gewesen sein mag, Weise waren sie nicht, weil dieser Name nur der höchsten geistigen Anstrengung zukommt. Auf keinen Fall will ich jedoch abstreiten, daß es hochgemute Männer waren, götterentsprossen sozusagen. So bezweifelt ja auch niemand, daß die Welt – sie war damals ja noch unverbraucht – jemals Besseres hervorbrachte. Waren sie aber auch allesamt kräftiger und leistungsstärker, so waren die geistigen Anlagen doch nicht bei allen voll ausgebildet. Die Tugend nämlich ist keinesfalls ein Geschenk der Natur. Gut zu werden ist eine Kunst! Wenigstens durchsuchten sie noch nicht die Tiefen der Erde nach Gold, Silber und schimmernden Kristallen; verschonten auch noch das vernunftlose Getier.

Noch war die Zeit fern, da ein Mensch seinen Mitmenschen umbrachte, und zwar nicht einmal im Zorn oder aus Angst, sondern aus reinem Vergnügen. Noch trugen sie keine buntbestickten Kleider, stellten keine golddurchwirkten Stoffe her, ja, man schürfte noch nicht einmal nach Gold. Was sollen wir daraus schließen? Nun, daß sie unschuldig waren – aus Unwissenheit. Es ist nämlich ein großer Unterschied, ob einer nicht sündigen kann oder nicht sündigen will! Unbekannt waren ihnen Gerechtigkeit, Klugheit, Mäßigung und Tapferkeit. Ihre rauhe Lebensart wies zwar gewisse Ähnlichkeit mit all diesen Tugenden auf, allein die Tugend selbst ist nur einem durchgebildeten, gelehrten und durch ständige Übung zu höchster Vollendung gelangten Geiste erreichbar. Gewiß sind wir dazu bestimmt, aber von Geburt an mitgegeben wurde es uns eben nicht. Und auch bei den Tüchtigsten findet sich, ehe die Erziehung beginnt, nur die Veranlagung zur Tugend, nicht die Tugend selbst. Leb wohl!

Nach dem Bekanntwerden des Großbrandes, dem unsere Tochterstadt Lugdunum vollständig zum Opfer fiel, wirkt unser Freund Liberalis sehr niedergeschlagen. Dieses Unglück kann ja auch jeden erschüttern, erst recht natürlich einen Mann, der seine Heimatstadt von Herzen liebt. Seinen inneren Halt hat er dadurch jetzt völlig verloren; er war eben nur auf Zwischenfälle eingestellt, die er für möglich gehalten hatte. Verwundert bin ich jedenfalls nicht, daß niemand solch ein unvermutetes, ja nahezu unerhörtes Ereignis befürchtete, war es ja bisher ohne Beispiel. Viele Städte wurden zwar schon von Brandkatastrophen heimgesucht, aber völlig vernichtet wurde dadurch noch keine. In vielen Fällen versagen selbst die von Feindeshand auf die Dächer geschleuderten Feuersbrände, und auch dort, wo der Brand wiederaufflackert, brennt selten alles so weit herunter, daß nichts mehr zum Plündern übrigbleibt.

Auch gab es kaum jemals so schwere und gefährliche Erdbeben, daß ganze Städte ausgelöscht worden wären, und schließlich wütete noch nie ein Feuer so verheerend, daß gar nichts Brennbares übriggeblieben wäre. So viele herrliche Kunstwerke – jedes einzelne hätte eine Stadt berühmt machen können – gingen in einer einzigen Nacht zugrunde, und mitten im Frieden geschah, womit man nicht einmal im Krieg zu rechnen pflegt. Wer vermag es zu glauben? Allerorts schweigen die Waffen, auf dem ganzen Erdkreis herrscht Sicherheit: Nur Lugdunum, der Stolz Galliens, ist unauffindbar geworden. Allen, die je ein Massenschicksal heimsuchte, ließ es wenigstens Zeit, sich vor der drohenden Gefahr zu fürchten. Bislang brauchte jeder Untergang einstiger Größe seine Zeit, hier aber verwandelte sich in einer einzigen Nacht eine Großstadt in ein völliges Nichts. Ja, mein Bericht über ihren Untergang dauert länger als der Untergang selbst.

Dies alles verwirrt unseren, in persönlichem Leid sonst so aufrechten und tapferen Liberalis. Seine Verzweiflung ist ja auch nicht unbegründet. Unerwartetes belastet uns stärker, Überraschung gibt den Schlägen des Schicksals besonderes Gewicht. Jedermann wird um das mehr trauern, was Gegenstand der Bewunderung war. Also: es darf für uns nichts Unerwartetes geben. Unser Geist muß alles vorherbedenken, nicht nur das Übliche, sondern auch das Mögliche... Was in langen Jahren mit starkem göttlichen Beistand mühevoll aufgebaut wurde, kann ein einziger Tag zersprengen und zerstreuen. Herannahendem Unheil einen einzigen Tag einräumen heißt eine lange Frist gönnen; große Reiche zu zerstören, genügt oft eine Stunde, ja ein einziger Augenblick. Könnte es für unser Unvermögen und unsere Unternehmungen nicht schon tröstlich sein, wenn alles gleich langsam vor sich ginge, beim Entstehen und beim Vergehen, so aber wächst alles langsam heran und geht schnell zugrunde.

Kein einzelner, kein Staat hat lange Bestand, Menschen wie Städte reißt das Schicksal mit sich fort. Mitten in die friedlichste Welt bricht der Schrecken ein, und aus völlig unerwarteter Richtung stürzt ohne erkennbaren äußeren Anlaß das Unheil hervor. Reiche, die inneren und äußeren Feinden getrotzt hatten, brechen zusammen, und du siehst keinen Angreifer. Wie wenige Staaten haben ihren eigenen Wohlstand ertragen können? Wir müssen also alles genau durchdenken und uns im Geiste gegen alle möglichen Ereignisse absichern ... Wir, die wir doch oft schon vom Untergang ganzer Städte gehört haben und immer wieder hören, bilden doch nur einen kleinen Ausschnitt! Kämpfen wir also unverdrossen gegen alles Zufällige! Wissen wir doch: Was immer uns zustößt, nichts kann so gewaltig sein wie das Gerücht vortäuscht. Eine blühende Stadt ist in Schutt gesunken, die Zierde ihres Landes, dem sie sich als Ausnahmeerscheinung dennoch einfügte. Auf einem nicht einmal sehr breiten Bergrücken war sie gelegen. Von allen Städten, die man heute als prächtig und angesehen rühmen hört, wird die Zeit nicht einmal die Spuren übriglassen. Du siehst doch, wie die berühmtesten Städte Griechenlands mitsamt den Grundmauern verschwunden sind und nichts mehr darauf hinweist, daß es sie überhaupt jemals gab.

Vergänglich ist nicht nur alles von Menschenhand Geschaffene, die Zeit vernichtet auch alles, was Menschenkunst und Menschenfleiß zustande brachten: Bergeshöhen verschwinden, ja ganze Landstriche sinken ab; weit vom Meer entfernte Gegenden werden von den Fluten überspült. Mächtige Feuersgewalten haben ganze Hügelreihen, die von ihrem Widerschein erglänzten, weggefressen und einstmals riesighohe Berggipfel – tröstliche Orientierungshilfen für den Seefahrer – abgetragen. Wenn nun schon der Natur eigene Werke zugrunde gehen, müssen wir wohl auch den Untergang von Städten mit Gleichmut tragen. Sie stehen, um zu fallen. Auf alles lauert der Untergang: sei es durch Sturmesgewalt, die mit mächtigem Druck nach draußen drängt und lastendes Gegengewicht abschüttelt, sei es durch den Einbruch von Wildbächen, die sich gegen allen Widerstand unterirdisch durchkämpfen, sei es durch Feuersgewalt, die die Erde bersten läßt, sei es durch das Alte, das sich Stück um Stück erobert und vor dem nichts sicher ist, sei es durch Klimaverschlechterung, die die Menschen vertreibt und die verlassenen Siedlungen verfallen läßt. Allen Wegen des Schicksals nachzugehen würde zu weit führen. Eins weiß ich sicher: alles Menschenwerk ist dem Untergang geweiht; wir leben mitten unter Vergänglichem.

Solche und ähnliche Trostgründe lege ich unserem

Liberalis nahe, der mit unbeschreiblicher Liebe an seiner Heimatstadt hängt, die vielleicht nur untergehen mußte, um schöner wieder zu erstehen. Schon oft mußte erst ein Unglück den Anstoß für größere Entfaltung geben. Vieles mußte fallen, um sich nur noch stolzer wieder zu erheben. Timagenes, dem das Glück Roms ein Dorn im Auge war, pflegte zu sagen, über einen Brand in Rom empfände er nur darum Schmerz, weil er genau wüßte, die Brandstätte würde um so herrlicher wiederaufgebaut. Auch im Falle von Lugdunum wird nun wahrscheinlich ein allgemeiner Wettstreit entbrennen, das Verlorene größer und dauerhafter wiedererstehen zu lassen. Möge die neue Gründung lange währen und unter glückhafteren Vorzeichen längere Zeiten überdauern. Sind doch seit Gründung dieser Tochterstadt erst hundert Jahre vergangen, noch nicht einmal das höchste Menschenalter! Diese Gründung des Plancus wuchs wegen ihrer günstigen Lage zu einer volkreichen Stadt, trotzdem erlitt sie innerhalb eines Menschenalters eine Reihe schwerster Schicksalsschläge.

So soll man durch Bildung seines Geistes sein Schicksal verstehen und ertragen lernen, soll zur Einsicht gelangen, daß das Schicksal nichts unversucht läßt, daß es gegen ganze Reiche so viel ausrichten kann wie gegen einzelne Herrscher, daß es gleichviel vermag, gegen Städte wie gegen einzelne Menschen. All das darf uns nicht unwillig machen. Wir sind in eine Welt gekommen, in der solche Gesetze gelten. Du willigst ein, also gehorche! Du bist nicht einverstanden, dann scher Dich weg, gleichgültig wie! …

Alexander, König der Makedonier, hatte mit dem Unterricht in der Geometrie begonnen, auf diese Weise sollte dieser Unglücksmensch zur Einsicht kommen, wie klein diese Erde ist, von der er einen winzigen Teil in seinen Besitz gebracht hatte. Ich sage unglücklich, weil er einsehen mußte, daß er seinen Beinamen zu Unrecht trägt. Wer kann schon ein ›Großer‹ sein in dieser Winzigkeit? Was er lernen sollte, war schwierig und erforderte gespannte Aufmerksamkeit, durchaus ungeeignet für einen Wahnsinnskandidaten, der in seinen Machtträumen den Ozean übersprang. »Lehre mich einfache Dinge!«, sagte er, und sein Lehrer antwortete ihm: »Dieser Wissensstoff ist für alle derselbe und für alle gleich schwer!« so, glaub mir, spricht auch die Natur: »Der Grund deiner Klagen ist bei allen der gleiche. Keinem von euch kann ich Erleichterungen zubilligen, aber jeder kann es sich selbst leichter machen, wenn er nur will!« Auf welche Weise? Durch Gleichmut! Schmerzen, Durst, Hunger und – sollte Dir ein höheres Alter vergönnt sein – auch Altersgebrechen mußt Du ertragen, Du wirst krank sein, Verluste erleiden und zuletzt sterben. Doch brauchst Du die, die Dich da umlärmen, gar nicht zu beachten: nichts von alledem ist ein Übel, nichts unerträglich oder zu hart, allein die allgemeine Meinung gibt ihnen etwas Furchterregendes. So fürchtet man den Tod genauso wie den Ruf, in dem er steht. Was aber ist törichter als ein Mensch, der sich vor bloßen Worten fürchtet? Unser taktvoller Demetrius sagt immer, die Meinungsäußerungen unerfahrener Leute hätten für ihn nicht mehr Wert als geräuschvolle Magenwinde. »Es ist mir einerlei«, meint er, »ob bei ihnen die Töne oben oder hinten herauskommen!« Wie unsinnig ist doch die Furcht, von Ehrlosen entehrt zu werden!

Üble Nachrede fürchtet man doch ebenso grundlos wie Dinge, die ihren Schrecken erst dem Gerücht verdanken. Als ob ungerechtfertigte Verleumdungen einem rechtschaffenen Mann etwas anhaben könnten! Nicht einmal den Tod soll man uns verleumden, und der hat doch wirklich einen üblen Geruch! Von allen, die ihn anklagen, hat ihn noch keiner selbst erfahren. Und verurteilen, was man nicht kennt, ist doch wirklich sträflicher Leichtsinn. Du weißt doch, wie vielen er hilft, wie viele er von ihren Qualen erlöst, von Armut, Klagegeschrei, Martern, Überdruß. Sind wir erst Herren über den Tod, hat kein anderer mehr Macht über uns. Leb wohl!

Du verlangst von mir unverzüglich Auskunft über ein Thema, von dem ich Dir doch sagte, es müsse erst ein geeigneter Termin dafür gefunden werden. Ich soll Dir schreiben, ob der Teil der Philosophie, den die Griechen den paränetischen, wir aber den präzeptiven nennen, schon der Weisheit ganze Fülle enthält. Nun, ich bin sicher, Du wirst meine Ablehnung verständnisvoll aufnehmen. Um so mehr will ich mich dafür an mein Versprechen halten und für den anerkannten Grundsatz eintreten: ›Hüte dich künftig, um etwas zu bitten, was Du eigentlich gar nicht haben willst!‹ Bitten wir doch zuweilen inständig um Dinge, die wir zurückweisen würden, wenn sie uns jemand anböte. Mag dies nun leichtfertig geschehen oder übertriebene Höflichkeit sein: es muß bestraft werden – durch willfährige Zusage. Oft genug wollen wir nur unsere Bereitschaft zeigen, in Wirklichkeit wollen wir gar nicht. Ein Vorleser hat eine endlos lange Erzählung mitgebracht, klein geschrieben und sehr eng gerollt, er liest einen großen Teil vor, dann sagt er: »Wenn ihr wollt, höre ich auf.« Da hört man nun die Zurufe: »Lies!«, »Lies nur!« gerade von denen, die sehnlich wünschen, daß er augenblicklich verstumme. Oft wünschen wir uns etwas, was wir gar nicht ernsthaft wollen, gestehen nicht einmal den Göttern die Wahrheit: doch die erhören uns nicht oder – haben Mitleid! Ich für mein Teil will alles Mitleid zurückdrängen und mich rächen, indem ich Dir eine gewaltig lange Epistel aufhänge. Wenn Du sie widerstrebend liest, sollst Du Dir sagen müssen: »Das habe ich mir selbst zuzuschreiben!« ...

Doch um von der Einleitung zur Sache selbst zu kommen: »Das Glück des Lebens«, sagt man, »beruht auf guten Handlungen; zu guten Handlungen aber führen Vorschriften; also genügen Vorschriften, ein Leben glücklich zu machen.« Doch nicht immer führen Vorschriften zu guten Handlungen, auch die innere Bereitschaft gehört dazu. Vorschriften werden gelegentlich auch vergebens angewendet, dann nämlich, wenn wir uns von irrigen Vorstellungen leiten lassen. Manche wiederum handeln richtig und wissen gar nichts davon. Denn nur wer eine gründliche Ausbildung hinter sich hat und allseitig geistig gebildet ist, kann sich auf alles Wesentliche einstellen und wissen, wann, inwieweit, mit wem, wie und warum etwas getan werden muß. Sonst schafft er es nicht, sich mit ganzer Kraft um das sittlich Gute zu bemühen; er hat keine Ausdauer und keine Freude dabei, er wird vielmehr rückwärts blicken und zaudern.

Wenn, wie man sagt, eine gute Tat aus dem Befolgen von Vorschriften erwächst, dann müßten Vorschriften genügen, um unser Lebensglück zu erreichen. Eines ergibt sich hier aus dem anderen! Hierauf antworten wir, daß gute Handlungen durchaus auch aus Vorschriften erwachsen können, aber eben nicht bloß aus Vorschriften ... Auch andere Künstler lassen sich durch Vorschriften leiten; darum wird man in der Kunst des Lebens ebenso verfahren dürfen. Doch sind alle diese Künste nur mit den Hilfsmitteln des Lebens beschäftigt, nicht mit dem Lebensganzen, darum hemmt und hindert sie so viel Äußerliches: Hoffnung, Begierde, Furcht. Für die Weisheit jedoch, die uns zur Kunst des Lebens hinführen will, gibt es keinerlei Einschränkungen; sie beseitigt alle Hindernisse und überwindet jeden Widerstand. Du willst wissen, wie sehr sich diese von den anderen Künsten unterscheidet? Nun, bei jenen ist es eher zu entschuldigen, wenn man willentlich statt versehentlich Fehler macht, in dieser Kunst aber gilt ein bewußt begangener Fehler als größte Schuld ...

Die Philosophie nun richtet sich teils auf Erkenntnis, teils auf Handlungen: Betrachtung und Tat gelten ihr gleich. Du irrst nämlich, wenn Du glaubst, sie verheiße Dir lediglich irdische Dienste: sie zielt auf Höheres. Die ganze Welt, sagt sie, durchforsche ich und beschränke mich dabei nicht auf die Gemeinschaft der Sterblichen, begnüge mich nicht damit, euch zu raten oder abzuraten. Zu großen, euer Begriffsvermögen übersteigenden Fragen fühle ich mich hingezogen, »denn von dem Himmelssystem und dem Wesen der Götter beginn ich, völlig den Schleier zu ziehn und der Welt Elemente zu lehren. Denn aus ihnen erschafft die Natur und ernähret und mehret alles; auf diese zuletzt führt alles sie wieder zurück, wenn es vergeht, wie Lukrez sagt. Da sie betrachtender Natur ist, muß sie folglich ihre Lehrsätze haben. Ja doch, auch im tätigen Leben wird sich keiner richtig zurechtfinden, der nicht zuvor gründlich unterrichtet worden ist, wie er in jeder Lebenslage pflichtgemäß handeln könne. Wer keine Vorschriften allgemeiner

Art, sondern nur für einen Einzelfall erhalten hat, wird hier versagen müssen! Vorschriften, nur für einzelne Fälle gegeben, sind für sich allein schwach und sozusagen ohne Wurzeln; die grundlegenden Lehrsätze sind es, die uns Halt geben, uns Sicherheit und Ruhe verbürgen, die unser ganzes Leben und zugleich die ganze Natur umfassen.

Zwischen den Lehrsätzen der Philosophie und ihren Vorschriften besteht ein ähnlicher Unterschied wie zwischen den Grundstoffen und ihren Verbindungen; diese hängen von den ersteren ab, die wiederum Ursachen der letzteren und überhaupt aller Dinge sind. »Die Weisheit der Alten«, so sagt man, »schrieb nichts weiter vor, als was zu tun und zu lassen sei; und damals waren die Menschen weit besser. Seitdem es Gelehrte gibt, sind gute Menschen selten. Ist doch jene einfache, unverstellte Tugend zu einer dunklen, spitzfindigen Wissenschaft verkehrt worden. Disputieren lehrt man uns, nicht leben.« Wie ihr sagt, war jene Weisheit der Alten in ihrer Werdezeit zweifellos ebenso unausgebildet wie die übrigen Künste, die sich ja ebenfalls fortwährend verfeinerten. Aber noch kam es nicht auf eine sorgsame Wahl der Gegenmittel an, noch hatte die Verworfenheit kein so hohes Ausmaß erreicht und sich noch nicht allerorts verbreitet, noch konnten einfache Mittel gegen einfache Fehler eingesetzt werden. Heutzutage brauchen wir gegen immer heftigere Angriffe auch aufwendigere Schutzmittel ...

Auch die Philosophie war in jenen vergangenen Zeiten, als die Menschen nur leichtere, mit wenig Mühe heilbare Fehler begingen, einfacher. Jetzt müssen alle verfügbaren Mittel gegen einen äußerst bedenklichen Sittenverfall eingesetzt werden. Wenn nun wenigstens so diese Seuche endlich überwunden werden könnte! Aber wir toben uns ja nicht nur als Einzelmenschen aus, sondern auch im Staatsleben. Einzelne Mordfälle bringen wir zwar unter Kontrolle, wie aber steht es mit dem dauernden Kriegführen und dem glorreichen Verbrechen des Völkermords? Weder Habsucht noch Grausamkeit kennen ein Maß. Auch sind Verbrechen, solange sie heimlich und von einzelnen begangen werden, weniger schädlich und widernatürlich; heute hingegen geschehen Greuel auf Senatsbeschluß und nach Volksabstimmung, und öffentlich wird befohlen, was zivilrechtlich verboten ist. Wir pflegen als offizielle Heldentaten zu loben, was man als Privatmann mit dem Leben büßen müßte.

Das von Natur aus so sanfte Menschengeschlecht schämt sich nicht, wechselseitig Blut zu vergießen und Kriege zu führen, darunter auch solche, die noch von der nächsten Generation weitergeführt werden sollen, während doch selbst die vernunftlosen wilden Tiere untereinander Frieden halten. Diese so mächtige wie weitverbreitete Raserei stellt die Philosophie vor größere Aufgaben, sie wird aber auch in dem Maße stärker, wie ihre Gegner an Einfluß gewinnen. Einst war es leicht, Weintrinker und Leckermäuler in ihre Schranken zu weisen, ... jetzt aber sucht man aus allem und jedem Genuß zu ziehen. Kein Laster hält sich in Grenzen. Genuß wird zur Gier, ehrbares Handeln gerät in Vergessenheit. Nichts gilt als schimpflich, wenn es nur zum ersehnten Ziel führt. Schon wird das Heiligste für einen Menschen, eben der Mensch selbst, zur Unterhaltung und aus Scherz hingemordet. Früher galt es als Frevel, einem Menschen beizubringen, wie man andere verwundet und selbst Verwundungen aushält, heute treibt man einen Menschen schutz- und waffenlos in die Arena, ist sein Sterben schon Schauspiel genug!

Inmitten dieser sittlichen Verkommenheit wächst nun aber auch das Bedürfnis nach einem ungewöhnlich starken Mittel gegen diese eingewurzelten Mißstände. Durch grundlegende Lehrsätze müssen wir erreichen, daß eingewurzelte falsche Meinungen ausgerottet werden. Diesem können sich dann Einzelvorschriften, Trost und Ermahnung, anschließen und wirksam werden, die für sich allein wirkungslos blieben. Wollen wir Menschen mit gefestigten Grundsätzen, und wollen wir sie aus dem Elend befreien, in dem sie stecken, dann müssen sie unterscheiden lernen, was schlecht und was gut ist, sie müssen wissen, daß außer der Tugend alles seinen Namen wechselt und teils zum Schlechten, teils zum Guten ausschlägt …

In uns liegen gewisse Eigenschaften, die uns zu einigem träge, zu anderem verwegen machen, und weder läßt sich diese Verwegenheit unterdrücken noch jene Trägheit aufrütteln, es sei denn, man beseitigt ihre Ursachen: falsche Bewunderung und falsche Furcht. Solange diese über uns Macht haben, magst Du sagen: »Dies bist du deinem Vater schuldig, dies deinen Kindern, dies deinen Freunden, dies deinen Gastfreunden!« Jeden, der einen Versuch wagt, wird sein Geiz zurückhalten. Zwar wird er wissen, daß man fürs Vaterland kämpfen muß, aber seine Furcht wird ihm davon abraten. Er wird wohl wissen, daß man sich für seine Freunde bis zum letzten einsetzen muß, aber seine Bequemlichkeit wird es ihm verbieten. Er wird wissen, daß eine Geliebte das schwerste Unrecht gegen die Gattin darstellt, aber seine Wollust wird ihn zum Gegenteil treiben. Vorschriften zu geben wird demnach gar nichts fruchten, wenn Du nicht vorher alles diesen Vorschriften Entgegenstehende beseitigt hast, ebensowenig wie es jemandem nützt, wenn man ihm Waffen in Blickweite hinlegt und immer näher heranrückt, den freien Gebrauch der Hände muß man ihm möglich machen!

Auch unsere Seele muß frei gemacht werden, damit sie den gegebenen Vorschriften folgen kann ... Das höchste Gut müssen wir uns als Ziel setzen, zu ihm müssen wir hinstreben. Jede unserer Handlungen, jedes unserer Worte soll sich nach ihm ausrichten, wie die Seefahrer ihren Kurs nach einem Gestirn richten müssen. Ein Leben ohne Ziel findet keinen Halt. Wenn aber jedenfalls ein Ziel notwendig ist, wieviel mehr sind es dann grundlegende Lehrsätze! Du wirst, glaube ich, mir zugeben, daß nichts schimpflicher ist als ein ungewisser, zaghafter, ja ängstlicher Rückzug. Doch wird es allenthalben gerade dazu kommen, wenn nicht alles ausgeschaltet wird, was unsere Geisteskräfte eindämmt und lähmt und ihren vollen Einsatz verhindert...

Nun die Frage, wie mit Menschen umzugehen sei. Was wollen wir fordern? Welche Vorschriften wollen wir machen? Etwa, daß wir Menschenblut schonen sollen? Dem nicht zu schaden, dem man eigentlich nützen soll – ist das nicht viel zuwenig? Natürlich ist es sehr lobenswert, wenn ein Mensch mit seinem Mitmenschen schonend umgeht. Sollen wir aber nun vorschreiben, einem Schiffbrüchigen die Hand zu reichen, einem Irrenden den Weg zu zeigen, mit einem Hungrigen sein Brot zu teilen? Wann werde ich dann fertig zu sagen, was zu tun und zu lassen sei? Hingegen kann ich die Pflicht eines Menschen gegenüber seinem Mitmenschen auf folgende kurze Formel bringen: Alles, was du siehst, Göttliches wie Menschliches, gehört zusammen, bildet eine Einheit: wir alle sind Teile eines großen Körpers. Als Verwandte hat uns die Natur geschaffen, aus den gleichen Stoffen und zur gleichen Bestimmung. Sie hat uns Liebe zueinander eingegeben und zu geselligen Wesen gemacht. Sie hat festgesetzt, was als recht und billig zu gelten hat. In ihrem Reich schafft es größere Pein, zu schaden als geschädigt zu werden. Auf ihren Befehl sollen sich unsere helfenden Hände regen.

Mit Herz und Mund sollen wir uns zu dem Dichterwort bekennen:

›Ich bin ein Mensch, nichts Menschliches acht ich mir fremd!‹

Halten wir fest: Wir sind zur Gemeinschaft geboren. Unsere gesellschaftlichen Bindungen gleichen einem steinernen Gewölbe, das einstürzen würde, wenn seine einzelnen Steine sich nicht gegenseitig entgegenwirkten und es ebendadurch zusammenhielten.

Nach der Betrachtung der Götter- und Menschenwelt wollen wir uns dem Umgang mit den Dingen zuwenden. Hier nun sind Vorschriften nutzlos verschwendet, wenn keine Belehrung über die grundlegende Auffassung einer Sache vorangegangen ist, etwa über die Armut, den Reichtum, den Ruhm, die Schande, das Vaterland, die Verbannung. Hier geht es um Einzeluntersuchungen, die sich nicht um das Gerede kümmern, um Forschungen nach dem Wesen der Dinge, nicht nach ihrem Namen. Nun zu den Tugenden. Da mag uns einer ermahnen, die Klugheit hochzuschätzen, die Tapferkeit zu pflegen und uns mit der Gerechtigkeit wenn möglich noch näher als mit den anderen Tugenden zu befreunden. Damit wird er gar nichts erreichen, solange uns unklar bleibt, was Tugend überhaupt ist, ob es eine oder mehrere gibt, ob jede für sich existiert oder alle miteinander verbunden sind, ob der, der eine hat, auch die übrigen besitzt, und wodurch sie sich voneinander unterscheiden.

Ein Handwerker braucht über Ursprung und Zweck seines Handwerks keine Untersuchungen anzustellen, ebensowenig wie ein Pantomime über die Tanzkunst. Alle diese Fertigkeiten kennen nur sich selbst, genügen sich selbst, denn sie beziehen sich ja nicht auf das Lebensganze. Die Tugend aber muß nicht nur über die anderen Dinge, sondern auch über sich selbst Bescheid wissen. Um sie erfassen zu können, muß man zuvor über ihr Wesen belehrt werden. So wird eine Tat ohne die richtige willensmäßige Einstellung nicht tadelfrei sein können, denn die Tat entspringt ja aus dem Willen. Wiederum wird auch der Wille nicht der rechte sein, wenn die Einstellung nicht die rechte ist, denn aus ihr entspringt wiederum der Wille. Ferner wird es mit unserer Einstellung nicht zum besten stehen, wenn sie nicht eine Beziehung zu allen Lebensgesetzen und ein sicheres Urteil über jeden einzelnen Vorgang gewonnen hat, kurz, wenn sie nicht alles auf seinen wahren Wert zurückgeführt hat.

Zur Ruhe gelangt nur, wer eine unbestechliche und sichere Urteilskraft erlangt hat, alle übrigen werden von Zeit zu Zeit rückfällig, richten sich wieder auf und schwanken abwechselnd zwischen Aufgegebenem und Begehrtem. Worin besteht der Grund ihres ständigen Schwankens? Darin, daß es für alle, die sich auf die öffentliche Meinung, diese unbeständigste aller Führerinnen, verlassen, keine Klarheit gibt. Soll sich Dein Wille immer gleichbleiben, dann muß er auf das Wahre gerichtet sein. Dies wiederum kann man ohne Grundsätze nicht erreichen, auf ihnen beruht ja unser Leben ... Blätter grünen ja auch nicht aus eigener Kraft, sondern brauchen einen Zweig, der sie hält und ihnen Saft gibt, ebenso sind Einzelvorschriften ohne Saft und Kraft, sie brauchen die Bindung an ein einheitliches Lehrsystem ...

In der Philosophie geht es manchmal um Ermahnungen, manchmal um Beweisführungen, die allerdings recht umfangreich und verwickelt sein können und nur mit äußerster Sorgfalt und größtem Scharfsinn zu erklären sind. Wo man solche Beweisgänge braucht, braucht man eben auch Grundsätze, die uns über Einzelnachweise zur Wahrheit hinführen. Hier liegt nun manches klar zutage, anderes bleibt im dunkel. Klar ist, was mit den Sinnen und dem Gedächtnis aufgenommen wird, dunkel, was außerhalb dieses Bereiches liegt.

Die Vernunft umfaßt nicht allein das Handgreifliche, ihr größerer und schönerer Teil liegt im Verborgenen. Verborgenes verlangt Beweise, und Beweise sind ohne Grundsätze nicht möglich, folglich sind Grundsätze unentbehrlich. Was einer Sache allgemeine Anerkennung verschafft, verhilft ihr auch zur Vollkommenheit: nämlich eine feste Überzeugung. Da nun ohne eine solche alles in unserem Geiste sozusagen schwimmt, darum sind Grundsätze nötig, die dem Geist eine unbeugsame Urteilskraft verleihen ... Ohne Wurzeln taugen auch die Zweige nichts, und die Wurzeln werden wieder durch das gekräftigt, was sie selbst hervorgebracht haben. Jedermann weiß, welchen großen Nutzen die Hände haben, allzu offenkundig ist ihre Hilfe. Dagegen bleibt die Ursache des Lebens, der Kraft und der Bewegung unserer Hände, das Herz, im Verborgenen. Das gleiche kann ich nun von den Vorschriften sagen: sie liegen offen da, während die Grundsätze der Weisheit im Verborgenen liegen. Wie der eigentliche Weiheakt eines Gottesdienstes nur den Eingeweihten bekannt ist, so werden auch in der Philosophie Geheimnisse nur denen offenbart, die in den Kreis der Auserwählten aufgenommen wurden, während Einzelvorschriften und ähnliches auch den Uneingeweihten bekannt sind ...

Du hältst es beispielsweise für nützlich, daß man Dich auf Merkmale hinweist, an denen Du ein edles Pferd erkennen kannst, denn Du willst bei einem Kauf nicht getäuscht werden und nicht Bemühungen an ein untaugliches Obiekt verschwenden. Viel nützlicher ist es dagegen, sich in den Merkmalen einer vorbildlichen Geisteshaltung auszukennen. Folgende Merkmale darf man doch wohl auch übertragen verstehen?

›Stolzer durchschreitet die Flur ein Fohlen aus edlerer Aufzucht,
gleich vom ersten Beginn an übt es die biegsamen Schenkel,
wagt's, sich als erstes im Lauf und im tosenden Fluß zu versuchen,
auch dem kaum schon bekannten Gerüst einer Brücke zu trauen,
schreckt nicht zurück vor leerem Geräusch, hoch wirft es den Nacken,
weithin sichtbar das Haupt; ganz schlank ist sein Bau, doch die Flanken
füllig im Fleisch, jeder Muskel gespannt seiner mutigen Brust – doch

naht sich die Zeit, wenn fern der Lärm von Waffen zu hören,
hebt sich sein Ohr, ein Beben durchläuft die Glieder, die Nüstern
schnauben vor Feuer; *das* Roß versteht es nicht, an sich zu halten.‹

Hier hat unser Vergil etwas anderes beschrieben, in Wirklichkeit aber das Bild eines tapferen Mannes gezeichnet. Ich jedenfalls könnte mir kein treffenderes Bild eines großen Mannes vorstellen ... Ein Bewunderer der unerschütterlichen Standhaftigkeit Catos, eines Mannes, der im allgemeinen Zusammenbruch nicht wankte, könnte auch von ihm sagen:
»Jeder Muskel gespannt seiner mutigen Brust!«

Es wird sich lohnen, nicht nur von den Eigenschaften tüchtiger Männer zu reden, ihre Gestalt und ihre Züge nachzuzeichnen, sondern auch zu erzählen, wie sie sich im einzelnen verhalten haben, zum Beispiel jene letzte, tapferste Wunde Catos zu zeigen, mit der die Freiheit selbst ihren Geist aufgab. Ferner die Weisheit eines Lälius, sein inniges Verhältnis zu seinem Freund Scipio, die vorbildliche Handlungsweise des anderen Cato im Privatleben und in der Öffentlichkeit, die hölzernen Bänke beim öffentlichen Gastmahl des Tubero und seine Ziegenfelle statt der Teppiche und das mitten im Jupitertempel aufgestellte Essengeschirr aus schlichtem Ton. Was heißt das anders, als mitten auf dem Kapitol die Armut heiligsprechen? Angenommen, ich wüßte keine andere Tat, um Tubero den Catonen anzureihen, wäre dies allein nicht ausreichend? Hier war ein Zensor am Werk, kein Gastgeber! Wie wenig wissen die ruhmgierigen Menschen, was Ruhm eigentlich ist und wie man ihn erlangt! An jenem Tag sah das Volk Roms das Tischgerät vieler Mitbürger, bewundert hat es nur das eines einzigen. Das Gold und das Silber all der anderen ist längst zerbrochen und tausendmal umgeschmolzen, die Tongefäße eines Tubero aber werden alle Jahrhunderte überdauern! Leb wohl!

Wo bleibt jetzt Deine gerühmte Klugheit, wo Dein scharfsinniges Unterscheidungsvermögen, wo Deine Überlegenheit? Schon von einer solchen Lächerlichkeit läßt Du Dich umwerfen? – Du warst dienstlich stark beschäftigt, und das nutzten einige Deiner Sklaven zur Flucht. Es hätte Dich doch viel härter treffen können, wenn es wirkliche Freunde gewesen wären – gewiß, irrtümlich nannten wir sie selbst einst so; nennen wir sie nun ruhig weiter mit einem Namen, den sie zu ihrer eigenen Schande nicht verdienen –, so aber hast Du nur Leute verloren, die Dir ständig entgegenarbeiteten und glaubten, in Dir einen Feind der anderen sehen zu müssen. All das ist weder ungewöhnlich noch kommt es unerwartet. Von Derlei sich aufbringen zu lassen ist ebenso lächerlich, wie sich zu beklagen, wenn man auf der Straße naßgespritzt oder auf schlammigen Wegen mit Dreck besudelt wird! Im Leben geht's eben zu wie in den öffentlichen Bädern, im Gedränge und auf Reisen: es wird geworfen, und manches trifft. Das Leben ist nicht immer angenehm, und Du hast einen langen Weg vor Dir: da läßt es sich gar nicht vermeiden, daß Du ausrutschst, anstößt, hinfällst, müde wirst und schließlich ausrufst: »O Tod!« Das aber ist Deine Lüge! Bald wirst Du Dich von einem Weggefährten trennen, bald einen zu Grabe tragen, bald einen fürchten müssen. Auf diesem holprigen Weg lauern eben solche Gefahren. Lebensmüde? Du solltest Dich auf alles gut vorbereiten und

Dir bewußt werden, daß Du mitten in einem Gewitter stehst, ja daß Du dort stehst,

›wo Trauer, des Gewissens Folterqualen,
und bleiche Krankheit, finstres Greisenalter
sich lagern ...‹

In dieser Gesellschaft wirst Du das Leben zubringen müssen! Entfliehen kannst Du seinen Widrigkeiten nicht, aber Du kannst sie verachten. Und diese Verachtung ist lernbar – durch wiederholtes Nachdenken, das auch zukünftige Möglichkeiten einbezieht. Schwierigkeiten, mit denen man schon im voraus rechnete, hat noch jedermann mit mehr Mut angepackt. Selbst Härten sind erträglich, wenn man auf sie eingestellt ist. Im Gegensatz dazu schreckt der Unvorbereitete auch vor Kleinigkeiten zurück. Nichts darf uns unvermutet treffen, darum also geht es! Und weil durch Überraschung alles so viel schwieriger wird, soll ständige geistige Vorbereitung Dir möglich machen, keinem Übel ganz unerfahren gegenüberzustehen.

»Meine Sklaven haben mich verlassen!« – Einen anderen haben sie ausgeraubt; einen anderen angezeigt, den getötet, den verraten, den mißhandelt, jenem mit Gift, diesem mit Verleumdungen nachgestellt. Nenne, was immer Du willst, es ist schon vielen zugestoßen! Was richtet sich schließlich nicht alles gegen uns. Welche Zahl, welche Vielfalt von Geschossen! Manche waren auf uns gezielt, manche schwirren schlingernd heran – die treffen gerade! –, manche streifen uns nur, werden andere treffen.

Über nichts, das uns als Erdenbürgern zukommt, sollten wir uns wundern. Darüber kann sich auch schon darum niemand beklagen, weil's ausnahmslos alle trifft. Jawohl, ausnahmslos alle! Denn auch das

Unheil, dem wir gerade noch entronnen sind, hätte uns ereilen können! Unsere Ansprüche sind gleich, nicht weil alle sie verwirklichen konnten, sondern weil sie für alle gelten! Wir müssen uns zum Gleichmut zwingen, und ohne Murren sollten wir den Tribut zahlen, den unsere Sterblichkeit uns abfordert. Winterszeit bringt Frost: da heißt's frieren. Sommerszeit bringt Hitze: da heißt's schwitzen. Unbeständiges Wetter gefährdet unsere Gesundheit: das bedeutet Krankheit. Irgendwo kann uns ein wildes Tier in den Weg laufen oder – gefährlicher als alle wilden Tiere – ein Mensch. Manches verlieren wir durch Wassersnöte, anderes durch Feuersbrunst. Diese Grundbedingungen können wir nicht verändern. Aber eins steht in unserer Macht: einen hohen Sinn beweisen, wie er einem tüchtigen Manne zukommt! Das hilft uns, Zufälliges tapfer zu ertragen und bringt uns in Übereinstimmung mit der Natur. Denn die Natur ist's, die in ständigem Wechsel ihr vor unseren Augen sich ausbreitendes Reich regiert. Auf Wolken folgt heiterer Himmel. Das ruhige Meer wird tief aufgewühlt. Im Wechsel blasen die Winde. Der Tag folgt der Nacht. Das Himmelszelt hebt und senkt sich. Die Ewigkeit der Welt beruht auf diesem Gegensatz. Diesem Gesetz muß sich unser Geist anpassen, ihm muß er folgen, ihm gehorchen. Und was immer auch sich ereignen mag, er muß es als notwendiges Geschehen begreifen und nicht der Natur Vorwürfe machen wollen.

Ertragen, was Du nicht ändern kannst, sich der Gottheit als der Urheberin alles Geschehens ohne Murren anschließen: das wird das Beste sein! Ein schlechter Soldat, wer seinem Feldherrn unter Jammergeschrei folgt! So wollen wir uns nun willig und freudig zur Befehlsausgabe melden. Aus dem Lauf dieser wunderbaren Welt, zu dem auch unsere Leiden mit dazugehören, sollten wir nicht ausbrechen wollen! Zu Jupiter, dessen Winken diese ganze Welt gehorcht, sollten wir sprechen, wie es unser Kleanthes mit seinen so wirkungsvollen Versen tut. Mir sei erlaubt, dem Beispiel des sprachgewandten Cicero folgend, diese Verse in unsere Sprache zu übersetzen: Gefallen sie Dir, soll's mir recht sein; wenn nicht, mußt Du's einem Cicero-Nachfolger zugute halten.

›Vater und Herr des hohen Himmelspols, führe mich, wohin du willst: unverzüglich will ich dir gehorchen, unverdrossen bereitstehen. Wollt ich das nicht, müßte ich ja klagend hinterherhinken und als schlechter Mensch das erleiden, was ich als guter selbst mitvollziehen darf, denn: die Willigen führt das Schicksal, die Widerstrebenden schleppt es mit sich fort!‹

So wollen wir leben, so reden! Bereit und willig soll uns das Schicksal finden. Ihm sich anzuvertrauen heißt edle Gesinnung bewahren! Klein und verkommen dagegen erscheint, wer gegen das Schicksal ankämpft, die Weltordnung für schlecht hält und lieber die Götter bessern will als sich selbst. Leb wohl!

ANHANG

ZU DIESER AUSGABE

Die vorliegende Auswahl aus Senecas Werk versucht, die Entfaltung der gedanklichen und künstlerischen Ausdruckskraft des ›Vaters des Essays‹ an den Stücken seines Prosaschaffens zu zeigen, die zugleich die Entscheidungspunkte im Leben dieses Autors sind. So bietet die chronologische Anordnung der ausgewählten Schriften zugleich eine thematische Aussage: die Entwicklung und Bewährung des Philosophen an den Problemen, die seine Zeit und seine gesellschaftliche Stellung ihm aufgaben. Der so gelegte Querschnitt sollte auch repräsentativ für Senecas Gesamtschaffen sein. Wenn freilich eine einbändige Auswahl zugleich auch repräsentativer Querschnitt durch das – ohne die Dramen – etwa vierfach größere Prosawerk sein soll, mußten Opfer gebracht werden. Die Einleitung versucht im Blick auf das Gesamtwerk die Einordnung der Einzelteile und auch die Berechtigung der Auswahl deutlich zu machen. Der Verzicht auf manches wichtige Stück wird dadurch vielleicht sogar verstärkt spürbar. Dies ist aber auszugleichen durch das Bemühen von Herausgeber und Verlag, den Philosophen Seneca dem heutigen Leser in einer Form vorzustellen, die unmittelbaren Kontakt und fortlaufende Lektüre, kurz ein fruchtbares und, wie ich meine, lohnendes Kennenlernen ermöglicht.

Versteht sich nun di. Notwendigkeit der Auswahl von selbst, so ist zur Kürzung von Werken und Werkabschnitten noch einiges zu bemerken. Gekürzt wurden nur Werke, wenn dabei der Aufbau der literarischen Einheit erhalten bleiben, ja unter Umständen durch Kürzung noch stärker herausgearbeitet werden konnte. Denn Längen und Doppelungen – wie immer sie gedeutet werden mögen –, die den heutigen Leser ablenken oder ermüden, gibt es ohne Zweifel. Vorsichtig, gewissermaßen maßstabgerecht – bis etwa zu einem Fünftel des Umfangs – wurden die ›Trostschrift an Helvia‹ und das erste Buch ›Über die Milde‹ gekürzt, ferner sieben der achtundzwanzig ausgewählten Briefe. Alle anderen Werke sind ungekürzt gegeben. Das Ende des zweiten Buches Über die Mildę das Ende der Schrift ›Vom glücklichen Leben‹ und der Anfang von ›Über die Muße‹ fehlen in der Überlieferung. Wenn von den erhaltenen 124 Briefen 28 aufgenommen wurden, so stellt eben diese Auswahl eine Kürzung anderer Art dar; denn diese in sich selbständigen Briefeinheiten sind im Gesamtbriefkorpus mannigfach aufeinander bezogen, steigern und erläutern sich wechselseitig; was übrigens auch für die zwölf philosophischen Schriften im Rahmen der antiken Ausgabe der Dialoge gilt. Andererseits konnte gerade das Briefwerk dazu beitragen, eindrucksvolle Beispiele zu allen von Seneca behandelten philosophischen Themen zu geben. Die Briefauswahl will zu zahlreiche und aufdringliche Wiederholungen gegenüber den anderen ausgewählten Stücken als auch gegenüber den Briefen selbst vermeiden, rückt aber auch Stücke, die die idealistische Grundposition des Philosophen zeigen, ins Blickfeld, wie zum Beispiel die Briefe 65, 71 und 89 und den durch seine Rousseau-Nähe so aufschlußreichen 90. Brief über die Kulturentstehungslehren. Die ausgewählten Briefe sind trotzdem als eine Art Werkeinheit aufgefaßt. Der jeden Brief eröffnende stereotype Anfangssatz ›Seneca grüßt seinen Lucilius‹ ist nur einmal zum ersten Brief gesetzt. Der Schlußgruß aller Einzelbriefe ›Leb wohl‹ steht dagegen immer. Der Beginn eines neuen Briefes ist durch eine Leerzeile hervorgehoben. Der Index zu den ›Moralischen Briefen an Lucilius‹ ermöglicht es, die einzelnen Briefe aufzufinden und faßt den Inhalt in Kurzform zusammen.

Alle Kürzungen sind durch drei Punkte, die Überlieferungslücken durch drei Gedankenstriche gekennzeichnet. Die Einteilung in Unterabschnitte oder Kapitel folgt im allgemeinen den unten angegebenen lateinischen Textausgaben; nimmt sich aber die Freiheit, zusätzlich Sinneinheiten durch Abschnitte deutlich zu machen.

Der vorgelegten Neuübersetzung liegen folgende Texte zugrunde: L. Annaei Seneca dialogorum libri XII, hg. von E. Hermes, Leipzig 1905; de clementia libri II, hg. von C. Hosius, Leipzig ^{2}1914 und ad Lucilium epistularum moralium quae supersunt, hg. von O. Hense, Leipzig ^{2}1938 (Opera 1,1; 1,2 und 3 der Editio Teubneriana). Text und Apparat dieser Ausgaben wurden zusätzlich verglichen mit den Ausgaben von R. Waltz und A. Bourgery, Paris 1961 ff. der Association G. Bude, wie sie die Studienausgabe von M. Rosenbach (L. Annaeus Seneca, Philosophische Schriften, lateinisch und deutsch, Darmstadt 1969, 1971) beigibt. Für einzelne Dialoge wurden zusätzlich verglichen: Über die Güte (De Clementia, lat. und deutsch, hg. von K. Büchner, Stuttgart 1970); De vita beata (Sur le bonheur), hg. von P. Grimal, Paris 1969. Für die Briefe die zweibändigen Ausgaben von A. Beltrami, Rom ^{2}1937 und L. D. Reynolds, Oxford 1965.

Die Vorstellung des Dichterphilosophen Seneca mit der erklärten Absicht, ihn zu einem heutigen Leser sprechen zu lassen, schien – nach reiflichem Erwägen – eine Neuübersetzung notwendig zu machen. Die aus dem 19. Jahrhundert stammenden Übertragungen von A. Forbiger (Briefe und Abhandlungen, 1866f.) und A. Pauly/A. Haakh (Briefe, 1825) sowie J. M. Moser (Abhandlungen, 1828), von denen die letzteren in der Ausgabe von Th. v. Scheffer, Berlin 1927, überarbeitet wurden, können heutigem Sprachempfinden, das Reiz und Kraft des lateinischen Ausdrucks unmittelbar aufnehmen will, kaum noch genügen, das heißt, diese Übersetzungen sind auf das ›heimliche‹ Mithören des lateinischen Originals angewiesen, was zur Zeit ihrer Entstehung durchaus kein Mangel war, da ja in der Wortwiedergabe und Wortstellung keine unerträglichen Abweichungen bestanden. An Übertragungen Senecas fehlt es auch in der Gegenwart nicht, jedoch erfüllen Studientexte wie die Übersetzung von O. Apelt in der ›Philosophischen Bibliothek‹ (Bd. 73/74 = Dialoge, 1923, und Bd.

189/190 = Briefe an Lucilius, 1924) und neuerdings die von M. Rosenbach, München/Darmstadt 1969ff., die freilich überhaupt nur als Beigabe zum lateinischen Text lesbar ist oder sein will, kaum die Ansprüche eines Lesers, der Zugang zu einem Stück Weltliteratur gewinnen will. Leseübersetzungen wie die hier vorgelegte müssen jede für sich versuchen, den Forderungen der Leser gerecht zu werden. In neuester Zeit sind die Briefe von E. Glaser-Gerhard übertragen worden (Hamburg 1965), Briefe und ein Teil der philosophischen Schriften von H. M. Endres (München 1959ff.). Die ansprechende Übersetzung von W. Schumacher in der Sammlung Dieterich Bd. 53, [3]1949 (›Mächtiger als das Schicksal‹) deckt sich mit der vorliegenden Auswahl zu einem so geringen Teil, daß ein Nebeneinander zweier Übersetzungsarten nicht geraten erschien.

Der Leser soll eine Vorstellung von der Bedeutung Senecas gewinnen, Freude und Gewinn am Lesen dieses Autors finden und vor allem in den Stand gesetzt werden, schnell und sicher das Gemeinte zu erfassen und sich ein eigenes Urteil zu bilden. Kernstellen – wie sie die Breviere herauslösen und, thematisch geordnet, anzubieten pflegen – wird jeder Leser selbst finden; ja, das Selbstentdecken ist wohl die sicherste Gewähr, daß es für ihn, den Leser, wirklich eine Kernstelle ist. Register bieten dem Leser zusätzliche Hilfen beim Wiederfinden einzelner Stellen, beim Auffinden des Zusammengehörigen und Vergleichbaren und bei systematischer Befestigung des Gelesenen.

Erläuterungen sind in einem Anhangteil zusammengestellt; sie sind jeweils zur Seite gegeben und nach Werkabschnitten untergliedert. Jeweils am Beginn eines Werkabschnitts stehen knappe Hinweise zum Werk. Die Erläuterungen weisen die Zitate antiker Schriftsteller nach, enthalten Bemerkungen zur Textkritik und Angaben zu Personen, Orten und Sachverhalten, die dem heutigen Leser nicht in jedem Fall geläufig sind. Diese Angaben beschränken sich auf das für das Verständnis des Textes Notwendige und vermeiden die Wiederholung des im Text selbst Dargelegten. Innerhalb eines einzelnen Werkes wird eine Erläuterung nur zur jeweils ersten Stelle gegeben. Begegnen wichtige Namen wie Alexander der Große, Cato, Sokrates, die an der ersten Stelle innerhalb der Werkauswahl erläutert sind, in weiteren Werken dieser Auswahl, so wird an deren jeweils erster Stelle auf die erste erläuterte Stelle verwiesen.

In die Erläuterungen wurden Angaben über die für das Verständnis des Textes wichtigsten textkritisch umstrittenen Stellen aufgenommen. Jedoch wurde auf einen Hinweis auch verzichtet, wenn sich die Übersetzung für eine Textvariante oder Konjektur entscheidet, die im kritischen Apparat der zugrunde gelegten Teubner-Ausgabe angegeben ist. Vorliegende Ausgabe ist nicht der Ort, die Probleme des außerordentlich hilfsbedürftigen Textes darzulegen und die spezielle Diskussion darüber zu führen. Auch eine bloße Aufzählung der wichtigsten, den Spezialisten bekannten Werke würde mehr Verwirrung stiften als Klärung schaffen. Das Personen- und Sachregister nimmt alle erwähnten Personen und Orte mit allen Stellen auf und versucht, die Vorstellungswelt des Autors mit einem möglichst dichten Begriffsnetz zu erfassen.

H. B.

INDEX ZU DEN ›MORALISCHEN BRIEFEN AN LUCILIUS‹

Von den 124 erhaltenen Briefen wurden 28 ausgewählt; 6 davon wurden um etwa ein Fünftel gekürzt, und zwar die Briefe 51, 59, 71, 78, 86, 91, nur Brief 95 um etwa die Hälfte. Der folgende Sachweiser gibt hinter der Nummer, die der Brief in der lateinischen Sammlung trägt, eine kurze Kennzeichnung des Inhalts des Briefes durch den Herausgeber. Rechts stehen die Zahlen der Seiten unseres Bandes, auf denen die betreffenden Briefe zu finden sind.

ERLÄUTERUNGEN

Zitate und Testimonien antiker Philosophen, die auf Seneca als Quelle zurückgehen und von dort in moderne Fragmentsammlungen eingegangen sind, werden nicht in den Erläuterungen erwähnt; eine Auffindung ist über das Personenregister möglich. Die modernen Ausgaben sind für die Vorsokratiker: H. Diels/W. Kranz, Die Fragmente der Vorsokratiker. Berlin ^{9}1959; für die Alte Stoa: Stoicorum Veterum Fragmenta (SVF), collegit I. ab Arnim. Lipsiae 1903; für Epikur: H. Usener, Epicurea. Leipzig 1887. Alle anderen antiken Autoren sind mit den üblichen Stellenangaben angeführt, nicht nach Ausgaben.

TROSTSCHRIFT AN HELVIA
(Ad Helviam matrem de consolatione)

Zusammenfassend zur Person der Mutter Senecas, Helvia: Paulys Realencyclopädie der Classischen Altertumswissenschaft Supplementband XII, 1970, 426–429 (K. Abel; PWRE); zur ganzen Schrift: Peter Meinel, Seneca über seine Verbannung. Bonn 1972.

67 *Oheim:* Gajus Galerius, Gatte der gleichnamigen Stiefschwester Helvias, der 16–31 Präfekt in Ägypten war. (Vgl. S. 94)

71 *Freistädte:* dem römischen Staatsverband angeschlossene italienische Stadtgemeinden mit meist vollen Rechten.

Tochterstädte: Im Zuge der römischen Eroberungs- und Romanisierungspolitik gegründete Vollbürgergemeinden, im Rang höher als die Freistädte; die Rechte glichen sich jedoch im Verlauf der Kaiserzeit an.
Sciathus ... Seriphus, Gyarus: wegen ihrer Trostlosigkeit berüchtigte kleine Verbannungsinseln im Ägäischen Meer.
Cossura (Konjektur für Corsica): Insel zwischen Sizilien und der afrikanischen Küste.

72 *Skythien:* das Gebiet nördlich des Schwarzen Meeres, vom 7. Jh. v.u.Z. an von den Skythen bevölkert, die oft als Beispiel für Naturnähe und Einfachheit galten.

73 *Tyrier:* Bewohner der phönikischen Hafenstadt Tyros an der östlichen Mittelmeerküste; Tyrier gründeten das nordafrikanische Karthago. Es folgen weitere Beispiele für Völkerbewegungen in näherer Vergangenheit, auch an die Züge der Kimbern und Teutonen wird gedacht sein; Germanen, die die Pyrenäen überschritten, können auch mit Kelten verwechselt sein.

74 *ein Verbannter als sein Begründer:* Äneas, zu einer jüngeren Linie des trojanischen Herrscherhauses gehörend, in Homers »Ilias« mehrfach erwähnt; ein Äneas-Mythos ist in Italien seit dem 6. Jh. nachweisbar. Äneas gelangte nach seiner Rettung aus dem brennenden Troja über Karthago und Sizilien nach Italien, wo er zum Begründer römischer Tradition wurde. Vergils Epos »Äneis« wurde zum Nationalgedicht der Römer.
Phokis: Landschaft in Mittelgriechenland; hier irrtümlich für Phokaia, griechische Handelsstadt an der kleinasiatischen Westküste, der Mutterstadt von Massilia, dem heutigen Marseille.
Ligurer: Stammesgemeinschaften zwischen den Pyrenäen und den Alpenrandgebieten Italiens.
Kantabrer: an der nordspanischen Küste ansässige kriegerische Stämme.

75 *Marius,* Gajus (156–86): römischer Ritter, in Abwehrkämpfen gegen Kimbern und Teutonen aufgestiegen, mehrmals Konsul; Gegner Sullas.

Sulla, Lucius Cornelius (138–78): römischer Feldherr aus patrizischem Geschlecht: kämpfte mit, später gegen Marius. Grausame Ausschreitungen unter seiner Führung und Verantwortung.

Varro, Marcus Terentius (116–27): römischer Universalgelehrter.

Brutus, Marcus Junius (85–42): der bekannte Cäsar-Mörder; er widmete Cicero eine Schrift »Über die Tugend«, die nicht erhalten ist.

77 *Hütte des Romulus:* betont schlichte, nach Zerstörung wiederhergestellte erste Behausung des sagenhaften Gründers und ersten Königs Roms, des Romulus, auf dem Palatinischen Hügel.

Mytilene: größte Stadt auf der Insel Lesbos im Ägäischen Meer.

Marcellus, Marcus Claudius (gest. 23 v. u. Z.): Gegner Cäsars, der nach dessen Sieg freiwillig auf die Insel Lesbos ins Exil ging.

78 *der dich in die Verbannung trieb:* Gemeint ist Cäsar.

79 *Caligula:* im Text C. Caesar; caligula »Stiefelchen«, ist der Spitzname des dritten römischen Kaisers, der 37–41 regierte, Verehrung als Gottkaiser anstrebte (Cäsarenwahnsinn) und einer Verschwörung zum Opfer fiel.

Sesterz: kleine römische Münze, seit Augustus in Messing geprägt; Recheneinheit bei Vermögensangaben.

80 *unser Diktator:* Gemeint ist Curius Dentatus (s. Erl. zu S. 194).

Apicius, Marcus Gavius: stadtbekannter römischer Schlemmer zur Zeit von Augustus und Tiberius. In der Spätantike wurde unter seinem Namen ein Kochbuch herausgegeben.

83 *Menenius Agrippa:* römischer Konsul 503 v. u. Z., der 494 durch Vortrag der Fabel vom »Magen und den Gliedern« die bereits ausgewanderten Plebejer zur Rückkehr nach Rom bewogen haben soll. (Vgl. Livius 2,32,8 ff.)

Atilius Regulus, Marcus: römischer Feldherr im ersten Punischen Krieg (264–241). Er geriet in Gefangenschaft, wurde von den Karthagern mit einer Gesandtschaft, die über Gefangenenaustausch verhandeln sollte, nach Rom geschickt, widerriet dort dem Austausch und kehrte nach Karthago zurück, wo er grausam gefoltert und getötet wurde; Beispiel römischer Vertragstreue.

85 *Sokrates* (469–399): griechischer idealistischer Philosoph aus Athen. Seine ausschließlich in mündlichem Umgang vorgetragene Lehre konzentriert sich auf die Ethik und setzt bei der Gewinnung richtiger Begrifflichkeit ein; zum Giftbecher verurteilt wegen Jugendgefährdung und Leugnung der Staatsgötter.

dreißig Tyrannen: oligarchische Übergangsregierung Athens am Ende des Peloponnesischen Krieges (431–404), die zu einer Schreckensherrschaft ausartete.

85 *Cato* Uticensis, Marcus Poricus (95–46): römischer stoischer Philosoph und Politiker im Sinne der konservativen Senatsoligarchie, subjektiv ehrlich und konsequent. Urbild des Altrepublikaners und Cäsar-Gegners, tötete sich im nordafrikanischen Utica, um die überalterte Republik nicht überleben zu müssen. Berühmtes Beispiel für kompromißlose Politik, die auch Niederlagen bei Wahlen (Prätur, Konsulat) in Kauf nahm, indem sie auf Bestechungen und andere Machenschaften bewußt verzichtete. In der Kaiserzeit symbolisch für den Widerstand gegen das herrschende autokratische Regime.

89 *Cornelia:* Tochter des Scipio Africanus (s. Erl. zu S. 218), Mutter der Gracchen; von ihren zwölf Kindern blieb außer diesen noch eine Sempronia am Leben.

die Gracchen: Tiberius Sempronius Gracchus (162–133) und Gajus Sempronius Gracchus (153–121), römische Volkstribune, die beim Versuch, soziale Reformen durchzusetzen, ums Leben kamen.

Cotta, Gajus Aurelius (um 124–74): hoher römischer Staatsbeamter; ging 91–83 freiwillig ins Exil, als er wegen gerechter Behandlung der Provinzialen belangt wurde.

92 *der allerliebste kleine Marcus:* höchstwahrscheinlich der Sohn von Senecas jüngstem Bruder, Annäus Mela, der Epi-

ker Marcus Annäus Lucanus (39–65), der Dichter der »Pharsalia«.

Novatilla: vermutlich Tochter des Novatus, des späteren Gallio (s. Erl. zu S. 134).

93 *dein treues Schwesterherz:* gleichnamige Stiefschwester, Gattin von Gajus Galerius (s. Erl. zu S. 67).

94 *jene, die sich als stellvertretendes Opfer für ihren Gatten anbot:* die griechische Sagenheldin Alkestis, Gattin des Königs Admetos; besonders bekannt durch die gleichnamige Tragödie des Euripides.

Ägypten: in römischer Zeit, seit 30 v.u.Z., Provinz, aber persönliches Eigentum des Kaisers, der das wirtschaftlich und militärisch wichtige Land durch ihm unmittelbar verantwortliche römische Ritter verwalten ließ.

ÜBER DIE MILDE
(Ad Neronem Caesarem de clementia)

In den Jahren 54/55 entstandener »Fürstenspiegel«, an den achtzehnjährigen Nero Claudius Drusus Germanicus Cäsar gerichtet; auf drei Bücher berechnet, Mitte des zweiten Buches abgebrochen (vgl. dazu und zur Schrift im ganzen die Einleitung S. 30f.). Für die Bezeichnung der »clementia« als spezifischer Herrschertugend ist das eingeführte »Milde« beibehalten, das im Zusammenhang dieses Werkes eine menschliche Eigenschaft, die sich im Handeln ausdrückt, ebenso bezeichnet wie die von K. Büchner vorgeschlagene »Güte«. Die Probleme dieser Schrift sind in Verbindung mit wesentlichen Interpretationen dargestellt von M. Fuhrmann, die Alleinherrschaft und das Problem der Gerechtigkeit (Seneca, De clementia). In: Gymnasium 70, 1963. S. 481–514; W. Richter, Das Problem der Datierung von Senecas De clementia. In: Rheinisches Museum 108, 1965. S. 146–170; T. Adam, Clementia Principis. Der Einfluß hellenistischer Fürstenspiegel auf den Versuch einer rechtlichen Fundierung des Prinzipats durch Seneca. Stuttgart 1970; knapp zusammenfassend auch in der lateinisch-deutschen Ausgabe von K. Büchner: Seneca, De clementia – Über die Güte. Stuttgart 1970.

97 *Nero Cäsar:* in den persönlichen Anreden ist Nero Cäsar (1,1,1; 2,1,1) und Cäsar (1,1,5; 2,2,1) beibehalten worden. Für princeps steht einmal Prinzeps (1,9,1), sonst Kaiser. Rex ist teils mit König (Gegensatz zum Tyrannen, abhängiger Teilfürst, Bienen-»König«), teils mit Herrscher wiedergegeben.

99 *Augustus:* römischer Kaiser 27 v.u.Z.–14.u.Z. Durch seine Mutter Atia mit Cäsar verwandt, von dem er adoptiert wurde; vor der Zeit seiner Alleinherrschaft meist Oktavian genannt. Seit 27 führte er den Titel Augustus, der Erhabene, den alle Kaiser nach ihm übernahmen. Als Sohn des zum Gott erklärten Cäsar hatte der Imperator Cäsar Augustus schon zu Lebzeiten Anteil an göttlicher Weihe; nach seinem Tode wurde er offiziell »vergöttlicht« (vgl. S. 105 und S. 109).

Tiberius: römischer Kaiser 14–37. Sohn der dritten Gattin des Augustus, Livia, aus erster Ehe, von Augustus adoptiert und als Mitregent eingesetzt, dann Nachfolger des Augustus; nur seine ersten Regierungsjahre waren in guter Erinnerung.

deine Herrschaft findet allgemeinen Beifall (1,1,6): »principatus tuus ad gust›at‹um exigitur« (K. Büchner).

101 *den gesamten Stoff dreifach gliedern* (1,3,1): Seneca spricht von der geplanten Gliederung in drei Bücher; danach fehlt Buch 3 und der zweite Teil von Buch 2, die vermutlich nie geschrieben worden sind.

von der allgemein menschlichen Sicht: Für das unverständliche »manumissionis« ist die Konjektur »humanae condicionis« übernommen worden.

die den Menschen dem Vergnügen anheimgeben: die Schüler Epikurs (s. Erl. zu S. 150), die Epikureer, im Gegensatz zu »uns«, den Stoikern. In den Schriften »Vom glücklichen Leben« und »Über die Muße« ist der Gegensatz besonders scharf herausgearbeitet.

102 *unsere Rechte in die Flamme hielten:* Vergleich mit dem sagenhaften Gajus Mucius Scävola (»Linkshand«), der nach einem mißlungenen Attentat auf den Etrusker-König Porsenna freiwillig seine Hand verbrannte, eine Standhaftigkeitsprobe, die wiederum Porsenna bewog, freiwillig die Belagerung Roms aufzugeben.

freiwillig uns in die Erde stürzten: vermutlich Anspielung auf den Sühnetod des sagenhaften Helden Marcus Curtius; in Erfüllung einer Orakelforderung stürzte er sich in einen breiten Spalt, der sich auf dem Forum Roms gebildet hatte.

103 *»Haben den König sie noch ...«:* Vergil, Vom Landbau 4,212f.

104 *gleichzeitig in drei Theatern:* in den römischen Stadttheatern des Balbus, Marcellus und Pompejus.

106 *ehrenvolle Knechtschaft:* Anspielung auf einen Ausspruch des Antigonos Gonatas, Königs von Makedonien 276–239, der im Hellenismus als Beispiel des Philosophenkönigs galt; zu seinem Sohn soll er einmal geäußert haben: »Weißt du nicht, daß das Königtum, das wir ausüben, eine ruhmvolle Knechtschaft ist?« (Aelianus, Varia Historia 2,20).

107 *Prinzipat:* Bezeichnung für die Regierungsform der frühen römischen Kaiserzeit, die entsprechend der gesellschaftlichen Entwicklung und der Herrschaftsauffassung der einzelnen Kaiser der ersten drei Jahrhunderte in sich sehr widersprüchlich war.

etwas über achtzehn Jahre alt: Diese Stelle (1,9,1) ermöglicht durch den Vergleich Neros (geb. 15.12.37) mit dem jungen Augustus, der am 23.9.45 v.u.Z. achtzehn Jahre alt wurde, eine Datierung der Schrift »Über die Milde«.

Proskriptionen: durch Listenaushang bekanntgegebene Ächtung politischer Gegner, deren Vermögen eingezogen wurde.

Cinna, Lucius, eigentlich Gnäus Cornelius Magnus: Gegner Oktavians im Bürgerkrieg; nach seiner Begnadigung zettelte er um 15 v.u.Z. eine Verschwörung gegen Augustus an, deren Umstände Seneca allerdings historisch unklar und mit falschen Zeitangaben schildert. Nach nochmaliger Begnadigung erhielt Cinna im Jahre 5 u.Z. das Konsulat. Die Tragödie »Cinna« von Corneille fußt ausschließlich auf Senecas Bericht.

108 *Livia* Drusilla (58 v.u.Z.–29 u.Z.): seit 38 in zweiter Ehe mit dem späteren Kaiser Augustus verheiratet; nach dessen Tod als Julia Augusta Mitregentin.

Salvidienus ... Egnatius: Attentäter auf Augustus 40–20 v.u.Z.

110 *Der Name eines »Vaters«:* Die Ehrenbezeichnung »pater patriae«, Vater des Vaterlandes, wurde Augustus im Jahre 2 v.u.Z. vom Senat verliehen.

Julia (39 v.u.Z.): Tochter des Augustus aus dessen erster Ehe mit Scribonia. Die Ehe mit Livia blieb kinderlos; deshalb galt die Ehe mit Julia als Erbanspruch. Nach der Scheidung von Tiberius konnten ihre Liebschaften als Hochverratsaffären behandelt werden; 2 v.u.Z. von Augustus verbannt.

111 *Aktium:* Stadt an der nordwestgriechischen Küste, vor der 31 v.u.Z. die entscheidende Auseinandersetzung zwischen Oktavian und dem ehemaligen Cäsar-Anhänger Marcus Antonius in einer Seeschlacht stattfand, in der Marcus Antonius besiegt wurde.

bei Sizilien: Gemeint ist die Seeschlacht bei Naulochos 36 v.u.Z., in der Sextus Pompejus, der Sohn des Pompejus Magnus (s. Erl. zu S. 199), von der Flotte Oktavians und seiner Verbündeten geschlagen wurde.

Perusia: mittelitalienische Stadt (heute Perugia), die von Oktavian im Bürgerkrieg erobert und zerstört wurde; berüchtigt durch das Massaker an den Verteidigern mit dreihundert Hinrichtungen.

112 *Dionysius I.:* Tyrann von Syrakus 405–367; geachteter Verteidiger griechischer Macht- und Einflußsphäre auf Sizilien.

Sulla: s. Erl. zu S. 75. Hier angeführt als Beispiel besonders grausamer Unterdrückung politischer Gegner durch einen Diktator. Die griechische Staatsform seit dem 7. Jh. v.u.Z. kennzeichnet ursprünglich den gesamtgesellschaftlichen Fortschritt nach Auflösung der Adelsherrschaft. Für die Tyrannen gelten hier die Charakterzüge, die sich später im allgemeinen Bewußtsein durchgesetzt haben, Willkür und Grausamkeit, nicht die Rechtsgrundlage der Herrschaft.

Bellona: altrömische Kriegsgöttin; ihr Tempel in Rom stand auf dem Marsfeld.

113 *»Sollen sie ruhig hassen ...«:* berühmte Verse aus der Tragödie »Atreus« des römischen Tragödiendichters Lucius Accius (geb. 170 v.u.Z.), vgl. auch S. 128.

117 *Vedius Pollio:* römischer Ritter, Freund des Augustus; berüchtigt durch maßlose Bereicherung in der Provinz Asia (Kleinasien), übertriebenen Luxus und besonders die hier im Text beschriebenen Grausamkeiten.

118 *Bienen, deren König ...:* Nach Meinung der Antike war das höchste Tier im Bienenstaat männlichen Geschlechts.

122 *Dein Vater:* Claudius, römischer Kaiser 41–54; bekannt durch peinlich genaue Sorge um das Gerichtswesen, Verwaltung und Finanzen.

Vatermörder: Vatermörder wurden zusammen mit verschiedenen Tieren in einen Lederschlauch eingenäht und ertränkt.

124 *Alexander* d. Gr.: König von Makedonien 336–323; in den Augen der Stoiker der Inbegriff des unbeherrschten, sich über alle Konventionen hinwegsetzenden Despoten.

Lysimachus (um 360–281): Feldherr und Vertrauter Alexanders d. Gr., später König von Thrakien und Makedonien.

126 *Bürgerkrone:* Ehrenkranz aus Eichenlaub, verliehen für die Rettung eines römischen Bürgers; auch symbolisch für die Friedensherrschaft des Augustus nach Beendigung der Bürgerkriege.

127 *Burrus,* Sextus Afranius (gest. 62): Präfekt der Prätorianer, der kaiserlichen Leibwache, der zusammen mit Seneca die

Herrschaft sicherte und mitbestimmte; nach seinem Tode setzte sich die negative Entwicklung Neros endgültig durch.

128 *ein griechischer Vers:* aus einer verlorenen Tragödie.

130 *Busiris:* sagenhafter König von Ägypten, der alle Fremden ergreifen und opfern ließ; von Herakles erschlagen.
Prokrustes: sagenhafter Wegelagerer in Attika, der seinen Gefangenen Glieder abhieb oder streckte, damit sie in das »Prokrustes-Bett« paßten; von dem attischen Nationalhelden Theseus besiegt.
Phalaris: Tyrann des südsizilianischen Agrigent im 6. Jh. v. u. Z., sprichwörtlich wegen seiner Grausamkeit; angeblich ließ er in einem hohlen Bronzestier Menschen lebendig rösten.

131 *Mitleid:* Verurteilung des Mitleids als seelisches Laster nach stoischer Lehre schließt positivere Wertungen (zum Beispiel im ersten Buch) im Einzelfall keinesfalls aus.

135 *Sein Vorbild sind verständige Gärtner:* Gleichnis, dessen sich Seneca öfter bedient (vgl. besonders die Gärtnerkünste des Ägialus S. 325 ff.).

VOM GLÜCKLICHEN LEBEN
(Ad Gallionem de vita beata)

Diese seinem ältesten Bruder gewidmete Schrift bietet in Form einer Abhandlung über Lebenssinn und Lebensziele die Selbstrechtfertigung des Philosophen Seneca in einer außerordentlich schwierigen politischen Lage (vgl. Einleitung S. 19f. und 32ff.). Das Verständnis der streckenweise recht hilfsbedürftigen Überlieferung haben in letzter Zeit besonders gefördert: P. Grimal, L. Annaei Senecae De vita beata. Paris 1969; H. Dahlmann, Bemerkungen zu Seneca, De vita beata. Akademie der Wissenschaften und der Literatur. Abhandlungen der geistes- und sozialwissenschaftlichen Klasse. Jahrgang 1972 Nr. 6. Mainz 1972.

136 *Gallio,* Lucius Junius, ursprünglich Lucius Annäus Novatus: ältester Bruder Senecas.

138 *Purpur- und Kronenträger:* Die Vertreter des Hochadels, mit purpurner Toga und Goldkranz geschmückt, gehören dennoch zur Menge.

143 *sich ... ausschließlich seinem Körper widmen:* Anspielung auf die Epikureer, die Schüler Epikurs (s. Erl. zu S. 101); dessen Person und Lehre wird davon abgehoben.

144 *in diesen Dingen:* »in illis« (7,1) mit Grimal anstelle der gewöhnlich angenommenen Konjektur »in iliis« (in den Gedärmen) von Gertz und Madvig.

147 *»sich selbst vertrauen ...«:* nach Vergil, Äneis 2,61.

149 *sein Leben meistern:* Wiedergabe der stoischen Formel vom »artifex vitae«, Lebenskünstler, einer Prägung, die auch in Brief 90,27 (S. 342) begegnet.

Unsere Vernunft jedoch ist an die Sinne gebunden: Text (8,4) nach Grimal (Ratio vero nostra sensibus insita).

151 *Nomentanius,* Lucius Cassius: stadtbekannter römischer Schlemmer.

Apicius s. Erl. zu S. 80.

152 *Epikur* (341–270): griechischer Philosoph, Gründer der Lehr- und Lebensgemeinschaft des »Gartens«. Er baut auf der Atomistik von Demokrit (s. Erl. zu S. 175) auf. Sein Ziel ist, den Einzelmenschen seiner Zeit zu störungsfreiem Glück zu verhelfen. Der Zug zum Leben in Zurückgezogenheit schließt Offenheit für gesellschaftliche Fragen nicht aus.

154 *Pauke:* Instrument im orgiastischen Kult der kleinasiatischen Göttin Kybele, deren Priester sich entmannten; Inbegriff der Unmännlichkeit.

156 *»das Wild in der Schlinge zu fangen ...«:* Vergil, Vom Landbau 1,139 f.; dasselbe Zitat auch in den Briefen, S. 336.

157 *»Der Gottheit folgen!«:* Vgl. dazu die aufschließenden Formulierungen in den Briefen, S. 250, 297 und 369.

159 *Warum strotzt deine Halle vor lauter Gold?:* »Cur per atrium aurum disponitur?« (17,2) mit Grimal für das unver-

ständliche »auruum« oder »arvum«. Das Folgende ist biographisch auswertbar.

160 *Plato* (427–347): griechischer idealistischer Philosoph, Schüler des Sokrates und Schulgründer der »Akademie« in Athen.

Zeno (um 335–um 262): griechischer Philosoph, Gründer der Schule der Stoiker (vgl. Einleitung S. 47 ff.).

161 *Rutilius* Rufus, Publius: verdienter römischer Staatsmann und Feldherr, 105 v. u. Z. Konsul, von betont stoischer Gesinnung. Eine Klage der Steuerpächter der Provinz Asia (Kleinasien), die er durch seine gewissenhafte Provinzverwaltung verärgert hatte, trieb ihn 92 ins Exil.

Cato s. Erl. zu S. 85.

Demetrius: kynischer Philosoph, Zeitgenosse Senecas, von diesem hoch geschätzt; bekannt wegen seines Freimuts. Er wurde zweimal aus Rom verbannt.

Diodor (1. Jh. v. u. Z.): epikureischer Philosoph; nicht näher bekannt.

»Ja, ich habe gelebt …«: Vergil, Äneis 4,653. Vgl. S. 248.

von ihren Marterkreuzen frei zu machen suchen …: nach Gertz und Hermes (19,3). Übersetzung nach H. Dahlmann (S. 25): »Wenn sie sich auch (die der Tugend Nachstrebenden) von ihren Kreuzen loszumachen versuchen, in die ein jeder von euch seine Nägel eigenhändig einschlägt, so hängen sie dennoch, zur Bestrafung geführt, jeder immer nur an seinem einen (ihm zukommenden) Marterpfahl; die aber, die gegen sich selbst die Bestrafung vornehmen, werden durch ebenso viele Leidenschaften wie Kreuze auseinandergerissen; aber doch sind sie witzige Lästerer zur Verunglimpfung eines Fremden …«

163 *wie ein Lustspiel:* »comoediamque« (20,3) nach der Konjektur Madvigs; Text: »cum audiam quo; audiam quo videbo«. Nach Grimal: »Gleich unbewegt will ich den Tod ansehen und anhören.«

164 *mein eigentliches Vaterland ist die ganze Welt:* kynisch-stoische Vorstellung vom Weltbürger, der sich dem ganzen Menschengeschlecht verpflichtet weiß; bei Seneca fin-

den sich glänzende Formulierungen, so in den Schriften »Von der Seelenruhe« S. 226 und »Über die Muße« S. 191.

Wann immer ... die Vernunft es aufzugeben rät: Anspielung auf die stoische Möglichkeit des Freitodes.

164 *»scheiterte er doch ...«:* Ovid, Metamorphosen 2,328. Die meisterhaft geübte Kunst psychologischer Vertiefung des römischen elegischen und epischen Dichters Publius Ovidius Naso (43 v. u. Z.–18 u. Z.) verliehen seinen Werken große Ausstrahlungskraft, auch auf Seneca.

166 *Curius* s. Erl. zu S. 80 und 196.

Coruncanius, Tiberius (3. Jh. v. u. Z.): erster plebejischer oberster Priester Roms.

einige Stück Silberblech: Vgl. Ovid, Festkalender 1,208: »Ein Blättchen von leichtem Silber war ein Verbrechen.«

Sesterz s. Erl. zu S. 79.

Crassus, Marcus Licinius (115–53): zweimaliger Konsul; kam in den Wirren der Zeit Sullas (s. Erl. zu S. 75) zu riesigem Reichtum, daher der Beiname Dives, der Reiche.

Cato der Zensor (Censorius), Marcus Porcius (234–149): Politiker, Feldherr und Schriftsteller, altertümlich-sittenstreng bis zur Verschrobenheit, auf Abwehr aller Fremdeinflüsse bedacht, Symbolgestalt für altrömische Einfachheit, Urgroßvater des »jüngeren« Cato (s. Erl. zu S. 85).

166 *Ein Weiser, auch wenn er ausgesprochen kleinwüchsig ist:* Das Folgende weist Elemente der Selbstbeschreibung auf.

168 *Denar:* römische Hauptsilbermünze.

171 *Pfahlbrücke:* beliebter Aufenthaltsort der Bettler Roms.

in einem Staatsgewand: Das Folgende »et + causatus ... aut + sententis« (25,2) ist nicht übersetzt.

172 *Sokrates* s. Erl. zu S. 85.

175 *Einfälle der Poeten:* Schilderungen der Verwandlungen des griechischen Göttervaters Zeus, römisch Jupiter, in einen Schwan (bei der Leda), einen Stier (bei der Europa), in den sagenhaften thebanischen König Amphitryon (bei der Alkmene); ferner Zeus als Kindesentführer (Ganymed) und Vatermörder (Saturn).

»Schweigt andächtig!« ... Gunstbezeugung (Favete linguis

... favor): Gemeint ist die Begünstigung gottesdienstlicher Handlungen durch Schweigen im Gegensatz zu wort- und lautstarken Gunstbezeugungen, wie sie im Alltagsleben üblich sind.

177 *Aristophanes* (um 450–nach 388): griechischer Komödiendichter; in seinem Stück »Die Wolken« (423) hatte er Sokrates als typischen Vertreter der wertrelativierenden, also negativ beurteilten Sophistik karikiert.

178 *Aristoteles* (384–322): griechischer Philosoph, Begründer der peripatetischen Schule, des bedeutendsten und universalsten Gedankengebäudes der Antike.

Demokrit (460–371): griechischer Philosoph, bedeutendster Vertreter der Atomistik, dessen materialistische Denkansätze bis in die Neuzeit wirkten; in der Antike besonders Einfluß auf Epikur und Lukrez (s. Erl. zu S. 152 und S. 189).

Alkibiades und Phädrus: Freunde des Sokrates, der erstere ein bedeutender Politiker und Feldherr (um 450 bis 404); hier Anspielung auf die kritisierte Erotik seiner Beziehungen.

VON DER SEELENRUHE
(Ad Serenum de tranquillitate animi)

Der Adressat der Schrift, Annäus Serenus, war unter Nero Präfekt der kaiserlichen Leibwache; im Jahre 63 Opfer eines Giftanschlags. Serenus neigte zur epikureischen Schule. Außer der vorliegenden Schrift, die als einzige der »Dialoge« als echtes Zwiegespräch gehalten ist, widmete ihm Seneca die Schriften »Über die Muße« und »Von der Unerschütterlichkeit des Weisen«.

182 *Zeno* s. Erl. zu S. 160.

Kleanthes (331–251): griechischer Philosoph, zweites Schulhaupt der Stoiker.

Chrysipp (276–204): griechischer Philosoph, drittes Schulhaupt der Stoiker; eigentlicher Begründer des stoischen Systems.

185 *Demokrit* s. Erl. zu S. 178.

189 *Homers Achill:* Vgl. Homer, Ilias 24, 10f.

189 *Kampanien:* fruchtbare süditalienische Landschaft:, deren Lieblichkeit auch als Verführung zu weichlicher Lebensführung galt.

Bruttien und Lukanien: süditalienische Landschaften mit rauhen Gebirgen, verkehrsmäßig wenig erschlossen.

Tarent: süditalienische Hafenstadt, bekannt für mildes Klima.

Lukrez, eigentlich Titus Lucretius Carus (um 96–55): römischer Epiker und materialistischer Philosoph, Verfasser des Lehrgedichts »Von der Natur der Dinge«, das die Philosophie Epikurs (s. Erl. zu S. 150) darstellt und leidenschaftlich für sie wirbt; die genannte Stelle findet sich 3, 1066.

190 *Athenodor* von Tarsos (um 75 v.u.Z.–7 u.Z.): stoischer Philosoph, Lehrer des Kaisers Augustus; Verfasser einer Darstellung der philosophischen Pflichtenlehre.

193 *Prytane, Herold:* hohe Staatsbeamte in griechischen Staaten.

Sufet: höchster Staatsbeamter in Karthago.

jener Held: Kynegeiros, der Bruder des griechischen Tragödiendichters Aischylos (525–456), dem in der Schlacht von Marathon beim Versuch, ein feindliches Schiff an der Abfahrt zu hindern, ein Arm abgeschlagen wurde.

194 *hält er beharrlich doch stand ...:* epischer Vers unbekannter Herkunft, der, wie öfter bei Seneca, in seinen Prosastil eingefügt wird.

dreißig Tyrannen s. Erl. zu S. 85.

195 *Harmodius:* Inbegriff des antiken Tyrannenmörders; zusammen mit Aristogeiton erschlug er 514 v.u.Z. Hipparchos, den Sohn des Peisistratos, des Tyrannen von Athen (um 560–um 527).

Sokrates s. Erl. zu S. 85.

196 *Curius Dentatus:* mehrmaliger Konsul, 272 Zensor, Sieger

über die Samniter und König Pyrrhos von Epiros; Vorbild altrömischer Anspruchslosigkeit und kriegerischer Tüchtigkeit.

Du mußt dir genauestens überlegen ... vergebliche Anstrengung!: Die Stelle, Kapitel 7,2b, ist mit Gertz hinter Kapitel 6,2a gesetzt; der Anschluß »kein Gefallen mehr« auf S. 196 wird dadurch hart, aber scheint noch die beste Lösung der verderbten Stelle zu sein.

Isokrates (436–338): athenischer Redelehrer mit großer Wirkung auf Bildungstheorie, Redestil und -praxis der Antike.

Ephorus (geb. um 400 v.u.Z.): griechischer Geschichtsschreiber, Verfasser einer nur in Bruchstücken erhaltenen ersten Universalgeschichte Griechenlands mit unterhaltender und moralisierender Tendenz.

199 *Plato* s. Erl. zu S. 160.

Xenophon (um 425–um 355): griechischer Geschichtsschreiber; als Schüler des Sokrates genannt.

Cato der Zensor s. Erl. zu S. 166.

200 *Bion* von Borysthenes (um 300–um 250): griechischer kynischer Wanderphilosoph.

Diogenes von Sinope (um 402–um 323): griechischer kynischer Philosoph, das legendenumwobene Urbild der Kyniker.

201 *Demetrius Pompejanus:* ein Freigelassener des Pompejus.

Pompejus Magnus, Gnäus (106–48): bedeutender römischer Staatsmann und Feldherr am Ausgang der Republik, Gegenspieler Cäsars, dem er 48 in der Schlacht bei Pharsalos unterlag; auf der Flucht erschlagen.

203 *Alexandria:* Stadt am Nildelta. Die von Ptolemaios I., König von Ägypten 305–285, gegründete Bibliothek mit etwa 700000 Papyrusrollen war das Zentrum der hellenistischen Wissenschaft; in den Kämpfen, die Cäsar 48/47 v.u.Z. um Alexandria führte, vernichtet.

Livius, Titus (59 v.u.Z.–17 u.Z.): römischer Geschichtsschreiber. Von den 142 Büchern seines Geschichtswerkes

»Seit Gründung der Stadt« sind 35 erhalten; das vorliegende Zitat ist ein Fragment aus einem nicht erhaltenen Buch.

205 *Auch die Wächter sind mit angekettet:* Bei Gefangennahmen wurde die linke Hand des Wächters mit der rechten des Gefangenen zusammengekettet.

208 *Cicero,* Marcus Tullius (106–43): römischer Staatsmann, Redner und philosophischer Schriftsteller; als einer der angesehensten Vertreter der republikanischen Senatspartei ermordet. Das von Seneca frei wiedergegebene Zitat stammt aus der Rede für Milo (§ 92).

209 *Publilius* Syrus (1. Jh. v. u. Z.): römischer Dichter von Mimen (s. Erl. zu S. 247), Sklave syrischer Herkunft, später freigelassen; die Sentenzen, Sinnsprüche, sind die Kernstellen seiner Mimen, die sich großer Beliebtheit erfreuten.

Pompejus: wohl ein Enkel des Pompejus Magnus.

alter Verwandter: Caligula (s. Erl. zu S. 79).

210 *Sejan,* Lucius Älius (20 v. u. Z.–31 u. Z.): römischer Ritter, der unter Kaiser Tiberius zu einer bedeutenden Machtstellung gelangte, dann bei Tiberius in Ungnade gefallen und hingerichtet.

Krösus: König von Lydien im westlichen Kleinasien 560–547, geläufiges Beispiel für unermeßliche Reichtümer und plötzlichen Glückswechsel; vom siegreichen Perserkönig Kyros zum Feuertod verurteilt, erinnert er an ein Gespräch mit dem athenischen Weisen Solon über möglichen Glückswechsel und rettet dadurch sein Leben (Herodot 1,86).

Jugurtha: König des nordafrikanischen Numidien 118 bis 104; der Jugurthinische Krieg zog sich in Wirklichkeit von 111 bis 105 hin.

Ptolemäus: ein Sohn Jubas II., König von Mauretanien 25 v. u. Z.–23 u. Z.; von seinem Verwandten Caligula beseitigt.

Mithridates: König von Armenien; von Caligula eingekerkert.

Caligula s. Erl. zu S. 79.

214 *Theodorus* der Atheist (um 330–um 270): griechischer Philosoph.
ein Tyrann: Gemeint ist Lysimachus (s. Erl. zu. S.122); Theodorus traf mit ihm auf einer Gesandtschaftsreise zusammen.
Canus Julius: Zeitgenosse Senecas; nur durch dessen Schrift bekannt.
Phalaris s. Erl. zu S.130.
217 *Heraklit* (um 544–um 483): griechischer Philosoph, dessen Lehre sich auf die Annahme ständiger Veränderung in der Natur gründet; seine zugespitzten, oft orakelhaft verschlüsselten Gedanken, weshalb Heraklit auch »der Dunkle« genannt wurde, haben auf viele spätere Denker anregend gewirkt. Hier als »weinender«, pessimistischer Philosoph dem »lachenden«, optimistischen Demokrit gegenübergestellt.
218 *Rutilius* s. Erl. zu S. 161.
Cato s. Erl. zu S. 85.
Regulus s. Erl. zu S. 83 Atilius Regulus.
220 *Scipio* Africanus d. Ä., Publius Cornelius (um 235–183): römischer Feldherr, Sieger über Hannibal am Ende des Zweiten Punischen Krieges gegen Karthago.
Unser Geist braucht Entspannung: Entspannung ist ein Hauptthema der kynisch-stoischen Unterweisung. (Vgl. etwa Phädrus, Fabel 3, 14.)
221 *Asinius Pollio,* Gajus (76 v. u. Z.–4 u. Z.): römischer Staatsmann, Feldherr, Redner und Schriftsteller, im Jahre 40 Konsul. In den dreißiger Jahren zog er sich ins Privatleben zurück, Förderer von Literatur und Kunst.
222 *Liber:* altitalische Gottheit des Weinbaus, mit dem griechischen Dionysos verschmolzen; Wortspiel zwischen Liber und »libertas«, Freiheit.
Solon (um 640–um 560): athenischer Staatsmann und Gesetzgeber, auch Dichter; einer der sieben Weisen.
Arkesilaus (um 315–um 240): griechischer Philosoph, Begründer der zum Skeptizismus neigenden mittleren Akademie; Befürworter heitern Lebensgenusses.

griechischer Dichter: einer der Nachahmer des griechischen Lyrikers Anakreon (6. Jh. v. u. Z.), die Lebensgenuß in sorgloser Entspannung verherrlichten.
Plato: Phaidros 245 A.
Aristoteles s. Erl. zu S. 178; das Zitat stammt aus Problemata 954 A 34.

ÜBER DIE MUSZE
(Ad Serenum de otio)

Adressat der Ende 62 entstandenen Schrift ist derselbe Serenus, dem auch die Schrift »Von der Seelenruhe« gewidmet ist. Zur Bedeutung der Schrift vergleiche Reimar Müller: Philosophie und Staat. Das Problem der Lebensform in Ciceros Staatsschrift und Senecas de otio. In: Studien zur Geschichte und Philosophie des Altertums, hg. von I. Harmatta. Budapest 1968. S. 121–134.

225 *Fußspuren, unter denen sich freilich keine finden, die wieder zurückführen:* Anspielung auf die Fabel vom Fuchs und dem alternden Löwen des halblegendären griechischen Fabeldichters Äsop (6. Jh. v. u. Z.); auf die Frage des Löwen, weshalb der Fuchs nicht in seine Höhle käme, antwortet dieser, weil alle Spuren hinein-, aber keine herausführe (Fab. 147; H).
der redegewaltige Dichter: Vergil; das Zitat findet sich in der Äneis 9, 612.
Zeno s. Erl. zu S. 160.
Epikur s. Erl. zu S. 152.

226 *Vestalische Jungfrauen:* Priesterinnen der römischen Herdgöttin Vesta, zur Unterhaltung des heiligen Feuers verpflichtet; sie waren zehn Jahre Novizinnen, übten zehn Jahre den Kult aus und schulten zehn Jahre Novizinnen.

230 *sechs Tag- und sechs Nachtsternbilder:* die zwölf Sternbilder des Tierkreises.

232 *Chrysipp* s. Erl. zu S. 182.
Kleanthes s. Erl. zu S. 182.

234 *es gäbe überall einen richtigen Staat:* Der zugrunde gelegten Konjektur »si non ubivis futura res publica est« steht neuerdings der Vorschlag gegenüber »si omnibus defutura res publica est«, »wenn allen ein Staat fehlt«.
Sokrates s. Erl. zu S. 82.
Aristoteles s. Erl. zu S. 178; gegen Ende seines Lebens von Verfolgung wegen Gottesfrevel bedroht, siedelte er von Athen nach der Insel Euboia über.

MORALISCHE BRIEFE AN LUCILIUS
(Ad Lucilium epistulae morales)

Das Verständnis des in Senecas drei letzten Lebensjahren (62–65) entstandenen Briefwerks ist in neuerer Zeit besonders gefördert worden durch die Arbeiten von H. Cancik: Untersuchungen zu Senecas epistulae morales. Hildesheim 1967, und G. Maurach: Der Bau von Senecas epistulae morales. Heidelberg 1970. Die textkritische Problematik wurde vor allem erhellt durch die Arbeit von B. Axelson: Neue Senecastudien. In: Lunds Universitets Årsskrift, N. F. Avd. 1, Bd. 36/1. Textkritische Beiträge zu Senecas Epistulae Morales. Lund und Leipzig 1939, und die neueren Ausgaben (s. »Zu dieser Ausgabe« S. 375 ff.). Vgl. Einleitung S. 38 f.

237 *»Ist der Boden erst erreicht ...«:* Vgl. Hesiod, Werke und Tage 369. Der archaische Dichter Hesiod (um 700 v. u. Z.) schrieb mit seinen »Werken und Tagen« das erste griechische Lehrgedicht, einen »Bauernkalender«, der Einsichten in die Lage arbeitender Menschen vermittelt, hier wohl verbreitetes Sprichwort der Zeit.

239 *Epikur* s. Erl. zu S. 152. Bezeichnend für die »Moralischen Briefe« ist die Aufgeschlossenheit gegenüber Person und Werk Epikurs (vgl. dazu besonders S. 239, 250 f.); der Briefempfänger Lucilius ist ja Epikureer.

240 *natürliches Taktgefühl, gesittete Umgangsformen und Geselligkeit:* In dreifacher Steigerung bezeichnet Seneca, der die Selbstisolierung des Philosophen ablehnt, die notwendige Gemeinschaftsbezogenheit des Menschen zum Mitmenschen schlechthin (sensus communis), zur Gruppe (humanitas) und zur Gesellschaft im ganzen (congregatio).

242 *Hekaton* von Rhodus (um 160–um 90): griechischer stoischer Philosoph; aus seiner in der römischen Stoa beliebten Pflichtenlehre zitiert Seneca Fragment 12 und 13 (nach H. Gomoll: Der stoische Philosoph Hekaton. Bonn 1933), vgl. S. 244.

243 *Nur als Hörer ...:* Das vorbildliche Lehrer-Schüler-Verhältnis wird veranschaulicht an den vier großen, letztlich von Sokrates (s. Erl. zu S. 82) beeindruckten und beeinflußten griechischen Philosophenschulen, der des Kleanthes (s. Erl. zu S. 182), des Zeno (s. Erl. zu S. 160), des Plato (s. Erl. zu S. 160) und des Aristoteles (s. Erl. zu S. 178). Ein besonders inniges Schüler-Lehrer-Verhältnis galt für die Epikureer.

Metrodorus von Lampsakos (um 330–um 277): Schüler und Freund Epikurs.

Hermarchus von Mytilene (um 325–um 250): Schüler und Nachfolger Epikurs in der Schulleitung.

Polyänus von Lampsakos: Schüler und Freund Epikurs; er und Metrodorus starben noch vor Epikur.

247 *unser Nationaldrama:* die römische Komödie (fabula togata), die im Gegensatz zur griechisch beeinflußten (fabula palliata) bewußt in römischer Tracht aufgeführt wurde und in römischer Umwelt spielt.

247 *Mimen:* ursprünglich realistische Einzelszenen nachahmende Tanzspiele; literarisch geworden, übernahm im Rom der Kaiserzeit diese griechische Kleinkunst volkstümlich-derber, auch oppositionell-kritischer Typenkomik die Rolle der Komödie.

Publilius s. Erl. zu S. 209.

248 *Genius:* der Schutzgeist von Personen und Menschen-

gruppen, auch von Orten, der den einzelnen nicht überlebt; Ehrung am Geburtstag.
der abgelebte Alte ... in der Nähe des Ausgangs: Aufbahrung eines Verstorbenen in der Vorhalle gegenüber dem Hauseingang.

249 *Heraklit* s. Erl. zu S. 217.
Wechselrhythmus des Alls: verderbte Textstelle; im Original ist eine Lücke.

250 *Pacuvius* Taurus, Sextus (1. Jh.): römischer Beamter, unter Tiberius (s. Erl. zu S. 99) Legat in der römischen Provinz Syrien; sprichwörtlich für schamlose Bereicherung während der Amtszeit.
»Ja, ich habe gelebt«: Vergil, Äneis 4,653. Der Vers wird auch S. 161 zitiert.
»Ein Übel ist's ...« aus Epikurs Spruchsammlung. Das Wort erinnert an das bekannte »Kein Mensch muß müssen ...« aus Lessings »Nathan dem Weisen«. Über die Erlaubnis zum Selbstmord bei den Stoikern, die »Wege zur Freiheit«, vergleiche das Personen- und Sachregister unter Freitod.

257 *schafft das nicht:* mit Axelson »praestat« für »putat«, »glaubt«.

258 *»wohnt ein Gott ...«:* Vergil, Äneis 7,352.

261 *in Deiner Provinz:* Lucilius war Prokurator in Sizilien.

263 *römischer Ritter:* Angehöriger der in der Kaiserzeit zur Besetzung von Beamten- und Offiziersstellen bevorzugt herangezogenen Gesellschaftsschicht.
vierzehn Reihen Ehrensitze: Den römischen Rittern standen im Theater die vordersten Reihen zu.
Kurie: Sitzungssaal des römischen Senats; hier ist die Senatsmitgliedschaft gemeint.
Plato sagt: vgl. Theätet 174 E/175 A.

264 *Scylla ... Charybdis:* Ungeheuer, die nach einem alten Schiffermärchen die Meerenge von Messina sperrten; sprichwörtlich für Gefahren, denen man nur unter anderen Gefahren ausweichen kann.

266 *Frage, ob er etwa Hörner trage:* »Was man dir nicht ge-

nommen hat, besitzt du. Hörner hat man dir nicht genommen, also besitzt du Hörner«; der »Gehörnte«, berühmter Trugschluß in der formalen Logik.

267 *»Lügner«:* »Wenn du von dir behauptest, daß du lügst, und sagst die Wahrheit, dann lügst du!« (nach Cicero, Lucullus 29,95); dieser Trugschluß wurde insbesondere auch von Chrysipp (s. Erl. zu S. 182) behandelt.

269 *»Soviel Sklaven, soviel Feinde!«:* Die beste Veranschaulichung dieses Sprichworts findet sich in der Schrift »Über die Milde« S. 121.

270 *Callistus,* Gajus Julius (1. Jh.): von Caligula (s. Erl. zu S. 79) freigelassener Sklave, der zu ungeheurem Reichtum kam und maßgeblichen Einfluß erlangte.

Varus, Publius Quinctilius (um 46 v.u.Z.–9 u.Z.): römischer Feldherr, im Jahre 9 u.Z. im Teutoburger Wald von den Germanen vernichtend geschlagen. Die Konjektur »Variana clade« für das unpassende »Mariana clade« ist mit neuen Beweisgründen von Axelson gestützt.

271 *Hecuba:* Gattin des Trojanerkönigs Priamos; nach dem Fall Trojas hochbetagt als Sklavin nach Griechenland verschleppt.

Krösus s. Erl. zu S. 210.

Mutter des Darius III.: Sisygambis; nach der Schlacht bei Issos 333 v.u.Z., in der ihr Sohn, König von Persien 336–330, von Alexander dem Großen geschlagen wurde, geriet sie in dessen Gefangenschaft.

Plato s. Erl. zu S. 160; bei einem Aufenthalt in Sizilien von Dionysios I., Tyrann von Syrakus 405–367, angeblich wie ein Kriegsgefangener verkauft.

Diogenes s. Erl. zu S. 200; nach antiker Überlieferung fiel er in die Hände von Seeräubern und wurde als Sklave verkauft.

Festtag: die am 17. Dezember aufwendig gefeierten Saturnalien, ein altes römisches Volksfest mit Karnevalscharakter, für das den Sklaven eingeräumte Freiheiten bezeichnend waren.

273 *Klienten:* Römer in hörigkeitsähnlichem Abhängigkeits-

verhältnis, das in der Kaiserzeit politisch bedeutungslos, im privaten Bereich jedoch weiter wirksam und streng geregelt war; so mußten sich die Klienten zum Morgenempfang beim Patron einfinden.

274 *Ätna:* Lucilius hatte sich eine poetische Beschreibung des Ätna vorgenommen, ein auch sonst beliebtes Thema; das erhaltene Gedicht »Ätna« aus der Zeit Neros stammt jedoch nicht von ihm.

Messala Corvinus, Marcus Valerius (64 v. u. Z.–13 u. Z.): römischer Feldherr, Staatsmann, Redner und Schriftsteller.

Valgius Rufus, Gajus (geb. um 65 v. u. Z.): römischer Dichter.

Bajä: Badeort der Lebewelt südwestlich von Neapel, bekannt für seine Luxusbauten.

Canopus (Kanobos): ägyptische Hafenstadt an der Nilmündung; ihre Einwohner huldigten berüchtigten Vergnügungen.

275 *Hannibal* (247–183): karthagischer Feldherr, der im Zweiten Punischen Krieg mit einer strapazenreichen Alpenüberquerung die Römer überraschte, mehrere Schlachten gewann, dann aber der Ermattungsstrategie des Feindes unterlag.

276 *Marius* s. Erl. zu S. 75.

Pompejus s. Erl. zu S. 201.

Cato s. Erl. zu S. 85.

in einem Speisesalon: »in mica«, Konjektur zur verderbten Stelle nach Lipsius; neuere Vorschläge »ibi M. [ca]« von Gertz und »illic« von Axelson.

277 *Servilius Vatia:* nur durch diese Erwähnung bekannter Exprätor unter Tiberius (s. Erl. zu S. 99).

278 *Asinius Gallus,* Gajus (gest. 33): römischer Staatsmann; begünstigte unter Tiberius, dem er als Gatte von dessen erster Frau Vipsania Agrippina als gefährlich galt, *Sejan* (s. Erl. zu S. 210), was ihm eine lange Haftstrafe einbrachte.

281 *noch einmal wollte ich eine Seefahrt nicht durchmachen:* Rückbezug auf den in diese Auswahl nicht aufgenomme-

nen 53. Brief, in dem Seneca anschaulich schildert, wie er bei einer Küstenfahrt seekrank wurde und an Land schwamm.

ganz wie bei den Ringkämpfern: Ringkämpfer bewarfen sich nach dem Einsalben mit feinem Sand, damit die Hände sicherer griffen.

281 *neapolitanische Grotte:* Gemeint ist der unter Augustus erbaute 700 Meter lange Straßentunnel von Posilippo bei Neapel.

285 *Sextius,* Quintus (um 70–um 5): römischer Philosoph, um eine eigenständig römische Philosophie bemüht, Gründer einer pythagoreisierenden Schulgemeinschaft, die ihren Gründer allerdings nicht überdauerte (vgl. Einleitung S. 22).

287 *»freie Studien«* w›(studia liberalia), auch »Sieben freie Künste« genannt: die höhere Allgemeinbildung der Antike; für Seneca Voraussetzung der eigentlichen Krönung des Bildungsganges, der Philosophie. Am ausführlichsten erörtert er die Bildungsproblematik in dem in diese Auswahl nicht aufgenommenen 88. Brief (vgl. aber Einleitung S. 53).

288 *»Weißt du doch ...«:* Vergil, Äneis 6,513 f.

289 *Aristoteles* s. Erl. zu S. 178.

290 *»Der Speerträger« ... »Der Stirnbandträger«:* berühmte Statuen des griechischen Bildhauers der Hochklassik Polyklet (5. Jh. v. u. Z.), die für die Kunsttheorie normative Geltung besaßen.

Plato s. Erl. zu S. 160; zur im folgenden abgehandelten Ideenlehre vgl. den Dialog »Timaios«.

298 *Cato* s. Erl. zu S. 85; hier besonders als Beispiel dafür angeführt, wie man Rückschläge ertragen soll.

Pharsalus: nordgriechische Stadt, bei der Cäsar 48 v. u. Z. Pompejus (s. Erl. zu S. 201) besiegte; Cato nahm an dieser Schlacht allerdings nicht teil.

Juba I. (gest. 46 v. u. Z.): König des nordafrikanischen Numidien, im römischen Bürgerkrieg Gegner Cäsars, der sich nach dessen Sieg bei Thapsus 46 v. u. Z. auf der Flucht töten ließ.

Scipio, Quintus Cäcilius Metellus Pins (1. Jh. v. u. Z.): Gegner Cäsars und Befehlshaber des republikanischen Heeres, das 46 v. u. Z. bei dem nordafrikanischen Ort Thapsus von Cäsar geschlagen wurde; von ihm als dem Nachkommen des Afrikabezwingers Scipio (s. Erl. zu S. 218) erwartete man gerade auf afrikanischem Boden einen Sieg.

300 *Regulus* s. Erl. zu S. 83.

Alte Akademie: Nach einer antiken Einteilung bezeichnete man die in der Leitung der Schule auf Plato folgenden Philosophen bis um die Mitte des 3. Jh. v. u. Z. als Alte Akademie.

305 *Daher:* Nomadenstämme östlich des Kaspischen Meeres; neben Persern und Medern als Beispiel für kriegerische Völker an den Grenzen der Kulturwelt angeführt.

308 *»O Meliböus ...«:* Vergil, Hirtengedichte 1,6 f. und 1,9 f., verstanden als Dank des Dichters an Oktavian (Augustus) für die Ermöglichung ungestörten Schaffens; eins der schönsten und bekanntesten Gedichte Vergils, daher »jene berühmten Ruhepausen«.

309 *»Hier geht's zu den Sternen«:* Vergil, Äneis 9,641.

312 *einmal in einem Brief so ausgedrückt:* in Brief 71,4, S. 294.

318 *»Später wird's uns wohl freun ...«:* Vergil, Äneis 1,203.

322 *Posidonius* (um 135–51): hellenistischer stoischer Philosoph, fruchtbarster und anregendster Denker der sogenannten mittleren Stoa, auch Historiker, Geograph und Astronom.

Scipio s. Erl. zu S. 220; trotz seiner Verdienste im Zweiten Punischen Krieg und der Bekleidung höchster Staatsämter angefeindet und zuletzt angeklagt, zog er sich freiwillig in das mittelitalienische Landstädtchen Liternum zurück.

322 *Manen:* die Seelen der verstorbenen Vorfahren, die Familie beschützende Totengeister, denen der Begräbnisplatz geweiht war; ihnen wurden im Hause Opfer dargebracht.

Kambyses II.: persischer Großkönig 529–522, Eroberer Ägyptens, bekannt durch seine Unterdrückungsmaßnahmen gegen die ägyptische Religion; Beispiel für Unberechenbarkeit und Grausamkeit.

323 *der »Schrecken Karthagos«:* Lukrez (s. Erl. zu S. 189), Von der Natur der Dinge 3,1034.

Fensterscheiben: Zur Schließung der früher mit Gittern oder durchsichtigen Steinen versehenen Fensteröffnungen wurden in der Kaiserzeit auch Glasscheiben verwandt, die freilich als besonderer Luxus galten.

325 *»Langsam wächst er heran ...«:* Vergil, Vom Landbau 2,58 (vgl. Erl. zu S. 135).

327 *Tribus ... Centurien:* Zivile und militärische Gliederung der wahlberechtigten Mitglieder der römischen Vollversammlung.

328 *Dossennus:* Typenfigur des Gefräßigen in der altitalischen volkstümlichen Posse (Atellana); die Grabinschrift ist fingiert und stammt aus einem unbekannten Volksstück.

Peripatetiker: Schüler des Aristoteles, so benannt nach ihrem ersten Versammlungsort, einer Wandelhalle, dem Peripatos.

330 *Cyrenaiker:* Anhänger der von dem griechischen Philosophen Aristipp von Kyrene (Sokrates-Schüler) in Nordafrika (um 435–um 355) begründeten Schule, die Lustgewinn ohne folgende Unlustgefühle für das erstrebenswerteste Gut hielt.

Ariston von Chios (um 250 v. u. Z.): griechischer stoischer Philosoph, Schüler Zenos (s. Erl. zu S. 160); Vertreter eines ethischen Rigorismus. Mit dessen Argumenten befaßt sich Seneca auch in dem in diese Auswahl nicht aufgenommenen 94. Brief.

332 *»nur die wichtigsten Dinge verfolg ich«:* Vergil, Äneis 1,342.

335 *eine Kette ... von Tugenden:* zugrunde liegend die altstoische Vorstellung von der untrennbaren Einheit und Zusammengehörigkeit aller Tugenden; wer eine besitzt, besitzt alle.

336 *Goldenes Zeitalter:* mythische Vorstellung von einem glücklichen ersten Abschnitt der Menschheitsgeschichte, einer Zeit ohne Krankheit, Krieg, Verbrechen und Arbeit. In der Auffassung sich ständig verschlechternder Verhältnisse spiegelt sich die Sehnsucht nach sozialer und politischer Gerechtigkeit wider.
Posidonius s. Erl. zu S. 322, in diesem Brief ist er der Vertreter der Gegenposition.

336 *Solon* s. Erl. zu S. 222.
Lykurg: sagenhafter Gesetzgeber Spartas.
Zaleukus: (7. Jh. v. u. Z.): Gesetzgeber der Lokrer in Mittelgriechenland.
Charondas (6. Jh. v. u. Z.): Gesetzgeber der griechischen Kolonie Katana an der Ostküste Siziliens.
Großgriechenland: Gesamtheit der griechischen Kolonialstädte in Unteritalien und Sizilien.
Pythagoras-Jünger: Schüler und Anhänger des in Unteritalien lebenden griechischen Philosophen, Mathematikers und Astronomen Pythagoras (um 580–um 500). In der besonders engen Schul- und Lebensgemeinschaft der Pythagoreer waren kultische Formen stark ausgeprägt. Zur Zeit Senecas erfolgte eine Neubelebung der Schule, die auch die Gesetze von Zaleukus und Charondas mit ihren Gedanken durchsetzte.

338 *»denn man trennte zuvor...«:* Vergil, Vom Landbau 1,144.

339 *»der es erfand ...«:* Vergil, Vom Landbau 1,139 f.
Dädalus: sagenhafter athenischer Künstler und Handwerker, bekannt besonders durch seine Flucht von Kreta mit einem selbstgefertigten Flugapparat, wobei sein Sohn Ikarus ins Meer stürzte, hier als Gegensatz zum »Ethiker« Diogenes angeführt.

340 *Skythen:* Bewohner von Skythien (s. Erl. zu S. 70).

342 *»fest sitzt der Zettel am Baum ...«:* Ovid, Metamorphosen 6,55 f.

344 *Hohlfußböden:* antike Form der Dampfheizung.
Kurzschriftnoten: Stenographie zur Aufzeichnung von Reden.

345 *Laren:* altrömische Schutzgötter des Hauses, der Familie, der Feldmark und der Kreuzwege.

346 *Anacharsis* (6. Jh. v.u.Z.): skythischer Fürst, der sich mit dem Griechentum auseinandersetzte; in kynischer Überlieferung sinnbildlich für naturnahe und unverdorbene Völkerschaften, auch Erfinder und Schriftsteller. Die Homer-Stelle findet sich in der »Ilias« (18,600 f.).

346 *Demokrit* s. Erl. zu S. 178; zum Bild vom Gewölbebau vgl. S. 346.

348 *»Wagt es doch keiner der Bauern ...«:* Vergil, Vom Landbau 1,125 ff.

351 *Gerechtigkeit, Klugheit, Mäßigung und Tapferkeit:* in griechischer Tradition die vier Kardinaltugenden.

352 *Lugdunum* (heute Lyon): 43 v.u.Z. gegründete römische Veteranenkolonie, zeitweilige Verwaltungshauptstadt von ganz Gallien, auch kultischer und wirtschaftlicher Mittelpunkt. Im Jahre 64 schickte die Stadt vier Millionen Sesterze für den Wiederaufbau Roms nach dem Nero zur Last gelegten Brand im Juli 64. Anfang 65 brannte sie selbst ab. Der vorliegende Brief entstand nur wenig danach, also in den letzten Lebenswochen Senecas. Die nicht ausdrückliche Erwähnung des Brandes Roms und die Anführung des bitteren Wortes des Timagenes (s. S. 352 und Erl. dazu) spiegeln die Zeitstimmung und die erforderliche Vorsicht wider.

Liberalis: Adressat von Senecas Schrift »Von den Wohltaten«.

355 *Timagenes* von Alexandria (1. Jh. v.u.Z.): griechischer Geschichtsschreiber; Gegner Roms.

Plancus, Lucius Munatius (1. Jh. v.u.Z.): Statthalter des transalpinen Gallien; Gründer Lugdunums.

355 *Alexander* s. Erl. zu S. 124.

356 *Demetrius* s. Erl. zu S. 161.

ein Thema, von dem ich dir doch sagte ...: Bezug auf den in diese Auswahl nicht aufgenommenen Brief 94,52.

paränetisch: ermahnend.

präzeptiv: vorschreibend.

358 *eine gewaltig lange Epistel:* Der 95. Brief ist der längste Brief Senecas überhaupt; um die Hälfte gekürzt, ist er auch in dieser Auswahl noch der längste.

359 f. *»denn von dem Himmelssystem ...«:* Lukrez, Von der Natur der Dinge 1,54 ff.

364 *»Ich bin ein Mensch ...«:* Terenz, Der Selbstquäler 77; die Stücke des bedeutenden römischen Komödiendichters Publius Terentius Afer (um 190–159) wurden bis zum Ausgang der Kaiserzeit aufgeführt.

367 f. *»Stolzer durchschreitet die Flur ...«:* Vergil, Vom Landbau 3,75 ff.

368 *Lälius* d. J., Gajus (um 190–nach 129): römischer Staatsbeamter, später »der Weise« genannt; nahezu sprichwörtlich für freundschaftliche Verbundenheit.

Scipio Ämilianus Africanus d. J., Publius Cornelius (185–129): römischer Feldherr, Zerstörer Karthagos im Dritten Punischen Krieg; bemüht um Steigerung des Einflusses griechischer Kultur in Rom.

der andere Cato: Cato der Zensor (s. Erl. zu S. 166); »der andere« zur Unterscheidung vom jüngeren Cato Uticensis.

Tubero, Quintus Älius (2. Jh. v. u. Z.) römischer Stoiker, auch Rechtsgelehrter und Astronom, von betont schlichter Lebensführung; sprichwörtlich war das Gastmahl auf dem Kapitol als Veranschaulichung altrömischer Einfachheit.

369 *irrtümlich nannten wir sie selbst einst so:* vielleicht ein Bezug auf den »Sklavenbrief« (47), S. 266 ff.; dann wäre dies eine Art Widerruf.

370 *»wo Trauer, des Gewissens Folterqualen ...«:* Vergil, Äneis 6,274 f.

Kleanthes s. Erl. zu S. 182; sein Hymnus auf Zeus war weithin berühmt.

Cicero-Nachfolger: Die von Cicero (s. Erl. zu S. 208) in lateinische Hexameter übertragenen Verse des Zeus-Hymnus von Kleanthes, hier in rhythmischer Prosa wiedergegeben, sind von Seneca überarbeitet und vielleicht erweitert worden.